Pe. BASÍLIO CABALLERO, C.SS.R.

NAS FONTES DA PALAVRA

Leitura, Meditação e Anúncio

- Ano A -

Para Fr. Anselmo, O.S.B.

EDITORA SANTUÁRIO
Aparecida - SP

Dados Internacionais de Catalogação na Publicação (CIP)
(Câmara Brasileira do Livro, SP, Brasil)

Caballero, Basílio, 1935-
Nas fontes da palavra: leitura, meditação e anúncio: Ano A / Basílio Caballero; [tradução Ivo Montanhese]. — Aparecida, SP: Editora Santuário, 1992.

ISBN 85-7200-121-2

1. Ano litúrgico 2. Evangelização 3. Palavra (Teologia) 4. Palavra de Deus (Teologia) I. Título.

92-2562 CDD-268.82

Índices para catálogo sistemático:
1. Catequese: Igreja Católica 268.82
2. Palavra de Deus: Catequese: Igreja Católica 268.82

Título Original: "En las Fuentes de la Palabra - Lectura, Meditación y Anuncio - AÑO A"

ISBN: 84-284-1141-1 (Obra Completa) - Edição Original.
ISBN: 84-284-1142-X (Volume I: Ano A) - Edição Original.

Tradução do Pe. Ivo Montanhese, C.Ss.R.

Composição, impressão e acabamento:
EDITORA SANTUÁRIO
Rua Padre Claro Monteiro, 342
Fone: (0125) 36-2140
12570-000 — Aparecida-SP.
C.G.C.: 60.601.283/0016-35
Inscr. Est.: 174.007.170

Ano: 1999 98 97 96 95 94
Edição: **10 9 8 7 6 5 4 3 2**

APRESENTAÇÃO

No princípio desta obra em três volumes, que correspondem aos três anos ou três ciclos litúrgicos A-B-C, peço permissão ao leitor para abrir meu coração com ele. Em outubro de 1970 aparecia o primeiro volume da obra intitulada "Homilias dos ciclos A, B e C", que teve muito boa aceitação do público nos anos seguintes. Foi um trabalho em equipe no qual me tocou, além de colaborar, a missão de coordenar e dirigir. No presente livro, cuja estrutura e conteúdo são totalmente distintos e cujos objetivos e destinatários são mais amplos, assumo o risco de um menor pluralismo ideológico, devido ser de minha autoria única, com a vantagem talvez de uma maior unidade de conjunto.

O título da presente obra "*Nas Fontes da Palavra*", e o subtítulo da mesma: *Leitura, Meditação e Anúncio*, correspondem à intenção que me guiou ao redigir estas páginas a serviço da fé do Povo de Deus que se alimenta de sua palavra. Esta, por sua vez, se projeta numa dupla direção e urgência: a Meditação ou assimilação pessoal, e o Anúncio testemunhal aos demais.

Esta dupla orientação e finalidade determina os *destinatários* da presente obra, que não são exclusivamente os sacerdotes e responsáveis do serviço da Palavra ao povo fiel, mas também os cristãos em geral, os grupos de fiéis, as comunidades religiosas e os membros dos institutos seculares que, em particular ou em comum, desejam orar, meditar e dialogar ao ritmo da Palavra cada domingo nos diversos tempos do ano litúrgico.

Procuro tornar inteligível a Mensagem, aproximando-a da mentalidade popular e cultura média dos leitores e ouvintes num público heterogêneo. Não uso o moralismo nem os tópicos comuns nas aplicações. Nem abuso dos tecnicismos nem esgoto as precisões bíblico-teológicas, embora tampouco elas não sejam silenciadas quando são imprescindíveis para uma formação básica.

Partimos sempre dos textos bíblicos, que devem ser lidos previamente, pois estas são as "Fontes da Palavra". Seguindo o fio da idéia central o tema que deles se desprende, vou apresentando análises e comentários aos mesmos, sem pretender exaurir o assunto, dada a riqueza da Palavra, para finalmente deduzir dela idéias e reflexões que ajudem o conhecimento bíblico e o proveito pessoal, a instrução religiosa e o seguimento de Cristo, a espiritualidade cristã atual e a projeção pastoral e homilética, a fim de transmitir também a Mensagem a outros. Sugestões, em suma, para tomar e deixar para outra ocasião conforme cada pessoa, grupo, auditório e situação da comunidade de fé que celebra o culto da vida em espírito e verdade. A isto se deve a relativa amplitude dos temas, com desenvolvimento numerado e esquema inicial para maior funcionalidade.

Com respeito à segunda finalidade, o Anúncio, se alguém procurar nesta obra exclusivamente "homilias já feitas", não perçam seu tempo, pois não é minha intenção. Mas se desejar idéias e reflexões com bases bíblicas e aplicações homiléticas para a práxis cristã das comunidades, espero que não fique defraudado.

Duas são as fontes da homilia: a Bíblia e a liturgia (SC 35) — "A homilia tem um lugar privilegiado no ministério da palavra... que se alimenta da Escritura" (DV 24). "Como parte que é da própria liturgia, na homilia se expõem durante o ciclo do ano litúrgico, a partir dos textos sagrados, os mistérios da fé e as normas de vida cristã" (SC 52). Paulo VI fazia notar que a homilia é um lugar e um instrumento privilegiado para a evangelização, e que "graças à homilia de cada domingo vivem e se consolidam muitas comunidades paroquiais ou de outro tipo" (EN 43). Inclusive com freqüência, diria eu, é o único momento e oportunidade que nos resta para educar na fé e re-evangelizar os fiéis. Isto nos urge a unir, e não separar, liturgia e evangelização potenciando-as mutuamente em conexão fecunda, para que a liturgia não se derive em ritualismo alienante nem a evangelização em ideologia humana.

Finalmente, a cada um dos três anos litúrgicos precede uma breve introdução sobre o evangelho que com preferência se vai proclamando durante o mesmo. Não é mais que um convite para ler alguns dos abundantes estudos monográficos a esse respeito: É importante conhecer as linhas mestras de cada Evangelho e suas características, para iluminar nossa Leitura, Meditação e Anúncio da Palavra, ao longo de cada ciclo.

B. Caballero. *Madri, 27 de novembro de 1986.*

SIGLAS E ABREVIATURAS

1. LIVROS DA BÍBLIA

Ab	Abdias	**Jt**	Judite
Ag	Ageu	**Jz**	Juízes
Am	Amós	**Lc**	Lucas
Ap	Apocalipse	**Lm**	Lamentações
At	Atos dos Apóstolos	**Lv**	Levítico
Br	Baruc	**1Mc**	1.º Macabeus
1Cor	1.ª Coríntios	**2Mc**	2.º Macabeus
2Cor	2.ª Coríntios	**Mc**	Marcos
Ct	Cântico dos Cânticos	**Ml**	Malaquias
Dn	Daniel	**Mq**	Miquéias
Dt	Deuteronônio	**Mt**	Mateus
Ecl	Eclesiastes (Qohélet)	**Na**	Naum
Eclo	Eclesiástico (Sirácida)	**Ne**	Neemias
Ef	Efésios	**Nm**	Números
Esd	Esdras	**Os**	Oséias
Est	Ester	**1Pd**	1.ª Pedro
Êx	Êxodo	**2Pd**	2.ª Pedro
Ez	Ezequiel	**1Rs**	1.º Reis
Fl	Filipenses	**2Rs**	2.º Reis
Fm	Filêmon	**Rm**	Romanos
Gl	Gálatas	**Rt**	Rute
Ha	Habacuc	**Sb**	Sabedoria
Hb	Hebreus	**Sf**	Sofonias
Is	Isaías	**Sl**	Salmos
Jd	Judas	**1Sm**	1.º Samuel
Jl	Joel	**2Sm**	2.º Samuel
Jn	Jonas	**Tb**	Tobias
Jó	Jó	**Tg**	Tiago
Jo	João	**1Tm**	1.ª Timóteo
1Jo	1.ª João	**2Tm**	2.ª Timóteo
2Jo	2.ª João	**1Ts**	1.ª Tessalonicenses
3Jo	3.ª João	**2Ts**	2.ª Tessalonicenses
Jr	Jeremias	**Tt**	Tito
Js	Josué	**Zc**	Zacarias

2. CONCÍLIO VATICANO II. ENCÍCLICAS. VÁRIOS

AA = *Apostolicam actuositatem:* Decreto sobre o apostolado dos leigos.
AG = *Ad gentes:* Decreto sobre a atividade missionária da Igreja.
AT = Antigo Testamento.
CB = Comentário bíblico "São Jerônimo" (5 vols.), Madri, 1972.
CD = *Christus Dominus:* Decreto sobre o ofício pastoral dos bispos.
Cf/Cfr = Confira-se —veja-se
CP = *Conceptos fundamentales de Pastoral.* Madri, 1983.
DH = *Dignitatis humanae:* Declaração sobre a liberdade religiosa.
DI = Dicionário teológico interdisciplinar (4 vols.), Salamanca 1982-83.

Dom = Domingo
DS = H. Denziger-A. Schoenmetzer: *Enchiridion Symbolorum.*
DT = Novo Dicionário de Teologia (2vols), Madri, 1982.
DV = *Dei Verbum:* Constituição dogmática sobre a revelação divina.
EN = *Evangelii Nuntiandi:* Exortação Apostólica de Paulo VI sobre a evangelização do mundo contemporâneo, 1975.
ES = *Ecclesiam suam:* Encíclica de Paulo VI sobre o diálogo, 1964.
GE = *Gravissimum educationis:* Declaração sobre a educação cristã da juventude.
GS = *Gaudium et spes:* Constituição pastoral sobre a Igreja no mundo atual.
Ib. = *Ibidem:* aí mesmo
Id. = Idem, o mesmo, igualmente.
IM = *Inter mirifica:* Decreto sobre os meios de comunicação social.
LC = *Libertatis conscientia:* Liberdade cristã e libertação. Instrução da Congregação para a Doutrina da Fé, 1986.
LE = *Laborem exercens:* Encíclica de João Paulo II sobre o trabalho, 1981.
LG = *Lumen gentium:* Constituição dogmática sobre a Igreja.
MC = *Marialis cultus:* Exortação apostólica de Paulo VI sobre o culto à Santíssima Virgem Maria, 1974.
MM = *Mater et magistra:* Encíclica de João XXIII, 1961.
NA = *Nostra aetate:* Declaração sobre as relações da Igreja com as religiões cristãs.
NT = Novo Testamento.
OA = *Octogesima adveniens:* Carta Apostólica de Paulo VI, 1971.
Oc = Obra citada.
OE = *Orientalium Ecclesiarum:* Decreto sobre as Igrejas orientais católicas.
OT = *Optatam totius:* Decreto sobre a formação sacerdotal.
Pb = *Puebla:* Documentos da III Conferência do CELAM, 1979.
PC = *Perfectae caritatis:* Decreto sobre a renovação da vida religiosa.
PG = Patrologia Grega.
PL = Patrologia Latina
PO = *Presbyterorum ordinis:* Decreto sobre os presbíteros.
PP = *Populorum progressio:* Encíclica de Paulo VI sobre o desenvolvimento, 1967.
PT = *Pacem in terris:* Encíclica de João XXIII sobre a paz, 1963.
QA = *Quadragesimo anno:* Encíclica de Pio XI, 1931.
RN = *Rerum novarum:* Encíclica de Leão XIII sobre a questão social, 1891.
SC = *Sacrosanctum Concilium:* Constituição sobre a sagrada liturgia.
s(s) = seguinte (s)
UR = *Unitatis redintegratio:* Decreto sobre o ecumenismo.
v(v) = versículo (s).

BIBLIOGRAFIA

ANDRES, R. de: *Palabras en la fiesta* (A); *Camino de Emaús* (B); *La espiral del amor* (C); Ed. Paulinas, Madrid 1981-1982.

BARTOLOME, F.: *Acercamiento a Jesús de Nazaret*. Evangelios dominicales (4 vols.), Paulinas, Madrid 1986.

BENETTI, S.: *Cruzar la frontera* (A:3vols.); *El proyecto cristiano* (B:3 vols.); *Caminando por el desierto* (C:3 vols.), Paulinas, Madrid 1982-83, 3.ª ed.

BERNAL, J. M.: *Iniciación al año litúrgico*, Cristiandad, Madrid 1984.

BOROBIO, D.: *El riesgo de predicar* (3 vols.), Desclée de Brouwer, Bilbao 1982, 3.ª ed.

BROWN, R. E.: *El evangelio según Juan* (2 vols), Cristiandad, Madrid 1979.

BURGALETA, J.: *Palabra del domingo* (3 vols.), PPC, Madrid 1982-84.

CABALLERO, B.: *Pastoral de la Evangelización*, Editorial PS, Madrid 1975, 3.ª ed. *Homilías A-B-C*, Editorial PS, Madrid 1978, 6.ª ed.

COMISION EPISCOPAL DE LITURGIA: *Partir el pan de la palabra*, Madrid 1985.

CONFERENCIA EPISCOPAL ESPAÑOLA: *Testigos del Dios vivo*, Madrid 1985. *Los católicos en la vida pública*, Madrid 1986.

DORADO, G. G.: *La Biblia, hoy*, Editorial PS, Madrid 1980.

FICHTNER, J.: *Proclaim His Word* (3 vols.), Alba House, New York 1973-75.

FLORISTAN, C.: *La evangelización, tarea del cristiano*, Madrid 1978.

GALILEA, S.-PAOLI, A.: *Anúncio da Esperança — Reflexões homiléticas*, Ed. Paulinas, São Paulo-SP.

GUTIERREZ, G.: *Homilías para el leccionario* (3 vols.), Sal Terrae, Santander 1974, 2.ª ed.

JEREMIAS, J.: *As Parábolas de Jesus*, Ed. Paulinas, São Paulo-SP.

LAEPPLE, A.: *El anuncio de Cristo en el año litúrgico* (3 vols), Paulinas, Madrid 1970-71. *El mensaje de los evangelios hoy*, Paulinas, Madrid 1971, 2.ª ed.

LEON-DUFOUR, X.: *Vocabulário de Teologia Bíblica*, Vozes, Petrópolis-RJ — 5.ª ed.

MAERTENS, Th.-FRISQUE, J.: *Nueva guía de la asamblea cristiana* (9 vols.), Marova, Madrid 1971.

MALDONADO, L.: *Homilías seculares*, Sígueme, Salamanca 1971. *Nuevas homilías seculares*, ídem 1973.

MILLER, Ch. y O.-ROEBERT, M.: *The Word made flesh,* Alba House. New York 1983.
MOTTE, G.: *Homilías para un año* (3 vols.), Sal Terrae, Santander 1973-74, 2.ª ed.
NOCENT, A.: *El año litúrgico. Celebrar a Jesucristo* (7 vols.), Sal Terrae, Santander 1981, 2.ª ed.
ORDOÑEZ, J.: *Mensaje de la Palabra* (3 vols.), Coculsa, Madrid 1970-72.
PAGOLA, J. A.: *Jesús de Nazaret. El Hombre y su Mensaje,* Idatz, San Sebastián 1981. *Aprender a vivir,* ídem 1984, 2.ª ed. *Buenas notícias. Escuchando el Evangelio,* ídem 1985.
PRONZATO, A.: *El pan del domingo.* Ciclos A-B-C. Sígueme, Salamanca 1985-87.
QUESSON, N.: *Palabra de Dios para cada día* (5 vols.), Claret, Barcelona 1981-82, 3.ª ed.
RODRIGUEZ CARRAJO, M.: *Cristo, el Señor. Homilías.* Ciclos A, B y C. PPC, Madrid 1984.
SCHENK, J. E.: *La homilía diaria según los nuevos textos* (12 vols.), Edicep, Valencia 1971-73.
SEVE, A.: *El evangelio de los domingos,* Verbo Divino, Estella 1984.
TORRES, V.: *La homilía.* Comentario pastoral a los nuevos textos (3 vols.), Edicep, Valencia 1970-74, 2.ª ed.
VÁRIOS AUTORES: *Comentario bíblico "San Jerónimo"* (5 vols.), Cristiandad, Madrid 1972.
VÁRIOS AUTORES: *Comentarios a la biblia litúrgica* (2 vols.), Madrid 1980, 2.ª ed.
VÁRIOS AUTORES: *Conceptos fundamentales de Pastoral,* Cristiandad, Madrid 1983.
VÁRIOS AUTORES: *Diccionario teológico interdisciplinar* (4 vols.), Sígueme, Salamanca 1982-83.
VÁRIOS AUTORES: *El arte de la homilía,* Dossiers CPL n.º 3, Barcelona 1979.
VÁRIOS AUTORES: *Nuevo Diccionario de Teología* (2 vols.), Cristiandad, Madrid 1982.
VÁRIOS AUTORES: Hojas y Boletines dominicales: *Dabar* (Zaragoza), *Eucaristia* (Zaragoza-Estella), *Misa Dominical* (Barcelona).
WACKENHEIM, Ch.: *Dominicales.* Las lecturas del Misal propuestas para hoy, Paulinas, Madrid 1979.

O EVANGELHO DE MATEUS

Introdução para o Ano "A"

1. **Autor, data e destinatários**

O evangelho de Mateus é o primeiro dos livros do Novo Testamento e dos quatro evangelhos conforme a ordem atual da Bíblia. Mas não o é cronologicamente em sua redação; pois o precederam, por exemplo, todas as Cartas de São Paulo e o próprio evangelho de Marcos. Sua data de composição, conforme os exegetas, situa-se entre os anos 70-80, já numa época bem mais tardia da era apostólica.

Seu autor nos é desconhecido. Embora traga o nome de Mateus, não foi escrito pelo Apóstolo com esse nome, que antes se chamava Levi, o publicano, pois Mateus depende em boa parte de Marcos, isto é, de uma testemunha não ocular. Provavelmente o evangelho de Mateus foi redigido em Antioquia, na Síria, por um cristão convertido do judaísmo, de língua grega e possivelmente com uma formação rabínica, a se julgar pelo grande conhecimento que demonstra do Antigo Testamento. Mateus escreve seu evangelho pensando em primeiro lugar nos cristãos provenientes do judaísmo. Seus primeiros destinatários são, pois, as comunidades judeu-cristãs; a elas dirige sua "catequese".

2. **Um duplo objetivo intencional**

A intenção primordial do relato evangélico de Mateus centraliza-se na pessoa de Cristo, obviamente, e na Igreja.

a) **Com referência a Cristo,** Mateus se propõe demonstrar que o homem Jesus de Nazaré é o filho de Deus e o Messias anunciado pelas profecias do Antigo Testamento e esperado pelo povo judeu. Suscita assim e fundamenta a fé cristã na pessoa de Jesus. Esse empenho escriturístico fica patente nas mais de cem referências que faz ao Antigo Testamento, das quais quarenta e três são citações explícitas. Por tudo isso Mateus torna-se o evangelista de mentalidade mais judaica.

Outro traço que Mateus acentua em Cristo, já a partir do relato ou evangelho da infância de Jesus, é sua condição de novo Moisés, legislador, mestre e guia do novo Israel. Por este motivo Jesus, cuja atividade Mateus reparte entre a Galiléia primeiro e a Judéia, depois, entra em seguida em conflito com as autoridades religiosas do povo. Conflito que desemboca na rejeição de Jesus e de sua mensagem pelos judeus em seu conjunto. Isso determina que o Reino de Deus, anunciado por Jesus, seja tirado deles e entregue a um povo que produza frutos (21,43). Os pagãos são convidados também ao banquete do Reino (22,1-14).

b) **A Igreja.** - Esta missão de abertura missionária Cristo a confia à sua Igreja. Esta, embora não se identifique com o Reino de Deus, é seu lugar privilegiado. A Igreja é o segundo centro de interesse no evangelho de Mateus, único evangelista que emprega o termo "igreja" (16,18;18,17). Com razão se diz do primeiro evangelho que ele é o mais "eclesial" dos quatro. Nele são realçadas a figura e a missão de Pedro, pedra visível da unidade da Igreja na ausência de Jesus.

Toda a eclesiologia de Mateus tem sua raiz na cristologia antes mencionada. Mateus não se cansa de explicar à comunidade cristã que a jovem Igreja de Jesus é o novo Israel, o novo Povo de Deus composto de judeus e não-judeus, isto é, de israelitas e de gentios ou pagãos. Os membros deste novo Povo, para não repetir os erros do antigo, devem assimilar o espírito do Reino de Deus que ele apresenta no discurso evangélico ou Sermão da Montanha (cc. 5-7), cuja vibrante abertura são as Bem-aventuranças. Assim como acontece com Jesus, aqueles que optam por seu seguimento, a comunidade eclesial, estão em total desacordo com a Sinagoga, isto é, com o judaísmo oficial. Daí a missão para o mundo pagão, o envio missionário que Cristo ressuscitado transmite a seus discípulos (28,18-20).

3. **Fontes e estrutura**

a) **Fontes.** - Mateus é herdeiro da tradição comunitária que surgiu do Kerigma e da catequese dos Apóstolos, testemunhas oculares dos fatos e ditos de Jesus. Também o são os outros dois evangelhos sinóticos, Marcos e Lucas, chamados assim porque sua linha narrativa apresenta em grandes traços uma visão paralela de conjunto. Concretamente com respeito ao relato de Mateus são duas as fontes principais que se percebem nele: o evangelho de Marcos que o precedeu e a chamada fonte Q (*Quelle*= fonte, em alemão), primeira compilação dos ditos (*loguia*) do Senhor.

Mas a elaboração pessoal de Mateus é evidente na estrutura perfeita, riqueza e variedade de seu evangelho. Mateus é um catequista, um pedagogo que estrutura seu relato, conforme a seu objetivo intencional, em grandes seções ou blocos. Entre estes destacam-se os cinco grandes discursos de Jesus que, como veremos em seguida, vertebram o primeiro evangelho. Cada um destes cinco discursos é habilmente introduzido mediante a narração de fatos que dão sustentação à instrução do Senhor, que Mateus sistematiza magistralmente.

b) **A estrutura global** de seu evangelho relata em sete seções ou momentos a irrupção do Reino de Deus (= dos Céus) no mundo dos homens por meio da pessoa e mensagem de Jesus de Nazaré, o Messias, o Filho de Deus.

1. **Evangelho da Infância de Jesus** (cc. 1-2). Relatos exclusivos de Mateus, pois não coincidem com os que Lucas relata. Ambos são os únicos evangelistas que falam sobre a infância de Jesus. Esses relatos são lidos no Advento e no Natal.

2. **Promulgação do programa do Reino** (cc. 3-7). Precede a seção narrativa (cc.3-4) para introduzir o discurso evangélico da Montanha, em que Cristo expõe o espírito, as atitudes e a fidelidade própria do Reino (cc. 5-7: esta parte é lida nos domingos 4-9 do Tempo Comum do ano).

3. **Anúncio do Reino pelos discípulos** (cc. 8-10). Depois de uma seção narrativa de dez milagres do Senhor (cc. 8-9), vem o *Discurso apostólico* no qual Jesus instrui seus mensageiros para uma missão difícil e define as condições de seu seguimento (c. 10: domingos 11-13).

4. **O mistério do Reino de Deus** (cc. 11-13). Como sempre, precede uma introdução narrativa (cc. 11-12) ao *Discurso parabólico* sobre o Reino (c. 13 com sete parábolas: lê-se nos domingos 15-17).

5. **A Igreja, primícias do Reino** (cc. 14-18). Depois da seção narrativa na qual destaca a confissão e o primado de Pedro (16,13-20: domingo 21), vem o *Discurso eclesial* sobre a fraternidade e o comportamento comunitário (c. 18: domingos 23 e 24).

6. **Próxima vinda do Reino** (cc. 19-25). Seção que inclui na parte narrativa várias parábolas da vinha e do banquete de núpcias, que advertem sobre a passagem do Reino aos não-judeus (cc. 19-23: domingos 25-28); e na parte doutrinal, o *Discurso escatológico* no qual o Senhor expõe a atitude vigilante do discípulo diante da crise final (cc. 24-25: 1º domingo do advento e 32-34).

7. **Paixão e Ressurreição do Senhor.** Sétima e última seção em que se cumpre definitivamente a libertação humana mediante o Reinado salvador de Deus, atuando já eficazmente no mistério pascal de nosso Senhor Jesus Cristo (cc. 26-28: domingos de Ramos, Páscoa e Ascensão).

ADVENTO

Primeiro Domingo do Advento (A)

Is 2,1-5: O Senhor reúne todos os povos no Reino de Deus.
Rm 13,11-14: Nossa salvação está próxima.
Mt 24,37-44: Estejam vigilantes; estejam preparados.

ADVENTO: TEMPO DE VIGILÂNCIA

1. A perspectiva escatológica no Advento
a) Segurança e incerteza
b) Motivo de temor ou de alegria?
2. Celebrar o Advento
a) Começa o ano litúrgico
b) Celebração do Advento
c) Figuras-tipo e temas do Advento
3. Permanente vigilância diante das vindas do Senhor
a) Etapas do Advento inacabado
b) Espiritualidade do Advento: estilo cristão de vida

***

1. A perspectiva escatológica no Advento

Começamos hoje simultaneamente o tempo do Advento e o novo ano litúrgico. Este primeiro domingo do Advento está marcado em seus três ciclos pela tonalidade da vigilância como um eco do acento escatológico dos últimos domingos do ciclo precedente. O Advento orienta-se para a celebração da primeira vinda histórica de Cristo no Natal; mas aponta também para a sua segunda vinda, sem perder por isso a perspectiva do presente no qual se realizam as contínuas vindas de Deus nos acontecimentos diários da história pessoal e comunitária.

Dentro do tom de vigilância, fundamentada na projeção escatológica do Advento, no evangelho deste primeiro domingo em cada um dos três ciclos lemos um dos Sinópticos. Neste ciclo A temos o evangelho de São Mateus que será lido durante todo o ano (ver a Introdução que precede).

a) **Segurança e incerteza.** - O evangelho de hoje é uma passagem tirada da composição literária que constitui o chamado Discurso escatológico (Mt 24-25), no qual o anúncio da ruína de Jerusalém, unido ao do fim do mundo, precede a revelação da última vinda do Senhor ou parusia. O elo que faz a ponte de transição é o alerta: Estejam vigilantes pois vocês não sabem em que dia virá o Senhor (Mt 24,42).

Este lema marca caminhos e introduz as parábolas da parusia, chamadas também parábolas da vigilância, quatro das quais se agrupam nestes dois capítulos de Mateus. Delas lemos uma (a do ladrão que vem à noite) neste domingo, e as outras nos últimos domingos deste mesmo ano A. (Sobre as parábolas da parusia ver Domingo 32, A).

A intenção litúrgica das leituras escatológicas concentra-se mais na atitude de vigilância do cristão e da comunidade ante a vinda do Senhor do que no fato mesmo da escatologia, seu modo e seu momento.

A última vinda de Cristo, que é anunciada nas parábolas da vigilância, tem sua certeza e sua incerteza. Sua vinda é certa; mas incerto o momento; esta ignorância do quando é precisamente o que fundamenta a vigilância. A incerteza do momento da chegada do Senhor, realçada duas vezes, aponta para a demora de sua segunda volta ou vinda definitiva na glória.

Nas comunidades cristãs dos anos cinqüenta do primeiro século, a efervescência adventista, própria da primeira fase do cristianismo inicial, já estava pelo fim. Esta protelação na esperada parusia estava esfriando os ânimos de alguns que começavam a afrouxar a vigilância, com o perigo de se perderem numa visão curta das tarefas imediatas do mundo. Por isso a insistência na incerteza do momento final. Requer-se uma atitude vigilante, não porque a vinda do Senhor seja iminente, mas porque é imprevisível. Para ilustrar essa idéia de incerteza brotam nos lábios de Jesus uma comparação e uma parábola, conforme seu estilo preferido. A comparação é a situação precedente ao dilúvio nos tempos de Noé (acrescenta-se uma semelhança dos trabalhos diários do campo e da moenda); a parábola é a do ladrão que chega à noite.

b) **Motivo de temor ou de alegria?** - Um enfoque excessivamente moralizante e individualista da escatologia nos tempos passados fez a atenção desviar da vinda do Senhor para a morte e o juízo particular do cristão, deixando assim na sombra o aspecto social e construtivo do último dia. Acentuar o temor e a angústia não é a finalidade de nossa vigilância cristã. Esperar o dia da chegada de "seu Senhor" (v.42) não deve ser motivo de temor servil para nós, seguidores de Cristo, mas alerta esperançoso, desejo ardente e alegria renascida de um novo encontro com Ele.

A vinda do Senhor que os evangelhos sinópticos ressaltam, como o deste domingo, não se refere tanto à morte individual - que obviamente não se exclui - quanto ao fim do mundo dos homens. No dia do Senhor chega ao ápice o curso da história humana, que é absorvida na glória esplendorosa da aparição final de Cristo. Então se tornarão realidade o novo céu e a nova terra que esperamos, onde habita a justiça (2Pd 3,13: cf. 2º Domingo do Advento, B).

* Para este sentido otimista se orienta o oráculo-visão do primeiro Isaías (pelo ano 740 a.C.), que lemos na *primeira leitura* (Is 2,1-5; lugar paralelo: Mq 4,1-4).

Na plenitude dos tempos messiânicos, em algum momento da história ("no final dos tempos"), Jerusalém será o centro religioso mundial, que atrai todas as nações para serem instruídas pela palavra do Senhor. Ele transformará totalmente a realidade humana, produzindo a paz messiânica universal: De suas espadas forjarão arados, e de suas lanças, podadeiras (Is 2,4).

Essa visão-profecia, de cunho escatológico e ecumênico, apta para levantar os ânimos e o otimismo suscitando a esperança messiânica, realizou-se em Cristo Jesus. Ele é o Messias, o príncipe da paz, que reina a partir da cruz no alto do monte Gólgota, atraindo todos para Ele (Jo 12,32). Ele instrui as nações e derrama a paz messiânica de seu Reino que alcançará sua plenitude escatológica na vinda da final de Cristo como juiz universal (cf. Domingo 34, A).

2. Celebrar o Advento

No princípio do ano litúrgico e de um tempo marcado com forte personalidade, como é o Advento, devemos recordar e assimilar ao menos alguns pontos fundamentais para nossa vivência e formação cristãs.

a) **Começa o ano litúrgico. -** Para tornar efetiva a obra da salvação humana, que se prolonga na Igreja e se realiza por meio da liturgia, Cristo está presente em seu Povo, sobretudo na ação litúrgica: no sacrifício eucarístico da missa, nos sacramentos e na palavra (SC 6-7). "Quando alguém batiza é Cristo mesmo que batiza (Santo Agostinho)... Quando na igreja se lêem as Sagradas Escrituras é Ele mesmo que fala" (SC 7,1).

O culto litúrgico está integrado por elementos básicos: pela assembléia, pela palavra e pelos sinais da fé que são os sacramentos; sem estes três elementos integrantes não pode existir o culto. "No ciclo do ano litúrgico desenrola-se todo o mistério de Cristo, desde a Encarnação e Nascimento até a Ascensão, o dia de Pentecostes e a expectação da feliz esperança e última vinda do Senhor" (SC 102). Nas festas da Virgem Maria e dos Santos contemplamos também, realizado neles, o mistério de Cristo (103-104).

Mas há dois momentos culminantes na celebração cultual do ano litúrgico: Natal e Páscoa. O primeiro se ordena ao segundo, à Páscoa, à Ressurreição do Senhor que é, na realidade, o que celebramos todos os domingos. Pois bem, tanto o Natal como a Páscoa são precedidos de tempos fortes de preparação: o Advento e a Quaresma, respectivamente.

b) **Celebração do Advento.** - “Celebrar” liturgicamente significa reviver, não só em nossa consciência e recordação mas também na realidade, os fatos da vida e o mistério de Jesus Cristo que se comemoram ao longo do ano. Cada acontecimento que celebramos cultualmente se atualiza pela fé dentro da comunidade cristã; esta atualização é mistérica, mas real, constitui um encontro vivo, comunitário e pessoal, isto é, do grupo de fiéis e de cada um de nós, com o Senhor em cada passagem de sua vida e em seu mistério.

Portanto, ao celebrar liturgicamente o Advento experimentamos e vivemos de forma atual, no “hoje” do culto, o fato da vinda do Senhor - isso significa a palavra “advento” - e de sua entrada em nossa infeliz história humana por sua encarnação e nascimento.

c) **Figuras-tipo e temas do Advento.** - As leituras bíblicas dos quatro domingos deste tempo litúrgico, em seus três ciclos, apresentam-nos três figuras-tipo que anunciam o acontecimento máximo do Natal:

1ª O profeta Isaías: primeira leitura nos anos A e B; outros diversos profetas no ano C.

2ª João Batista: evangelho do segundo e terceiro domingos.

3ª Maria, a Mãe do Senhor: evangelho do quarto domingo (além do da festa da Imaculada que cai dentro do tempo do Advento).

As três figuras, de diversos ângulos, em acordo com sua personalidade, anunciam o grande protagonista que não aparecerá até o fim: Cristo Jesus.

O profeta *Isaías*, do qual se pegam textos que trazem profecias messiânicas, encarna a espera do Antigo Testamento, o advento pré-cristão.

João Batista é o precursor já no umbral do Novo Testamento, mas sem adentrar nele. Sua denúncia profética de conversão suscita o clima de expectativa e cria o estilo adequado para o advento cristão.

E *Maria*, a Mãe do Senhor, ocupa um lugar preferencial no advento cristão da fé. Ninguém como ela viveu a espera do Redentor; inclusive fisicamente, pois trazia-o em seu ventre. Sua figura silenciosa transborda esperança e alegria messiânicas.

* Entre os temas que se deduzem das *leituras evangélicas* destacam-se:

- A vigilância cristã, alicerçada na motivação escatológica (primeiro domingo dos três ciclos).

- A conversão como abertura para Cristo que vem e está já presente no anúncio e testemunho proféticos do Batista (segundo e terceiro domingos).

- O mistério de Maria, central no evangelho da infância (Mt e Lc) que se inicia já no quarto domingo e prosseguirá no tempo do Natal.

* As *segundas leituras*, fundamentalmente de São Paulo, acentuam a parênese ou exortação moral, baseando-se no fato da vinda do Senhor, já presente na comunidade cristã que espera sua volta definitiva.

3. Permanente vigilância diante das vindas do Senhor

a) **Etapas do Advento inacabado. -** As leituras bíblicas do advento revelam também as etapas da vinda do Senhor, que o Prefácio I do Advento resume:

> Cristo, nosso Senhor, vindo pela primeira vez na fragilidade de nossa carne, realizou o plano de redenção traçado desde sempre e abriu-nos o caminho da salvação; para que quando vier de novo, na majestade de sua glória, revelando assim a plenitude de sua obra, possamos receber os bens prometidos que agora, em vigilante espera, temos confiança de alcançar.

1ª) Houve uma *vinda histórica* de Cristo que se realizou com seu nascimento em Belém de Judá. Aí culminou a longa espera do advento pré-cristão, pois se cumpriram então as profecias e esperanças messiânicas do povo do Antigo Testamento. Assim inaugurou-se também a plenitude dos tempos da salvação de Deus a partir de dentro de nossa história.

2ª) Haverá uma *segunda vinda* gloriosa e definitiva, que fundamenta a vigilância escatológica e a esperança do cristão e da Igreja, povo peregrino e em marcha para a consumação final.

3ª) Finalmente, o tempo intermediário entre essas duas vindas é o lugar das *constantes vindas* de Deus ao ritmo da história humana. Vinda atual porque está presente, cósmica porque é intramundana, e "sacramental" porque se realiza através dos sinais dos tempos nos acontecimentos, aparições e mudanças do mundo no qual vive a Igreja peregrina (GS 4-10).

b) **Espiritualidade do Advento: estilo cristão de vida. -** Na vivência cristã do advento deve haver um equilíbrio das três vindas (passada, presente e futura), que são celebradas e confluem no tempo de graça que hoje começamos. Passado e futuro tornam-se presentes no "já" iniciado da salvação de Deus que "todavia não" possuímos em sua plenitude final. O advento, como a esperança cristã, é um cheque ao portador que o fiel já possui em mãos, mas que ainda não descontou. Essa é a tensão e o equilíbrio da escatologia cristã entre o "já sim", mas "todavia não". Isto não é ao cristão motivo para desgosto ou falta de identidade, mas de vigilância permanente, espera ativa e esperança alegre e segura na fé, que é a garantia do futuro (Hb 11,1).

Por isso mesmo, o advento, mais que um tempo limitado a quatro semanas do calendário, é uma atitude permanente, um estilo de vida para o cristão, um processo de libertação sempre em marcha para Deus, para os irmãos e para o mundo como lugar teológico da presença e ação salvífica de Deus.

> O advento é a hora constante de Deus, como adverte São Paulo na *segunda leitura* (Rm 13,11-14), passagem que provocou a conversão de Santo Agostinho, conforme suas "Confissões", VIII, 12. É hora de despertar e deixar as obras das trevas para nos comportarmos "como em pleno dia com dignidade. Nada de comilanças ou bebedeiras, nada de luxúria nem de

orgias, nada de rixas ou contendas. Revistam-se de Jesus Cristo". A motivação desta vigilância é escatológica: Sabiam em que tempo vivemos; agora a salvação de vocês está mais próxima. (Sobre a contraposição alegórica noite-trevas e dia-luz, ver 1º Domingo do Advento, ano B.)

Conclusão. - A mística do advento inacabado é o que diferencia o crente do agnóstico. O advento é realidade presente e esperança futura; é resposta ao vazio existencial de muitos; é razão para se viver, amar e esperar apesar do desencanto e cansaço da vida. O advento é a iniciativa constante do próprio Deus vindo ao encontro do homem ao qual confia uma tarefa inacabada: a construção do mundo e do homem novos.

Segundo Domingo do Advento (A)

Is 11,1-10: Julgará o pobre com eqüidade.
Rm 15,4-9: Cristo salvou todos os homens.
Mt 3,1-12: Convertam-se, porque o Reino dos Céus está próximo.

O PROFETA DA CONVERSÃO

1. O profeta do deserto
  a) Personalidade de João Batista
  b) Sua mensagem de conversão
  c) O batismo de João
2. Fariseus e saduceus perante o batismo de conversão
3. Conversão contínua, tarefa sempre pendente
4. Frutos de conversão, em vez de auto-suficiência

***

1. O profeta do deserto

No evangelho de hoje (Mt 3,1-12) aparece a segunda figura ou tipo do advento: João Batista, que vem se unir à do profeta Isaías de quem João recebe a inspiração para ser a voz de Deus que brada no deserto: Preparem o caminho do Senhor; aplainem suas veredas.

a) **Personalidade de João Batista.** - Em breves traços Mateus descreve sua figura impressionante, como a de todo profeta autêntico. Seu poder de fascinação e encantamento sobre o povo não consiste num estilo doce, lisonjeiro ou adulador, mas sim no seu porte austero, penitente, radical, de servidor insubornável da verdade, sincero até a dureza e a falta de diplomacia. Sua linguagem, seu aparato, sua alimentação e seu habitat demonstram o homem carismático e superior, que é o primeiro a viver a mensagem de conversão que proclama.

A personalidade do Batista, já no umbral do Novo Testamento, adquire tal relevo dentro da paisagem bíblica que é anunciado séculos antes pelo profeta do advento pré-cristão. "Este é aquele que o profeta Isaías profetizou, dizendo: Uma voz grita no deserto: preparem o caminho do Senhor; aplainem suas veredas" (v.3).

Por transposição do evangelista, a voz do Senhor se personificou no Batista.

Posteriormente no prólogo do quarto evangelho, João o evangelista mostra-o a serviço da missão mais sublime que se possa confiar a um mortal: ser embaixador e testemunha da Luz, que é Cristo, "para que todos cressem por ele" (Jo 1,6-8).

Finalmente, o próprio Jesus tem para João Batista um formidável elogio: João é profeta e mais que profeta; é o maior dos nascidos de mulher.

E, contudo, por ficar nos limites do Antigo Testamento sem transpor a porta do Novo, o menor no Reino de Deus é maior do que ele (Mt 11,9.11; ver Domingo seguinte, nº 1,c).

b) **Sua mensagem de conversão.** - João herda e modela em sua pregação a mensagem de conversão dos profetas do Antigo Testamento. Uma só frase condensa todo seu ministério profético: Convertam-se, porque o Reino dos Céus está próximo (v.2). João abre uma perspectiva de esperança; mas à vinda do Reino na pessoa de Jesus precede o juízo escatológico de Deus, a ira iminente, o machado posto na raiz da árvore. A pertença ao povo escolhido e à raça de Abraão não serve para a autojustificação. Todos devem se reconhecer pecadores e dar o fruto que a conversão pede, adotando um novo comportamento moral que corresponda a seu estado e profissão (cf. Lc 3,10-14; ver 3º Domingo do Advento, C).

Assim pois, o *conteúdo* central da pregação deste profeta inconformista, de estilo nitidamente penitencial, é claro e taxativo: a conversão. Uma palavra que encerra um mundo de novidade, e que temos desvirtuado à força de usá-la e ouvi-la pronunciar. Conforme o Batista o *motivo* da conversão é duplo: 1) A proximidade do Reino de Deus; e 2) a iminência do juízo escatológico.

Os judeus não pronunciavam o nome de Deus por respeito. Por isso Mateus que é de mentalidade mais judia do que Marcos e Lucas, emprega a expressão "Reino dos Céus" que é sinônimo de Reino (melhor: Reinado) de Deus. Ambas as expressões significam a mesma realidade: Essa esperança messiânica, algo inconcreta, e própria do Antigo Testamento, que se fez realidade presente em Cristo Jesus.

A conversão é urgida pela proximidade deste Reinado de Deus e pela iminência do juízo que o precede e o segue, expresso este último com as imagens do machado posto à raiz da árvore e da pá na peira separando o trigo da palha. O trigo vai para o celeiro e a palha para o fogo "que não se apaga" (v. 12).

Não deixa de chamar a atenção a idéia dura e assustadora que o Batista tinha do Reino de Deus, iminente na pessoa de Jesus, em cujos lábios esse Reinado adquire uma tonalidade mais festiva.

A *disposição prévia* para a mudança total que a conversão pede é reconhecermo-nos pecadores diante de Deus e diante dos irmãos, e cheios de limitações; como o fazia a gente simples que confessava seus pecados diante de João Batista antes de receber o batismo de conversão. Fazem falta a humildade e a simplicidade de coração; do contrário, a obcecação da soberba e o cinismo diante da oferta salvadora de Deus, como sucedeu com os fariseus e saduceus que iam ao Batista, nos levarão a dar um não ao convite amoroso de Deus. Pecado que nos tornaria semelhantes à palha destinada à fogueira que não se apaga (v. 12).

A terminologia bíblica da conversão é variada. No hebreu-arameu original do evangelho de Mateus se expressava com a palavra *shub*= retornar, voltar sobre seus passos, desandar o caminho. No grego do Novo Testamento o termo é *metanóia* (substantivo) e *metanóein* (verbo) que significam mudança interior, mudança de mentalidade, de visão e de critérios. O latim da Vulgata traduziu-os por *paenitentia e poenitére*, respectivamente. No grego do Novo Testamento emprega-se também o verbo *epistréphein* em muitas passagens, para indicar a mudança de conduta prática.

O significado global do conceito ou da idéia "conversão", para o qual são empregados na Bíblia diversos termos complementares conforme passagens, matizes e ocasiões, é este: Mudança interior e exterior, de mentalidade e conduta, de atitudes e de atos; um giro de cento e oitenta graus para reorientar a vida numa direção radicalmente nova para o bem, para Deus e para os irmãos. Mudança que supõe um processo em marcha. "A penitência é, portanto, a conversão que passa do coração às obras e, conseqüentemente, à vida inteira do cristão" (*Reconciliatio et paenitentia*, 4).

c) **O batismo de João.** - É o sinal penitencial da conversão já iniciada. O batismo de água existia já antes de João, não como expressão da conversão radical que o Batista preconiza, mas como sinal de incorporação dos prosélitos ao judaísmo, junto com o rito da circuncisão. O batismo de água foi praticado também pelos essênios em sua comunidade de Qumrán como sinal de consagração a Deus. Em todos os casos o batismo era por imersão.

João deixa bem claro que seu batismo de água não é mais que o anúncio e a preparação do batismo no Espírito Santo e no fogo que administrará o Messias, Cristo Jesus, diante do qual ele não é senão a voz de um humilde pregador (v. 11).

2. Fariseus e saduceus perante o batismo de conversão

A gente simples do povo acorria de todas as partes, confessavam seus pecados, e João os batizava na água do Jordão. Mas há também um grupo que acorre ao batismo de João e cuja presença adquire menção especial no relato evangélico de hoje: são os fariseus e saduceus, que juntamente com os escribas ou letrados e os sumos sacerdotes constituíam o grupo dirigente do povo. (O quarto evangelho os engloba na expressão "os judeus", em conflito com Jesus.)

A seita dos *fariseus* (que em hebraico significa "separados") era um grupo ou movimento popular e leigo, sem aspirações políticas, constituído basicamente por leigos piedosos e rígidos observantes da lei mosaica, que não se contaminavam com os pecadores impuros. São Paulo foi fariseu antes de sua conversão ao cristianismo.

Os *saduceus*, ao contrário, representavam um movimento de elite, pois seus membros pertenciam à classe sacerdotal e à nobreza do povo. Eram aristocratas influentes, ricos, conservadores e materialistas. Diferentemente dos fariseus, negavam a ressurreição dos mortos e a existência de anjos e espíritos. Tinham aspirações pelo poder e constituíam de fato um partido religioso-político, que se mostrava colaboracionista da potência estrangeira de ocupação: os romanos. Opunham-se portanto aos Zelotes.

Além dos fariseus e saduceus existia o grupo dos *escribas* (ou "letrados" na tradução do lecionário), cuja função era interpretar a lei para o povo. Faziam isso de modo literal, casuísta e hipócrita por seu excessivo legalismo. Os escribas, que podiam ser tanto fariseus como saduceus, eram uma das três classes que, juntamente com os sumos sacerdotes e os anciãos, constituíam os 70 membros do *Sanedrin*, suprema autoridade religiosa e administrativa do povo judeu.

O apóstolo Paulo soube habilmente tirar proveito das diferentes crenças de fariseus e saduceus sobre a ressurreição dos mortos, para dividir entre si os escribas do Sanedrin que o julgavam em Jerusalém por ordem do tribuno romano Cláudio Lísias (At 32,6-10).

Os fariseus e saduceus que se aproximaram de João Batista para serem batizados por ele, apresentam sua alegação religiosa: "Abraão é nosso pai". Criam que isso lhes dava segurança e auto-suficiência diante de Deus; eram melhores que o povo desprezível por ser ignorante da Lei. A esta primeira alegação queriam acrescentar, se fosse o caso, uma segunda: o batismo do profeta a quem o povo venerava como homem de Deus. Mas João os desmascara abertamente, interpelando-os com uma dureza fora do comum: Raça de víboras, quem os ensinou a fugir da ira iminente? Produzam, pois, frutos que a conversão exige e não se iludam a si mesmos, dizendo: Abraão é nosso pai (vv. 7-9).

O ataque impiedoso do Batista aos fariseus e saduceus parece ocupar intencionalmente a atenção de Mateus nesta passagem que tem outro conteúdo e protagonista mais importante. No fundo talvez esteja latente uma crítica à religiosidade do povo israelita e do templo de Jerusalém, pois fariseus e saduceus, dos quais saíam os escribas ou letrados, representavam os chefes espirituais e religiosos do povo.

Uma vez que o evangelho de Mateus, bem como os outros livros do Novo Testamento, foram escritos posteriormente aos fatos da vida de Jesus e quando já estavam em marcha o conflito e a ruptura entre Igreja cristã e Sinagoga judia, parece se querer culpar aqui os chefes, não o povo simples, pelo fracasso da missão de Cristo entre os judeus que em seu conjunto, como povo, não aceitaram a Jesus nem a seu precursor, o Batista.

3. Conversão contínua, tarefa sempre pendente

Nós, apesar de sermos talvez cristãos desde o nascimento, precisamos da conversão contínua para abrirmos constantemente o caminho para o Senhor em nossa vida. Hoje é dia especial de conversão para nos prepararmos cristãmente para o Natal, sem nos deixarmos alucinar com a alegria superficial do consumismo. Não pensemos que a conversão é só para os grandes pecadores ou para os pagãos que, não conhecendo a Cristo, aceitam pela primeira vez a fé; nem pensemos na conversão extraordinária dos grandes convertidos que fizeram história na Igreja. A conversão bíblica e cristã é trabalho contínuo de toda a existência, tarefa silenciosa de cada dia. Nunca estaremos suficientemente convertidos, porque o amor cristão não tem fim de meta. A meta está sempre mais além.

Mas, converter-nos de quê? Do pecado profundo que faz ninho em nosso coração e tem múltiplas manifestações: egoísmo, soberba, agressividade, violência, luxúria, mentira, desamor, classismo, duplicidade, apatia, desesperança..., para começarmos a ser altruístas, generosos, humildes, pacíficos, castos, serviçais, acolhedores, sinceros, e testemunhas da esperança. Sem esquecer os pecados de omissão: quanto bem deixamos de fazer e quanto testemunho evangélico retemos por covardia, comodidade ou preguiça.

Ser cristão, estar convertido para o Reino de Deus, é um desafio exigente, é tensão perene, é algo sempre inacabado porque não é um título de fim de carreira. Nunca somos bons definitivamente, pois o ideal de perfeição é muito alto: Sejam perfeitos como o Pai celestial de vocês é perfeito (Mt 5,48).

É uma ilusão perigosa retardar a conversão. O advento nos compete, nos apressa pessoalmente; pois a palavra de Deus nos julga cada vez que a ouvimos. A iminência do juízo de Deus e do Reino nos urge para uma mudança radical de mentalidade e conduta que constitui a conversão. Mas não desanimemos nesta tarefa. Temos já a força do Reino dentro de nós: o Senhor caminha a nosso lado com seu amor derramado em nossos corações pelo Espírito de Jesus. O amor é a vitamina do crescimento cristão e a chave da conversão que vai progredindo até dar a estatura requerida.

> Paulo em sua carta aos Romanos (15,4-9), na *segunda-leitura*, conforme ouvimos hoje, acentua o amor entre os fiéis que seguem a Cristo para que possam louvar unânimes a uma só voz o Pai comum. Na comunidade de Roma havia duas classes de cristãos, provenientes uns do judaísmo e outros do paganismo. Isso criava riqueza de pluralismo religioso-cultural, mas também ciúmes e desunião. Paulo apela para uma motivação teológica para o amor e para a reconciliação: O exemplo de Cristo que acolhe a todos igualmente e não se afilia a nenhum grupo eclesial ou extra-eclesial.

4. **Frutos de conversão, em vez de auto-suficiência**

Diante de Deus não tem valor a falsa segurança dos classismos. João Batista desmascarou a suposta auto-suficiência dos fariseus e saduceus que se criam já convertidos e em dia com Deus. Segundo eles, tudo estava em ordem e cumprido à risca: ritos, abluções, jejuns, dízimos, ofertas ao templo, orações, fórmulas... E contudo, não davam frutos de conversão, porque não tinham o coração convertido.

Por isso os esperava a sorte do pomar que não dá bom fruto. Se a fé e a conversão não passam a influenciar nossa conduta em casa e no ambiente de trabalho, ou não modifica nossa atitude diante do dinheiro, por exemplo, ou diante da pobreza material e espiritual dos outros ou diante da necessidade concreta daquele irmão que conhecemos bem, não mostraremos os frutos da conversão.

Lamentavelmente a atitude auto-suficiente se repete naqueles cristãos que não converteram seu coração para uma religião em espírito e em verdade. Espreita-nos sempre o risco da alegação farisaica: crer-nos seguros como elite de salvação, por causa de nossos sentimentos religiosos, observância do domingo, boas obras, contribuição econômica para o sustento do culto, para beneficência e caridade. E crer que por tudo isso, que não deixa de ser bom e é necessário cumprir, já "merecemos" a salvação de Deus. Mas esta é sempre graça, dom gratuito: o próprio amor que Deus nos tem e pelo qual nos dá ser cristãos, crer e agir como tais. É claro que tudo isso não se dá automatica e coativamente, por parte do Senhor. Ele conta com nossa resposta e colaboração livres. E ainda no fim devemos dizer: Somos servos inúteis, não fizemos senão o que tínhamos que fazer (Lc 17,10), embora sejamos cristãos desde que nascemos.

Finalmente, temos de converter-nos para o testemunho cristão, e como o Batista, ser luz e testemunhas de Cristo diante de nossos irmãos, os homens. Assim preparamos o caminho do Senhor tornando possível no nosso mundo cá de baixo a utopia messiânica que Isaías entreviu *(1ª leit.)*: Que haja paz, fraternidade e justiça onde imperam a violência, a desigualdade injusta, a violação das liberdades e dos direitos humanos, a exploração do pobre, o classismo segregador e estúpido. Somente assim será verdade nossa eucaristia dominical e poderemos louvar a uma só voz o nosso Pai comum *(2ª leit.)*.

Terceiro Domingo do Advento (A)

Is 35,1-6a.10: Deus virá e nos salvará.
Tg 5,7-10: Reanimem-se, porque a vinda do Senhor está próxima.
Mt 11,2-11: És tu aquele que deve vir ou temos de esperar outro?

E NA ESPERANÇA, A ALEGRIA

1. És tu aquele que deve vir?
a) Embaixada e pergunta de João Batista
b) A resposta de Jesus
c) Testemunho de Cristo sobre o Batista
2. Ou temos de esperar outro Messias?
a) Boa Nova e sinais de libertação
b) Outras respostas a uma pergunta que continua em pé: (Existencialismo ateu-Marxismo-Psicanálise)
c) Jesus Cristo é a única Salvação do homem
3. A esperança e a alegria dos pobres
a) Ativa e paciente espera
b) Da libertação total

***

Na esperança anunciada pelo Advento fundamenta-se a alegria do cristão *(1ª leit.)* durante o tempo da paciente espera do Senhor Jesus *(2ª leit.)*, em cuja pessoa, mensagem e obras milagrosas, que são testemunho e sinais dos tempos messiânicos, está já presente a Boa Nova de libertação para os pobres *(evang.)*, destinatários preferidos do Reino de Deus.

1. És tu aquele que deve vir?

A leitura evangélica de hoje (Mt 11,2-11) contém: a) a pergunta de João Batista a Jesus sobre sua messianidade; b) a auto-interpretação de Jesus através de suas obras; e c) o testemunho de Cristo sobre João Batista. Há aqui uma resposta a um homem sincero que pergunta, e um aval deste profeta fora de série; além de deixar patente a esperança e a alegria dos pobres diante da alegre notícia da libertação.

a) **Embaixada e pergunta de João Batista.** - João Batista encontra-se preso, segundo Flávio Josefo, na fortaleza de Maqueronte, às margens orientais do Mar Morto, onde morrerá decapitado (a. 29 d.C.) por ordem do tetrarca Herodes Antipas, a quem João reprovava pelo fato de estar vivendo com a mulher de seu irmão Filipe; ambos filhos de Herodes, o grande (cf. Mt 14,3-12). O Batista, tendo ouvido falar, no cárcere, a respeito das obras de Cristo, quer esclarecer uma dúvida e envia a Jesus dois de seus discípulos com esta pergunta concreta: "És tu aquele que deve vir ou temos que esperar outro?"

Pode ter parecido a João que a conduta de Jesus não correspondia à imagem do Messias que ele apresentara ao povo e aos seus próprios discípulos às margens do Jordão e que ele mesmo tinha imaginado. O austero profeta do deserto insiste na conversão radical, baseando-se na iminência do julgamento de Deus e de seu Reino, já presentes na pessoa do Messias. As severas imagens do machado, da pá e do fogo (ver Dom. anterior), não pareciam casar com a mansa atuação de Jesus, cuja conduta e compaixão com os pobres, fracos e marginalizados relata Mt nos cc. 8-9 que precedem este que foi lido hoje.

João se sentia enganado por Jesus, ou ao menos em dúvida sobre sua identidade messiânica? É o mais provável, conforme a frase que Cristo acrescenta no final de sua resposta: Feliz aquele que não ficar escandalizado por minha causa (v.6). Mas cabe aqui uma explicação que desculparia o Batista da dúvida pessoal. Ele envia emissários para interrogar Jesus porque quer, antes de sua morte, dar um ensinamento melhor a seus próprios discípulos sobre Jesus o Messias.

b) **A resposta de Jesus** (vv. 4-6). - É uma auto-definição, indireta mas dinâmica, pelas obras que realiza. Elas condensam-se numa citação do Antigo Testamento que é um conglomerado de textos de Is 35,5-6; 61,1...

> O primeiro destes textos encontra-se na *primeira leitura* de hoje (Is 35,1-6a.10: cura de cegos, coxos e surdos). Dentro do texto do Primeiro Isaías, mas pertencente ao Segundo, o do exílio, inserem-se os capítulos 34-35 que constituem o "apocalipse de Isaías": A visão cheia de esperança do profeta que consola o povo oprimido serve-se de imagens que transpiram bem-estar para a natureza hostil do deserto e para as caravanas de repatriados que o cruzam. A esperança do novo êxodo para a pátria alentou a fé da geração no exílio.
>
> Umas cinqüenta mil pessoas regressaram à Palestina por ocasião do edito libertador de Ciro, rei dos persas (ano 538 a.C.).

As curas que são anunciadas tanto na *primeira leitura* como no *Evangelho* são sinal messiânico - salienta Jesus - da presença de Deus e de seu Reino libertador na pessoa de Cristo, em quem se realizam as profecias do Antigo Testamento; ponto de referência sempre presente no Evangelho de São Mateus.

Notemos que o anúncio da Boa Nova aos pobres é equiparado e está unido aos sinais milagrosos das curas (assim como em Lc 4,16-21= na Sinagoga de Nazaré). Nesta união de palavra e sinal Jesus faz constar a indissolúvel unidade que existe, deve existir, entre evangelização e libertação (cf. EN 31; LC 50).

Mas Jesus se dá conta da pedra de tropeço que poderá ser para uma fé fraca o escândalo da Encarnação messiânica no estilo humilde e pobre, sem o poder e glória que os judeus esperavam. Por isso acrescenta esta bem-aventurança da fé: Feliz aquele que não ficar escandalizado por minha causa (v. 6). Pois somente pela fé se pode captar o paradoxo de Jesus, isto é, a força de Deus na fraqueza da palavra e dos sinais que anunciam o Reino. Verifica-se assim a constante bíblica: preferência de Deus pelo fraco, pobre e marginalizado; aquilo que São Paulo irá qualificar como "o escândalo da cruz" (1Cor 1-2; Gl 5,11).

c) **Testemunho de Cristo sobre o Batista** (vv. 7-11). - Tendo partido os discípulos de João, Cristo dá um magnífico testemunho dele. Partindo do impacto causado pela figura do profeta sobre o povo, Jesus assegura que João é o maior dos profetas, anunciado como o "mensageiro do Senhor" por excelência (Ml 3,1). Nisto se baseia sua maior grandeza, inclusive entre todos os nascidos de mulher. Mas surpreendentemente Jesus acrescenta no fim: Não obstante, o menor no Reino dos céus é maior que ele (v. 11).

Esta última afirmação de superioridade não é um juízo qualitativo de valores pessoais, mas a proclamação de um estado ou situação melhor com respeito à salvação gratuita de Deus. Cristo é a novidade suprema da nova ordem religiosa; Ele é a nova Aliança, e em seu sangue se baseiam a nova economia de salvação e a filiação divina, nas quais o discípulo de Jesus entra.

Talvez esteja também implícita aqui uma declaração de preeminência do Novo Testamento sobre o Antigo, da Igreja sobre a Sinagoga, da Lei de Cristo sobre a Lei mosaica.

2. Ou temos de esperar outro Messias?

a) **Boa Nova e sinais de libertação.** - Jesus responde totalmente a pergunta do Batista. Em sua resposta mostra-lhe a presença do Reino de Deus em sua pessoa messiânica e em sua atividade profética. Auto-aplicando-se textos messiânicos do profeta Isaías *(1ª leit.)*, Jesus não se refere a sinais estritamente "religiosos", como poderiam ser para um judeu piedoso o culto do Templo de Jerusalém, liturgia da sinagoga, a lei mosaica e os livros sagrados, a observância sabática, as abluções e os jejuns; mas a sinais "profanos" da libertação messiânica, encarnada no homem, anunciada aos pobres e realizada nas curas.

Onde se dão tais sinais ali estão em marcha e atuando o Reino de Deus e sua justiça, isto é, sua graça que salva o homem integralmente do pecado e da degradação humana. Mas pelo contrário: onde não há um compromisso efetivo do anúncio evangélico com os marginalizados, pobres e carentes - que são os destinatários preferidos da Boa Nova -, não evangelização autêntica, pois não haverá Alegre Notícia da libertação de Deus para o homem (EN 9.12; ver Domingos 11,A,3 e 18,A,3).

b) **Outras respostas a uma pergunta que continua em pé.** - O eco da pergunta do Batista a Jesus nunca se apagou através dos séculos: mas ainda hoje ressoa na busca de messias e redentores. Que messias libertador a Humanidade contemporânea espera: Cristo ou Marx? Hoje como ontem na história não faltam messianismos de resposta para a expectativa e esperança humanas. Contudo, conseguem eles evitar a frustração? Vão aqui breves panoramas dos messianismos ideológicos e fáticos atuais.

- *O existencialismo ateu*, herdeiro da idéia do super-homem de Nietzsche, proclama a auto-salvação do homem. Para esta filosofia o maior pecado é aceitar a falsa imagem de um ser transcendente, manipulador do homem que deve ser livre e senhor de seu destino. A transcendência de Deus, dizem, é a negação da grandeza do homem.

- Para o *marxismo* a idéia de um Deus salvador e libertador da Humanidade é a máxima alienação do homem. A fé religiosa de qualquer credo é ópio, droga e narcótico do povo e do proletariado que sofrem a exploração da classe capitalista dominadora. A nova religião é o Estado, numa sociedade sem classes nem alienações religiosas, econômicas ou trabalhistas.

- A *psicanálise* freudiana vê a crença em Deus, e a religião que dela emana, como fruto e compensação do complexo de inferioridade de uma Humanidade infantilizada. Não é mais que a gratificação ilusória da comum infelicidade humana.

c) **Jesus Cristo é a única Salvação do homem.** Diante destas interpretações da suposta libertação do homem pelo homem, o cristianismo, baseado no fato histórico da salvação de Deus que é Cristo, confessa a Jesus, Deus e homem, como o Salvador presente e operante na história humana que se converte assim em história da salvação de Deus. Portanto, cremos que a libertação humana por Deus não se realiza fora de nosso mundo, somente no além mundo, nem prescinde do esforço humano (EN 31; Pb 483).

Somente o cristão que foge da realidade terrena justifica a acusação marxista que tacha a fé de alienação. Pela dimensão "política" que a fé traz consigo, o autêntico cristão não fica alheio aos problemas mundanos, nem se mostra conformista com a injustiça social, nem se resigna ao fatalismo, nem se refugia num pseudo-espiritualismo tranqüilizante. Mas capta e apresenta os sinais de libertação que devem acompanhar a vinda do Reino de Deus entre os homens.

A mudança de mentalidade e de conduta que o advento exige com urgência é conversão pessoal e social, é conversão a Deus e aos irmãos e à construção de um mundo melhor. O cristão sabe que a maior alienação do homem e das relações sociais não é Deus nem as estruturas deficientes dos sistemas políticos (capitalista, socialista ou marxista), mas a realidade do pecado no mundo: a idolatria do dinheiro e do poder, que fecham o coração ao amor e à justiça por causa do egoísmo que geram.

Somente Cristo liberta-nos do pecado: "Nenhum outro pode salvar, e sob o céu não nos foi dado outro nome que possa nos salvar (At 4,12). Jesus é o único líder que não nos engana: "Senhor, a quem iremos? Somente tu tens palavra de vida eterna (Jo 6,68). Ele é, pois, nossa esperança e nossa alegria.

3. A esperança e a alegria dos pobres

a) **Ativa e paciente espera.** - Na segunda leitura de hoje o autor da Carta de São Tiago (5,7-10) exorta os fiéis da segunda geração cristã, e a nós, à fortaleza evangélica na espera paciente e ativa da vinda do Senhor, imitando a esperança daquele que semeia e a paciência dos profetas.

Essa paciência vigilante e ativa fundamenta-se na esperança e é a expressão dinâmica da mesma, porque é a práxis do esperar. Por isso mesmo, deve ser uma atitude fundamental do cristão que, imbuído de um espírito e de uma vontade evangélica de pobre, recebe prazeroso o anúncio da libertação.

Fruto da esperança é uma ética e uma mística da vigilância ativa diante das vindas constantes do Senhor nos acontecimentos e problemas da existência diária. Pois a preguiça e a apatia são graves pecados "políticos" que cristão não pode cometer.

A esperança cristã não é otimismo ingênuo nem droga alienante, mas resposta, a única válida, ao desejo incombustível de felicidade plena; réplica àquilo que alguém sem fé chamou de "paixão inútil" da vida do homem e do mais além. Contudo, de fato, não há maior falta de sabedoria que viver sem horizonte de futuro e sem esperança. Ao contrário, o cristão que possui o carisma da fé é um homem ou uma mulher que espera pacientemente; mas não instalado na vida e com os braços cruzados. Esquadrinhando o futuro, vive o presente intensamente e procura transformar a realidade para melhor.

b) **Da libertação total** - As realidades escatológicas, Deus e seu Reino, a vida eterna, são o objeto específico do esperar cristão; tudo isto, porém não exclui mas envolve o mundo presente e o esforço dinâmico pela transformação do mesmo e a libertação de tudo o que rebaixa a condição do homem.

> "Afastam-se da verdade os cristãos que, sabendo não termos aqui cidade permanente, mas buscarmos a futura, julgam poderem negligenciar os seus deveres terrestres, sem perceberem que estão mais obrigados a cumpri-los, por causa da própria fé, de acordo com a vocação à qual cada um foi chamado" (GS 43,1).

A alegre esperança cristã da libertação plena, por ser revelação e mensagem de Vida, é crer e esperar não somente a vida eterna mas também a Vida no sentido mais amplo da palavra. Crer na vida eterna é lutar contra tudo o que é morte e anula a vida, a pessoa, sua dignidade e liberdade; é tornar digna e humana a vida presente para que realmente seja Vida, aquela Vida que Deus quer, e que se experimente como tal. Assim se poderá entender e anelar como desejável a Vida do além que coroará nossa fé e esperança (cf. LC 43.60).

Por isso precisamos de homens e mulheres de paciência alegre, fé vigilante e esperança robusta, invulneráveis aos desencantos, sempre a caminho, que não dormem nem cochilam, e cuja vida arde como lâmpada inextinguível a serviço dos pobres, da vida, do amor e dos direitos humanos, com o olhar voltado para o Reino de Deus que já está no meio de nós como fermento de conversão pessoal e mudança estrutural.

Quarto Domingo do Advento (A)

Is 7,10-14: A virgem está grávida.
Rm 1,1-7: Jesus Cristo, da estirpe de Davi e Filho de Deus.
Mt 1,18-24: Jesus nascerá de Maria, desposada com José, descendente de Davi.

NOS UMBRAIS DO MISTÉRIO

1. Assombro, dúvida e perplexidade de José
a) A figura cinzenta do Advento
b) O problema pessoal de José
c) O anúncio do Anjo a José
d) O "sinal" do Emanuel
2. Caminhando na obscura claridade da fé
a) José é protótipo e modelo de fé
b) Uma fé madura. experiência religiosa adulta

***

1. Assombro, dúvida e perplexidade de José

a) **A figura cinzenta do Advento.** - Entre as figuras-tipo do Advento: Isaías, João Batista, e sobretudo Maria, aparece no evangelho de hoje a pessoa de José; e exatamente quando nos aproximamos do momento preciso do mistério iminente do Natal. O evangelho de hoje é um dos difíceis.

A figura de José está nos Evangelhos muito em segundo plano, se contarmos as vezes e ocasiões em que é mencionada. Se de Maria, a Mãe do Senhor, se fala pouco, menos ainda se fala de São José, que é mencionado somente no chamado "evangelho da infância de Jesus" segundo Mateus e Lucas; Marcos e João são evangelhos que passam por cima.

Ao aparecer no Evangelho de Mateus, José adquire uma caracterização peculiar: assombro, dúvida, perplexidade e temor de um homem honrado e bom, desposado com Maria que, antes de conviverem, já está esperando um filho por obra do Espírito Santo. Este último ponto é a afirmação básica do evangelho de hoje, como na cena da Anunciação segundo Lucas (1,26-38). A encarnação do Verbo de Deus no seio de Maria opera-se mediante uma concepção virginal, sobrenatural, milagrosa; é obra do Espírito Santo, isto é, do poder criador de Deus, segundo a mentalidade bíblica. (O evangelho de hoje é lido também na festa de São José, com pequenas variantes no número de versículos: Mt 1,16.18-21.24 a).

b) **O problema pessoal de José** (vv. 18-19). - O evangelista Mateus não conta a Anunciação do anjo a Maria, passagem que, ao contrário, adquire um destacado enfoque no "evangelho da infância" de Lucas; mas a pressupõe, como se percebe da leitura do evangelho de hoje (v. 1), que poderíamos intitular: "o anúncio do anjo a José". Sua pessoa fica quase silenciada em Lucas, uma vez que faz constar que ele é desposado com Maria e é da estirpe de Davi (1,27). Lucas dá realce às perguntas de Maria; Mateus destaca as "perguntas" de José, a quem qualifica de bom, justo, honrado (1,19), mas que tomou uma decisão estranha: repudiar Maria secretamente, sem denunciá-la. Por quê?

Conforme a lei e costume dos judeus os desponsórios, que precediam o casamento propriamente dito, eram já um compromisso matrimonial firme e os desposados a partir de então já eram marido e mulher. Assim na linguagem do evangelho de hoje: Maria, tua mulher (vv. 20.24). Se José queria romper seu compromisso matrimonial não lhe restava outra solução que o repúdio. Como pôde chegar a esta decisão? Não é aceita hoje em dia a explicação baseada na absoluta ignorância por parte de José da situação e do mistério que Maria já conhecia, como se esta lho tivesse ocultado. Não foi assim que os Santos Padres o entenderam, nem é a opinião dos biblistas atuais.

O problema que gera a decisão de José, homem bom e sincero, não está em se ele crê na inocência ou na culpabilidade de Maria, pois em qualquer dos dois extremos deste dilema sua decisão não seria a de um homem honrado. Se acredita ser Maria culpável, deve denunciá-la legalmente; se a crê inocente, por que repudiá-la, embora secretamente? Sua perplexidade consiste antes de tudo em não entender o mistério que a ação de Deus encerra, embora conhecesse dos próprios lábios de Maria o segredo da concepção virginal operada nela. Por isso não quer interferir nos planos do Senhor que estão além do seu alcance. Não sabe qual é o papel que lhe toca desempenhar uma vez que não é o pai dessa criatura tão extraordinária: Filho de Deus, que vai nascer de Maria, sua mulher; por isso parece-lhe ser mais honrado retirar-se discretamente em silêncio.

c) **O anúncio do Anjo a José** (vv. 20-21). - É neste momento que o "anjo do Senhor" intervém, isto é, Deus mesmo lhe fala "em sonhos", conforme a fórmula bíblica usual para a comunicação de Deus ao homem. O anjo lhe confirma e aclara o mistério que Maria lhe havia revelado. Deus confia a José uma missão sublime: ser o pai legal da criança que nascerá, receber Jesus, o Messias, o filho de Maria, na linhagem de Davi, à qual José pertence. Por isso lhe porá o nome, função específica do pai entre os judeus. Assim Jesus entra na genealogia davídica do Messias (na raça humana), da qual Mateus faz um elenco na primeira parte de seu primeiro capítulo. A honradez e a justiça pessoal de José alcançam assim a altura de sua vocação e de sua eleição pelo Senhor para ocupar um lugar preeminente na História da Salvação humana por Deus.

d) **O "sinal" do Emanuel.** - Entre as numerosas citações textuais do Antigo Testamento no evangelho de Mateus (mais de quarenta) inclui-se a do profeta Isaías que é lida na *primeira leitura* de hoje (Is 7, 10-14). No anúncio do anjo a José há uma citação textual da profecia messiânica de Isaías, em seu segundo encontro com Acaz, rei de Judá (s. VIII a.C.), que se via tentado a fazer aliança com o rei pagão da Assíria para se livrar da ameaça dos reis de Damasco em Arã (Síria) e de Efraim na Samaria (Israel). O profeta Isaías anuncia um sinal de Deus para alentar a fidelidade do rei Acaz, e como garantia da permanência dinástica prometida por Deus a Davi: o nascimento de uma criança de uma mulher virgem.

Este sinal de Deus, o sinal do Emanuel, está se cumprindo em Maria. José não o entende; por isso é-lhe esclarecido pelo anjo do Senhor: "Tudo isso aconteceu para que se cumprisse o que o Senhor dissera pela boca do profeta: Vede, uma virgem conceberá e dará à luz um filho, e lhe porá o nome de Emanuel (que significa Deus Conosco)" (Mt 1,22-23; cf. Is 7,14).

A palavra hebraica na profecia de Isaías para designar "a virgem" é *almáh*, que significa mulher núbil, donzela e também mulher antes do primeiro parto ou jovem recém-casada. A expressão "donzela ou virgem não implica necessariamente a virgindade em seu sentido fisiológico ou moral" (*Comentários*... 621). Ao se empregar o artigo determinado "a", o profeta se refere a uma jovem conhecida pelo rei e pelo profeta. Pode ser a própria esposa do rei, jovem ainda, esperando seu primeiro filho.

A versão grega que os Setenta fizeram do hebraico "almáh" = donzela é *parthénos* = virgem; assim passou para o Novo Testamento neste texto de Mateus.

Toda a tradição cristã posterior reconheceu esta profecia como messiânica, isto é, como anúncio do nascimento de Cristo. A comunidade da Igreja primitiva, em cujo seio foram redigidos os Evangelhos, fez uma releitura dos fatos histórico-salvíficos à luz da plena revelação pascal do Novo Testamento. Ao aceitar e interpretar como messiânica a profecia de Isaías, o sinal do Emanuel, e mencioná-la aqui faz-se uma contraposição da figura do ímpio rei Acaz que não confiou no Deus de Israel e a atitude de Maria e de José que aceitam o projeto do Senhor em sua vida.

Assim se realiza o sinal-profecia: Maria é a mãe do Emanuel, Deus Conosco. Através dela entra em nossa história humana Jesus, cujo nome significa "Deus salva", porque Ele salvará seu povo dos pecados (Mt 1,21). Fica assim expressa sinteticamente a mensagem de salvação de todo o Novo Testamento. Passamos das promessas e profecias para a realidade cumprida do Deus Salvador, Deus Conosco, Deus em carne real, Deus em nossa raça, Deus com autêntica natureza e condição humana, além da divina.

Na *segunda leitura* de hoje (Rm 1,1-7), São Paulo resume tudo assim: "Este Evangelho de Deus, que ele tinha prometido por meio de seus profetas nas Sagradas Escrituras, diz respeito a seu Filho, nascido da estirpe de Davi segundo a carne, estabelecido Filho de Deus com poder por sua ressurreição dos mortos, segundo o Espírito de Santidade, Jesus Cristo nosso Senhor" (vv. 2-4).

2. **Caminhando na obscura claridade da fé**

a) **José é protótipo e modelo de fé.** - São José, o justo, supera a prova que foi apresentada à sua fé no Deus de Israel. - Sem ceder à tentação de abandonar, penetra na obscuridade luminosa do mistério de Deus, confia em sua palavra. Transpondo o umbral obscuro da fé, assume sua missão com responsabilidade adulta e se incorpora ao plano salvador de Deus com plena disponibilidade, renunciando a toda ambição de um protagonista mais aparente que verdadeiro.

Sua figura no Advento aparece como um modelo de fé para todo cristão. Uma vez que nossa vida, toda vida, é chamamento, projeto e prova de Deus na fé, deve também ser resposta ao Senhor. Não peçamos evidências. Diante da pergunta, diante da dúvida, somente contamos com a palavra-resposta de Deus, em quem devemos confiar plenamente. E isto apesar de os sinais de Deus nem sempre parecerem lógicos, nem terem evidência clara; e além disso, conscientes de que somente eles podem ser captados pela fé.

b) **Uma fé madura: experiência religiosa adulta.** - Uma vez mais, no caso de Maria e de José, como em todos os protótipos bíblicos de fé - Abraão, Moisés... e em nossa própria circunstância pessoal e comunitária:

- A fé é entrar em contato com o mistério obscuro e luminoso, tremendo e fascinante de Deus que irrompe na história humana como o Deus Conosco altíssimo e próximo, o Deus feito homem em Jesus de Nazaré.

- A fé é risco, é renúncia a toda segurança palpável, sem privilégio temporal algum. Na linguagem de São João da Cruz, diríamos que a fé é noite escura para o cristão, porém, noite vencida pelo clarear da alvorada.

- A fé é um compromisso tão sério que condiciona toda nossa vida, criando um estilo, um critério e um modo de ser e atuar que marcam toda a pessoa em sua realidade e condição pessoal, familiar, social e comunitária.

- A fé é um desafio perene, uma perseguição constante e diário para se viver em plena disponibilidade diante de Deus e em abertura fraternal a todo homem que é meu irmão. A fé em Jesus de Nazaré, Deus feito homem, é fé no próprio homem; é amor ao irmão, seja quem for e como for; é solidariedade humana, especialmente com o mais pobre, oprimido e necessitado. Qualquer outra forma de se entender a fé é fuga, droga alienante, espiritualismo egoísta e míope.

- A fé é ser para os demais um "sinal" do mistério de Deus e de seu amor transbordante.

- A fé é aceitar os planos de Deus sobre nós, com os heroísmos pequenos, ou talvez grandes, da existência vivida cristãmente, ao estilo de Jesus.

- A fé é resposta à vocação-chamada de Deus, por Jesus Cristo, para viver e atuar como amigos fiéis que estimam, valorizam e gozam do favor e graça inestimáveis de Deus. Por isso ter fé autêntica é viver numa atitude de conversão contínua e progressiva.

Conclusão. - Se não chegarmos a viver assim, nossa fé é imatura e nossa experiência religiosa é raquítica e subdesenvolvida. O grande sinal de Deus já está ao alcance da mão. Não nos contentemos com uma celebração superficial do Natal que está iminente. Nossa alegria e otimismo devem nascer lá do nosso interior: Está à vista o Deus Conosco!

NATAL

Natal do Senhor (A)

* *Missa da noite*
Is 9,2-7: Um filho nos foi dado.
Tt 2,11-14: A graça de Deus se manifestou trazendo salvação a todos os homens.
Lc 2,1-14: Hoje nasceu-lhes um Salvador.
* *Missa do dia*
Is 52,7-10: Os confins da terra verão a vitória de nosso Deus.
Hb 1,1-6: Deus nos falou por meio de seu Filho.
Jn 1,1-18: A Palavra se fez carne e veio morar no meio de nós.

Nota: As leituras bíblicas da festa de Natal, em suas três missas, são de um único ciclo; mas são mutáveis de uma para outra missa, conforme a oportunidade pastoral *(Ordo Lectionum Missae*, pág. 11).

Neste ano A centralizamos nossa reflexão e anúncio sobre as leituras da Missa da noite, deixando para outro ciclo as pertencentes à Missa do Dia de Natal (anos B e C).

FELIZ NATAL

1. Noite de Deus, noite de Paz
2. Evangelho do Nascimento de Jesus
a) O censo e o alistamento
b) Nascimento de Jesus
c) Anúncio do anjo aos pastores
d) O canto dos anjos
3. Celebrar o Natal como cristão
a) Celebração festiva
b) Sobretudo para os humildes do povo
c) Sem infantilizar o Natal
4. "Apareceu a graça de Deus para todos os homens"
a) Plenitude libertadora da Encarnação de Deus
b) Estilo cristão de vida entre as duas Vindas do Senhor
c) Reconhece, cristão, a tua dignidade

1. **Noite de Deus, noite de Paz**

Hoje é Natal! Por isso Paz e Felicidade a todos quantos sentem no coração o eco alegre da mensagem da Noite de Deus que os Anjos proclamam: Glória a Deus nas alturas, e Paz na terra aos homens por ele amados.

Todo mundo celebra o Natal, e em quase todas as partes também a Noite de Natal. E em todas as línguas se repete: Feliz Natal! Felizes festas! E nós os cristãos temos razão especial para isso. Trata-se de uma festa íntima, familiar, que reúne os pais com os filhos, os avós com os netos. Um motivo de alegria perpassa por toda a casa enfeitada com enfeites alusivos a estas datas: o presépio, costume iniciado por São Francisco de Assis, o mistério ou a árvore de natal sobressaem em lugar privilegiado espargindo luzes e cores de alegre fantasia. Celebramos o Nascimento de Deus!

Mas devemos celebrá-lo como cristãos, partindo duma perspectiva de fé, para que no meio do ruído, das alegrias da mesa, do folclore e do romantismo sentimental das cantigas não nos escape o mais profundo e essencial do Nascimento de Jesus. A Boa Notícia da Noite Feliz do Natal é a Encarnação de Deus em nossa raça humana com uma finalidade bem concreta: a salvação, libertação e divinização do homem.

2. **Evangelho do Nascimento de Jesus**

A excelente narração do evangelista Lucas (2,1-14 = Missa da meia-noite) com sua encenação magnífica contém esta divisão ou secções:

a) **O censo e o alistamento** (vv. 1-5). - A intenção de Lucas ao precisar personagens e dados da época histórica e o lugar geográfico do nascimento de Jesus é situar a História da Salvação desde seu início temporal no marco da história humana tanto nacional (judaica) como internacional (romana) Jesus é o homem-deus que nasce como cidadão de um país determinado e sob uma autoridade civil concreta. E como Messias, descendente da estirpe davídica (2Sm 7,1ss. = profecia de Natã), nasce em Belém de Judá que é a cidade de Davi.

O dado que se refere ao imperador romano Augusto é exato; mas o que se refere ao censo e alistamento nos tempos do governador Cirino cria problemas históricos, ainda não resolvidos com precisão, sobre a data exata do nascimento de Jesus. Provavelmente este censo aconteceu entre os anos 6-4 a.C., pelo que "a expressão de Lucas explica-se como data assaz aproximada" (Bíblia de Jerusalém).

Por outra parte, é sabido que há um desajuste de datas entre o nascimento de Cristo e o começo da era cristã, devido ao erro de cálculo cometido por Dionísio Exíguo (s. VI) quando estabeleceu a data inicial da era cristã em relação com os anos da fundação da cidade de Roma, baseando-se na literalidade de Lucas 3,1.23. Jesus nasceu uns seis ou sete anos do começo de nossa era, data assinalada por Dionísio Exíguo como ano primeiro.

b) **Nascimento de Jesus** (vv. 6-7) - Enquanto Maria e José estavam em Belém, para onde foram para se inscreverem no recenseamento, por ser José da casa e da família de Davi, para Maria "chegou o tempo que deveria dar à luz e deu à luz o seu filho primogênito; envolveu-o em faixas e o deitou num presépio, porque não havia lugar para eles nas hospedarias".

Realizou-se o maior paradoxo da história: Aquele que é Rei descendente de Davi, Messias e Filho de Deus, nasce na mais absoluta pobreza e entra na interminável fila dos mais pobres. Assim quis Deus iniciar a libertação do homem: a partir de dentro da natureza do mesmo, assumindo Jesus nossa condição humana, especialmente a situação dos mais humildes e marginalizados.

O termo "primogênito" aplicado ao filho de Maria, conforme a linguagem bíblica não significa necessariamente o nascimento posterior de outros irmãos menores. Somente constata a situação legal de dignidade e de direitos que a tradição judaica conferia ao primeiro filho e faz referência à norma vigente entre os judeus piedosos de consagrar o primogênito ao Senhor (Êx 13,2.12).

c) **Anúncio do anjo aos pastores** (vv. 8-12) - Seguindo o modelo ou gênero literário usual no Antigo Testamento para introduzir a palavra de Deus dirigida ao homem, Lucas relata como "o anjo do Senhor", num contexto ambiental de gloriosa claridade, comunica a alegre nova do nascimento de Jesus a alguns humildes e atemorizados pastores. Quando Deus fala ao homem, este sempre estremece em todas as teofanias bíblicas. Mas o anjo lhes diz: "Não tenham medo. Trago-lhes uma boa notícia, uma grande alegria para todo o povo: Hoje, na cidade de Davi, nasceu para vocês um Salvador, o Messias, o Senhor". E dá-lhes um sinal: Vocês encontrarão um menino envolto em paninhos e deitado num presépio". Debilidade e pobreza é o "sinal" de Deus e o do fato salvador de sua presença, que somente pode ser captado pela fé.

* Os primeiros destinatários da grande notícia não são os chefes religiosos de Jerusalém, nem os especialistas da Lei mosaica, nem os peritos em tradições judaicas, nem os sacerdotes do Templo, mas uns humildes pastores.

Nós pusemos muito romantismo na figura dos pastores de Belém; mas a nua realidade é que os pastores eram gente de baixa condição e péssima imagem na sociedade judia: analfabetos, sujos, ladrões e gente em quem não se podia confiar. Nem sequer eram admitidos como testemunhas num julgamento. Pois bem, estes marginalizados juntamente com os mais pobres e os publicanos e as prostitutas, isto é, a ralé social e moral da sociedade judaica, são os preferidos do Senhor, entre todos, para o anúncio do Evangelho e do Reino. A narração de Lucas, o evangelista da misericórdia de Deus, ressalta assim a fé e a resposta dos humildes, aos quais Deus revela seus segredos e sua sabedoria, em contraste com a recusa dos grandes, dos socialmente influentes e dos sábios empavonados (cf. Lc 10,21). Entre estes "humildes e pequenos" de Deus estão José e Maria, aquela que acreditou (1,45), aquela que guardava tudo isto em seu coração (2,19.51).

O anúncio do anjo aos pastores é a mensagem central, o verdadeiro Evangelho, a autêntica Boa Nova do Natal. O anúncio é uma cópia da fórmula oficial para apregoar o nascimento dos imperadores romanos, divinizados pelo Império, como uma manifestação (epifania) de Deus na vida vulgar dos mortais. Portanto, na fórmula do anúncio do anjo há uma autêntica confissão de fé pascal na divindade de Jesus. A criança que nasceu é Deus-entre-os-homens.

Os títulos que lhe são dados: Salvador, Messias, Senhor, refletem isso com clareza. Embora seja certo que os termos "Salvador" e "Messias" possam estar adaptados aos destinatários e encontrar ressonância na mentalidade judaica dos pastores, não assim o título "Senhor" que traduz o "Kyrios" pascal das comunidades cristãs primitivas de língua grega para se referir a Jesus ressuscitado e glorioso.

Ao nascer Jesus, o Messias, em Belém de Judá que é a cidade de Davi, cumprem-se as profecias messiânicas (cf. Mq 5,1) e o Antigo Testamento chega a seu ápice e seu fim. Inaugura-se o "hoje" da Salvação. Hoje nasceu para vocês; mais que uma data exata referente a um dia ou momento histórico do nascimento físico do Senhor, "hoje" significa uma etapa intemporal, um tempo de graça sempre presente, atual operando constantemente a libertação de Deus que se faz homem para que o homem alcance a filiação divina (ver Pref.III do Natal).

d) **O canto dos anjos** (vv. 13-14). - Por isso, "glória a Deus nas alturas, e paz na terra aos homens por ele amados"; palavras que abrem o hino litúrgico de louvor, o Glória, que repetimos sempre em nossas eucaristias. O canto dos anjos é:

- a aclamação messiânica de Jesus como Príncipe da paz (Is 9,5 = *1ª leit.*);

- a interpretação teológica do anúncio que precedeu;

- a proclamação e certeza do universalismo da salvação de Deus;

- a expressão mais profunda e maravilhosa da união do céu e da terra, da glória e da paz, na pessoa da Criança que nasceu, Jesus Cristo, Deus feito "Filho do homem".

Assim se cumpriu plenamente a profecia, messiânica conforme toda a tradição eclesial, contida na *primeira leitura* (Is 9,2-7) da Missa da noite, tirada do Primeiro Isaías (s. VIII a.C.).

Em meio a um contexto histórico envolto em luto por causa da sujeição do Norte da Palestina (Galiléia) ao poder assírio, anuncia-se a alegria da próxima libertação, expressa em imagens como a da luz que vencerá as trevas: Um Menino recém-nascido, cujos títulos são: Conselheiro, Deus, Pai e Príncipe da Paz. Os dotes excepcionais deste Menino, destinado ao trono de Davi, tornam-se realidade em Jesus, o filho de Maria.

3. Celebrar o Natal como cristão

a) **Celebração festiva.** - A alegria é espontânea no Natal. Talvez não nos tenhamos perguntado porque nos felicitamos e nos desejamos mutuamente o melhor. Natal não é um simples burburinho de uma festa que faz parte de nossa cultura cristã tradicional. Há os que, sem serem praticantes habituais, não perdem todavia a missa do Natal. Por quê? Somente por motivos tradicionais de família, ou porque ainda arde neles uma fagulha da fé? Vamos às motivações profundas que são as mais válidas. Camuflagem ocasional e produto do consumismo comercial e religioso, não; felicidade e paz de Deus, sim.

Celebrar o Natal como cristão é abrir o coração à alegria de Deus e dos homens. Alegria que nasce de nossa fé e não porque assim dita o costume social; alegria porque Deus entra com sua salvação em nossa história humana. Para captarmos o mistério alegre da Encarnação precisamos fazer um pouquinho de silêncio em nosso interior e vencer o ruído superficial que tira o mistério do acontecimento festivo que celebramos hoje. Temos motivos para viver contentes: "Hoje nasceu nosso Salvador; alegremo-nos, irmãos. Pois não pode haver lugar para a tristeza, quando acaba de nascer a Vida" (São Leão Magno). Poeticamente expressava isso também Luís de Gôngora:

"Caiu hoje uma flor;
Vinda do seio da Aurora.
Como está feliz o feno,
Pois ela caiu sobre ele!"

No fundo, que outra coisa poderia ser esse júbilo que todos celebram no Natal, embora não tenham uma fé muito vigilante, senão o saber e o sentir Deus perto de nós, a nosso lado, com sua tenda armada em nosso acampamento? Felicidade que elimina o medo de um Deus hierático, longínquo, intratável. Não é isso o nosso Deus. Tão pouco é um extraterrestre que aterriza em nosso planeta numa sofisticada nave espacial, caído dos mundos mitológicos do além onde habitam os deuses inacessíveis. Nosso Deus aproxima-se de nós hoje no sorriso e na ternura de uma criança desvalida e pobre como nenhuma outra; e não vem para uma visita como um astronauta, mas para ficar conosco. Por tudo isso, alegria e paz.

b) **Sobretudo para os humildes do povo.** - Felicidade sobretudo para estes. Porque são os simples e pobres de espírito que captam melhor os sinais de Deus e aos quais o Senhor mais ama. O Natal não é alvoroço de uma elite poderosa ou de intelectuais e cientistas auto-satisfeitos que não sabem tornar-se crianças, mas alegria popular conforme a mensagem do anjo aos pastores (Lc 2,10). Deus é gratuito e sem complicações; por isso o captam melhor os simples, os que são capazes de amar o irmão, os que têm maior disponibilidade para receber e compartilhar o dom de Deus. Precisamos ter alma de pobre para que, esvaziados de nós mesmos, possamos ser repletos de Deus. Assim saberemos agradecer, desfrutar e compartilhar com os outros o melhor prêmio desta loteria natalina, que é a paz e o amor do Senhor.

c) **Sem infantilizar o Natal.** - Hoje é e deve ser Natal para todos; mas como? Não infantilizemos o Natal, nem nos contentemos com uma imagem barata do mesmo. Não haverá Natal verdadeiro enquanto não se realizar a libertação que Jesus traz ao nosso mundo aqui de baixo; enquanto houver fome, dor, exploração, miséria, opressão, marginalização; enquanto tantos irmãos nossos continuarem vivendo em condições que ferem a dignidade humana; enquanto as crianças da grande massa dos pobres da terra forem as vítimas preferidas da morte prematura. Tudo isso é o anti-Natal, porque nesse submundo, nessa deserta solidão ainda não nasceu Deus.

Celebramos cristãmente o Natal sempre que construímos a paz em nosso ambiente de família, de vizinhos, de amigos e companheiros de trabalho; sempre que repartimos amor com os outros sem esperar nada em troca, ou acolhemos o pobre como a Cristo; sempre que os anciãos e as crianças, os enfermos, os que estão sozinhos, os que sofrem por qualquer motivo sentem uma mão amiga em seu ombro, um sorriso afetuoso e calor humano em nosso olhar. Porque o amor é o clima cristão; se estamos "dentro" desta atmosfera ambiental, forçosamente amaremos; se não amamos é porque estamos "fora".

4. "Apareceu a graça de Deus para todos os homens"

a) **Plenitude libertadora da Encarnaçao de Deus.** - Não ficaria completa a mensagem de Natal se afirmássemos tão somente: Deus se fez homem para que o homem chegue a ser filho de Deus. É preciso acrescentar: E para que o homem se faça verdadeiramente humano. Isto também é conseqüência lógica da Encarnação do Verbo. Que valor tem a nossa condição humana para que Deus queira assumi-la?! E que amor tão grande o seu para conosco para o fazer! Se Deus nasce humano conclui-se que vale a pena ser homem, mas homens e mulheres novos, renascidos para a amizade, vida e graça de Deus, assim como para a fraternidade e solidariedade humanas.

b) **Estilo cristão de vida entre as duas Vindas do Senhor.** - Esse é o convite da *segunda leitura* da Missa da noite (Tt 2,11-14). Compromisso cristão de vida para o tempo da Igreja, o período que medeia entre a primeira vinda de Jesus no Natal e sua manifestação gloriosa no final de nossa vida e do mundo. A Encarnação de Deus é motivo de conversão, razão para abandonar a longa lista das obras da carne e produzir os frutos do Espírito (cf. Gl 5,19-24). Deus "ensina-nos a renunciar uma vida sem religião e aos desejos mundanos, para levarmos já desde agora uma vida sóbria, honrada e religiosa" (v. 12) e animada pela alegre esperança da aparição gloriosa do grande Deus e nosso Salvador, Jesus Cristo (v. 13).

c) **Reconhece, cristão, a tua dignidade.** - A nova condição humana que Jesus inaugura coloca-nos diante de um dilema da escolha: Tudo aquilo que é inerente ao homem velho e pecador é incompatível com o homem novo e filho de Deus. "Ele se entregou por nós para libertar-nos de toda maldade e para purificar um povo que lhe pertence, zeloso na prática do bem" (v. 14). O mistério da Encarnação aponta já para o mistério pascal, isto é, para a Paixão e Morte de Jesus na Cruz para nos resgatar com seu sangue, e para a sua Ressurreição gloriosa, assim como para a segunda e definitiva vinda do Senhor com poder e glória para a consumação final do Reino de Deus, inaugurado hoje em sua pessoa.

Deste modo a vigilante espera do Advento não termina no Natal, tem hoje apenas uma primeira e alegre parada, um alto na caminhada rumo à Pátria prometida. Graças a Cristo Jesus somos "nova criação". Por isso nos alegramos, enquanto recordamos a exortação do Papa São Leão Magno em seu primeiro sermão no Natal do Senhor:

> "Reconhece, cristão, a tua dignidade. E, uma vez que foste feito participante da natureza divina, não penses em voltar com um comportamento indigno às antigas vilezas. Pensa de que Cabeça e de que Corpo és membro. Não te esqueças que foste libertado do poder das trevas e transladado para a luz e para o Reino de Deus" (PL 54,193).

Domingo dentro da Oitava do Natal

Sagrada Família (A)

Eclo 3,3-7.14-17a: Aquele que teme ao Senhor honra seus pais.
Cl 3,12-21: A vida de família vivida no Senhor.
Mt 2,13-15.19-23: Tome o Menino e sua Mãe e fuja para o Egito.

NOVO MODELO DE FAMÍLIA

1. Jesus, novo Moisés, recapitula a história de Israel
a) Finalidade básica da narrativa evangélica
b) Gênero literário do midrash
2. A Sagrada Família, modelo da família cristã?
3. A família, instituição em crise em mudanças
a) Que é que está em crise?
b) A família do passado
c) A família atual
4. Valores básicos e permanentes da família cristã
a) Comunhão interpessoal de amor e de vida
b) Comunidade aberta
c) "Igreja doméstica"

***

Celebramos hoje a festividade da Sagrada Família. A idéia central desta celebração litúrgica não é a família cristã, mas, como sempre na liturgia, a celebração do mistério de Cristo que viveu no seio da família como criança, adolescente e jovem. Foi a conseqüência lógica de sua Encarnação.

A *primeira leitura* expõe um comentário do Eclesiástico ou Sirácida (s. II a.C.) ao quarto mandamento do Decálogo. Os pais merecem os deveres da piedade filial: amor, honra, respeito e ajuda de seus filhos porque ao transmitir a vida, cuja fonte é Deus, sua paternidade e maternidade os constituem vigários e imagem de Deus Criador. Na *segunda leitura* escutamos uma exortação de São Paulo sobre a convivência eclesial e a vida familiar no amor de Cristo. E no *evangelho* ouvimos a narrativa da fuga da Sagrada Família para o Egito e seu regresso a Nazaré.

É impossível tratar de todo amplo campo da família no breve espaço de algumas páginas. Neste ciclo escolhemos como tema o novo modelo de família, deixando para os seguintes a reflexão sobre o amor como alma da família (ano B) e a análise dos problemas da educação e relações entre pais e filhos (ano C).

1. Jesus, novo Moisés, recapitula a história de Israel

a) **Finalidade básica.** - Na narrativa evangélica da fuga para o Egito que hoje lemos conforme o Evangelho da Infância segundo Mateus, é-nos mostrado Cristo como novo Moisés que recapitula a história do Povo de Israel. Por isso Jesus desce ao Egito, onde se refugia fugindo da perseguição de Herodes. Por ocasião da morte deste, regressa a Israel e se estabelece com seus pais em Nazaré da Galiléia. Desta forma também Ele fez o itinerário da perseguição e "escravidão" para a liberdade da terra prometida. Assim os fatos históricos se interpretam em chave de História de Salvação de Deus.

A *referência histórica* que apóia a fuga da Sagrada Família para o Egito e sua fixação em Nazaré por ocasião de seu regresso, são dois personagens históricos da política de então: Herodes o Grande e seu filho Arquelau. Antes de sua morte Herodes o Grande, cuja crueldade foi enorme nos últimos anos de seu reinado chegando inclusive a assassinar alguns de seus filhos, dividiu seu reino entre três de seus filhos. Herodes Antipas herdou a Galiléia e a Peréia; Filipe a parte oriental do Jordão e o norte da Galiléia; e Arquelau, que seguiu o exemplo cruel de seu pai, dominou sobre a Judéia, Samaria e Iduméia.

Por isso o texto evangélico diz que José, por razões de segurança, mudou-se com a família, Maria e Jesus, para um povoado da Galiléia chamado Nazaré.

b) **Gênero literário.** - A dupla tipologia que está latente na passagem evangélica de hoje se explica mediante o gênero literário freqüente na literatura judaica, chamado midrash hagádico, que enriquece os fatos narrados com referências, textos e tipos do Antigo Testamento:

- Moisés e Jesus: Este é o novo Legislador da Nova Aliança, e como Moisés é também perseguido de morte e tem que fugir, regressando depois à terra de seus antepassados.

- Israel e Igreja: Esta é o novo Povo e Família de Deus, cuja sorte, exílio e repartição experimentam também Jesus e seus pais Maria e José.

* Todo o segundo capítulo de Mateus tem como chave três nomes geográficos que são apoiados, cada um, com citações do Antigo Testamento "para que se cumprisse a Escritura", preocupação sempre presente em Mateus. Desta forma se garante a messianidade de Jesus:

- Belém de Judá (v. 6): Profecia de Miquéias 5,2.

- Egito (v. 15): "Chamei meu filho (Israel) para que saísse do Egito" (Oséias 11,1; cf. Êx 4,22).

- Nazaré (v. 23): "Chamar-se-à Nazareno", relacionando com diversos textos do profeta Isaías (4,2; 11,1; 42,6; 49,8).

Estas referências ao Antigo Testamento e a linguagem estereotipada de "o anjo do Senhor" que fala a José "em sonhos" alertam-nos para o gênero literário usado na narrativa evangélica de hoje. Estamos diante de um texto de características midráshicas, o que não significa negar sua historicidade e qualificá-la como mito. A finalidade intencional e básica do fato relatado é transmitir uma mensagem teológica à base de dados que entram na esfera da história da salvação humana por Deus. (Sobre o "evangelho da infância" de Jesus, ver Epifania, A).

2. A Sagrada Família, modelo da família cristã?

A fuga da Sagrada Família para o Egito mostra também a existência do cristão como atitude permanente de êxodo e itinerância para a pátria esperada com um gesto de disponibilidade e de resposta de fé ante a voz do Senhor. Aparece também a cruz como inerente à caminhada da família cristã no mundo, pois o exílio de Jesus, Maria e José é já uma introdução e presságio da perseguição e do calvário.

Tudo isso é fruto normal, prolongamento e conseqüência lógica da encarnação de Jesus, Filho de Deus, na raça humana e nas origens históricas de uma humilde família israelita e de um povo, o judeu, (cf. GS 32). Por isso a festa da Sagrada Família encontra seu marco adequado de celebração no contexto do Natal.

Costuma-se dizer que a Sagrada Família é o modelo da família cristã. A *Oração da Coleta* de hoje a propõe como "maravilhoso exemplo" aos olhos do povo cristão, digno de imitação em suas virtudes domésticas e em sua união no amor. Portanto, modelo e protótipo não tanto em seu contexto sócio-cultural e histórico, tão distante do nosso, quanto em seus valores fundamentais, especialmente o amor, que lhe deram coesão, significado e missão de salvação nos planos de Deus. Seu exemplo estimula-nos a continuar crendo na família como cédula eclesial e social, apesar das inevitáveis dificuldades inerentes à instituição matrimonial e familiar de hoje em dia .

Por isso é oportuno refletir sobre a família olhada a partir do mistério de Cristo. A família: idéia viva, argumento rico, projeto sugestivo, capítulo fundamental e apaixonante; falando-se dele corre-se sempre o risco de superficialidade. (Para completar o tema indico ao leitor os anos A e C desta festividade nesta obra.)

3. A família, instituição em crise e em mudanças

a) **Que é que está em crise?** - A família é a célula embrionária da Sociedade e da Igreja (AA 11); por isso tanto as leis civis como as eclesiásticas a regulam, a protegem e lhe dão valor e consistência em sua projeção pública. Mas também se diz que o matrimônio e a família são instituições ou estruturas que, como a própria sociedade em mudança (GS 5-10), estao em crise partindo para um novo modelo de relações intrafamiliares: os esposos entre si e os pais com os filhos.

Diante de tal afirmação cabe uma pergunta prévia: Que é que está em crise? A família ou um modelo concreto da mesma, submetido ao processo sócio-cultural? Que é pretendem salvar certas nostalgias e saudades do passado: valores fundamentais da família, tanto cívicos como cristãos, ou antes um determinado esquema histórico de sociedade familiar? Em minha opinião temos que aceitar positivamente o fato da mudança na estrutura familiar, fruto de uma constante evolução social, trabalhista, econômica e cultural; mas pesando os valores e contravalores do novo e do velho.

b) **A família do passado.** - Como era a família da época pré-técnica e pré-industrial? Em poucas linhas, eis aqui seus pontos fortes e fracos: Era uma instituição fechada, de cunho patriarcal e formada de cima para baixo. As funções tradicionais de seus membros estavam repartidas assim: o pai detém a autoridade e é responsável pela parte econômica; a mãe atende aos afazeres domésticos e cuida dos filhos; estes estão submetidos à autoridade paterna. As relações, pois, entre seus membros eram verticais e hierárquicas, porque o princípio de autoridade era visto como básico.

Tratava-se de uma estrutura sólida, feita para durar, verdadeira escola de valores tradicionais, de caráter quase sacral, muito unida, freqüentemente artesanal, com estabilidade local, sem mutação dinâmica e sem ruptura legal possível pelo divórcio. Até certo ponto era uma instituição auto-suficiente em suas funções procriativa, educacional, econômica e socializadora; com fortes apoios sócio-culturais, como uma economia comum e centralizada onde os filhos, numerosos, constituíam um bem econômico-produtor, um investimento rentável, diríamos.

Conseqüentemente, a situação da mulher, sempre no lar, e dos filhos com respeito ao cabeça da família, era de submissão total e plena dependência econômica, com tendência para a anulação de sua personalidade humana, jurídica e social. Freqüentemente também o "machismo" legitimou por costume, e inclusive no código civil, uma dupla e hipócrita moral que tolerava socialmente para o homem o que condenava para a mulher.

c) **A família atual.** - Hoje, ao contrário, primam as relações horizontais e democráticas dentro da família, cujas dimensões quanto ao número de membros e espaço habitacional foram reduzidas consideravelmente. Mais que o princípio de autoridade do cabeça de família ou dos pais, dá-se preferência ao diálogo, à co-responsabilidade, à igualdade, ao companheirismo e à amizade entre marido e esposa, entre pais e filhos. E em grande parte o caráter religioso ou quase-sacral da família foi substituído por outro secular e neutro.

A estrutura familiar perde coesão habitacional e de convivência em razão da desagregação produzida pelo trabalho, estudos, fins de semana e trabalho profissional da mulher fora de casa. Os códigos civis possibilitam inclusive a ruptura legal dos vínculos conjugais e familiares em determinados casos.

Esta perda ou enfraquecimento do núcleo familiar traz consigo, requer e fomenta uma maior responsabilidade, autonomia e independência, até econômica, dos membros da família que já não é mais numerosa, pois os filhos deixaram de ser uma renda familiar para se tornar apenas um peso. Os filhos, passado o tempo de sua educação, estudos e formação profissional, querem sua liberdade e independência dos pais com freqüência porque se casam ou vão viver por sua própria conta. Desta forma não contribuem em nada na economia comum da família.

Por tudo isso a família atual depende de uma maior socialização para suas funções e para subsistência de seus membros: educação, trabalho, enfermidade, aposentadoria.

4. Valores básicos e permanentes da família cristã

Nesta transição e crise de identidade familiar teremos de saber pesar o positivo e o negativo do novo modelo de família, que por outra parte é algo em evolução e não acabado, nem definitivo e de uma vez para sempre; nem sequer igual em todas as partes, mas submetido ao pluralismo cultural, à mudança e evolução sociais. Tarefa difícil! Por isso temos de nos perguntar sobre aquilo que é básico e permanente na família de hoje e de sempre, tanto no seu âmbito interno como em sua projeção externa, social e eclesial. Na Sagrada Família vemos hoje um modelo de orientação com respeito a esses valores. Em síntese, ressaltemos estes:

a) **Comunhão interpessoal de amor e de vida. -** A família é o melhor e o mais adequado clima para o crescimento e a maturidade pessoais. Como? A base de amor e doação, que é o caminho evangélico e de realização do ser humano como pessoa e como cristão. O amor foi, é e será sempre a origem e a alma da família; lembrem-se do tempo de noivos como a vida parecia fácil e cheia de ilusões. Mas o amor é disciplina de difícil aprovação, porque não é puro egoísmo que recebe e necessita do outro para ser feliz, mas é entrega, sacrifício e renúncia para fazer o outro feliz. Nesta situação vacilante de crise, precisamos hoje mais do que nunca acentuar e sublinhar o amor interpessoal autêntico, um amor fiel, único, exclusivo, totalizante e para toda vida; sem ceder às trapaças dos substitutivos e poder assim progredir sempre no crescimento até a plenitude e a maturidade.

Diga-se o mesmo com respeito à educação dos filhos e às relações pais - filhos. Os filhos não são propriedades ou bens adquiridos para o egoísmo possessivo de seus progenitores, mas vida e prolongamento vital de um amor pessoal que educa e orienta para a liberdade responsável. Porque assim é o amor de Deus ao homem, e de cuja força criadora participa a paternidade e maternidade humanas (GS 49-51).

A comunhão crescente de vida e amor é a melhor possibilidade de solucionar os problemas que se apresentam na convivência conjugal e familiar. Não é tanto para lamentar que existe uma lei do divórcio para regular situações já irrecuperáveis e de fracasso total, quanto o aparecimento de causas que provocam e tornam realidade a ruptura.

b) **Comunidade aberta. -** Se a família é célula nuclear da Sociedade e da Igreja, como dissemos, deve ter necessariamente projeção social e eclesial, positiva e solidária. Neste sentido devem ser orientadas a ação dos esposos e a educação dos filhos pelos pais. Em vez de fomentar nas crianças, adolescentes e jovens as instâncias do egoísmo, a competência agressiva, as oportunidades econômicas e o triunfo pessoal na vida acima de tudo e de todos, é preciso inculcar às novas gerações os valores abertos, cívicos e cristãos do altruísmo, da solidariedade, da responsabilidade, do serviço social, da fraternidade e do compromisso com os direitos fundamentais das pessoas, especialmente dos mais fracos e marginalizados (GS 51; GE 3).

c) **"Igreja doméstica".** - Somente assim a família cristã testemunhará os valores evangélicos e do Reino de Deus: a fé, a esperança e o amor de Cristo (LG 35), "contribuindo para a santificação do mundo a partir de dentro à maneira de fermento" (Ib. 31; cf. 33). Essa é a missão da vocação cristã ao matrimônio e à família, que é vocação de santidade pessoal e libertadora socialmente.

A família cristã santificada por Cristo (GS 32) é reflexo da família trinitária: Pai, Filho e Espírito Santo, como comunidade de amor redentor; o lar é a pequena igreja, o santuário onde se rende culto e louvor a Deus (ver *2ª leit.*). A família é a "Igreja doméstica". Expressão que o papa João XXIII cunhou, com um eco da tradição patrística e eclesial, e que o Concílio Vaticano II fez sua (LG 11,2; AA 11,4). Assim sendo, como a comunidade da Igreja, o matrimônio e a família cristã devem ser e aparecer como:

- comunidade de salvação: lugar de encontro de Deus com o homem e vice-versa;

- comunidade humana de amor e mistério cristão que reflete e torna visível o amor que Deus tem, em Cristo, a seu povo a Igreja e a Humanidade;

- comunidade de vida e vocação cristã, a mais universal para o seguimento evangélico de Jesus;

- comunidade de missão eclesial e de testemunho social dos valores evangélicos a serviço da fraternidade em nosso mundo, que é a grande família de Deus.

1º de janeiro: Oitava do Natal

Santa Maria, Mãe de Deus (A)

Nm 6,22-27: O Senhor te abençoe com a Paz.
Gl 4,4-7: Deus enviou seu Filho, nascido de uma mulher.
Lc 2,16-21: Aos oito dias puseram-lhe o nome de Jesus.

CRISTO É NOSSA PAZ

1. Dia Mundial da Paz
2. A paz e a guerra
a) Paz: uma palavra desacreditada e ambígua
b) O negócio da "paz armada"
c) A guerra: capricho e brinquedo caro
3. Por Cristo é hoje possível a utopia da Paz
a) Maria nos dá Jesus, que é nossa Paz
b) Desarmamento total e não tréguas
4. Felizes os que trabalham pela Paz

***

1. Dia Mundial da Paz

Entre as múltiplas idéias que conforme as circunstâncias e as leituras bíblicas (de ciclo único) confluem neste dia: oitava do mistério do Natal, circuncisão e nome de Jesus, maternidade divina de Maria, ano novo e dia mundial da Paz, vamos nos fixar no presente ano A nesta última: Dia Mundial da Paz. É o eco da mensagem divina aos pastores na noite de Natal: Paz na terra aos homens amados por Deus (Lc 2,14). Nos anos seguintes refletiremos sobre a Maternidade divina e eclesial de Maria (B), e veremos sua figura em relação com o lugar da mulher na Igreja atual (C).

Por meio de Santa Maria, Mãe de Deus, recebemos a Cristo que é nossa Paz (Ef 2,14). Ele é Deus que chega a nosso mundo em carne humana, "nascido de uma mulher" *(2ª leit.)*.

Realiza-se assim em plenitude o bem central da bênção de Deus aos israelitas por meio dos sacerdotes, que era também a Paz, conforme a fórmula de invocação que nos transmite a *primeira leitura* (Nm 6,22-27).

"A solenidade da Maternidade de Maria é ocasião própria para renovar a adoração ao recém-nascido Príncipe da Paz, para escutar de novo o jubiloso anúncio evangélico, e para pedir a Deus por mediação da Rainha da Paz o dom supremo da Paz. Por isso na feliz coincidência da oitava do Natal com o princípio do ano novo, instituímos (em 1968) o Dia Mundial da Paz, que goza de crescente adesão e que está fazendo amadurecer frutos de paz no coração de tantos homens" (Paulo VI, em MC 5,2).

2. A paz e a guerra

a) **Paz: uma palavra desacreditada e ambígua.** - A saudação obrigatória no dia de hoje é: Feliz ano novo, cheio de felicidade, saúde, paz, e bem-estar! Isto desejaram para você e você o repetiu aos demais, sem dúvida com sinceridade. Embora sempre esteja presente o perigo da fórmula estereotipada. Por isso precisamos voltar ao sentido original, radical, de algumas palavras do vocabulário que estão já demasiadamente gastas pelo uso. Ou antes tentar outras novas, para não incorrer na pobreza conceitual e na rotina lingüística.

Uma dessas palavras desgastadas é "paz" que quase já não significa mais nada, de tanto que é manipulada. Porque todos dizem, os de um lado e os do outro, inclusive empunhando as armas. Tanto a pronuncia um cristão como um ateu e a repetem igualmente um homem sincero e um hipócrita ou cínico. Por isso paz não pode significar o que o termo significa em si mesmo, pois se cria uma ambigüidade polivalente, perigosa e ofuscante.

Contudo, a paz é uma constante histórica como aspiração máxima da Humanidade; e ao mesmo tempo e paradoxalmente é a ausência mais sentida na história. Segundo um pesquisador alemão, nos cerca de quatro mil anos de história humana conhecida somente dezessete anos foi o período mais longo de paz, sem que houvesse guerra em alguma parte do mundo. Se fizermos um inventário das décadas, os anos do século XX, por exemplo, não chegaríamos nem a essa cifra precária.

b) **O negócio da "paz armada". -** Desde o crime de Caim a guerra parece ser nossa companheira inseparável de viagem. Porque não é contado somente o estalido declarado das armas, mas também a guerra fria, a violência, o terrorismo, os atentados, os seqüestros e assaltos, a opressão, a violação dos direitos humanos, a agressividade, a exploração do homem pelo homem em todas as suas formas grosseiras ou sofisticadas.

Apesar do inegável progresso cultural e do assombroso avanço técnico, há um programa que nunca recebe aprovação: lição da paz. Reprovado anualmente durante séculos. Para consolo de imbecis dá-se o nome de paz ao "equilíbrio de forças". Sua base racional, ou antes irracional, é a filosofia do medo e da intimidação dissuasória. Sua conseqüência desenfreada: a corrida armamentista. O cúmulo do cinismo é o lema "armas para a paz". Essa parece ser a herança secular do conceito romano de paz: Ordem sob as armas das legiões e dos pretores. Hoje em dia os blocos e as nações armam-se até os dentes "para defender a paz", dizem, ou para a defesa nacional, que vem a ser o mesmo. Assim aprovam o velho provérbio romano: "Se queres a paz, prepara a guerra". A paz armada é um negócio lucrativo, uma indústria descomunal, uma mina fabulosa de dinheiro. Milhões de homens jovens em todo o mundo estão a serviço das armas e milhares de cérebros de cientistas empregam seu talento para a destruição da Humanidade, quando poderiam usá-lo para o progresso cultural, para a qualidade e elevação do nível da vida humana em todo o mundo, especialmente onde há maior urgência.

Mas, paradoxalmente, são os países do terceiro mundo os que, em proporção, investem mais dinheiro em armamento, esbanjando uma riqueza de que necessitam desesperadamente para sair do subdesenvolvimento e progredir em todos os níveis: alimentação, saúde e cultura. Dessa forma seu escasso dinheiro volta para os países ricos, aumentando mais sua dependência deles e hipotecando seus recursos nacionais (PT 109).

c) **A guerra: capricho e brinquedo caro.** - As estatísticas da fome e da guerra são de arrepiar. E o mais triste é que a corrida armamentista corre paralelamente à curva ascendente da fome, da enfermidade, da incultura e da miséria. Conforme números da FAO, dois terços da Humanidade estão subalimentados; cada ano perecem de fome mais ou menos setenta milhões de homens; cada dia morrem por desnutrição umas duzentas mil pessoas, das quais oitenta mil são crianças. Enquanto isso, um carro de combate equivale ao valor de cem tratores; a fatura de um avião de bombardeio custa tanto quanto a construção de um hospital médio totalmente equipado e o custo de um porta-aviões iguala ao gasto anual de alimentos de uma cidade de quatrocentos mil habitantes. E que dizer da sofisticada balística nuclear: mísseis, foguetes, estações espaciais...?

Não lhes parece que a guerra é um capricho e um brinquedo muito caro? Quantas escolas, quantos hospitais, quantas estradas, moradias, universidades e bibliotecas se poderiam construir com o dinheiro gasto em armas! Quem poderá explicar essa loucura suicida e coletiva que consegue fazer de cada conferência de paz e desarmamento um fracasso após outro? Então deve-se concluir que não temos remédio? Na verdade, "ser homem é muitas vezes uma experiência de frustração" (J.I. González Faus).

3. Por Cristo é hoje possível a utopia da Paz

a) **Maria nos dá Jesus que é a nossa Paz.** - As recapitulações do ano passado, aparecidas nos meios de informação, podem parecer pouco alentadoras em muitos aspectos. Mas não carreguemos sombriamente as tintas no começo de um ano novo que desejamos feliz. Antes abramos uma janela à brisa de esperança que nos vem desde os portais de Belém, onde uma jovem mãe, Maria, dá-nos Jesus que é nossa Paz. Nele torna-se realidade o conjunto de bens messiânicos, a felicidade plena que supõe a paz de Deus, a paz bíblica *(shalom)*, a paz de Cristo que não é a que dá o mundo (Jo 14,27).

Graças à maternidade divina de Maria, Deus entrou em nosso ano e é Deus-Conosco, dentro da história humana. No anúncio do anjo aos pastores ouve-se: "Glória a Deus nas alturas e paz na terra aos homens por ele amados" (Lc 2,14). Desde então tornou-se possível a paz em nosso mundo aqui de baixo, porque Deus nos ama. E a Criança é o sinal dessa paz. Jesus é o sacramento do encontro de Deus com o homem na paz que o amor dá; saber que somos amados de Deus e amando por nossa vez com o amor com que somos amados, é fonte de paz verdadeira.

Desde então são possíveis a paz, a felicidade, o amor e a fraternidade entre os homens. São os paradoxos de Deus: um bebê indefeso e frágil nos braços de uma pobre mulher traz o segredo e a autêntica arma para a paz: o amor. Mais eficaz que todos os pactos e conferências de desarmamento. Ilusão utópica? É que nos esquecemos que um só grão de amor constrói mais paz que milhões de toneladas de armas, mísseis e explosivos.

> Na *segunda leitura* de hoje (Gl 4,4-7) São Paulo condena o ritmo e a finalidade da Encarnação. O Filho de Deus se faz humano, nascido de uma mulher, para que o homem se converta em filho de Deus por adoção.
>
> Desde agora, impulsionados pelo Espírito, podemos chamar a Deus de "Pai" e ao semelhante de "irmão". A Encarnação de Deus em nossa raça humana é a grande esperança para a paz e a reconciliação dos homens entre si e com Deus. O dom do Pai é Cristo Jesus; Ele é nossa paz (Ef 2,14).

b) **Desarmamento total e não tréguas. -** Por motivo do Natal e Ano Novo, nos cenários da guerra acesa fazem-se acordos de tréguas ocasionais. É uma triste irrisão. Trégua de hostilidades, que não é paz; porque não se desmontam as trincheiras nem se destróem os arsenais nucleares. Mas não só "eles" estão armados. Também nós, não tenhamos metralhadoras, nem canhões, nem mísseis. Cada um tem seu coração armado para a defensiva pela soberba e um plano agressivo pela ânsia de domínio.

Enquanto todos não nos desarmarmos completamente, por dentro e por fora, é um sarcasmo e uma bravata desejarmos paz e felicidade. Enquanto não estivermos em paz com Deus, com nossa consciência, com os de casa e demais familiares, com os vizinhos, amigos e companheiros de trabalho, assim como com todos os cidadãos, é inútil estourar champagnes. Essas espumas borbulhantes não passam de uma ilusão, de um embuste a mais.

E não haverá paz sem fraternidade, justiça, liberdade e amor. O desenvolvimento humano integral, animado pelo amor, é o novo nome da Paz, como explica a encíclica *Populorum progressio*:

> "Combater a miséria e lutar contra as injustiças é promover, ao lado de um maior bem-estar, o progresso humano e espiritual de todos, e, por conseguinte, o bem comum da humanidade.
>
> A paz não se reduz a uma ausência de guerra, fruto do equilíbrio sempre precário das forças. A paz constrói-se dia a dia na instauração de uma ordem querida por Deus, que comporta uma justiça mais perfeita entre os homens" (PP 76).

4. **Felizes os que trabalham pela Paz**

Convertamos nosso coração à bem-aventurança evangélica da Paz, sem ceder ao pessimismo derrotista e menos ainda à tentação da intransigência, do fanatismo, da violência e da guerra fria ou quente. Cristo disse: Bem-aventurados os que trabalham pela paz, porque eles serão chamados filhos de Deus (Mt 5,9). Alentemos toda iniciativa em favor da paz e do desarmamento em todos os aspectos, sem ficarmos na mera simpatia e em vagos desejos. Tarefa obrigatória do cristão é ser construtor da paz. Assim não passará em vão o Natal, nem desperdiçaremos o ano que começa.

E não joguemos nos demais a culpa pela ausência de paz a nosso redor. Não somente os políticos devem construir a paz; cabe a todos nós, e mais ainda a nós cristãos. Cada lar deve ser uma escola de paz, educando as novas gerações para a convivência, o serviço, a fraternidade, a solidariedade, a reconciliação e não para a agressividade, a competição que procura eliminar de qualquer modo o oponente. O outro, que não pensa nem vota como eu, é uma pessoa que merece todo meu respeito pelo fato de ser pessoa. Mais, é um irmão, filho do Pai comum e objeto do amor preferencial de Deus. Seria tudo isso utopia ingênua e ineficaz? Outro não foi o estilo de Jesus, que não empregou a força e a violência nem sequer para se defender e salvar sua própria vida.

Ano novo, oportunidade nova para gestos de paz. Revalorizemos hoje o dom mútuo da paz. Feliz ano novo!, mas somente para aquele que se desarma totalmente. Cordeiro de Deus que tiras o pecado do mundo, dá-nos hoje a Paz! Santa Maria, Mãe de Deus e Rainha da Paz, roga por nós!

Segundo Domingo depois do Natal (A)

Eclo 24,1-4.12-16: A sabedoria habita no meio do povo escolhido.
Ef 1,3-6.15-18: Deus nos predestinou a sermos seus filhos adotivos por Jesus Cristo.
Jo 1,1-18: O Verbo se fez Carne e habitou entre nós.

FILHOS DE DEUS POR SUA PALAVRA

1. Cristo Jesus: Palavra que rompe o silêncio de Deus
a) Dói-nos o silêncio de Deus
b) Palavra e linguagem
c) Procurando o rosto de Deus
2. Por Cristo somos filhos de Deus
a) Se recebemos a Palavra
b) Felicidade real, mas condicionada a uma resposta de fé e de amor
3. Os olhos do coração vêem mais longe
4. Encarnação de Deus no peregrinar do homem

***

No Natal do Senhor "resplandece ante o mundo o maravilhoso encontro que nos faz renascer, pois enquanto o Filho de Deus assume a nossa fraqueza, a natureza humana recebe uma incomparável dignidade; torna-se de tal modo um de nós, que nos tornamos eternos" (Pref. III de Natal). Pela humanização de Deus (*evangelho*) realiza-se a dignificação e divinização do homem, a nova criação, nossa filiação divina adotiva *(2ª leit.).*

1. Cristo Jesus: Palavra que rompe o silêncio de Deus

a) **Dói-nos o silêncio de Deus. -** Na história da humanidade o homem sempre perguntou por Deus, mesmo em nossos dias de agnosticismo e de maioridade do mundo e do homem (GS 41), encantado pela tecnologia que colocou em suas mãos a possibilidade, se não de criar um mundo novo, pelo menos de conquistar parte do cosmo e inclusive a tentação de destruir todo vestígio de vida sobre o planeta Terra.

Mas para muitos são doloridos o silêncio e a ausência de Deus na vida dos homens. Deus morreu?, perguntam-se. Está ausente do mundo ou silenciou para sempre sua palavra? Diante dos resultados de uma pesquisa recente sobre a fé e a descrença, lembro-me da reflexão de um grande cristão, hoje bispo: "Compreendo os que não crêem; a mim também às vezes é dolorido o silêncio de Deus". Dói principalmente aos jovens que dizem "não sentir nada" na prática religiosa. Outros mais adultos lamentam-se: Se eu tivesse a minha fé de criança..., se Deus falasse...

Entretanto felizmente Deus continua falando aos homens. Desde o instante em que a Palavra de Deus, Cristo Jesus, se fez carne e veio morar no meio de nós, toda pergunta sobre Deus deve partir do Homem-Deus Jesus de Nazaré, pois Nele Deus rompeu o silêncio eterno, revelando-se plenamente e não à meia-luz como na sabedoria da Lei do Antigo Testamento *(1ª leit.)* ou na palavra dos Profetas (Hb 1,1). Mas revela-se em figura humana, em dimensão de homem, em chave antropológica, com sentido histórico, e em linguagem humana.

b) **Palavra e linguagem. -** A antropologia atual e a psicologia da linguagem ressaltam a palavra como privilégio do homem e lugar por excelência, embora não o único, do encontro pessoal. Nada mais fraco e transitório que a palavra, simples som que se perde em ondas. Mas também nada mais forte e de maior alcance que a palavra humana: cria benção ou maldição, amor ou ódio, morte ou vida, respeito ou desprezo, admiração ou inveja, aceitação ou recusa.

Por ser Palavra de Deus em carne humana, Cristo Jesus contém toda a riqueza da palavra. É comunicação pessoal de Deus ao homem e tão íntima, que lhe oferece uma participação de sua própria vida; é diálogo, convite, interpelação e julgamento; é notícia, lugar de encontro, entrega de amor, expressão criadora de vida, sinal humano ou sacramento do amor e do coração do Pai. Palavra que é também luz, vida, verdade, criatividade, mensagem de libertação. Palavra que não se pronuncia nunca em vão, eficaz como a água que embebe e fecunda a terra (Is 55,11), e como espada de dois gumes que penetra até o fundo e julga os pensamentos do coração do homem (Hb 4,12). A palavra de Deus é convite e oferta de amor que pede resposta livre; por isso também é julgamento diante da recusa.

Tudo isso foi mostrado por Jesus em seu ministério profético; e por servir à verdade e à justiça seus inimigos o eliminaram crendo que tinham silenciado sua voz; mas equivocaram-se.

c) **Procurando o rosto de Deus. -** A palavra veio ao mundo e estava no mundo; mas o mundo não a conheceu. Veio para os seus mas os seus não o receberam (Jo 1,9-11). Deduz-se daqui que é equivocado e inútil buscar a Deus fora do mundo e do homem, porque Deus se encarnou neles. Deus não é um ovni que anda passeando pelos espaços siderais da estratosfera.

Tendo-se em conta que ninguém jamais viu a Deus, mas o Filho único que estava no seio do Pai no-lo deu a conhecer (1,18), e que aquele que vê Jesus, vê Deus Pai (14,9), não nos resta dúvida de que para conhecer a Deus - além de amar o homem nosso irmão - , temos de olhar e escutar a Cristo que é sua Palavra e Sabedoria, reprodução de seu ser, imagem e rosto humanos, isto é, sua chave de leitura. A busca e experiência de Deus não pode prescindir da Encarnação, porque a Palavra de Deus, seu Filho, Cristo Jesus, se fez carne e veio morar no meio de nós (1,14).

E o Deus Pai que se revela em Jesus de Nazaré nada tem a ver com o Deus da razão filosófica, da teodicéia, da filosofia teísta, do racionalismo teológico. Este Deus morreu. O Deus inalcançável, distante, impassível, terrível às vezes, motor imóvel de tudo, desaparece praticamente ao menos como objeto da fé revelada pelo Filho de Deus, Jesus Cristo. Pois nosso Deus é Pai amoroso, próximo, humano, dialogante, libertador, apaixonado loucamente pelo homem até a morte (ver M. Guerrero: *Deus morreu?*, Madri, 1978).

2. **Por Cristo somos filhos de Deus**

a) **Se recebemos a Palavra. -** "A quantos acolheram a Palavra, (esta) lhes deu o poder de se tornarem filhos de Deus, isto é, àqueles que crêem no seu nome." (1,12) Porque na palavra de Deus, Jesus Cristo, há Vida em plenitude; e de sua plenitude todos nós recebemos graça após graça (1,4.16).

Nossa adoção filial pelo Pai em Cristo é um fato real e já presente. "Vejam que prova de amor o Pai nos deu: somos chamados filhos de Deus - e nós o somos de fato. Desde agora já somos filhos de Deus, mas ainda não foi revelado aquilo que haveremos de ser. Sabemos, porém, que, quando houver esta revelação, seremos semelhantes a Ele, porque o veremos tal como Ele é" (1Jo 3,1-2). Por isso podemos chamar a Deus de "Pai nosso" como Jesus nos ensinou.

Esta síntese é surpreendente, quase inacreditável diríamos; e poderia parecer um conto de fadas ou a recuperação do paraíso perdido. Supera em muito a imaginação das antigas mitologias clássicas, cujos deuses em caso algum se preocupavam com a felicidade dos mortais, menos ainda em lhes dar uma migalha de seu alento divino.

b) **Felicidade real, mas condicionada. -** Somente um Deus que se define como Amor (1Jo 4,8) pode chegar a esse limite. Existe para nós uma prova definitiva que dá aval a tão boa notícia: é a pessoa de Jesus. Nele o Pai nos predestinou a sermos seus filhos por adoção; e Nele nos cumulou de sua vida divina, sua graça e sua amizade. Desta situação emanam outras duas realidades sublimes: Jesus é o primogênito entre muitos irmãos; e nós, por ser filhos de Deus, somos também herdeiros seus, co-herdeiros, portanto, com Cristo (Ef 1,5-6 = 2ª *leit.*; cf. Rm 8,29.17).

A surpresa, pois, vai aumentando, a esperança cresce e explode a alegria por tanta felicidade. Saber que somos amados gratuitamente por Deus desta maneira, isto é, com esta declaração de amor que é o Natal, a Encarnação do Filho de Deus, enche toda aspiração e anelo de felicidade. Tudo é gratuidade e pura benevolência de Deus em seu projeto salvador. Diante disso Santo Agostinho exclamava: "Procura justiça, procura méritos, procura motivos, para ver se encontras algo que não seja graça" (Sermão 185).

Já estamos na reta final. Mas para receber a medalha, subir ao pódio, há muita pista a ser percorrida. É uma felicidade certa, não fantástica; mas felicidade "condicionada" a uma resposta de fé e amor por nossa parte à Palavra ouvida. Nobreza obriga, obras são amores e não boas razões e amor com amor se paga, diz um provérbio. Porque somos objeto do amor do Senhor, amemos por nossa vez a Deus, e aos irmãos com o amor com que Ele nos ama; pois Jesus, falando do primeiro mandamento, uniu inseparavelmente o amor a Deus com o amor ao irmão (Mt 22,36-40).

3. **Os olhos do coração vêem mais longe**

Na *segunda leitura* de hoje (Ef 1,3-6.15-18) São Paulo ora assim: "Que Deus ilumine os olhos de seus corações para que compreendam qual a esperança a que são chamados, que tesouro é a gloriosa herança destinada a seus santos (v. 18). Conhece-se a Deus com os olhos do coração porque Cristo habita pela fé em nossos corações (Ef 3,17). Os olhos do coração! Linda expressão que faz eco à bem-aventurança dos puros de coração que verão a Deus, e que une inseparavelmente a fé e o amor, sob cujo impulso alenta a esperança de nossa vocação cristã.

Blas Pascal (s. XVII), retirado na abadia de Port-Royal, escreveu em seus "Pensamentos" que o Coração tem razões que a Razão não compreende. Com um coração puro, sereno e honesto entendem-se melhor todas as coisas, também as de Deus, e a verdade do homem e da vida. São Paulo diz que se compreende a vocação cristã, que é chamada à esperança e à herança de Deus. Para isto é preciso ter olhos livres da miopia que gera os prejulgamentos, interesses, egoísmos, ideologias e fanatismos; isto é, tudo o que se opõe à luz de Deus que Jesus de Nazaré, Palavra e Sabedoria de Deus, nos comunica.

Por isso são os simples, os humildes e os puros de coração que melhor entendem e sabem vivencialmente de Deus; mais que os poderosos e inclusive, às vezes, mais que os teólogos. Como um eco de Jo 1,18 e da expressão de São Paulo "os olhos do coração" lemos nesta passagem evangélica:

> "Naquele momento exultou Jesus de alegria no Espírito Santo e disse: Eu vos bendigo, ó Pai, Senhor do céu e da terra, porque estas coisas que escondestes aos sábios e entendidos, vós as revelastes à gente simples. Sim, Pai, eu vos bendigo porque foi do vosso agrado fazer isto.
>
> O Pai me entregou todas as coisas, e ninguém conhece quem é o Filho senão o Pai, nem quem é o Pai, senão o Filho, e aquele a quem o Filho o quiser revelar... Felizes os olhos que vêem o que vocês estão vendo" (Lc 10,21-23).

Missão do cristão, instruído pela Sabedoria, é participar aos outros a boa notícia da Verdade de Deus percebida na fé. Mas sem imposições nem dogmatismos, sem complexo de ortodoxia que cria intolerância inquisitorial e intransigência repelente; mas com espírito de contribuição pessoal.

Jesus disse que temos de ser luz para o mundo como a vela que, queimando-se, ilumina em humilde serviço a verdade; e servidor da verdade confessou-se Cristo diante de Pilatos.

4. **Encarnação de Deus no peregrinar do homem**

Começávamos com a pergunta sobre Deus na deserta solidão de sua ausência. E encontrávamos a resposta em Cristo Jesus, Palavra eterna de Deus em linguagem humana. Resposta válida também para a segunda interrogação, óbvia e inevitável uma vez colocada a primeira:

Que é o homem? Quem sou eu e para onde vou? É a pergunta lógica daquele que percebe sua situação de peregrino na vida. A condição nômade é, além disso, típica do homem bíblico e cristão que se sente desinstalado. A vida é um imenso acampamento onde Jesus, Deus e Homem, veio armar sua tenda também como um a mais. Torna-se assim realidade que a Sabedoria e a Palavra de Deus habitam no meio de seu povo *(1ª leit.)*. Desde então Deus caminha com aqueles com que estamos sempre em marcha, embora não sem rumo, para o futuro. Nossa existência tem um destino claro: a Terra Prometida.

Escolhidos desde o início em Cristo e destinados à filiação divina participada em Jesus, é a esperança de nossa vocação e a herança que Deus dá a seus filhos o que nos guia no peregrinar da história humana. Dentro desta a vida individual de cada um de nós não passa de um breve episódio, mas com valor de eternidade.

Por isso temos de viver desinstalados, mas não alienados nem despreocupados; insatisfeitos, mas não amargurados com o mundo atual cuja figura passa, sabendo que buscamos outra cidade futura, cidade de eternidade. Esta é a sabedoria cristã da fé que supera toda filosofia terrena; esta é a iluminação penetrante dos olhos do nosso coração por Deus, para compreendermos a esperança e a herança às quais nos chama pela fé *(2ª leit.)*.

Nós cristãos temos que saber dar razão de nossa fé e esperança. O tempo de Natal no qual celebramos o mistério da Encarnação do Verbo de Deus é uma grande oportunidade de aprofundar pessoal e comunitariamente nisso.

Epifania do Senhor (A)

Is 60,1-6: A glória do Senhor brilha sobre ti.
Ef 3,2-3a.5-6: Agora foi revelado este mistério: os pagãos também são herdeiros.
Mt 2,1-12: Viemos do Oriente para adorar o Rei.

EVANGELHO DA INFÂNCIA DE JESUS

1. Adoração dos Magos
a) A narrativa
b) Gênero literário
c) Intenção do evangelista e mensagem central
2. O "evangelho da infância de Jesus"
a) Só dois dos quatro evangelistas
b) Partindo da perspectiva da fé pascal
3. Gênero literário de sua narrativa
a) O midrash hagádico
b) História ou mito e lenda?
c) Equilíbrio interpretativo
4. Fé adulta e evangelho da infância de Jesus

***

1. Adoraçao dos Magos

No Evangelho de hoje interessa distinguir: a narrativa, sua redação literária e sua mensagem básica que está determinada pela intenção do evangelista.

a) **A narrativa** (Mt 2,1-12). - A passagem, exclusiva do Evangelho de Mateus, é suficientemente conhecida e fácil de ser entendida em sua linha narrativa, cujo esquema é este:

- Constatação histórica do nascimento de Jesus em Belém de Judá nos tempos do rei Herodes o Grande, que reinou do ano 40 ao 4 a.C., pois sua morte aconteceu no ano 750 da fundação de Roma, data equivalente ao ano 4 a.C. (Ver Natal, A, 2,a).

- Os Astrólogos do Oriente entram em cena perguntando pelo rei dos judeus que nasceu e cuja estrela eles viram (vv. 1b-2).

- Susto do rei Herodes, consulta deste aos sacerdotes e escribas, resposta dos mesmos, e réplica de Herodes (vv. 3-8).

A resposta dos sumos pontífices e escribas é uma citação mista de Miquéias 5,1 e 2Sm 5,2, que aponta Belém de Judá como o lugar previsto para o nascimento do Messias, chefe e pastor de Israel (v. 6).

- Adoração do Menino pelos Magos e volta destes para seu país por outro caminho, sem notificarem a Herodes. O recurso estereotipado ao "oráculo em sonhos" que os Astrólogos recebem nos adverte do gênero literário desta narrativa bíblica (vv. 9-12).

b) **Gênero literário.** - Analisando o texto vemos que Mateus narra e interpreta um acontecimento da infância de Jesus em forma de midrash haggádico, isto é, enriquecendo a narrativa com referências, citações e tipos do Antigo Testamento. Basicamente está subjacente a tipologia Moisés-Jesus, presente em todo o segundo capítulo de Mateus: adoração dos magos, fuga de Jesus para o Egito para salvar a vida, morte dos Inocentes, e regresso do Egito para Nazaré. Cristo é assim o novo Moisés que recapitula a história de Israel (ver Sagrada Família, Ano A,1).

O dado da estrela vista pelos Astrólogos do Oriente é uma referência à estrela de Jacó profetizada séculos antes por Balaão, pagão e não judeu: Vejo-a, mas não é agora; contemplo-a, mas não está perto; uma estrela avança de Jacó, um cetro se levanta de Israel (Nm 24,17).

Esta estrela de Jacó passou na tradição judia a ser a estrela do rei Davi com um sentido nacionalista, que no profeta Isaías começa a se abrir para o universalismo messiânico *(1ª leit.)* confirmado no texto de Paulo *(2ª leit.)* e nesta narrativa do Evangelho de Mateus escrito à luz posterior da Ressurreição do Senhor Jesus, da linhagem de Davi, Filho do homem e Filho de Deus.

c) **Intenção do Evangelista e mensagem central.** - Aqui, como em todo o texto bíblico, temos de perguntar pela intenção do autor. A perícope que nos interessa tem sua plena compreensão na finalidade global do Evangelho de Mateus: Jesus é o Messias, o Ungido de Deus, recusado pelos judeus e aceito pelos pagãos, que vêm a constituir o novo Israel, o novo Povo de Deus, a Igreja universal.

Isso é confirmado por numerosas passagens e parábolas de seu evangelho no qual se alude ao fracasso da missão de Jesus entre os judeus. Estes, por sua obcecação voluntária, ficam excluídos do Reino de Deus e do Evangelho que se abrem aos outros povos, co-herdeiros por Cristo das promessas messiânicas *(2ª leit.)*.

Não esqueçamos que a redação do Evangelho de Mateus é datada aproximadamente do ano 80 d.C., quando já se dera a destruição de Jerusalém e do Templo por Tito (ano 70), e quando a ruptura entre a Sinagoga judaica e a Igreja cristã estava já consumada, e nas comunidades eram já conhecidas a eclesiologia e a cristologia das Cartas de São Paulo.

Portanto os Magos do Oriente representam na narrativa as nações pagãs que aceitam pela fé a revelação de Deus sobre seu Messias Jesus e o adoram como tal, enquanto Herodes, representante do povo judeu, quer matá-lo e as autoridades religiosas o recusam ou ao menos entram em desentendimento com ele. O contraste é evidente e intencionado; e antecipa-se já na narrativa o desenlace final da Paixão de Cristo.

2. O "evangelho da infância de Jesus"

O relato evangélico de hoje faz parte do centro do chamado "Evangelho da Infância de Jesus" segundo Mateus, e nos urge a um conhecimento bíblico do mesmo: pois é ponto de referência constante ao longo das celebrações do tempo de Natal que repetimos cada ano. Como base de uma fé adulta e esclarecida é-nos necessária uma compreensão bíblica do significado, do alcance e da mensagem do mistério da Encarnação de Jesus, Filho de Deus, na raça humana e na história de um povo, o judeu.

a) **Só dois dos quatro evangelistas**, Mateus e Lucas, contêm este Evangelho da infância ao qual dedicam os dois primeiros capítulos de seus respectivos livros. Este Evangelho começa com a anunciação do anjo a Maria e as dúvidas de José e termina com a perda e o encontro do Menino Jesus no templo de Jerusalém, passando pela Visitação, Nascimento de Jesus em Belém, aviso do mesmo aos pastores, estrela e adoração dos magos, sacrifício dos inocentes, fuga para o Egito e regresso a Nazaré.

* Lucas apresenta sete narrativas e Mateus cinco. Lucas é também mais extenso e detalhado nos episódios narrados, enquanto Mateus, por exemplo, dedica apenas um versículo ao Nascimento de Jesus (2,1) e não menciona a Anunciação do anjo a Maria nem a Visitação desta a sua prima Isabel, nem a circuncisão e apresentação de Jesus, nem sua disputa com os doutores no templo; estes episódios são todos próprios de Lucas. Em contrapartida, a narrativa da adoração dos magos, a morte dos inocentes, a fuga para o Egito e o regresso a Nazaré são exclusivos de Mateus.

* Outra diferença entre os dois evangelhos é o destaque diferente dado a José por Mateus e a Maria por Lucas. Na narrativa de Mateus é José quem toma as decisões, pois a ele sempre se dirige a palavra de Deus por meio "do anjo do Senhor que lhe aparece em sonhos", tanto para esclarecer o mistério da concepção virginal como para avisá-lo sobre a fuga para o Egito e a volta a Israel.

Ao contrário, na narrativa de Lucas, a figura de Maria, a mãe de Jesus, sobressai mais do que a de José. A ela dirige-se o Anúncio do mistério da Encarnação pelo anjo do Senhor solicitando seu consentimento; é Maria quem "repreende" o Menino Jesus quando o encontram no templo; e é ela quem "guarda em seu coração todas as coisas" e fatos maravilhosos que acontecem em torno de Jesus, tanto em Belém como em Jerusalém: pastores na gruta, adoração dos astrólogos, profecia de Simeão etc.

* Como se vê, Lucas e Mateus apenas apresentam alguma coincidência no conteúdo de seus respectivos "evangelhos da infância". Sua convergência limita-se aos nomes pessoais e geográficos. Maria, José, Jesus, Herodes, Belém e Nazaré; além da coincidência capital no fato da concepção virginal de Jesus por Maria e o nascimento do Menino em Belém de Judá.

Os primeiros escritores do Novo Testamento, Paulo e Marcos, aos quais se ajunta o último deles, João, não relatam nenhum detalhe da infância de Jesus, entre cujos fatos o nascimento seria o central. A mesma ausência percebe-se no kerigma apostólico do livro dos Atos. O Mistério da Encarnação, Nascimento e Infância de Jesus eram tidos por supostos e incluídos no anúncio salvador de Jesus Cristo, o Senhor, que morreu por nossos pecados e ressuscitou pela nossa salvação. Não se julgava tão necessário detalhar a infância de Jesus de Nazaré. Os Apóstolos anunciavam os fatos salvíficos da vida de Jesus, dos quais eles foram testemunhas oculares.

b) **Partindo da perspectiva da fé pascal. -** O evangelho da infância de Jesus é fruto de duas instâncias básicas posteriores aos fatos:

1ª) Uma reflexão da primeira comunidade de fiéis que logicamente se questionavam a partir da luz da Páscoa, sobre a origem de Jesus, o Cristo, o Senhor; e sobre o cumprimento nele das profecias do Antigo Testamento que o anunciaram. Isto acontecia principalmente nas comunidades em que predominavam os cristãos de origem judaica e que viveram a tensão inicial com a Sinagoga.

2ª) A polêmica cristológica suscitada prematuramente pelos Agnósticos sob a influência do platonismo e do docetismo (derivado desta filosofia grega) que por sua aversão ao corpo e à matéria apresentavam dificuldades à verdadeira humanidade de Cristo, Messias e Filho de Deus. Isto sucedia sobretudo nas cristandades integradas majoritariamente por cristãos convertidos do paganismo ou dos gentios, e que eram herdeiros, portanto, da cultura helenista.

Tudo isso fez que os temas do nascimento e infância de Jesus, isto é, suas origens, madurecessem o suficiente para se pensar na necessidade de incluí-los também no anúncio e catequese da fé. Partindo dessa tradição oral os fatos passaram a ser escritos, constituindo-se assim as fontes dos Evangelhos que temos hoje. Estes, pois, não foram redigidos numa seqüência encadeada dos fatos da vida de Cristo como crônicas pontuais, vídeos de um repórter ou atas imediatas dos acontecimentos, mas foram escritos na forma definitiva como agora os temos entre quarenta e cinqüenta anos depois.

Partindo desta perspectiva da fé pós-pascal da comunidade cristã primitiva é que se deve ler o Evangelho da Infância de Jesus segundo Mateus e Lucas, onde são destacados os sinais de sua messianidade e divindade conforme um determinado gênero literário ou forma de escrever e narrar que é chamado "midrash" pelos especialistas em Bíblia.

3. **Gênero literário de sua narrativa**

a) **O midrash hagádico. -** Embora alguns dados históricos sejam determinados com precisão - especialmente em Lucas - e outros detalhes locais a narrativa do evangelho da infância é redigida conforme um padrão, forma ou gênero literário que se denomina em termos hebraicos "midrash hagádico". Este estilo, freqüente na literatura semita de tradição rabínica e sinagogal, consiste em reelaborar e interpretar com liberdade um texto ou um fato, enriquecendo-o com novas referências, devido a uma finalidade didática ou catequética e parenética ou homilética. Essas referências que enriquecem os fatos narrados são simbólicas e tipológicas, isto é, em conexão com fatos, situações e pessoas tipo do Antigo Testamento, em particular: Adão, Jacó, Moisés, e êxodo do Egito, o rei Davi, Salomão etc.

b) **História ou mito e lenda?** - Embora Mateus e Lucas em seu evangelho façam "história" - e Lucas demonstre em seu Evangelho e nos Atos um manifesto interesse pela mesma - contudo, não é sua intenção primordial escrever uma crônica histórica da infância de Jesus, mas antes transmitir um testemunho de fé comunitária e cristã na História da Salvação de Deus realizada em Jesus de Nazaré e vista a partir do Kerigma posterior à morte e ressurreição de Cristo, e inclusive às vezes num contexto apologético e de atualização. Portanto sua projeção teológica do anúncio evangélico não se esgota com os dados históricos, biográficos e geográficos.

Mateus e Lucas não fazem um diário ou crônica histórica dos primeiros acontecimentos da vida de Jesus, mas sim procuram comunicar, teológica e biblicamente, o mistério da Redenção desde suas origens. "Tanto Lucas como Mateus não se atêm primariamente aos detalhes reais da infância de Jesus, mas preocupam-se em compor um evangelho de redenção" (CB, III, 307).

c) **Equilíbrio interpretativo.** - Não obstante, seria um erro interpretativo ou de leitura equiparar a narrativa do evangelho da infância a um mito que se enriqueceu com estas referências concretas de história, geografia, tipos ou personagens do Antigo Testamento, assim como com antigas profecias messiânicas.

Nem tudo no evangelho da infância é literalmente histórico, nem tudo fica em mito e lenda. Estas são posições extremas: credulidade e racionalismo, ambos a todo transe. Há um fundo histórico; e os personagens essenciais são históricos: Maria, José e Jesus; assim como outros detalhes cronológicos: dominação romana na Palestina, e geográficos: Nazaré, Belém... E sobre esse fundo básico, real e histórico, embora não em todos os detalhes apresentados; prevalece a intencionalidade teológica e o significado messiânico e salvador de Jesus, Filho de Deus feito homem, nascido e criado dentro de uma família concreta, cidadão de um país determinado e membro da grande família humana (ver G. G. Dorado: *La Biblia Hoy*, Ed. Pss, Madri, 1980, 221-225).

4. **Fé adulta e evangelho da infância de Jesus**

Embora o "anjo do Senhor", os sonhos e aparições, os pastores e anjos de Belém, a estrela e os magos do Oriente etc, sejam catalogados entre os elementos pertencentes ao gênero literário do midrash e não necessariamente ao fato histórico do nascimento e infância de Jesus nem à confissão de fé a esse respeito, isso não afeta o conteúdo essencial da revelação que no conjunto da narrativa e sob esses detalhes nos é comunicada. Permanece a mensagem essencial cristã que é:

- A Encarnação do Filho de Deus, Cristo Jesus, no seio de Maria, a Mãe do Senhor: e seu Nascimento e vida na Palestina durante a dominação romana.

- A messianidade e divindade de Jesus de Nazaré no qual se cumprem as profecias do Antigo Testamento.

- A universalidade da Salvação de Deus para todos os homens por meio de Jesus, Palavra e Filho de Deus feito homem.

- Sua solidariedade, portanto com toda a humanidade, especialmente com os mais pobres e necessitados; isto é, Deus se encarna na pobreza e fraqueza humanas.

- A conseqüente elevação e dignificação da natureza e da condição do homem.

- A vocação deste à filiação divina adotiva por meio de Cristo.

- Finalmente, a possibilidade real da recusa desse amor de Deus, manifestado em Cristo Jesus, pelo homem.

Estas verdades "teológicas" contidas na mensagem bíblica do evangelho da infância e em seu núcleo central que é a Encarnação e Nascimento de Jesus, Deus-feito homem, continuam em pé porque não dependem das formas narrativas e lingüísticas.

Para uma fé madura, adulta e ilustrada isto não constitui tropeço nem escândalo, mas motivo de purificação, alegria, adoração, louvor e honra a Deus; isto é, ocasião de ação de graças, motivo "eucarístico" por excelência.

Domingo depois da Epifania 1º Domingo do Tempo Comum

Batismo do Senhor (A)

Jo 42,1-4.6-7: Eis meu Servo a quem prefiro.
At 10,34-38: Deus ungiu a Jesus com a força do Espírito Santo.
Mt 3,13-17: Logo que Jesus foi batizado, viu o Espírito de Deus descer sobre ele.

UNGIDO POR DEUS COM ESPÍRITO

1. O batismo de Jesus
a) Nova manifestação messiânica
b) O batismo de João
2. Rito e teofania: Batismo no Espírito
a) Da água ao Espírito
b) Unção pelo Espírito para a missão
3. Nosso batismo em Cristo
a) Participantes do batismo e da missão de Jesus
b) Compromisso batismal

***

1. O batismo de Jesus

a) **Nova manifestação messiânica.** - Esta festa do Senhor, que fecha o ciclo do Natal, apresenta-nos uma nova manifestação de Jesus como um eco da celebração precedente da Epifania. Nesse dia, por meio da estrela, revelava-se aos Magos do Oriente, e por eles a todas as nações, como "rei dos judeus" e Messias Salvador. Agora, ao começar sua vida apostólica, em seu Batismo por João às margens do Jordão é proclamado diante do povo judeu como o Filho de Deus em carne mortal. Ele é o Ungido, o Messias (em hebraico), o Cristo (em grego), o Filho de Deus, o Senhor que ressuscitará glorioso; pois o batismo de água e Espírito que Jesus recebe hoje é um prenúncio do batismo de fogo e Espírito que experimentará em sua paixão, morte e ressurreição salvadoras do povo.

O batismo de Jesus é narrado pelos três evangelhos sinóticos, mas não por João que implicitamente o supõe (1,29-34). Os primeiros, partindo do fato histórico do batismo de Jesus por João Batista, constroem um relato cujo gênero ou forma literária é o midrash hagádico ou didático. Isto é, mediante traços apocalípticos e em estilo de teofania, dão realce àquilo que a fé cristológica das primeiras comunidades cristãs via nesse fato salvífico da vida de Cristo à luz plena da revelação pascal, depois da Ressurreição do Senhor.

b) **O batismo de João.** - A prática do batismo por imersão na água não foi invenção do Batista. Ao lado da circuncisão, rito básico de incorporação ao Povo da Aliança, o batismo de água era praticado pelos judeus piedosos de então como o principal entre seus múltiplos ritos de purificação. De fato adquiriu um relevo especial entre os essênios que viviam comunitariamente em Qumran, às margens do Mar Morto; entre eles o batismo era sinal de um firme compromisso de servir a Deus com plena fidelidade. Havia ainda um batismo de iniciação para os prosélitos que se incorporavam à religião judaica. Em todos estes casos tal batismo realizava-se por imersão na água.

A originalidade do batismo de João foi sua intenção penitencial e o fato de ser anúncio e antecipação do batismo cristão na água e no Espírito Santo (ver 2º Dom. do Advento em seus três ciclos).

Além do mais, algum tipo de rito batismal foi algo comum em quase todas as religiões da história. Por exemplo, no início da evangelização do México, em sua "História General de las cosas de Nueva Espanã", o franciscano Frei Bernardino de Sahagún anotou a existência de ritos similares entre os povos nahua; e o próprio bispo Diego de Landa, em sua "História del Yucatán", entre os maias. Inclusive hoje em dia existe entre os bantués da África. E que dizer de rios sagrados, como o Ganges para os hindus?

* Na narração do batismo de Jesus pelos Sinóticos, especialmente em Mateus, não está ausente certa *intenção apologética*, como resposta de fé pascal a uma dificuldade óbvia. O batismo de João era mais ético que cultual e mais rito de conversão e confissão dos pecados que de purificação legal. Por isso era menos apropriado para Cristo Jesus, o Senhor, que não era pecador como os demais: "Igual em tudo a nós, menos no pecado" (Hb 4,15).

A isto responde a reação lógica do Batista que procura dissuadir Jesus. Mas Ele o convence: Convém que cumpramos toda justiça (Mt 3,15), isto é, tudo o que Deus quer.

2. **Rito e teofania: Batismo no Espírito**

a) **Dá água ao Espírito. -** Além de ser manifestação messiânica, o batismo de Cristo se coloca na linha das grandes teofanias bíblicas; inclusive contém a primeira revelação do mistério trinitário no Novo Testamento, embora não seja esta a intenção primigênia do texto evangélico (Mt 3,13-17).

Pedindo o batismo de água que João administra às margens do Jordão, Jesus vem referendar a autoridade do Profeta, seu precursor, e eleva de categoria este rito purificador. Mais ainda, no batismo do Senhor há um salto qualitativo do batismo de água para o batismo no Espírito Santo.

Jesus coloca-se deliberadamente na fila dos pecadores. Quer ser considerado como mais um, já que havia assumido solidariamente nossa condição humana, embora nunca tenha havido pecado nele. Esta atitude, que faz parte de seu programa de auto-humilhação (*Kénosis*, em linguagem paulina), se vê correspondida com uma teofania trinitária. Abrem-se os céus, o Espírito de Deus desce em forma de pomba, e a voz do Pai proclama: Este é meu filho amado, meu predileto.

Para o evangelista Mateus, de mentalidade e de orientação mais judia e com citações mais freqüentes do Antigo Testamento, Jesus é o Servo de Yavé, humilde e manso, mas fiel e perseverante, que cumpre e promove a justiça (Is 42,3: *1ª leit.*). Embora na passagem evangélica o termo Servo tenha sido substituído em plena revelação pelo termo Filho.

Sobre o paralelismo entre o Batismo e a Transfiguração do Senhor, especialmente na proclamação que contém a voz do Pai, ver 2º Dom. da Quaresma A,2,b.

b) **Unção pelo Espírito para a missão.** - A declaração pública do Pai sobre a filiação divina do homem Jesus, inclusive em sua condição ou natureza humana, é o respaldo de Deus, a investidura, a unção messiânica do Espírito para a missão profética de Cristo. É a carta credencial que inaugura seu anúncio do Reino de Deus.

Jesus de Nazaré sai do anonimato depois de trinta anos de vida obscura e é "Ungido por Deus com a força do Espírito Santo", explica São Pedro na casa do centurião Cornélio, momentos antes do batismo cristão dos primeiros cristãos (At 10,38: *2ª leit.*). Assim começa a ser efetiva a salvação universal por Cristo.

A unção messiânica de Jesus pelo Espírito Santo rememora, embora supere sobejamente, a unção com óleo feita nos juízes, reis, profetas e sacerdotes da Antiga Aliança; é realizada em público como convém a uma inauguração oficial, com testemunhas qualificadas como João Batista, assim como todos os presentes que ouviram a voz vinda do céu, "para que o mundo cresse que a palavra de Deus habita entre nós" *(Prefácio).*

3. Nosso batismo em Cristo

a) **Participantes do batismo e da missão de Jesus.** - No batismo do Senhor, Deus Pai realizou "sinais prodigiosos para manifestar o mistério do novo batismo; e por meio do Espírito Santo ungiu a seu Servo Jesus para que os homens reconhecessem nele o Messias enviado para anunciar a salvação aos pobres" *(Prefácio).*

Na vida pessoal do cristão há um momento inicial que é ponto de constante referência em seu caminhar para Deus: o batismo. É necessário morrer com Cristo para nossa condição de pecadores, para assumir com Ele a nova vida de filhos amados de Deus. Por Jesus o projeto salvador de Deus já está em marcha ao ritmo da história humana; e da missão de Cristo em solidariedade com o homem pecador há muito que aprender e imitar.

Mas seria uma ousadia irresponsável por parte da comunidade eclesial e do cristão assumir este projeto de Deus se de fato não lhes fosse confiada tal tarefa. Pois bem, em nosso batismo realizado também sob a fórmula trinitária para indicar que somos filhos amados, escolhidos e preferidos do Deus trino, surge nossa missão no mundo, que é participação da missão de Jesus. Para esta árdua tarefa Deus nos dá, como a Jesus, a força de seu Espírito.

b) **Compromisso batismal.** - Alguns cristãos entendem seu batismo como uma carga que sobre seus ombros seus pais impuseram quando ainda eram irresponsáveis. Mas não é uma carga. O batismo é antes de tudo um dom, uma predileção de Deus, uma vocação para a fé. Deus não começa seu diálogo conosco impondo obrigações, mas amando e oferecendo sua graça e salvação por Jesus Cristo. Deste dom e amor primeiro deve nascer em nós uma resposta agradecida e na mesma altura: amor e entrega a Deus e aos irmãos na Igreja à qual somos incorporados, e no mundo em que vivemos. Assim seremos capazes de amar com o mesmo amor que o Espírito de Deus derrama em nossos corações.

Assumamos, então, livre, consciente e alegremente nossa condição de batizados. Essa categoria de fiéis e de discípulos moldados à imagem de Cristo em seu estilo, em sua mentalidade e em sua doutrina, é nosso compromisso pessoal e comunitário. Mostremos a um mundo desiludido o rosto esperançoso de Deus. Sejamos homens para os outros, como o foi Jesus, o Servo fiel e amado de Deus, cheio de seu Espírito e a serviço dos irmãos. Ele passou fazendo o bem a todos (At 10,38: *2ª leit.*)

Crer em Cristo é comprometer-se na obra da promoção do pobre, da libertação integral, da justiça e da paz; é dar sentido e valor à vida cotidiana sabendo porque e para que amamos, e para onde queremos ir. Sem descuidar nenhum campo: família, trabalho, convivência, sociedade. O que expressamos na petição do Pai-Nosso: "Venha a nós o vosso Reino", é obra de jovens de espírito, isto é, de batizados comprometidos.

Nota final: Em vez do "Credo", poder-se-ia no dia de hoje renovar as promessas e fé batismais conforme o ritual da Vigília Pascal (*Missal Romano*).

QUARESMA

Primeiro Domingo da Quaresma (A)

Gn 2,7-9; 3,1-7: Criação e pecado dos primeiros pais.
Rm 5,12-19: (breve: 5,12.17-19): Onde abundou o pecado, superabundou a graça.
Mt 4,1-11: Jesus jejua quarenta dias e é tentado.

FIÉIS COM CRISTO NA TENTAÇÃO

1. Começa a Quaresma
2. Cristo, fiel na tentação
a) Dificuldades catequéticas
b) A narrativa das Tentações
c) O conteúdo ou revelação desta passagem
3. Cristo é o novo Adão e o novo Israel
a) O Homem novo que repara a desobediência do primeiro
b) O novo Israel que supera as tentações do deserto:
1ª Fome. 2ª Tentar a Deus. 3ª Idolatria
4. Fiéis com Cristo na tentação

***

1. Começa a Quaresma

A Quaresma é um tempo forte no ritmo do ano litúrgico e na vida cristã comunitária e pessoal. Antigamente estes quarenta dias que precedem a Páscoa da Ressurreição eram vividos com grande austeridade penitencial a base de jejum rigoroso e abstinência de carne. Hoje em dia está bastante mitigado este costume.

Ampliando a semana de preparação pascal ou semana santa do III século, organiza-se, no IV século, a primeira Quaresma que constava de três semanas e tinha um forte acento batismal como preparação dos catecúmenos para o batismo na vigília pascal.

Alguns séculos mais tarde, ao se estabelecer a Quaresma de cinco semanas que temos agora, incluídos os dias a partir de quarta-feira de Cinzas para completar a quarentena, a Quaresma adquiriu também sentido penitencial para todos os fiéis, especialmente para os penitentes públicos que eram reconciliados com a Igreja no dia de Quinta-feira Santa.

Na estruturação atual da Quaresma, segundo o Missal Romano, os dois primeiros domingos e semanas incidem sobre o tema da conversão ou penitência; e do terceiro ao quinto domingo ou semanas ressalta-se a tonalidade batismal.

O *objetivo* global da Quaresma é a renovação da opção batismal entre os já cristãos; quer dizer, a ressurreição com Cristo para a nova vida com Deus, uma vez mortos para o pecado. E o *caminho* para alcançar esta meta é a conversão do coração, da mente e da conduta, mediante a escuta da palavra de Deus, o serviço ao irmão, a penitência corporal, a esmola penitencial, a oração e a fidelidade radical ao Senhor, como Cristo no deserto.

A Quaresma é mais uma *atitude permanente* de vida cristã que um espaço de tempo. É todo um estilo e modo de viver cristãmente no mundo atual, refletido nas atitudes básicas do discípulo de Jesus que brotam do Sermão da Montanha, como vimos em domingos anteriores.

2. **Cristo, fiel na tentação**

O tema Tentação, como prova de fidelidade do homem a Deus, dá unidade às leituras bíblicas deste domingo. A partir do *evangelho* iluminam-se as outras duas leituras. A *primeira* delas (Gn 2,7-9; 3,1-7) relata a tentação e queda de Adão e Eva no paraíso; e a *segunda* (Rm 5,12-19) estabelece o paralelismo entre o primeiro Adão e o segundo que é Cristo, para concluir que onde abundou a culpa superabundou a graça (v. 20, que não se lê).

a) **Dificuldades catequéticas. -** A cena evangélica das Tentações de Cristo apresentou e apresenta suas dificuldades catequéticas, às quais Mateus (4,1-11) responde intencionalmente. Como é possível que o Senhor, sendo Deus, foi submetido à tentação? Nos três Evangelhos Sinóticos (Mt, Lc e Mc) a narrativa do Batismo de Jesus no Jordão, como afirmação de sua divindade e messianidade, precede o relato das Tentações no Deserto. Há, pois, uma clara unidade kerigmático-teológica entre as duas passagens; em ambas situações Cristo é impelido ou levado pelo Espírito, para deixar patente simultaneamente sua divindade e sua humanidade.

Jesus é tentado como homem que era, "provado em tudo exatamente como nós, exceto no pecado" (Hb 4,15). Portanto, a prova da tentação foi algo natural a Ele; e sua vitória sobre a mesma reafirma sua filiação divina e sua fidelidade à missão messiânica que lhe fora confiada. Sobre isto precisamente versaram as Tentações: sua identidade e tarefa messiânicas. As duas primeiras tentações começam com a mesma insinuação condicionante do Tentador: "Se és o Filho de Deus...", isto é, o Messias.

b) **A narrativa das Tentações** de Jesus no Deserto é uma composição bíblico-teológica, cujo centro é o diálogo que à base de citações da Escritura mantêm os dois interlocutores: Cristo e o tentador. Não importa tanto a literalidade mesma da discussão à base de textos do Antigo Testamento, algo no que Mateus é especialista por ser o mais judeu dos três Sinóticos.

Tão pouco é importante o modo mesmo da tentação tal como foi literária e magistralmente descrito. Todo o processo da mesma pode ter sido meramente interno, é o mais provável.

O fundamental é a revelação que encerra este gênero literário, comum aos três evangelistas dos sinóticos, chamados assim porque seguem linhas paralelas no conjunto de sua narração, salvo algumas variantes. A presente cena é desenvolvida mais amplamente por Mateus e Lucas (ano A e C respectivamente), é esquematizada em Marcos (1,12-13: ano B). O evangelista João não menciona esta passagem.

c) **O conteúdo ou revelação** da passagem das Tentações pode ser sintetizado nestes três pontos: 1) A afirmação que efetivamente Jesus foi tentado no começo de sua missão apostólica. 2) O tema das tentações se refere à sua identidade e funções messiânicas. 3) Jesus vence a tentação à base de fidelidade à vontade de Deus. Não opta pelo estilo triunfalista do messias terreno esperado e querido pelo povo judeu, incluídos os seus discípulos, mas pelo modo e disponibilidade do Servo de Yavé e pela humilhação da cruz, tal como o quer o Pai.

Na agonia do Getsêmani, no início da paixão de Cristo se repetirão a mesma tentação e a mesma vitória: "Meu Pai, se for possível, afastai de mim este cálice! Mas não aconteça como eu quero, mas como vós quereis". E inclusive quando Jesus agoniza na cruz alguém faz ressoar o estribilho da tentação: "Se és o Filho de Deus, desce da cruz e creremos em ti". Mas Ele já havia assumido o projeto salvador de Deus.

3. **Cristo é o novo Adão e o novo Israel**

a) **O homem novo.** - Aprofundando o paralelismo divergente que a primeira e segunda leituras insinuam, entendemos que Jesus é o novo Adão que repara a desobediência do primeiro no paraíso.

A *primeira leitura* (Gn 2-3) é um relato literário em dois tempos, sem intenção histórica nem científica, mas teológica. Contém verdades da revelação sobre a origem do homem e do pecado no mundo. O homem (= *adám:* varão e mulher) é criado, por uma intervenção especial de Deus, como ser livre e pensante, à imagem e semelhança de seu Criador. Em seguida vêm descritos literariamente a tentação e o primeiro pecado do homem, que não resiste à prova e rompe com Deus por sua desobediência autônoma. Começa assim a saga do pecado na história humana (ver 10º Dom. tempo comum B).

Na *segunda leitura* (Rm 5,12-19), em direta referência à primeira, São Paulo explica a origem do pecado e da morte no mundo dos homens. Procede à base de antíteses, contrapondo a tipologia Adão-Cristo como dois arquétipos de homem distintos: velho e novo. No paralelismo estabelecido, todas as vantagens são para o segundo. A graça salvadora que brota da obediência de Cristo ao Pai é mais abundante que o pecado do primeiro Adão.

A leitura paulina é, no fundo, uma mensagem alegre de esperança, de otimismo e de regeneração salvadora para o homem pecador. Pois todos pecaram, mas onde abundou a culpa do homem superabundaram a graça e o amor de Deus por Cristo Jesus, o Homem novo.

b) **Cristo, o novo Israel.** - A figura e a conduta de Jesus na tentação são também a réplica às tentações do deserto às quais sucumbiu o antigo Israel. Eis aqui uma nova tipologia antitética. Jesus é tentado no deserto durante quarenta dias, como outrora Israel durante quarenta anos; e jejua quarenta dias e quarenta noites como o primeiro legislador Moisés.

A luz dessas reminiscências bíblicas, Cristo aparece como o novo Moisés que conduz o novo Povo de Deus a um novo êxodo e a nova terra, mas vitorioso nas tentações do Deserto, das quais Jesus experimenta (e nós com Ele) três tentações análogas:

1ª **A fome**, que foi motivo de queixa dos israelitas peregrinos através de um deserto hostil que fazia sentir saudades da escravidão "abundante" do Egito (Êx 16). Em nosso caso, é o materialismo consumista da primazia ao ter sobre o ser. Mas a resposta do Senhor é: Nem só de pão vive o homem, mas de toda Palavra que sai da boca de Deus (Mt 4,4; Dt 8,3).

2ª **Tentar a Deus**, pedindo-lhe prodígios e milagres para própria satisfação. Isso fez Israel ao sentir a sede ardente do deserto, no lugar chamado Massá (tentação) e Meribá (queixa). Deus acalmou a sede do povo por meio de Moisés: ele golpeou o rochedo do Horeb e dele jorrou água em abundância (Êx 17). Tentação freqüente hoje entre muitos cristãos é querer manipular o poder divino a seu favor mediante os mecanismos falsos de uma religião mágica e interesseira. Jesus não cede à tentação da espetaculosidade vaidosa e inútil, porque está escrito: Não tentarás ao Senhor, teu Deus (Mt 4,7; Dt 6,16).

3ª **A idolatria** do poder. O antigo Israel cansou-se de Yavé e, na ausência de Moisés, fabricou para si um bezerro de ouro e adorou-o como seu novo deus (Êx 32). Fabricamos para nós ídolos em quantidade como substitutivos do verdadeiro Deus: domínio e poder, opressão e exploração, dinheiro e sexo, violência e agressividade. Mas Jesus, no alto desse monte impossível donde podia ver todos os reinos do mundo e seu esplendor, não cede à tentação da idolatria do poder político e avassalador. Sem fraquejar, contesta o Tentador: Vai-te, Satanás, porque está escrito: Adorarás ao Senhor teu Deus e só a Ele darás culto (Mt 4,10; Dt 6,13).

4. Fiéis com Cristo na tentação

A fé é a força libertadora número um. Se somos tentados como Cristo, também como Ele e precisamente unidos a Ele, podemos sair vencedores da prova. Nossa vitória com Jesus é possibilidade real; mas temos de fazê-la efetiva colaborando com a graça de Deus.

"Possuímos já as primícias do Espírito, mas gememos em nosso íntimo suspirando pelo resgate de nosso corpo" (Rm 8,23). Isto é, a salvação de Deus não acontece de modo simplesmente automático, sem nossa aceitação da palavra do evangelho de Cristo nosso Salvador mediante a fé que se expressa na conseqüente conduta moral. Os frutos e obras de uma conversão de fé são o sinal fidedigno da mesma. Assim pois, despogemo-nos das obras das trevas e revistamo-nos das armas da luz" (13,12).

Se experimentarmos o pecado como realidade pessoal e social no mundo, evidenciada pela atmosfera contaminada que o pecado produz, também a nova vida e re-criação do homem redimido pela graça de Deus deve gerar uma ética cristã de projeção ambiental, comunitária, familiar, profissional e sócio-estrutural. Brote de nossos lábios a súplica perene do Pai-Nosso: Não nos deixeis cair em tentação, mas livrai-nos do mal.

Segundo Domingo da Quaresma (A)

Gn 12,1-4a: Vocação de Abraão, pai do povo de Deus.
2Tm 1,8b-10: Deus nos chama e ilumina.
Mt 17,1-9: Seu rosto resplandeceu como sol.

FÉ NA CAMINHADA PARA A PÁSCOA

1. A Transfiguração do Senhor, dado da fé pascal
a) Contexto e situação
b) Objetivo ou intenção da passagem
2. A narrativa: seu gênero literário e sua mensagem
a) A linha narrativa
b) O gênero literário
c) A mensagem de fé
3. Fé em caminho: resposta a um chamamento
a) Vocação de Abraão
b) Um arquétipo bíblico
4. Nossa vocação em Cristo
a) Deus chama-nos para uma vida santa
b) "Levantem-se! Não tenham medo!"

***

1. A Transfiguração do Senhor, dado da fé pascal

Os três evangelistas sinóticos referem a passagem bíblica que chamamos "Transfiguração do Senhor". Para o ciclo A toma-se a versão de Mateus 17,1-9 e para os ciclos B e C a de Marcos 9,1-9 e Lucas 9,28-36, respectivamente. Apesar de algumas diferenças em alguns pontos, duas coincidências fundamentais na linha mestra da narrativa, no contexto em que este se situa e no gênero literário que empregam, fazem que grande parte daquilo que dizemos para o presente ano tenha aplicação também para os seguintes.

Para uma melhor compreensão da narrativa da Transfiguração convém ter em mente estes aspectos comuns aos três ciclos: o contexto em que se situa, o objetivo intencional da narração, a própria narração, seu gênero literário, e a mensagem de fé que nos quer transmitir.

a) **Contexto e situação.** - Os três casos estão precedidos pelo primeiro dos anúncios de sua paixão e ressurreição que Cristo faz a seus discípulos caminhando para Jerusalém. Contêm também a base da profissão de fé em sua messianidade por boca de Pedro. A idéia de um Messias sofredor e justiçado estava completamente fora dos cálculos políticos, conaturais à esperança messiânica de qualquer judeu e também dos Apóstolos, como o demonstra Pedro abertamente falando à parte com Jesus.

Nas palavras de repúdio por parte de Pedro ressoa um eco das Tentações do Deserto, isto é, do triunfalismo messiânico (ver Dom.

anterior). Mas Jesus repreende-o duramente: Afaste-se de mim, Satanás. E continua doutrinando seus discípulos sobre as condições para seu seguimento: renúncia e cruz. Como, porém, eles não o entendiam, ficaram desconcertados diante de um projeto tão estranho, e frustrados nas esperanças que tinham posto em Jesus. A depressão era compreensível; evidentemente seus pensamentos não eram os de Deus nem os de seu Mestre.

b) **Objetivo ou intenção da passagem.** - A situação criada determina o objetivo intencional do relato. Diríamos que a Transfiguração é vista mais em função dos discípulos que do próprio Jesus. Por isso ele escolhe três como testemunhas: Pedro, Tiago e João; os três que depois também presenciarão sua agonia no Getsêmani. Jesus mesmo ordena o acontecimento para a instrução de seus discípulos, e, para uma melhor compreensão de sua paixão e morte anunciadas, mostra-lhes antecipadamente a glória de sua ressurreição também predita.

A conduta posterior dos Apóstolos nos acontecimentos da Paixão torna evidente aquilo que é apontado pelos Sinóticos na presente narrativa: eles, no momento, não entenderam muita coisa. Isto explicaria em parte a "lei do silêncio" que, na linha do segredo messiânico, Jesus lhes impõe até que o Filho do homem ressuscite dentre os mortos (Mt 17,9); expressão que tampouco entenderam plenamente. "Eles guardaram esta recomendação, mas perguntavam entre si o que significava ressuscitar dos mortos (Mc 9,10).

Tudo, então, vai fazendo ficar claro para nós que o acontecimento da Transfiguração é descrito e interpretado com a compreensão plena que os Apóstolos e a comunidade cristã em cujo seio se realizou a redação dos Evangelhos, conseguiram posteriormente à luz da fé pascal.

E é justamente aqui que surgem os *matizes diferentes* de cada evangelista de acordo com a impostação característica de cada evangelho em seu conjunto.

Na Transfiguração do Senhor, Mateus realça a manifestação de Jesus como novo Moisés (igualmente como no Sermão da Montanha), que entra em contato com Deus num novo Sinai.

Marcos, pelo contrário, descreve uma epifania do Messias oculto, de acordo com o "segredo messiânico" que adquire relevo especial em seu evangelho.

E, finalmente, Lucas acentua no fato a experiência pessoal de Jesus, durante uma intensa oração e comunicação filial com o Pai, fruto da qual é a revelação visível da glória de sua divindade, antecipação da ressurreição que acontecerá depois da sua paixão e morte.

2. A narrativa: seu gênero literário e sua mensagem

a) **A linha narrativa** de Mateus coincide, em grandes traços, com os outros dois evangelistas sinóticos. Escolha por Jesus dos três apóstolos:

Pedro, Tiago e João; subida da montanha sem nome (tradicionalmente o monte Tabor), poucos dias antes do primeiro anúncio da paixão, morte e ressurreição (seis dias segundo Mateus e Marcos; uns oito segundo Lucas); transformação gloriosa do rosto e vestimentas de Jesus; presença de Moisés e Elias que conversam com Ele (somente Lucas assinala o tema: sua próxima morte em Jerusalém); intervenção infeliz de Pedro; nuvem luminosa de cujo interior sai a voz (do Pai) proclamando Jesus como Filho amado, predileto, escolhido, que deve ser ouvido; Jesus de novo sozinho com os três; descida do monte e ordem de guardar silêncio sobre o acontecido até mais tarde.

b) **O gênero literário.** - Toda a encenação está evidentemente em acordo com o gênero literário das teofanias bíblicas nas quais se manifesta a presença de Deus e cujo protótipo é a teofania do Sinai: fogo, fumaça, nuvem, névoa densa, trono e voz poderosa (Êx 19. 24. 34). Elementos todos de encenação dramática a serviço de uma mensagem teológica ou revelação de fé.

Pois bem, a narração da Transfiguração do Senhor por Mateus, assim como a de Marcos e Lucas, serve-se destes recursos próprios das teofanias conforme a tradição vétero-testamentária, tais como: subida da montanha, que é o lugar da presença de Deus; Jesus entre Moisés e Elias que são os representantes da Lei e dos Profetas, isto é, de todo o Antigo Testamento, que dá assim o aval à messianidade de Jesus; a luz radiante no rosto transfigurado de Cristo; a cor branca de suas vestes; sua glória (detalhe exclusivo de Lc 9,32) e a nuvem que envolve a todos, tanto os personagens do plano superior (Jesus, Moisés e Elias) como os do inferior (os três discípulos); o temor e o gozo destes, isto é, do homem diante do mistério tremendo e fascinante de Deus; e a voz que fala da nuvem.

A narração atinge seu ápice nesta voz do Pai que proclama a identidade de Jesus: quem é este homem destinado a uma paixão e morte ignominiosas e a uma ressurreição gloriosa. "Este é meu Filho, o amado, o meu predileto. Ouçam-no!" (Mt 17,5).

* Salta à vista o paralelo com a cena do Batismo de Jesus no rio Jordão. Repete-se o aval do Pai sobre a categoria divina e condição messiânica de Jesus. Mas aqui vai-se ainda mais longe, pois a voz acrescenta: Ouçam-no! Porque Ele é a Palavra definitiva do Pai feita carne (Jo 1, 14), o Profeta por antonomásia que se anuncia no Antigo Testamento (Dt 18,15), o Servo do Senhor, seu escolhido a quem prefere e sobre o qual pôs seu Espírito para que promulgue a lei e o direito das nações (Is 42, 1).

c) **A mensagem de fé.** - A narrativa está, pois, a serviço de uma mensagem teológica de fé pascal: Jesus é o Senhor glorioso, o Messias, o Filho de Deus. Tanto seria um equívoco ver em toda a narrativa da Transfiguração uma história literal quanto uma mera intencionalidade teológica sem base real em dados. Ambos os aspectos se complementam nesta como em outras passagens. Na leitura da Bíblia não se deve confundir o gênero literário empregado num texto com a mensagem transmitida nele, nem valorizar o conteúdo de uma perícope por sua forma redacional.

O *Prefácio* deste domingo expressa e resume perfeitamente a mensagem da Transfiguração: "Cristo, Senhor nosso, depois de anunciar sua morte aos seus discípulos, mostrou-lhes no Monte santo o esplendor de sua glória para testemunhar, de acordo com a Lei e os Profetas, que a Paixão é o caminho da Ressurreição".

3. Fé em caminho: resposta a um chamamento

O fato da Transfiguração situa-se na subida de Jesus a Jerusalém, a cidade que matava os profetas e onde Ele vai consumar sua peregrinação terrena. Em acorde com este ritmo, os textos da liturgia da palavra acentuam hoje esse sentido de êxodo, de disponibilidade e de fé-em-caminho como resposta ao chamado de Deus.

a) **Vocação de Abraão.** - Assim aparece na *primeira leitura* (Gn 12,1-4) a figura de Abraão, sua escolha e vocação por Deus. O texto, pertencente à tradição javista, abre o ciclo de Abraão (Gn 12-25) como primeiro representante da saga dos patriarcas (Gn 12-50). Terminou a etapa das origens da humanidade, do pecado, da maldade e do castigo: Adão e Eva, Caim e Abel, Noé e o dilúvio, a torre de Babel (Gn 2-11); e começa uma nova época de aliança e salvação de Deus que marca as origens do Povo escolhido.

* Na *primeira leitura* deste segundo domingo da quaresma, em seus três ciclos, é-nos apresentada a história de Abraão: vocação e promessa (ano A), prova de sua fé e obediência mediante o sacrifício de seu filho Isaac (ano B) e aliança de Deus com Abraão (ano C). Assim como no Advento a liturgia se desenvolve à base de tipos bíblicos que encarnam a esperança messiânica: Isaías, João Batista, Maria e José, também na Quaresma é Abraão uma figura tipo que condensa o modelo de uma fé obediente e em marcha à luz plena, embora através da cruz e da provação.

b) **Um arquétipo bíblico.** - Abraão é, portanto, uma figura sinal, um tipo teológico da história da salvação. Ele é o nômade de Deus; o destinatário de uma escolha totalmente gratuita por parte do Senhor que o chama para sair de sua terra, Ur da Caldéia, na Mesopotâmia (pelo ano 1850 a.C.), para ir a Canaã, na Palestina. Nele vão realizar-se a unidade da humanidade dispersa em Babel e a origem do Povo de Deus, Israel. Sua vocação traz consigo uma promessa-aliança de bênção pessoal (terra e descendência) e também universal; mas condicionada à sua resposta. Porque esta é uma constante bíblica: a aliança, a promessa e a bênção de Deus estão sempre condicionadas pela obediência livre do homem.

Pois bem, sua resposta ao chamamento de Deus foi a obediência da fé. Deixando tudo, partiu como lhe havia ordenado o Senhor (v. 4). E porque obedeceu, em sua descendência se plasmará a bênção divina; e não só para o povo israelita, mas também para todas as nações. São Paulo fala do povo universal de Deus, a Igreja, nascido da fé do Patriarca Abraão, modelo de fé e pai de todos os crentes (Rm 4,11; ver tb. Hb 11,8 ss.).

Cristo Jesus é o último elo da cadeia da descendência de Abraão, conforme assinala Mateus na genealogia de Jesus, filho de Davi, filho de Abraão (Mt 1,1). Cristo é a bênção e salvação de Deus para todos os povos. A história bíblica, toda ela, conflui para Cristo e se explica a partir dele, pois em sua pessoa alcançam plena manifestação o Mistério ou projeto salvador de Deus e as promessas feitas aos Patriarcas e ao Povo do Antigo Testamento.

4. Nossa vocação em Cristo

a) **Deus chama-nos a uma vida santa.** - Dentro desta órbita de eleição e amor salvador entra o cristão, como destinatário que é de uma vocação especial do Senhor. Desde tempo imemorial, desde antes da criação, dispôs Deus dar-nos sua graça por meio de Jesus Cristo, chamando-nos à fé. Assim São Paulo se expressa na *segunda leitura* de hoje (2Tm 1,8-10).

Servindo-se talvez de fórmulas litúrgicas de profissão de fé cristológica que as comunidades apostólicas já usavam, Paulo faz uma síntese do evangelho de acordo com sua eclesiologia e sua visão soteriológica, isto é, conforme sua teologia da salvação ou justificação gratuita pela fé e não pelas obras da Lei mosaica. Antes desta e da circuncisão foi a fé de Abraão que o fez agradável a Deus (Rm 4; Gn 17,11). Também nós, sem méritos de nossa parte e segundo seu projeto eterno, Deus chamou-nos à libertação e reabilitação plenas por Jesus Cristo "que destruiu a morte e fez brilhar a vida e a imortalidade" (v. 10).

Nossa vocação cristã "a uma vida santa" (v. 9) conforme com a graça de Deus e a obediência da fé gratuita como a de Abraão, mas superior. Pois Deus realiza agora sua aliança e promessa de regeneração do homem por meio de seu próprio Filho; e sua bênção culmina em nossa adoção filial por Cristo.

* Em nossa vocação cristã verificam-se os três *elementos* de toda vocação de Deus:

1º) Uma eleição gratuita por amor e não por nossos méritos (v. 9).

2º) Uma missão que nos é confiada e que supõe deixemos nossas seguranças, rompamos e abandonemos a comodidade do conhecido e aceitemos o risco de mudança. Missão para cumprir uma tarefa cristã de testemunho e compromisso efetivo com respeito à família, à comunidade de fé, à sociedade em que vivemos, aos companheiros de trabalho ou de estudo, ao círculo de nossas amizades e aos irmãos mais marginalizados.

3º) Uma promessa de vida que fundamenta nossa esperança segura de imortalidade (v. 10).

A resposta agradecida ao chamado de Deus requer de nós fé, confiança, desinstalamento e fidelidade a toda prova no deserto da vida, como nômades de Deus a exemplo de Abraão e a exemplo de Cristo, nosso mestre de vida, para quem seu alimento foi fazer a vontade do Pai que o enviou (Jo 4,34).

b) **“Levantem-se! Não tenham medo!”** (Mt 17,7). - A mensagem da Transfiguração do Senhor deve alentar-nos ao longo de nossa vida, especialmente quando esta mostra o lado da cruz que machuca, quando nos cercam a escuridão e a dúvida, quando fraquejam nossas forças e a esperança. Então Jesus nos diz como aos apóstolos: Levantem-se, não tenham medo. Na orla do horizonte, mas já presente e atuando pela fé, estão o gozo e a glória da transformação final, a ressurreição que a Transfiguração de Cristo já antecipa. Uma só condição: escutar a Jesus (v. 5), mediante a obediência da fé e o seguimento alegre e esperançoso.

Porque este é o projeto de Deus sobre nós e nossa vida, que é vocação à santidade cristã (LG 39-42), chamada à novidade e à liberdade de espírito, para caminhar no amor e na fraternidade. Se Cristo não o tivesse percorrido antes, esse caminho nos pareceria uma utopia irrealizável num mundo com freqüência duro, hostil, triste e decepcionante. Mas desde Jesus a transfiguração é uma opção possível para o cristão, homem novo numa humanidade e mundo novos.

A mensagem litúrgica hoje é de otimismo radical e de esperança firme, e não ilusória. Jesus é nosso companheiro de caminhada até a luz final; com Ele somos capazes de superar a prova da fé e experimentar a libertação gratificante da auto-renúncia e da cruz na quaresma de nossa vida, no caminho para a Páscoa com Cristo.

Terceiro Domingo da Quaresma (A)

Êx 17,3-7: Dá-nos água para beber.
Rm 5,1-2.5-8: O amor que Deus nos tem foi derramado em nossos corações pelo Espírito Santo que ele nos deu.
Jo 4,5-42: Uma fonte de água que jorra para a vida eterna.

JESUS E A SAMARITANA

1. O tema batismal na Quaresma
2. Encontro de Jesus com a Samaritana
a) Os desprezados samaritanos
b) Auto-revelação de Jesus
3. A Água viva: sinal do dom de Deus
a) A Água e o Espírito
b) Há uma sede inextinguível no homem
c) Conclusão: Se conhecêssemos o dom de Deus...

***

1. O tema batismal na Quaresma

À medida que adentramos no coração da Quaresma vai aflorando com força o tema batismal, que recebe um realce particularmente neste domingo e nos dois seguintes deste ano A. A escolha do evangelho para esses três domingos segue o esquema dos formulários que desde o século IV foram dando corpo à primitiva liturgia quaresmal.

Segundo o Sacramentário Gelasiano (fins do s. V) escalonava-se a preparação dos catecúmenos para o batismo mediante os "escrutínios" (exorcismos) que havia nos três domingos precedentes à Semana Santa, a Grande Semana Pascal. Hoje tais exorcismos e exames estão incorporados ao Ritual do Batismo, embora depurados e atualizados.

De acordo com os antigos formulários pré-batismais, lemos:

- neste terceiro domingo, a passagem da Samaritana: tema da Água, isto é, da Vida em plenitude e eterna;

- no quarto domingo, a cura do Cego de nascimento: tema da Luz, isto é, da Fé;

- e finalmente, no quinto domingo, a ressurreição de Lázaro: tema da Vida Nova com Cristo ressuscitado.

Estes três evangelhos são tirados de São João que substitui São Mateus, leitura habitual no presente ciclo A. Dada sua importância para a iniciação cristã, estas três leituras evangélicas podem ser repetidas (assim como as outras duas leituras) nos anos seguintes B e C, sobretudo onde há catecúmenos (*Ordo Lectionum Missae*: Prenotandos, nº 13; Leituras dos Domingos, nºs 28-36).

2. Encontro de Jesus com a Samaritana

A passagem na qual se descreve a auto-revelação de Jesus através do símbolo da Água é psicologicamente falando, uma das páginas mais belas do quarto evangelho. No diálogo com a mulher samaritana Jesus desenvolve toda uma pedagogia catequética (Jo 4,5-42).

a) **Os desprezados samaritanos. -** Quanto a isso deve-se notar que, apesar do desprezo dos judeus pelos samaritanos e embora esteja colocado abertamente nos lábios de Jesus que "a salvação vem dos judeus" (v. 22), os evangelistas, e em especial Lucas, costumam dar aos samaritanos um lugar melhor que aos judeus com respeito a Jesus.

Assim: a parábola do bom samaritano (Lc 10,33); na cura dos dez leprosos, o único que volta para agradecer é precisamente um samaritano (Lc 17,16); o evangelho de hoje põe em evidência a fé dos samaritanos em Jesus diante da incredulidade dos judeus, porque "os seus não o receberam" (Jo 1,11). Segundo o quarto evangelho não é Jerusalém, mas Samaria o ponto de apoio da missão pela acolhida dispensada a Jesus, melhor que a da elite religiosa da capital.

* Pelo segundo livro dos Reis (17,24-41) conhecemos a *origem* dos Samaritanos e de seu culto a Javé. Foi o povo que saiu das tribos orientais com que Sargão II da Assíria (720-705 a.C.) repovoou a Samaria, que era o reino do norte ou Israel, quando da deportação de seus habitantes para a Babilônia em fins do século VIII a.C.

Num sincretismo religioso adotaram a religião javista, e, à sua maneira, rendiam culto a Javé no templo que construíram no monte Garizin, frente ao monte Ebal ou das maldições. Os samaritanos celebram ainda hoje sua páscoa samaritana conforme o ritual do Êxodo 12. Os judeus de raça desprezavam religiosamente os samaritanos a ponto de considerá-los como "impuros" e gente que deve ser evitada.

b) **Auto-revelação de Jesus. -** No diálogo que, sentado à beira do poço de Jacó, Jesus inicia com a mulher samaritana, contrariamente ao costume estabelecido, a conversa vai desde a sede de Jesus que pede de beber à mulher até a água que ele lhe oferece. Água viva que apaga a sede para sempre e se converte dentro de quem a bebe numa fonte que jorra para a vida eterna. Esse é o dom de Deus que a Samaritana ignora: a vida eterna em plenitude por meio da fé em Jesus, Messias e Filho de Deus.

A identidade do seu interlocutor vai-se revelando pouco a pouco à mulher até chegar à plena auto-manifestação naquelas palavras de Jesus: (O Messias) sou eu, aquele que fala com você (v. 26). Eco nos lábios de Cristo da fórmula de revelação de Deus no Antigo Testamento: O "Eu sou" de Javé.

A água viva (primeiro tema inicial) e a adoração ao Pai em espírito e verdade (segundo tema intercalado) são os dois tempos que realizam progressivamente a revelação do mistério da pessoa de Jesus. Para a Samaritana e seus conterrâneos Cristo começa por ser mais um judeu (v. 9), para passar a ser um profeta (v. 19), o Messias, talvez (v. 29) e, finalmente, o Salvador do mundo (v. 42).

É certo que na redação de Jo 4,2-42 encontramos elaborada a fé pós-pascal da primitiva comunidade cristã; mas em todo o caso para a Samaritana e seus concidadãos a pessoa de Jesus se converteu numa instância progressiva de fé e conversão. E tudo isto sucede sem que Cristo violente seu processo psicológico, mas antes ao ritmo apaixonante de um encontro em profundidade. Maravilhosa sintonia pedagógica.

* Em confronto com a *primeira leitura* de hoje (Êx 17,3-7), o humilde "dá-me de beber" dirigido por Jesus à mulher que se aproxima do poço com seu cântaro, recorda a sede do povo israelita no deserto do Sinai e sua queixa irada contra Moisés: Dá-nos água para beber (Êx 17,2). Moisés obedece às instruções de Deus e golpeia com seu cajado a rocha do Horeb de onde brotou água abundante para o povo que havia tentado a Deus, dizendo: "Está ou não está o Senhor no meio de nós?" Por isso Moisés deu àquele lugar o nome Massá (tentação) e Meribá (queixa).

Mais tarde São Paulo, referindo-se a esta passagem e a seu paralelo Nm 20,1-23, dirá que esta Rocha era Cristo (1Cor 10,4). E nas Tentações de Jesus no Deserto, na segunda que Cristo, novo Israel, vence, vemos a contra-réplica e esta tentação que o Povo do Antigo Testamento não venceu (cf. primeiro Dom. da Quaresma A,3,b).

3. A Água viva: sinal do dom de Deus

O tema da Água viva nasce naturalmente da leitura do evangelho de hoje (Jo 4,5-42), em referência direta à primeira leitura. Mas está intercalado neste evangelho um segundo tema importante, que se presta para um desenvolvimento mais amplo. Não vamos fazê-lo aqui por razão de unidade e brevidade. É o culto a Deus em espírito e verdade, ou nova religião que na linha dos profetas do Antigo Testamento, Jesus preconiza em oposição ao culto vazio e já desnecessário do templo de Jerusalém (vv. 19-24; para um desenvolvimento deste segundo tema ver neste ano A o dia 9 de novembro: Dedicação da Basílica de Latrão).

a) **A Água e o Espírito.** - A Água viva é o dom de Deus, unido necessariamente ao conhecimento de Jesus porque Ele é o dom do Pai para a salvação do homem. Além disso a Água viva tem relação também com o Espírito Santo, conforme textos paralelos e esclarecedores que encontramos no mesmo quarto evangelho. Assim, por exemplo:

> O último dia, o mais solene da festa (das Tendas), Jesus, em pé, gritou: Se alguém tem sede venha a mim e beba. O que crê em mim, como diz a Bíblia, do seu seio sairão rios de água viva. Dizia isto, referindo-se ao Espírito que haviam de receber os que acreditassem nele. Todavia, o Espírito não tinha sido dado, porque Jesus ainda não tinha sido glorificado (Jo 7,37-39; sobre os sinais do Espírito, ver Pentecostes ano B).

Como tema bíblico, nos livros proféticos e sapienciais a água é símbolo dos bens messiânicos e da sabedoria, respectivamente. E nos lábios de Jesus? A Água viva, dom de Deus, é o ponto de referência para a revelação de sua pessoa, sua doutrina e sabedoria, capazes de apagar para sempre a sede espiritual do homem.

A interpretação eclesial dos Padres aplicou estes textos também à sabedoria cristã na qual somos iniciados pelo batismo, água que brota para a vida eterna presente e futura. Assim a Água e o Espírito falam a mesma linguagem batismal na simbologia sacramental joanina. Em outro lugar Jesus afirma a Nicodemos: Aquele que não nascer da Água e do Espírito não pode entrar no Reino de Deus (3,5).

A *segunda leitura* de hoje é tirada da Carta aos Romanos (5,1-8), cujo tema central é a justificação e salvação do homem pela fé em Jesus e seu Evangelho. O dom de Deus, a salvação que Ele nos oferece gratuitamente em Cristo, fundamenta-nos na paz com Deus e na esperança. E estas, por sua vez, baseiam-se no "amor de Deus que foi derramado em nossos corações com o Espírito Santo que nos foi dado" (v. 5).

A Água, pois, é sinal de um dom de Deus que é Pessoa, Cristo Jesus; é sinal do amor do Pai que nos justifica e salva por Cristo e o Espírito. Água e Espírito estão em mútua referência batismal para a regeneração e vida daquele que crê em Jesus, de todos nós que queremos nesta Quaresma percorrer de novo o itinerário de nossa fé e renovação batismais, como preparação para o mistério pascal de morte ao pecado e vida nova com o Senhor ressuscitado.

b) **Há uma sede inextinguível no homem. -** A água é o bem mais apreciado para a sede multissecular dos povos nômades do deserto. Também para o coração do homem, sedento de felicidade e libertação total; porque a insatisfação profunda é uma constante do ser humano. Um claro indicador disso é a inquietude religiosa da Samaritana, que já tivera cinco maridos e um amante (v. 18).

A sede pode adquirir significados diversos: materiais, uns; espirituais, outros. Temos sede de água e de carinho, de dinheiro e de felicidade, de pão e de verdade, de cultura e de dignidade, de paz e de esperança, de justiça e de direitos humanos.

Em contraste com a auto-suficiência material do homem moderno vai crescendo sua própria indigência espiritual. Como encher o vazio interior, fruto da ausência de valores autênticos e produto do materialismo consumista, da manipulação ideológica e da alienação em todos os campos? As ofertas não faltam, desde as mais grosseiras de sempre até as mais sofisticadas do momento. As primeiras concentram-se nos velhos demônios do ter e gastar, do poder e da glória, do sexo e do álcool; ou seu requinte atual nas drogas alucinantes.

E entre as ofertas de cunho moderno e pretendidamente espiritual proliferam as seitas pseudo-religiosas; muitas das quais vendem paz interior, equilíbrio emocional, auto-controle psíquico, felicidade e domínio de si mesmo a muitos incautos, contanto que se submetam à indispensável lavagem cerebral. Seu fim é o desencanto ou a alienação inevitável.

Por isso ficará sempre flutuando em nossa atmosfera existencial a intuição genial e definitiva daquele grande sedento do Infinito que foi

Agostinho de Hipona: Inquieto estará meu coração enquanto não descansar em ti, Senhor.

c) **Conclusão: Se conhecêssemos o dom de Deus...** - Jesus disse à Samaritana: "Se conhecesse o dom de Deus e quem é que lhe pede de beber, você lhe pediria e ele lhe daria água viva... Aquele que bebe desta água (do poço de Jacó) torna a ter sede; mas aquele que beber da água que eu lhe der, nunca mais terá sede. A água que eu lhe darei se tornará dentro dele uma fonte que jorra para a vida eterna" (vv. 10. 13-14). O poço de Jacó é aqui símbolo do Antigo Testamento; mas Cristo é superior porque sua água apaga a sede para sempre. Condição: conhecer o dom de Deus, avivar a fé, proceder com sinceridade e reconhecer-se pecador e necessitado diante de Deus.

O encontro da Samaritana com Jesus foi passando de casual para um nível pessoal e profundo; tanto que a mulher se esquece de si mesma e de seu cântaro e vai anunciar aos seus concidadãos, os habitantes de Sicar, o que ela vira e ouvira. A dinâmica de um encontro de fé com Deus, por meio de Jesus em quem crê, converteu-a em apóstolo. Uma lição se tira daqui: Nós devemos ser para nossos irmãos e para o mundo arautos de Cristo, isto é, sinal e sacramento do encontro do homem sedento com Deus e com seu dom da Água viva que é Jesus.

Quarto Domingo da Quaresma (A)

1Sm 16,1b.6-7.10-13a: Samuel unge Davi como rei.
Ef 5,8-14: Andem como filhos da luz.
Jo 9,1-41: O cego de nascimento.

ANDEM COMO FILHOS DA LUZ

1. Luz para olhos cegos
a) A luz, símbolo batismal
b) Descrição de um processo de fé
2. Itinerário de ida e volta
a) O fato e sua intenção: "Eu sou a luz do mundo"
b) Verificação e interpretação do acontecimento pelos fariseus
c) Auto-revelação de Jesus
d) Obstinação e condenação final dos fariseus por Jesus
3. Duas leituras da narrativa que se complementam
a) Os aspectos bíblicos
b) Perspectiva litúrgico-sacramental
4. Andemos como filhos da luz
a) Os frutos da luz
b) O cristão, luz do mundo com Cristo

***

1. **Luz para olhos cegos**

a) **A luz, símbolo batismal.** - Este quarto domingo da Quaresma continua o tema batismal iniciado no domingo anterior e que prosseguirá até o quinto. No terceiro domingo o batismo era sugerido pelo sinal da Água (evangelho da Samaritana: Jo 4) água batismal que é fonte de vida em plenitude e sem fim. Hoje é o sinal que ilumina os olhos do cego de nascimento pela fé em Cristo, que é a luz do mundo. O evangelho de hoje (Jo 9,1-41) corresponde ao segundo dos "escrutínios" que precediam o batismo dos convertidos à fé (ver Dom. anterior, nº 1). Aqui o batismo é visto como iluminação pessoal, mediante a fé, para todo aquele que crê em Jesus Cristo.

Jesus é a luz que ilumina o homem "peregrino nas trevas" (*prefácio*) e representado no cego de nascimento. Este recebe de Cristo primeiro a visão ocular, e depois a luz da fé *(evangelho)*. O batismo cristão, sacramento da fé, é iluminação de toda a pessoa: espírito e coração, sentimentos e conduta. Por isso o iluminado por Cristo, isto é, o cristão, deve andar na vida como filho da luz *(2ª leit.)*. É a atitude conseqüente de quem foi escolhido, vocacionado e ungido pelo Espírito, como os profetas, reis e sacerdotes da antiga Aliança; assim também Davi *(1ª leit.)*.

b) **Descrição de um processo de fé.** - A estrutura interna do relato evangélico de hoje revela uma consumada maestria na arte de narrar. Sua intenção, mais do que constatar um milagre de Jesus (ao qual são dedicados apenas os vv. 6-7), é descrever-nos um processo de fé em Cristo, Luz do mundo, Messias, Filho de Deus. Narra-se aqui a história de um homem que, pelas mãos de Jesus, vai passando das trevas de sua cegueira física para a visão ocular da luz, e desta para a iluminação da fé em Cristo.

Há três versículos no texto que são a chave de interpretação do mesmo. Primeiro: a afirmação de Jesus que precede imediatamente à cura: "Enquanto estou no mundo, eu sou a luz do mundo" (v. 5), declara a intenção da mesma. O segundo contém a profissão de fé do ex-cego: "Senhor, eu creio; e se prostrou diante dele" (v. 38); é o ponto culminante da narrativa. E terceiro: as palavras de Jesus: "É para um julgamento que eu vim a este mundo: para que os que não vêem, vejam, e os que vêem se tornem cegos" (v. 39), evidenciam a finalidade da passagem, em acordo com a antítese luz-trevas freqüente no quarto evangelho já desde o prólogo do mesmo.

2. **Itinerário de ida e volta**

Mas o processo descrito é duplo e em direção inversa. Um itinerário de ida e volta. O cego de nascimento avança de uma situação de absoluta dependência física para a total autonomia de quem vê, e de sua ignorância religiosa para a libertação interior da fé. Ao contrário, os fariseus, seus juízes, retrocedem em seu conhecimento de Deus, obstinam-se em sua incredulidade a respeito de Cristo, fazem-se escravos das trevas que gera sua cegueira espiritual.

A história desenvolve-se segundo estas etapas básicas: fato milagroso da cura, polêmica subseqüente, confissão de fé do ex-cego, obstinação e condenação final dos fariseus por Jesus.

a) **O fato e sua intenção** (vv. 1-12). - A devolução da vista ao cego é um sinal (milagre) que manifesta Jesus como Luz do mundo, conforme suas próprias palavras: Eu sou a luz do mundo (vv. 5; id. 8,12).

* A expressão "Eu sou" nos lábios de Jesus é um eco e equiparação do "Javé" do Antigo Testamento (Êx 3,14). É uma fórmula bíblica de auto-revelação personalizante à base de imagens: Eu sou a luz do mundo; a ressurreição e a vida; o caminho, a verdade e a vida; o pão da vida etc. Encerra, portanto, uma proclamação pascal da divindade de Cristo, o Senhor, que corresponde a um estágio mais avançado da primitiva cristologia do Novo Testamento.

* Diferentemente da maioria dos milagres evangélicos, no caso do cego a cura não está precedida de um pedido que suponha uma fé sequer inicial, mas há uma oferta espontânea e compassiva de Jesus. Num dia de sábado (detalhe coincidente com a cura do paralítico da piscina de Betesda: Jo 5,1-16), o Senhor unta os olhos do cego com lodo, formado de terra com sua própria saliva, e manda-o ir lavar-se na piscina de Siloé. Quando volta curado surgem a surpresa e a curiosidade de seus vizinhos e conhecidos; e tem lugar a primeira e imprecisa declaração do ex-cego sobre "esse homem que chama Jesus" (v. 11).

b) **Verificação e interpretação** do acontecimento pelos fariseus. É a parte mais ampla da narrativa, à base de interrogatórios (vv. 13-34).

Primeiro perguntam ao próprio interessado para esclarecer a identidade de Jesus; depois aos pais do curado sobre o mesmo; e finalmente, de novo ao ex-cego sobre a condição pessoal daquele que lhe deu a vista. Ele opina que Jesus vem de Deus, contra o parecer dos fariseus que o têm como pecador, pois violara o descanso sabático tal como eles o entendiam. A perspicácia e ironia do cego "iletrado" dão-lhe clara vantagem sobre seus "esclarecidos" mas obcecados juízes que acabam por expulsá-lo da comunidade sinagogal.

c) **Auto-revelação de Jesus** (vv. 35-38). - Então Cristo torna-se acessível e se auto-revela ao novo vidente. Aqui chega ao auge o itinerário que aquele mendigo e cego de nascimento percorreu até a plena luz da fé: "Creio, Senhor, e se prostrou diante dele" (v. 38).

Até alcançar esta confissão de fé cristológica o cego viveu todo um processo ascendente de maturação pessoal e de conhecimento de Jesus (como no caso da Samaritana; cf. Dom. anterior A,2,b). Isso se percebe no ritmo progressivo dos termos e títulos com que vai-se referindo a Ele. Primeiro diz: esse homem que se chama Jesus (v. 11); logo o chama de profeta (v. 17); depois o define como vindo de Deus (v. 33); e finalmente o confessa como Filho do homem, título messiânico e de claro sabor judeu-cristão com que Jesus se revela a ele (v. 35.38).

d) **Obstinação e condenação** final dos fariseus por Jesus como supostamente enxergando (vv. 39-41). "É para um julgamento que vim a este mundo, conclui Cristo; para que os que não vêem, vejam, e os que vêem, se tornem cegos" (v. 39). Esta é a conclusão de toda a narrativa. A cegueira do ex-cego passou para os fariseus, no sentido espiritual. Assim, passou também, porém fisicamente, a lepra de Naamã, curado por Eliseu, ao servo deste, Giesi, por causa de sua hipocrisia e avareza (2Rs 5).

3. **Duas leituras da narrativa que se complementam**

A cura do cego de nascimento pode ser lida de diversos ângulos que mutuamente se completam: o estritamente bíblico ou exegético e o litúrgico-sacramental, que enriquece o anterior.

a) **Os aspectos bíblicos** que a narração que tratamos contém são: a proclamação da messianidade e divindade de Jesus que é a Luz do mundo e o Messias (o Filho do homem); o antagonismo, juízo e triunfo da luz sobre as trevas, da visão sobre a cegueira, da fé sobre a incredulidade; assim como a polêmica e o confronto de Jesus com os judeus, tão em consonância com o quarto Evangelho, onde o termo "Judeus" designa sobretudo os chefes religiosos do povo, concretamente os fariseus nesta passagem (ver 3º Dom. Adv. B,1,a).

Cristo aparece mais uma vez e conscientemente como pedra de tropeço e sinal de contradição - profecia de Simeão: Lc 2,34 - para evidenciar a atitude dos corações: opção pela luz ou pelas trevas, fé ou incredulidade, boas ou más obras, e o conseqüente julgamento de salvação ou condenação (Jo 3,14-21: cf. 4º Dom. Quaresma B).

Biblicamente importa também ressaltar o milagre operado como sinal e prova da divindade de Jesus que realiza a obra do Pai, e como sinal e anúncio fático do Reino de Deus e da libertação do homem.

* Na análise bíblica deve-se também ter presente o *pano de fundo histórico* posterior ao fato, que não obstante incorporou-se ao mesmo. Isto é, o conflito Sinagoga-Igreja nascente extravasa do contexto da polêmica Judeus-Jesus, como apontam os vv. 22 e 39.

Ao ser redigido o quarto evangelho na última década do primeiro século, as comunidades cristãs tinham experimentado a perseguição judia e vivem então a ruptura consumada com a Sinagoga, que excomunga os discípulos de Jesus por um decreto formal que alguns datam do ano 70 e outros até do ano 90.

Em qualquer caso este dado posterior foi incluído na cura do cego de nascimento ao anotar o medo prudente de seus pais "pois os judeus já tinham entrado em acordo em excluir da Sinagoga todos os que reconhecessem a Jesus como Messias" (v. 22). Parece quase incrível, observa R. E. Brown, que durante a vida de Jesus se ditasse tal excomunhão. Inclusive a definição dos discípulos de Cristo como aqueles que confessam-no Messias parece demasiado clara e taxativa para situá-la já durante o ministério e vida de Jesus (*El evangelio de Juan*, Madri 1979, 625s.).

b) **Perspectiva litúrgico-sacramental. -** Na primitiva arte cristã das Catacumbas a cena do cego de nascimento aparece até sete vezes, e quase sempre como ilustração do batismo. A totalidade batismal que desde antigamente, tanto nos Comentários dos Santos Padres como na Liturgia eclesial, se deu a este evangelho confere ao sacramento do batismo a condição de sinal da Luz, que é Cristo. Isto é, olha-se primeiro os sacramentos da iniciação cristã como iluminação da cegueira congênita do ser humano por meio da fé em Cristo, Luz do mundo, Messias e Filho de Deus.

A praxis teológico-pastoral da Igreja assumiu, pois, este evangelho (como outros) a partir da oração da comunidade de fé. É sabido que a "forma de orar cria a norma de fé" *(lex orandi= lex credendi)*. Assim, mais além de seu estrito conteúdo exegético ou bíblico, enriqueceu-se o texto acrescentando-lhe uma referência sacramental ao batismo, muito em acordo com o Evangelho de João e baseada nos detalhes da piscina, da água, do banho e do efeito da luz nos novos olhos do cego de nascimento.

A insistência do texto (5 vezes) sobre a cegueira de nascimento daquele que foi curado por Jesus, dá a entender que o simbolismo batismal estava presente na comunidade em cujo seio foi feita a redação do quarto evangelho. Inevitavelmente leva-nos ao diálogo de Jesus com Nicodemos sobre a necessidade de um segundo nascimento da Água e do Espírito para entrar no Reino de Deus pela fé em seu filho (Jo 3,1-21).

Santo Agostinho, comentando o evangelho de hoje em seu *"Tratado sobre São João"*, afirma: "Este cego representa a raça humana. Se a cegueira é a não-fé, a iluminação é a fé. Ao lavar seus olhos na piscina cujo nome significa o Enviado, foi batizado em Cristo (44,1-2).

Igualmente o *Prefácio* deste dia reza assim: Cristo, pelo mistério da encarnação, conduz à claridade da fé os homens que caminhavam nas trevas, e elevou à dignidade de filhos os que nasciam escravos do pecado, fazendo-os renascer das águas do batismo.

4. **Andemos como filhos da luz**

a) **Os frutos da luz.** - A tal ponto é a luz sinal batismal que antigamente os catecúmenos, uma vez batizados, passavam à categoria de "iluminados". Neste sentido deve-se entender a exortação moral que São Paulo faz a nós que cremos: "Andem como filhos da luz" (Ef 5,8-14: *2ª leit.*).

Usando o recurso de contrapor luz e trevas, isto é, conduta cristã e pagã, justiça e pecado, o depois e o antes do batismo, Paulo exorta os cristãos a caminharem como filhos da Luz, que é Deus manifestado em Cristo. Pois se em outro tempo éramos trevas, agora somos luz no Senhor. Luz que os outros devem ver em nós pelos frutos que dela procedem: bondade, justiça e verdade. Imagem conforme com a nossa condição; sem dicotomia nem ruptura entre o ser e o agir, entre a fé e as obras.

> O cristão, vocacionado à fé, além de ser iluminado por Cristo, é também ungido por seu Espírito no batismo. A eleição à fé é sempre um dom; pois a gratuidade amorosa de Deus, é uma das mais fiéis constantes bíblicas. Assim aparece hoje na *primeira leitura* (1Sm 16,1-13). O profeta Samuel unge Davi, o último entre oito irmãos, como rei de Israel, "porque o homem olha as aparências, mas o Senhor olha o coração" (v. 7).
>
> Esta unção que no Antigo Testamento foi própria dos reis, sacerdotes e profetas teve lugar depois no Ungido por antonomásia, Cristo, o Messias, o novo Davi; e dela participamos nós os batizados em Jesus.

b) **O cristão, luz do mundo com Cristo.** - Hoje deve ser dia de renovação na luz de nosso batismo. Cristo disse: Eu sou a luz do mundo; aquele que me segue não anda em trevas, mas tem a luz da vida (Jo 8,12). E acrescentou, referindo-se a seus discípulos: Vocês são a luz do mundo. Assim brilhe a luz de vocês diante dos homens para que vejam suas boas obras e glorifiquem o Pai de vocês que está nos céus (Mt 6,14.16). Por isso São Paulo avisa-nos com o antigo hino litúrgico: Acorde, você que ainda dorme, e levante-se do meio dos mortos, que Cristo o iluminará (Ef 5,14).

Peçamos ao Senhor que cure nossa cegueira pessoal e comunitária, para começarmos a ver tudo de maneira diferente. Se não caírem as escamas de nossos olhos, como dos de Paulo de Tarso, de Agostinho de Hipona e de todos os convertidos da história, continuaremos em nossa cegueira de supostos enxergadores. Que Cristo abra nossos olhos à luz dos valores evangélicos: a vida e o amor, o trabalho e a justiça, a convivência e a solidariedade com os irmãos, para renovarmos a fundo nossa opção batismal.

Quinto Domingo da Quaresma (A)

Ez 37,12-14: Incutirei em vós o meu espírito e revivereis.
Rm 8,8-11: O Espírito daquele que ressuscitou Jesus dentre os mortos habita em vós.
Jo 11,1-45: Ressurreição de Lázaro por Jesus.

"EU SOU A RESSURREIÇÃO E A VIDA"

1. "Eu sou a ressurreição e a vida"
a) Realce dado ao batismo num milagre-sinal
b) Que nos desvenda o rosto humano de Deus
2. Para todo aquele que crê
a) Chave de leitura: a finalidade da narrativa
b) A fé como condição
3. Diante do enigma da morte o homem se questiona
4. Cristo nos faz livres diante da morte
a) Por seu Espírito que habita em nós
b) Esperança e vida desde já
c) Cremos isto?

***

1. "Eu sou a ressurreição e a vida"

a) **Realce dado ao batismo num milagre-sinal.** - A liturgia da palavra de hoje continua a dar realce ao batismo. Desde os primórdios a tradição litúrgica eclesial viu na leitura litúrgica de hoje uma referência batismal que estava ligada ao terceiro dos escrutínios dos catecúmenos.

Como nos domingos anteriores sob o sinal da Água e da Luz, também hoje Jesus se autodefine, e concretamente como Vida, através de um milagre-sinal: a ressurreição de Lázaro *(evang.)*. Esta ressurreição que Cristo opera é sinal da Vida nova no Espírito que nos é dada pela fé e pelo batismo como antecipação e garantia de nossa ressurreição final com Jesus *(2ª leit.)*.

Assim se verifica em plenitude a renovação de seu povo por Deus, como anuncia o profeta Ezequiel *(1ª leit.)*.

* Luz e Vida, mais que conceitos, são duas definições pessoais de Jesus que o evangelho de João combina já desde seu prólogo para plasmar a relação de Cristo, Palavra pessoal e humana de Deus, com os homens. "Vida" adquire no quarto evangelho o mesmo relevo que "Reino de Deus" nos três Sinóticos.

Anteriormente à ressurreição de Lázaro e mediante a solene fórmula de auto-manifestação que é o "Eu sou" (cf. Domingo anterior, nº 2,a), Cristo se proclama ressurreição e vida para todo aquele que nele crê.

Depois acrescenta o sinal milagroso que dá aval a tal afirmação; não sem antes obter uma confissão de fé por parte de Marta, a irmã de Lázaro. Estamos diante de um fato real e não diante de uma simples alegoria funcional a serviço de um ensinamento.

Em sua condição de sinal, a ressurreição de Lázaro - como as outras duas ressurreições que lemos nos Sinóticos: filha de Jairo (Mc 5,22: XIII Dom. B), e o filho da viúva de Naim (Lc 7,11: X Dom. C) - não somente mostra o poder de Jesus sobre a morte mas também e sobretudo preanuncia sua própria ressurreição e a de todos nós que participamos dela e de sua vida nova pelos sacramentos da fé.

Especialmente este milagre que hoje lemos, a ressurreição de Lázaro (Jo 11,1-45), manifesta de maneira mais imediata a própria ressurreição de Cristo. Pois já está iminente a paixão que precedeu sua morte, decidida pelo Conselho das autoridades judaicas na sessão que celebram justamente por causa desse fato (vv. 46-54).

b) **Que nos desvenda o rosto humano de Deus.** - Estamos num dos capítulos que leva ao ápice a revelação do Evangelho de João. Cristo revela, cada vez mais abertamente, sua filiação divina. "Por isso os judeus, com maior empenho, procuravam matá-lo; porque não só violava o sábado, mas dizia que Deus era seu próprio Pai, fazendo-se igual a Deus" (5,18). Mas se de uma parte Cristo proclama sua divindade: Eu sou a ressurreição e a vida (v. 25); e o demonstra com o sinal de maior relevo que é dar a vida a um morto, por outra parte revela-nos sua humanidade que se comove, soluça e rompe em pranto por causa da morte de um amigo querido, como repetidas vezes anota o evangelista durante sua narrativa.

A consciência de sua filiação divina não diminui sua solidariedade com os homens seus irmãos, com a Humanidade desaparecida na morte, fruto do pecado. Por isso a ressurreição de Lázaro é sinal também da restauração do homem sujeito à morte, como o povo israelita à escravidão do deserto *(1ª leit.)*.

O *Prefácio* de hoje expressa muito bem tudo isso: "Ó Pai, é nosso dever dar-vos graças por Cristo Senhor nosso. Ele, homem verdadeiro, chorou seu amigo Lázaro, e Deus eterno, fê-lo sair do túmulo. Assim também, compadecendo-se da humanidade, levou-nos, pelos sagrados mistérios, a uma vida nova".

2. **Para todo aquele que crê**

a) **Chave de leitura: a finalidade da narrativa.** - A intenção do autor e a mensagem ou revelação que quer nos transmitir em cada episódio é a norma de leitura e compreensão de toda a narrativa bíblica, e evangélica nesse caso. Pois bem, este enfoque é ainda mais indispensável para o quarto evangelho no qual são apresentados os milagres de Jesus como sinais de sua pessoa. Isto é o que lemos hoje. Por isso não podemos ficar na encenação da narrativa sem perguntar por que motivo Jesus age.

Isto quer dizer, a chave de interpretação do fato está em sua finalidade. Pretenderia Cristo somente manifestar seu poder absoluto e divino sobre a morte e a vida, deslumbrando assim seus amigos e inimigos?

A narrativa fala sobretudo de vida e ressurreição, identificando-as com a pessoa de Jesus, mas não de modo automático, extrínseco e sem condições personalizantes. Ressurreição e vida somente para o que crê em Cristo como vida e ressurreição, isto é, como Messias e Filho de Deus. Assim o confessa Marta. Toda a narrativa deste milagre-sinal está em função da fé, como o Evangelho todo de João, "escrito para que vocês creiam que Jesus é o Messias, o Filho de Deus, e para que crendo tenham vida em seu nome" (20,31).

Essa vida do Alto vence a morte, tanto física como espiritual; e não só mediante a ressurreição final mas já na existência presente, por meio da fé. Entra aqui em jogo uma escatologia realizada, e não meramente futurista. É o paradoxo da esperança cristã: temos "já" a salvação de Deus, isto é, a Vida; mas "ainda não" se manifestou na altura plena que atingirá em sua consumação final. Por isso ao morrer, nossa vida não termina, mas se transforma (Prefácio dos Mortos, I).

b) **A fé como condição.** - Na narração é chamativa a repetida insistência de Jesus na fé.

- À fé como finalidade do milagre Jesus se refere abertamente quando, pouco antes de pôr-se a caminho, depois de esperar dois dias, declara a seus discípulos: Lázaro morreu. E por causa de vocês, eu me alegro por não ter estado lá, para que vocês creiam (v. 15).

- Já em Betânia apela de novo para a fé, no diálogo com Marta. Depois de se declarar ressurreição e vida para todo o que crê nele, pergunta diretamente a Marta: "Você crê isto?" Ela responde com uma bela confissão de fé que reflete a plena fé pascal das primeiras comunidades cristãs: Sim, Senhor, eu creio que tu és o Messias, o Filho de Deus, aquele que deve vir ao mundo (v. 27). Mas como sua fé vacilou no momento de tirar a pedra do sepulcro, ao quarto dia, Jesus recorda-lhe: "Marta, não lhe disse que se você cresse veria a glória de Deus?" (v. 40). Aqui vem à lembrança a frase lapidar de Santo Irineu: "A glória de Deus é o homem que vive".

- Mas em sua oração de ação de graças ao Pai, imediatamente antes de pronunciar a ordem de vida: "Lázaro, saia para fora", o Senhor diz: para que creiam, Pai, que tu me enviaste (v. 42, c).

Portanto a fé na divindade de Jesus, o Filho de Deus, Vida e ressurreição para todo o que crê nele e o segue é o objetivo final do milagre-sinal que hoje lemos no evangelho. Objetivo e condição, pois sem fé em Jesus não há vida.

3. **Diante do enigma da morte o homem se questiona**

A morte é um dado constante de experiência; embora ninguém, enquanto vive, tenha essa vivência pessoalmente. Não obstante, temos sim, consciência experimental da morte dos outros: familiares, amigos, companheiros. Em cada adeus definitivo algo de nós morre com eles. A morte biológica, seu anúncio paulatino nas múltiplas enfermidades, sua presença brutal nos acidentes, e sua manifestação em tudo o que é negação da vida devido à violação da dignidade e dos direitos da pessoa, constituem o mais pungente dos problemas humanos (GS 18).

Vida sem limites e para sempre é a aspiração mais profunda que trazemos dentro de nós. Mas como no fim a morte sempre triunfa, nos sentiremos radicalmente frustrados se não tivermos uma explicação satisfatória para este paradoxo e enigma que é a morte de um ser criado para a vida.

As ciências humanas, a filosofia e a história das religiões têm dado sempre respostas mais ou menos convincentes à indagação e dilema da morte, que basicamente aparece assim formulado. A morte é um fim ou um começo? Espera-nos o nada ou uma outra vida distinta? Seremos aniquilados ou transformados? No final da caminhada está Deus ou o vazio?

Conforme as respostas, assim são as atitudes vitais: medo visceral, silêncio diante de um tema tabu, fatalismo estóico ante um fato natural e inevitável; hedonismo total diante da fugacidade da vida (... pois amanhã morreremos!), pessimismo, rebeldia, náusea existencial diante do maior dos absurdos..., ou então a serena esperança de uma crença na imortalidade. No fundo da questão palpita também a pergunta sobre o próprio sentido da vida humana.

O discípulo de Cristo identifica a vida futura, na qual crê e espera, com um ser vivo, pessoal e amigo que é Deus, de cuja vida começa a participar já agora e continuará participando em seu destino futuro. Fundamento desta crença e esperança é a fé, baseada nos gestos salvadores de Deus por meio de seu Filho feito homem, Cristo Jesus, que morreu e ressuscitou para nos dar vida e salvação eternas. Cristo ressuscitado é a única resposta válida ao enigma da morte do homem (Ver neste ano A o dia 2 de novembro: Comemoração dos fiéis defuntos).

4. **Cristo nos faz livres diante da morte**

a) **Por seu Espírito que habita em nós.** - A esperança cristã de ressurreição e de vida perene vincula-se e fundamenta-se diretamente na ressurreição de Cristo. O Espírito de Deus que ressuscitou Jesus dentre os mortos dará vida a nossos corpos mortais, porque esse mesmo Espírito habita em nós, explica São Paulo na *segunda leitura* (Rm 8,8-11). É o melhor comentário ao evangelho de hoje. Esta presença do Espírito de Cristo em nós cria nossa comunhão com Ele. Quando e como? Não está dito no texto selecionado para este domingo; mas se entende que é pelo batismo, conforme Rm 6 que é o pressuposto doutrinal de Rm 8.

O sentido pleno da passagem de hoje fica iluminado pelo que vem adiante: "Portanto, temos uma dívida, mas não para com a carne, de forma que devêssemos viver de modo carnal. Pois, se vocês viverem de modo carnal, morrerão. Mas se vocês, pelo Espírito, fizerem morrer as obras da carne, vocês viverão (vv. 12-13: sobre a antítese paulina carne-espírito, ver Dom. 14,A,3,a).

Nas palavras de Paulo sobre o Espírito de Deus que dá vida percebe-se um eco da *primeira leitura* (Ez 37,12-14). O profeta Ezequiel foi uma das vítimas da deportação para a Babilônia por Nabucodonosor nos tempos do rei Joaquim (597 a.C.). A profecia dos sepulcros, onde jazem as esperanças mortas do povo desterrado, continua a visão do campo de ossos calcinados que se reanimam. Com o simbolismo da ressurreição a partir das tumbas, o profeta anuncia a repatriação (edito de Ciro: 538 a.C.) e a restauração messiânica do povo israelita pelo Senhor seu Deus: "Introduzirei em vós o meu Espírito e vivereis; vos estabelecerei em vossa terra. Então reconhecereis que eu, o Senhor, digo e faço, oráculo do Senhor (v. 14).

b) **Esperança e vida desde já.** - Conforme aquilo que antecede, a vida e comunhão com Cristo pela fé do batismo e pelos sacramentos da vida cristã atingem o homem total, corpo e espírito, nesta vida e na futura. Por isso o cristão não entende a vida nem a morte como os homens que não têm fé; para o cristão elas têm um novo sentido. A morte não será senão uma passagem para a plenitude de uma vida iniciada aqui e agora.

Em seu diálogo com Jesus, Marta proclama sua fé na ressurreição do último dia (escatologia futurista); mas Cristo acentua a ressurreição e a vida já desde a existência presente (escatologia realizada): Eu sou a ressurreição e a vida; aquele que crê em mim, ainda que tenha morrido, viverá; e aquele que está vivo e crê em mim, não morrerá para sempre. Crê isto? (Jo 11,25-26).

O cristão sente-se radicalmente livre e salvo por Cristo, libertado do pecado e da sua conseqüência, a morte. Esta libertação não é da morte biológica, pois também Cristo morreu, mas da escravidão opressora da morte, do medo da mesma, do sem-sentido e do absurdo de uma vida entendida como paixão inútil que termina no nada.

À luz da ressurreição do Senhor o cristão entende e vivencia, já desde agora, que a morte física, inevitável apesar de todos os progressos da medicina e da apaixonada e torturante aspiração do homem pela imortalidade não é o fim do caminho mas a porta que se abre para a libertação definitiva com Cristo ressuscitado.

c) **Cremos isto?** - A causa do medo da morte ou do desespero diante da mesma tem sua raiz na falta de fé viva e atuante. A doutora americana Elizabeth Kübler-Ross, pelo final de seu livro *On Death and Dying* (Sobre a morte e o morrer) refere que entre os muitos pacientes desenganados que ela atendeu, apesar de uma grande parte ser teoricamente de crentes, somente numa pequena porcentagem percebia serenidade espiritual, por influxo de sua fé religiosa, diante de uma morte certa e conhecida.

Poderíamos perguntar a que se deve isto. Não seria porque essa fé era simplesmente herdada e não pessoal e profunda, e por isso mesmo inoperante? A projeção futura de sua fé e de sua esperança falhava porque não fora vivida no presente. Pois o futuro não é uma surpresa, mais ou menos feliz, mas a continuação de uma vida, de um estilo e de uma atitude existencial. Se nossa existência está unida a Cristo numa morte como a sua, estará também numa ressurreição como a sua (Rm 6,8).

Graças a Cristo ressuscitado, o homem não é um ser para a morte mas para a vida com Ele, já desde agora e no futuro. Pois o nosso Deus não é um Deus de mortos mas de vivos, afirmou Jesus (Jo 12,24). Graças a Ele que é a ressurreição e a vida, a última palavra não é da morte, mas da Vida.

Domingo de Ramos na Paixão do Senhor (A)

* *Procissão dos Ramos*
Mt 21,1-11: Bendito aquele que vem em nome do Senhor.
* *Missa*
Is 50,4-7: Não escondi o rosto aos ultrajes e não vou sair frustrado.
Fl 2,6-11: Aniquilou-se a si mesmo, por isso Deus o elevou acima de tudo.
Mt 26,14-27,66 (breve: 27,11-54): Paixão de Nosso Senhor Jesus Cristo.

PALMAS E ESPINHOS

1. Abertura da Semana Santa
2. Entrada triunfal ou entrada messiânica?
a) Aparente antítese
b) Duas leituras do acontecimento
c) Cumprimento das profecias
3. "Tenham os mesmos sentimentos de Cristo Jesus"
a) Apesar de sua condição divina
b) Jesus é o Servo do Senhor
4. Paixão e Cruz de Cristo
a) O grão de trigo que morre conscientemente
b) Por nós e por nossa salvação

***

1. Abertura da Semana Santa

O presente domingo de Ramos na Paixão do Senhor é a abertura da Semana Santa que é a grande Semana da fé cristã, o tempo litúrgico mais forte, mais rico em conteúdo e de maior intensidade religiosa de todo o ano cristão, porque nela celebramos os mistérios centrais de nossa fé: a morte e a ressurreição de Cristo.

- Hoje, *Domingo*, comemoramos a entrada messiânica de Jesus em Jerusalém e ouvimos a leitura da Paixão do Senhor (ver nesta obra o ciclo B deste domingo, para algumas reflexões mais amplas sobre a Paixão). A partir de quinta-feira próxima inaugura-se o tríduo pascal.

- A *Quinta-feira Santa* é a celebração da Ceia do Senhor, isto é, da instituição da Eucaristia em relação direta com a paixão, morte e ressurreição de Jesus.

- *Sexta-feira Santa* centra-se na Paixão e Morte do Senhor. (Nos anos B e C do Domingo de Ramos o leitor encontrará reflexões sobre a Paixão e Cruz de Cristo).

- E finalmente a Vigília pascal, o *Sábado* pela noite, é a atualização alegre da Ressurreição de Cristo. Para essa meta orienta-se e nela atinge seu ápice toda esta semana, e a partir dela adquire significado pleno; assim como todo o ano litúrgico e cada celebração eucarística da comunidade cristã.

2. **Entrada triunfal ou entrada messiânica?**

a) **Aparente antítese.** - Tirados cada ano de um dos Sinóticos (começando por Mateus, ano A), em cada ciclo deste domingo vêm combinados dois evangelhos: Entrada de Jesus em Jerusalém (procissão de Ramos) e Paixão de Nosso Senhor (missa). Ao contrapor estes dois momentos da Vida de Cristo, triunfo e humilhação, estabelece-se uma antítese, mais aparente que real: pois estes dois aspectos são, de fato, complementares. O Messias da entrada em Jerusalém é menos triunfalista e está mais próximo do Cristo da Paixão do que à primeira vista aparece. Assim se conclui das duas leituras bíblicas (Isaías e Paulo) que vêm entre os Ramos e a Paixão, como veremos logo.

Seria incorrer numa confusão sobre o messianismo de Jesus, como sucedeu ao povo e inclusive aos discípulos naquele momento, qualificar de triunfal uma entrada que de fato foi messiânica, isto é, humilde e não com poder político, de serviço e não de domínio, de paz e oferta de salvação de Deus para a cidade incrédula e não de triunfalismo arrasador sobre os adversários de Jesus que Ele bem conhecia.

b) **Duas leituras do acontecimento.** - Assim pois, diante da entrada de Jesus em Jerusalém como rei messiânico podem ser adotadas, e na realidade assim se deu, duas perspectivas distintas:

1ª Messianismo triunfalista e político, em acordo com as esperanças judias. Foi a atitude do povo e dos próprios discípulos de Cristo.

2ª Messianismo religioso e espiritual. Foi a atitude de Jesus que, sabendo-se Servidor tanto do Pai como dos irmãos, caminha entre aclamações de realeza messiânica rumo a sua Paixão. A glória autêntica virá depois de sua morte. Assim, a entrada em Jerusalém não é mais que um primeiro passo, uma proclamação antecipada de sua glorificação definitiva pelo Pai mediante sua Ressurreição da morte e do sepulcro.

Naquele momento os discípulos, guiados pelas aparências e por suas ambições pessoais, não captaram esta segunda perspectiva. Mas depois da Ressurreição, em sua releitura da atitude e da conduta de Jesus bem como da sua própria intervenção, os discípulos conseguiram atingir à plena luz da fé pascal toda a profundidade messiânica do acontecimento. E assim eles a explicaram em seu Kerigma e catequese, assim o entendeu a comunidade cristã apostólica e assim o escreveram os redatores dos evangelhos. Por exemplo João, depois de relatar esta passagem e citar Zc 9,9, acrescenta: "Seus discípulos, a princípio, não compreenderam isto; mas quando Jesus foi glorificado, lembraram-se de que estas coisas estavam escritas na Bíblia a seu respeito e que era isso que lhe tinham feito" (Jo 12,16).

c) **Cumprimento das profecias.** - O evangelho de Mateus, cujo relato lemos neste ano (21,1-11), nos versículos 4-5, relaciona expressamente (assim como também Jo 12,14-15) esta entrada de Jesus com as profecias do AT, que anunciam e garantem o significado messiânico do acontecimento. "Isso aconteceu para que se cumprisse o que disse o profeta: Digam à cidade de Sião (Is 62,11): O seu rei vem a você, humilde e montado num jumento, sobre um jumentinho, filho de um animal de carga" (Zc 9,9).

Essas referências veterotestamentárias correspondem à intenção teológica e kerigmática do Evangelho de Mateus, destinado aos cristãos de origem judia, com o fim de anunciar a verdadeira realeza do Messias Jesus, rei manso, humilde e sofredor. Retrato muito longínquo da imagem política e avassaladora que do Messias esperado tinham os judeus e mais próximo do Servo de Javé do segundo Isaías *(1ª leit.)*.

3. "Tenham os mesmos sentimentos de Cristo Jesus"

a) **Apesar de sua condição divina. -** A segunda leitura da missa de hoje (Fl 2,6-11) é um hino cristológico que provavelmente São Paulo tomou da comunidade cristã primitiva. O hino parte de uma exortação: Tenham em vocês os mesmos sentimentos de Cristo Jesus (v. 5); e tem duas partes bem diferentes:

1ª *Auto-humilhação* (kénosis): Cristo, apesar de sua condição divina, não se apegou ciosamente à sua igualdade com Deus. Ao contrário, aniquilou-se a si mesmo e assumiu a condição de escravo, tornando-se semelhante aos homens. Por seu aspecto, reconhecido como homem, humilhou-se mais ainda, fazendo-se obediente até a morte, e morte de cruz (vv. 6-8).

2ª *Glorificação:* Por isso Deus o elevou acima de todo nome, de modo que ao Nome de Jesus tudo se ajoelhe, no céu, na terra e na mansão dos mortos, e toda língua proclame que "Jesus Cristo é o Senhor", para a glória de Deus Pai (vv. 9-11).

Este hino cristológico é a melhor introdução teológica e interpretação kerigmática da história da Paixão do Senhor que lemos hoje. É além disso uma sólida síntese da fé cristã, cujo centro é o mistério de Cristo e que compreende: sua pré-existência divina, sua auto-humilhação e aniquilamento (pela encarnação, paixão e morte) e sua exaltação gloriosa pela ressurreição. Conseqüência dessa glorificação pelo Pai é a adoração de todo o universo e o novo título de "Senhor" (*Kyrios*) aplicado a Jesus. Trata-se sempre do Cristo histórico, Deus e homem, na unidade de sua personalidade concreta.

b) **Jesus é o Servo do Senhor**, solidário aos homens, seus irmãos. Pois Cristo encarna em seus sentimentos de humildade e plenifica em sua conduta pessoal as atitudes e qualidades do Servo de Javé, que expõe a *primeira leitura* da missa de hoje, tirada do terceiro cântico ou poema sobre o Servo conforme o segundo Isaías (50,4-7):

- solidariedade aos irmãos abatidos para alentá-los;
- docilidade para escutar o Senhor;
- obediência e submissão para realizar a missão recebida;
- confiança e paciência diante das penas e da incompreensão.

Todo este quadro atinge seu ápice na Paixão e Morte de nosso Senhor Jesus Cristo. Sua obediência e abaixamento merecem-lhe a glorificação pelo Pai, e ao mesmo tempo são causa da salvação humana.

4. Paixão e Cruz de Cristo

a) **O grão de trigo que morre conscientemente.** - Jesus, o profeta do Reino de Deus e da Boa Nova de salvação e libertação dos pobres vai morrer pelas mãos de seus inimigos, os chefes político-religiosos do povo judeu. Morrerá como um excomungado; rechaçado e condenado precisamente por causa de seu ministério profético. Aparentemente toda a obra de Cristo terminará num estrepitoso fracasso que lhe custará a vida. Ele o sabia de antemão. Sua doutrina de amor e liberdade, seu novo conceito de religião em espírito e verdade acabarão vencidos pelo velho estilo legalista e farisaico da religião sem alma que os guardiães da ortodoxia e do velho culto do templo de Jerusalém representam. O ódio e a inveja puderam mais que o amor, até conseguir ver Jesus cravado num madeiro como um maldito de Deus.

Vã ilusão de vitória; triunfo momentâneo e falaz. Um sinal o indica: o rompimento do véu do templo na hora da morte de Jesus (Mt 27,51). Realizou-se a liquidação do culto mosaico e do estilo religioso do Antigo Testamento. Ninguém poderá fazer calar a voz de Jesus nem abafar a semente de sua palavra; pois seu evangelho vive no coração de quantos, mortos ao pecado, ressuscitam com Ele para uma vida nova, para uma religião sincera, para um amor sem fronteiras, para uma pobreza e esvaziamento total de si mesmos para optar, como Jesus, pelo serviço humilde, pela causa da justiça, pela cruz de cada dia e pelo espírito do Reino no ritmo das Bem-aventuranças.

Jesus predisse isso: "Chegou a hora de ser glorificado o Filho do homem. Eu lhes digo com toda verdade: Se a semente de trigo, caindo na terra, não morrer, ficará só. Mas se morrer, dará muito fruto (Jo 12,23-24). Jesus é um rei paradoxal que reina do trono de sua cruz: "Quando eu for levantado da terra, atrairei todos a mim (12,32). Atração que não é triunfalista nem de revanche, mas de misericórdia, perdão e reconciliação do homem com Deus.

b) **Por nós e por nossa salvação**, dizemos no Credo, se fez homem, padeceu, morreu voluntariamente e ressuscitou. Ele morre não porque assim o querem seus adversários, mas porque Ele mesmo deu seu consentimento ao plano salvador de Deus Pai sobre o homem: "Ninguém me tira a vida, mas eu a entrego livremente" declarara Jesus ao se autodefinir como bom Pastor (10,18).

A leitura da Paixão do Senhor é tão surpreendente e eloqüente por si mesma que se faz necessário o silêncio para meditá-la e vivenciá-la na fé e no amor. Os atores do drama fizeram seu papel; mas o apontador era Deus que movia os fios conforme seu projeto salvador. Também não somos meros expectadores de poltrona, mas atores em cena, pois Cristo morre por nossa causa. Será mais sincero e realista reconhecermos nossa parte de culpa, não lavarmos as mãos hipocritamente como Pilatos e perguntarmos: Por que sou cristão e que espécie de discípulo sou eu?

Como dizíamos no início, o domingo de Ramos é o ponto de partida para a Semana Maior da fé cristã. Dada sua importância, não podemos banalizá-la com mero turismo ou férias, nem desperdiçá-la do ponto de vista religioso. Participemos das celebrações destes dias, mesmo se estivermos fora de casa. Sem ficarmos na superfície dos impressionantes passos das procissões, procuremos avivar a fé que dá sentido a nossa vida, assimilando os sentimentos próprios de uma vida em Cristo.

A Eucaristia é a atualização da Paixão gloriosa do Senhor; nela há dois momentos que devem captar nossa atenção num dia como hoje: 1º) No canto do "Santo" aclamemos conscientemente a Cristo Messias com as palavras do Salmo: Bendito o que vem em nome do Senhor (118,26). 2º) E depois da consagração confessemos nossa fé comunitariamente: Anunciamos a vossa morte e proclamamos vossa Ressurreição. Vinde, Senhor Jesus!

PÁSCOA

Quinta-feira Santa (A)

Êx 12,1-8.11-14: Prescrições sobre a ceia pascal.
1Cor 11,23-26: Toda vez que vocês comerem deste pão e beberem deste cálice, anunciarão a morte do Senhor.
Jo 13,1-15: Amou-os até o fim.

A CEIA DO SENHOR

1. Um dia de destaque que abre o tríduo pascal
a) O dia de Quinta-feira Santa
b) Temas principais da liturgia de hoje
2. A ceia pascal, memorial de libertação
a) Fusão de tradições
b) O significado da Páscoa
3. A eucaristia, nova aliança e memorial do Senhor
a) A Páscoa da nova Aliança
b) Memorial e presença que pedem uma celebração digna
4. À véspera de sofrer
a) A noite em que ia ser entregue
b) Amou-os até o fim
c) Um gesto eloqüente: o lava-pés

***

1. Um dia de destaque que abre o tríduo pascal

a) **Quinta-feira Santa** é um dia de destaque na vida da comunidade cristã. Quinta-feira única no ano litúrgico. Se a celebração eucarística é sempre memorial da paixão, morte e ressurreição gloriosa do Senhor, hoje o é mais, se é possível. Esta Quinta-feira requer de nós uma atitude e uma celebração mais conscientes, como efeito de uma fé alertada por circunstâncias especiais.

Durante quarenta dias nos preparamos para o Tríduo Pascal que começa hoje; pois esta tarde é a véspera da paixão de Jesus. Tarde cheia de recordações, de palavras de despedida, de sinais sacramentais e de gestos profundos de amor fraterno e de longo alcance evangélico.

As duas primeiras leituras bíblicas estão em mútua relação: a ceia eucarística do Senhor *(2ª leit.)* é a Páscoa da nova Aliança que substitui a do Antigo Testamento *(1ª leit.)*. Mas a leitura evangélica parece quebrar o ritmo bíblico-teológico iniciado (Jo 13). O lava-pés dos discípulos por parte de Jesus é também sinal de amor e de entrega como a eucaristia; e como tal, significa ter parte com Jesus em seu mistério sacrifical e redentor, isto é, em sua paixão e morte salvadoras assim como em seu Reino glorioso pela ressurreição que coroa toda sua obra.

b) **Entre os temas principais** que sobressaem na liturgia de hoje: eucaristia, amor fraterno, comunidade eclesial e sacerdócio ministerial -, o primeiro e decisivo entre eles é a Eucaristia, instituída por Jesus na sua última Ceia com seus discípulos, que hoje comemoramos. Assim recorda-o Paulo na segunda leitura. A enorme riqueza bíblico-teológica deste dia e sua projeção para a vida eclesial da comunidade de fé e do cristão expressam-se nas orações da Missa de hoje e no prefácio da mesma:

Cristo, Senhor nosso, verdadeiro e único Sacerdote, ao instituir o sacrifício da Nova Aliança, ofereceu-se a si mesmo como vítima de salvação e nos mandou perpetuar esta oferenda em sua memória.

Sua carne, imolada por nós, é alimento que nos fortalece; seu sangue, derramado por nós, é bebida que nos purifica. (*Pref. Euc.* I).

É impossível expor agora toda a temática apontada. Hoje refletiremos sobre a Eucaristia como nova Páscoa cristã e memorial de Cristo, o Senhor; deixando para os ciclos seguintes o acento sobre o amor fraterno (Ano B) e os gestos de amor e serviço na comunidade (Ano C). Assim mesmo, já que o tema eucarístico é retomado na festa de Corpus Christi, ver esta festividade.

2. A ceia pascal, memorial de libertação

a) **Fusão de tradições. -** A primeira leitura da missa vespertina da Quinta-feira Santa é um texto no qual se fundem duas tradições bíblicas: a javista (J) fundamentalmente e a sacerdotal (P); foi escrito quando o povo de Israel já residia na Palestina. O texto transmite-nos o ritual e significado da Páscoa judaica.

Esta foi o resultado da fusão de duas festas de tradição inicialmente distinta: 1º Os *Ázimos* (pães sem fermento), festa dos agricultores que ofereciam a Deus as primícias do campo. 2º A *Páscoa*, festa pré-israelita de pastores nômades que sacrificavam ao Senhor um cordeiro como primícia de seus rebanhos.

Ambas as festas eram celebradas na primavera e não foram exclusivas dos judeus, mas comuns aos povos do Oriente Médio. Posteriormente, quando da reforma religiosa de Josias (s.VIII a.C.), ambas as festas se fundiram em uma só: é a Páscoa descrita no Êxodo 12 *(1ª leit.)*, que conserva os dois elementos básicos: o cordeiro e os pães ázimos.

A data da celebração da Páscoa judaica era o dia 14 do mês de Abib (espigas), chamado também de Nisan pelo posterior influxo do exílio babilônico. Este mês abria o ano, na primavera.

b) **O significado da Páscoa** era transmitido por catequese oral, na família, e no momento de se comer o cordeiro pascal. A pergunta do menor do grupo suscitava o haggadá ou o itinerário histórico-salvífico a cargo do mais velho, recordando as maravilhas de Deus para com seu povo Israel, especialmente a libertação da escravidão do Egito (vv. 26-27). Por isso a Páscoa era celebrada em atitude e posição de caminhada ou de viagem: depressa, com o cinto apertado, os pés calçados e o bastão na mão (v. 11).

Páscoa, do hebraico *passáh*, significa passagem, passar por alto. Relaciona-se diretamente com a décima e última das pragas, aquela que precedeu imediatamente à saída dos hebreus do Egito. O castigo do Senhor, isto é, a morte dos primogênitos que atingiu os egípcios, passou por alto nas casas dos hebreus marcadas nas soleiras das portas com o sangue do cordeiro pascal.

Este rito tradicional vinha de longe. Marcar com o sangue das vítimas sacrificadas as portas das casas ou os esteios da tenda era, conforme a mentalidade semita, um rito imprecatório e um sinal de proteção divina contra a desgraça, a enfermidade ou as epidemias.

3. A eucaristia, nova aliança e memorial do Senhor

a) **A Páscoa da nova Aliança.** - Pela segunda leitura da missa vespertina (1Cor 11,23-26, que se lê também na festa de Corpus Christi, ano C) entendemos que a páscoa judaica prefigurava a cristã. Pois Cristo foi o definitivo Cordeiro pascal sacrificado durante a páscoa na cruz e comido na ceia eucarística, que está por isso mesmo em relação imediata com o sacrifício de Cristo.

Desde então a Páscoa cristã tem também sentido de libertação de toda escravidão humana; e é salvação do pecado pela "passagem" de Jesus da morte e do sepulcro para a vida da ressurreição. Por sua vez, Cristo nos faz participantes desta páscoa pelo batismo (Rm 6) e pela eucaristia, que são os sacramentos pascais de iniciação para a fé e a vida cristã.

* No sangue de Cristo, derramado uma vez para sempre, realiza-se a nova Aliança profetizada por Jeremias (31,31), que substitui o sangue dos animais da antiga aliança (Êx 24,8; cf. LG 9)

O quarto Evangelho deixa totalmente claro que Jesus, o Cordeiro de Deus (Jo 1,29.36), morreu na tarde do dia da Preparação da Páscoa, quando eram sacrificados os cordeiros para a ceia pascal ao cair da tarde (19,14.42).

Na morte de Cristo, rasgou-se o véu do Templo de Jerusalém; sinal do fim do culto mosaico e da antiga Aliança (cf. Mt 27,51).

"Este cálice é a nova Aliança no meu sangue" diz Jesus ao instituir a Eucaristia, conforme lemos no relato de Paulo (2ª *leit.*= 1Cor 11,23-26). É cronologicamente a primeira das quatro versões neotestamentárias da instituição da eucaristia: pelo ano 56-57 d.C., uns dez anos antes de Marcos, o primeiro dos três evangelhos sinóticos que também trazem esta passagem; João, entretanto, não relata a instituição da eucaristia por Jesus.

O relato de Paulo transmite "uma tradição que procede do Senhor", e que ele recebeu provavelmente da comunidade cristã de Antioquia. Os Sinóticos coincidem fundamentalmente com Paulo, sobre todo o texto de Lucas 22,19-20.

*Em dois pontos diferenciam-se Paulo e Lucas de Mateus e Marcos:

1º No acento sobre o mandato-memorial do Senhor: "Fazei isto em minha memória". Duas vezes em Paulo, uma em Lucas e nenhuma em Mateus e Marcos. Este mandamento de Jesus de repetir a Ceia em sua comemoração revela que a eucaristia cristã substitui a páscoa judaica, à qual se equipara também em sua celebração para sempre no futuro (Êx 12,14).

2º Nas palavras sobre o cálice, Paulo e Lucas colocam a ênfase no efeito (nova aliança): Este cálice é a nova aliança no meu sangue (v. 25; Lc 22,20 acrescenta "que será derramado por vocês"). Ao contrário, Mateus e Marcos acentuam, a causa (o sangue): Este é o meu sangue da aliança que é derramado por vocês todos (Mc 14,24; Mt 26,28 acrescenta "para o perdão dos pecados").

b) **Memorial e presença do Senhor. -** São Paulo faz menção da eucaristia (1Cor 11) para ungir uma celebração digna da Ceia do Senhor na comunidade. Os fiéis de Corinto devem corrigir os abusos do ágape que precedia a Ceia ou Eucaristia, pois enquanto alguns se excedem no comer e beber, outros passam fome e vergonha (vv. 20-22). Os coríntios precisam "discernir o corpo do Senhor" para comungar dignamente e não incorrer no castigo de Deus (vv. 27-29).

A correção de Paulo evidencia sua fé na presença real de Jesus Cristo na eucaristia que comungamos. Por ser memorial do Senhor, a eucaristia não só é recordação, mas também presença viva.

Estes abusos que Paulo corrige se repetiram depois da história e foram causa de que posteriormente se estabelecesse a separação total entre ágape ou comida e eucaristia propriamente dita. Cortava-se assim pela raiz o escândalo; perderam, porém, a oportunidade de compartilhar o pão material aqueles que participavam do mesmo pão eucarístico. Hoje a eucaristia fica fora do âmbito de um jantar entre irmãos, mas o maior perigo seria o culto e a liturgia eucarística, isto é, nossa missa dominical e diária, ficarem separadas inclusive da vida, do amor e da fraternidade humana.

4. À véspera de sofrer

a) **A noite em que ia ser entregue. -** Ao sentar-se à mesa para a ceia,

Jesus se abre com os apóstolos, seus amigos: Desejei ardentemente comer esta Páscoa com vocês antes de sofrer, porque lhes digo que não mais a comerei, até que ela se cumpra no Reino de Deus (Lc 22,15ss). É certo que eles não o entenderam naquele momento.

Naquela tarde se deram duas entregas bem diferentes. Jesus se dá a seus amigos na eucaristia, prelúdio e sinal de sua Paixão e Morte, livremente aceitas e por amor. Este pão é meu corpo que será dado por vocês; este vinho é meu sangue derramado por vocês. A esta doação sem reservas, Judas responde paradoxalmente com a traição. Jesus prevê isto: Um de vocês vai me entregar.

O evangelista São João, de quem é tirado o evangelho que se lê hoje no Lava-pés (13,1-15), não relata a instituição da Eucaristia. Mas no prólogo ao discurso de Jesus na última ceia deixa bem claro o motivo da Paixão.

b) **Amou-os até o fim.** - "Antes da festa da Páscoa, sabendo Jesus que chegara a sua hora de passar deste mundo ao Pai, tendo amado os seus que estavam neste mundo, amou-se até o fim" (v. 1). Sublime resumo e introdução para um gesto final que ilumina e dá sentido para toda a vida de Jesus centralizada nessa dupla motivação: amor ao Pai e amor aos homens seus irmãos como princípio, meio e fim.

Estavam ceando e Jesus, sabendo que o Pai lhe havia dado em mãos todas as coisas e que ele viera de Deus e para Deus voltava, levantou-se da mesa e se pôs a lavar os pés de seus discípulos. Este é um gesto que como é habitual no evangelho de João, possui um valor de sinal: Amor sem limites, até o extremo. Apesar de Judas ir entregá-lo por algumas moedas com um beijo de traição, apesar de seus mais íntimos amigos dentro de pouco tempo se entregarem ao sono despreocupados durante sua oração agonizante no Getsêmani, apesar de todos os seus estarem por abandoná-lo na provação e Pedro inclusive para negá-lo... apesar desta manifesta mediocridade, Jesus os amou até o limite de entregar sua vida por eles e por todos os homens.

O amor de Jesus não ficou em palavras, nem sequer em sinais (eucaristia, lava-pés) mas passou à ação. Ele deu a vida por seus amigos e por todos nós. E não existe maior prova de amor do que esta, advertiu-os o próprio Jesus (Jo 15,13). Somente assim se opera a libertação humana do pecado.

c) **Um gesto eloqüente.** - Em contraste, o evangelista Lucas constata que em plena ceia e recém-instituída a eucaristia por Jesus, os discípulos travavam uma discussão imprópria sobre quem deles devia ser tido como o primeiro. Jesus disse-lhes: O primeiro entre vocês comporte-se como o menor, e o que governa como quem serve... Eu estou no meio de vocês como aquele que serve (Lc 22,24-27).

E para reforçar suas palavras, liga-as a um sinal que é mostra bem eloqüente de seu espírito de serviço e expressão de seu amor: põe-se a lavar os pés dos apóstolos. Gesto tão extremo, que por ser exclusivo de escravos e criados, suscita a recusa inicial de Pedro.

Lava-pés e instituição da eucaristia são, no fundo, sinais paralelos do amor sem fronteiras de Cristo. Para ambos os gestos Jesus aplica o mesmo mandato de serem repetidos: "Façam isso em minha memória", diz para a eucaristia. E com respeito ao lava-pés: "Dei-lhes o exemplo para que assim como eu o fiz, vocês também o façam" (v. 15).

Conclusão. - Celebramos, isto é, atualizamos pela fé a Ceia do Senhor em memória de Jesus que numa tarde como a desta Quinta-feira Santa, véspera de sua Paixão e Morte, instituiu a eucaristia. O sacerdote na consagração repete os mesmos gestos e palavras de Cristo sobre o pão e o vinho; e a assembléia proclama sua fé e sua esperança na salvação de Deus pela morte e ressurreição do Senhor Jesus.

Antes da comunhão ouvimos alegres e bendizendo a Deus: Eis aqui o Cordeiro de Deus que tira o pecado do mundo. Felizes os convidados para a ceia do Senhor.

Páscoa da Ressurreição (A)

At 10,34a.37-43: Nós somos testemunhas.
Cl 3,1-4: Busquem as coisas que são do alto, onde está Cristo.
(Ou também: 1Cor 5,6b-8: Purifiquem-se do velho fermento, para serem uma massa nova).
Jo 20,1-9: Ele devia ressuscitar dos mortos.

Nota: Também pode-se ler como evangelho o da Vigília Pascal, conforme o ano em curso; e na Missa vespertina, do terceiro domingo de Páscoa, ano A: Lc 24,13-35= Os discípulos de Emaús.

RESSURREIÇÃO DE CRISTO: DADO REAL E MISTÉRIO DE FÉ

1. A Ressurreição do Senhor
a) É o mistério central do cristianismo
b) Dado real e mistério de fé
2. Os relatos do Novo Testamento sobre a Ressurreição
a) Fundamento da fé dos Apóstolos
b) Os evangelhos da Ressurreição
c) O sepulcro vazio
3. A fé pascal exigiu um processo de maturação
a) "Viu e acreditou"
b) Processo de maturação na fé
4. Baseados na fé apostólica da Igreja

***

Nos três ciclos litúrgicos iremos refletir, como no dia de hoje, sobre os múltiplos aspectos que em sua riqueza vital cristã encerra esta festa máxima do cristianismo. Tudo isso a partir dos dados da revelação bíblica e visto desde o ângulo do homem moderno, destinatário desta alegre notícia da salvação de Deus.

No presente ano vamos centrar nossa atenção sobre a mensagem de fé que contêm os evangelhos de Páscoa de Ressurreição, tanto na Vigília como no Dia da Páscoa, deixando para os ciclos seguintes outros pontos da mensagem pascal, tais como Libertação e Esperança (ano B), e a Vida nova do cristão com Cristo ressuscitado (ano C).

1. **A Ressurreição do Senhor**

a) **É o mistério central do cristianismo. -** Estamos no ponto inicial do tempo de Páscoa que começa na Vigília, compreende os cinqüenta dias pascais e conclui depois de sete semanas em Pentecostes. A Páscoa da Ressurreição, meta da Quaresma, é:

- a celebração máxima e central de todo o ano litúrgico, assim como o mistério que celebramos cultualmente em cada um dos cinqüenta e dois domingos do ano;

- a verdade nuclear do cristianismo, o fundamento e raiz de nossa fé e esperança;

- o momento sombrio da vida de Jesus e de toda a história de salvação de Deus, assim como o acontecimento máximo da história da humanidade;

- o germe e começo de uma vida nova para Cristo e para nós.

> São Paulo afirma: Se não há ressurreição dos mortos, também o Cristo não ressuscitou, então nossa pregação é vazia, vazia também é a fé de vocês... Se a esperança que depositamos em Cristo é somente para esta vida, somos os mais lastimáveis de todos os homens. Mas não! Cristo ressuscitou dentre os mortos como o pioneiro dos que estavam no sono da morte (1 Cor 15,14.19-20).

O mistério pascal, isto é, a morte e ressurreição de Cristo, é o conteúdo básico e a verdade fundamental da fé cristã, a pedra angular de todo o edifício, a coluna vertebral de toda a revelação e do projeto salvador de Deus.

b) **Dado real e mistério de fé.** - Torna-se fácil comprovar pelos documentos da história que Jesus de Nazaré viveu na Palestina num determinado tempo e que morreu crucificado em Jerusalém. Mas em que nos baseamos para afirmar e crer que também ressuscitou dentre os mortos? Não certamente na verificação deste dado certo com os métodos e comprovações da história como ciência. Pois este método, além de não conduzir por si mesmo à fé que é dom de Deus, não se aplica ao acontecimento da Ressurreição de Jesus por ser este um dado trans-histórico, um fato metahistórico.

Isto é, a natureza singular deste fato, embora real, transcende a história dos homens e não entra nas categorias humanas de espaço e tempo. A vida nova de Cristo ressuscitado torna-se inacessível ao sentido e à imaginação. Simplesmente, é um mistério de fé, embora seja dado real; é obra divina nas dimensões próprias de Deus. Então, porque não entra no campo empírico nem cai sob o método histórico, deve-se concluir que é irreal, e mero produto da fé pascal? Assim o afirmaram R. Bultmann, F. Gogarten, K. Barth e a linha protestante radical.

> "A ciência histórica, de acordo com suas próprias premissas, exclui deliberadamente essa realidade que na Ressurreição, assim como na criação e na consumação final, é a única que entra em jogo; a realidade de Deus.
>
> Mas precisamente por isso, porque a fé neotestamentária vê na Ressurreição uma ação de Deus, trata-se de um acontecimento real no sentido mais profundo, e não de um mero acontecimento fictício ou imaginário; não que não tenha acontecido nada, mas que o acontecido transcende e ultrapassa os limites da história... Não é objeto do conhecimento histórico, mas um apelo e uma oferta à fé, única que pode chegar à realidade do Ressuscitado" (H. Küng, *Ser Cristão, 433)*.

A Ressurreição de Jesus é, pois, um dado da fé cristã, cuja base é sólida porque está garantida, como fato real, pelo testemunho dos apóstolos. Este testemunho é tanto verbal como existencial ou pessoal, selado com sua própria vida e morte; e está unido ao testemunho da Escritura e dos profetas (At 10,37-43 = *1ª leit.*).

2. Os relatos do Novo Testamento sobre a Ressurreição

a) **Fundamento da fé dos Apóstolos.** - Mas, por sua vez, em que se basearam os Apóstolos para crer e anunciar como ressuscitado e vivo aquele que sabiam morto e sepultado? Os relatos evangélicos da Ressurreição referem três fatos que estão em relação mútua e sucessiva:

1º O sepulcro vazio, junto com a mensagem celeste às mulheres, revelando-lhes a ressurreição do Senhor.

2º As aparições de Cristo ressuscitado que confirmam o anterior.

3º O dom do Espírito, que ao lado da missão evangélica, recebem os Apóstolos do próprio Jesus (ver domingo próximo, 1,b, e o dia de Pentecostes).

Os evangelhos da Vigília e do dia da Páscoa centram-se no primeiro ponto: sepulcro vazio e mensagem do Alto (Anjos) às mulheres que no terceiro dia da morte de Jesus foram ao sepulcro na manhã do primeiro dia da semana, depois chamado domingo (= dia do Senhor).

Qual foi o fundamento da fé dos Apóstolos: o testemunho das mulheres, a mensagem que estas receberam, ou o sepulcro vazio que Pedro e João puderam comprovar? Embora estes fossem sinais iniciais da ressurreição, especialmente o sepulcro vazio, nenhum destes três dados foi decisivo para a fé pascal apostólica, mas sua própria experiência, visão e contato vital com Jesus ressuscitado e vivo que lhes apareceu ou se lhes manifestou várias vezes depois de sua morte. Isto veio confirmar os sinais precedentes e foi a origem de sua fé, anúncio e testemunho da Ressurreição de Jesus. (Sobre as aparições de Cristo ressuscitado refletiremos mais detalhadamente no 2º domingo de Páscoa do ano C.) Voltemos agora nossa atenção aos evangelhos da Páscoa da Ressurreição.

b) **Os evangelhos da Ressurreição.** - Na missa do dia da Páscoa lê-se a narração do quarto evangelho (Jo 20,1-9, ou também como opção, o evangelho da Vigília: um dos Sinóticos para cada ciclo). Ao lado das coincidências básicas dos quatro evangelhos sobre os dados do túmulo vazio e da revelação sobrenatural às mulheres, há muitas diferenças entre eles, especialmente entre João e os Sinóticos e mesmo destes entre si. Tudo isso vem provar a existência de muitas tradições nas primeiras comunidades apostólicas.

O redator final do evangelho de João conhecia sem dúvida a tradição dos Sinóticos; mas neste caso, como em outros, procede com autonomia e seguindo o itinerário da experiência pessoal de fé do apóstolo João e dos leitores destinatários de seu livro. Processo em acordo com o objetivo e finalidade de seu evangelho "escrito para que vocês creiam que Jesus é o Messias, o Filho de Deus; e para que crendo tenham vida em seu nome" (20,31).

* João começa afirmando que Maria Madalena vai sozinha ao sepulcro, quando os três evangelhos sinóticos que lemos na Vigília dizem que foi acompanhada. Talvez por isso, quando comunica a Pedro e João a notícia fala no plural: "Levaram do sepulcro o Senhor, e não *sabemos* onde o puseram (v. 2). Mas tampouco os Sinóticos coincidem entre si sobre o nome das mulheres que foram ao túmulo.

* Mais importância tem o anúncio ou revelação que as mulheres recebem da ressurreição de Jesus. Aparece aqui o conhecido recurso literário, usual na Bíblia, de encenar ou dramatizar um processo invisível de manifestação de Deus ao homem. Mateus fala de um anjo; Marcos de um jovem vestido de branco; Lucas de dois homens vestidos de branco, e João de dois anjos que falam a Maria Madalena (20,12).

* Mas a mensagem ou revelação sobrenatural é basicamente coincidente em todos os relatos: "Jesus, o crucificado, não está aqui; ressuscitou dentre os mortos, como havia dito" (Mt 28,6; cf. Mc 16,6). "Por que procuram entre os mortos aquele que vive? Não está aqui, ressuscitou. Lembrem-se do que ele disse" (Lc 24,5-6).

Aqui não vale proceder à base de lógica ou alternativa excludente, para concluir que se um relato é verdadeiro, os outros são falsos. Tampouco vale procurar concordar suas discrepâncias, tanto aqui como nas aparições que irão se suceder e que constituem a prova fundamental para os Apóstolos da Ressurreição do Senhor.

No fundo, os quatro evangelistas estão dizendo uma mesma verdade: revelação sobrenatural da ressurreição do Senhor, cujo sinal (não prova) é o sepulcro vazio. Mas não se descreve o sucedido nem como se deu o fato, algo que na realidade, depois que se deram as aparições do Ressuscitado, tem pouca importância para aquilo que Deus quer comunicar às testemunhas escolhidas por Ele e, através delas, aos futuros crentes, a nós.

Sobre os relatos da Ressurreição lemos no "Comentário bíblico San Jerónimo":

"Cada evangelho recolheu uma tradição diferente... É de per si muito significativo que a Igreja apostólica não fizesse esforço algum para harmonizar estes relatos divergentes e inclusive contraditórios; a fé na ressurreição não dependia de que todos dissessem exatamente o mesmo.

Também não se deve dar excessiva importância às divergências. A Ressurreição é o mais singular e perturbador dos acontecimentos narrados nos evangelhos; o mais normal num caso como este é que aconteça certa confusão nos detalhes. Também não afeta em nada a fé na ressurreição o fato de se mesclarem certos detalhes legendários" (CB, III, 291).

c) O **sepulcro vazio.** - A constatação deste fato não é evidência determinante da fé das mulheres e dos Apóstolos na Ressurreição de Jesus; mas foi antes origem de medo, confusão e perplexidade para elas e para eles, apesar de lermos em Jo 20,8 que o discípulo amado "viu e acreditou", expressão sobre a qual refletiremos logo em seguida. Do estado em que encontram o túmulo vazio: tudo em ordem (sudário e faixas), tão somente podiam concluir como improvável o roubo ou translado do cadáver de Jesus.

Foi a experiência pessoal de Cristo ressuscitado em suas aparições ao grupo dos discípulos que suscitou neles a fé, a segurança convencida da ressurreição de Jesus, a quem viam vivo e presente entre eles. As aparições do Ressuscitado vêm confirmar a mensagem dos anjos e lhes esclarecem porque o sepulcro estava vazio.

Em nenhum dos cinco sermões de evangelização (kerigmas) na boca do apóstolo Pedro - hoje lemos na primeira leitura o que foi feito na casa do centurião Cornélio, Atos 10 -, nem nos do apóstolo Paulo, que com fidelidade substancial nos transmite Lucas no livro dos Atos, se faz alguma menção do sepulcro vazio de Cristo.

Nem Paulo menciona o fato em 1Cor 15,3-11 que, em fórmula de profissão de fé, contém o sumário mais antigo do kerigma (ano 56 d.C.) recebido da tradição apostólica como fonte comum e anterior; formulação que foi o germe de posteriores profissões de fé ou credos. (Sobre o kerigma apostólico ver 4º Dom. de Páscoa,A,3,b.).

3. A fé pascal exigiu um processo de maturação

a) **"Viu e acreditou"** (v. 8b). - É uma frase de difícil interpretação. Pedro e João, quando ouviram Maria Madalena, correram ao sepulcro. O discípulo amado, João, chegou primeiro, porque o "amor é jovem e corre mais depressa", comentou alguém. Mas Pedro, que chegou depois, foi o primeiro a entrar e ver a tumba vazia, as faixas no chão e o sudário em seu lugar. Depois entrou também o outro discípulo; viu e acreditou.

* Esta indicação da fé de João pode ser entendida literalmente tal como boa. Mas também com muitos biblistas pode-se afirmar que é desproporcionada e carente de lógica e razão suficiente no contexto da narrativa. Seria a única passagem de todo o Novo Testamento em que se afirmaria (ou assim pareceria) a fé de alguém na ressurreição de Jesus pelo simples fato da sepultura vazia.

Provavelmente o que se quer ressaltar aqui é que foi João o primeiro a crer na Ressurreição de Cristo, inclusive mesmo antes que Pedro, que tinha o primado entre os Apóstolos.

* Interpretação de acordo com o quarto evangelho, no qual há uma certa preeminência para João, o discípulo amado, inclusive quando é mencionado junto com Pedro.

Assim: João é o primeiro vocacionado entre os Doze, junto com André (1,35-40); fica sabendo, por insinuação de Pedro, o segredo de Jesus sobre a traição de Judas (13,21-26); é o primeiro a reconhecer o Senhor ressuscitado quando estão pescando à noite no lago e comunica o fato a Pedro (21,7); este negou a Cristo por três vezes na Paixão, enquanto João mostrou-se fiel até o Calvário, onde dos lábios de Jesus recebe Maria como mãe (19,26-27); hoje é o primeiro a chegar ao sepulcro, embora ceda passagem a Pedro, e também é o primeiro a crer na ressurreição de Jesus.

Seria um detalhe mais da tradição proveniente do apóstolo João, em porfia talvez com a escola de Pedro. Este tem sim o primado de autoridade, mas o primado de amor e de intuição da fé pertenceria a João.

b) **Processo de maturação na fé.** - Não parece, pois, evidente a conclusão de que João acreditou na ressurreição porque viu o sepulcro de Jesus vazio, mas sim porque constatou o fato que estava vendo e do qual já tinha tido notícia oral. Tanto mais que no versículo seguinte se afirma que os discípulos ainda "não tinham entendido a Escritura: que Jesus haveria de ressuscitar dentre os mortos" (v. 9; Lc 18,34).

Esta compreensão das profecias do Antigo Testamento e das predições do próprio Jesus sobre sua ressurreição ao terceiro dia requereu um processo de maturação da fé dos Apóstolos: aparições de Jesus ressuscitado, dom de seu Espírito, delegação da própria missão de Cristo, exaltado já para a glória do Pai, e o envio ao mundo. Processo de maturação que contradiz uma fé instantânea e pronta; porque o itinerário da fé pascal, como conseqüência do segredo messiânico de Jesus tão caro a Marcos, foi lento, obscuro e difícil tanto para os Apóstolos como para nós.

4. Baseados na fé apostólica da Igreja

A ressurreição de Jesus, mistério central de nossa fé e fato certo e real, embora não verificável pelos métodos das ciências é o acontecimento salvador que hoje nos enche de alegria, e que devemos crer, proclamar e testemunhar mediante nossa vida de ressuscitados em Cristo, procurando os bens do alto onde Ele está, libertando-nos do velho fermento para ser massa nova (*2ª leit.*).

É inútil exigir e procurar provas racionais ou "científicas" do fato e do modo da Ressurreição de Jesus. Mas nossa fé nela, que é dom de Deus, não é irracional, ilusória, nem visceral. Cremos baseados no testemunho dos Apóstolos que foram testemunhas oculares de Cristo ressuscitado. Como tais se proclamam desde o início do kerigma apostólico por boca de Pedro que fala em nome de todos: "Deus ressuscitou a Jesus dentre os mortos; e nós somos testemunhas" (At 3,15; cf. 10,41: *1ª leit.*).

Testemunhas que são herdeiros do testemunho dos profetas e de toda a Escritura do Antigo Testamento, e tão qualificadas como indica a palavra testemunha em grego: "mártires" que deram sua vida anunciando e testemunhando o Evangelho, a boa nova de "Jesus Cristo, morto por nossos pecados, e ressuscitado pela nossa salvação", segundo a formulação teológica e síntese paulina do mistério pascal de Cristo (Rm 4,25).

Seu testemunho é fidedigno, portanto, e de plena credibilidade; é a base de todos nós que não vimos pessoalmente Jesus, mas cremos nele como Senhor e Juiz dos vivos e dos mortos, que dá a vida eterna a todos que o aceitam pela fé. Felizes aqueles que crêem sem ter visto! (Jo 20,29). Desde então a fé dos Apóstolos, o credo apostólico, é a fé do novo Povo de Deus, que é a Igreja, que somos nós (ver nesta obra: São Pedro e São Paulo, ano C).

Hoje é dia de se repetir com fé profunda, alegre e comunitária: "Anunciamos, Senhor, a vossa morte e proclamamos a vossa Ressurreição. Vinde, Senhor Jesus!" Pois Cristo ressuscitado é a maior esperança de libertação para nós, para todo homem, para o mundo todo. Nenhum outro pode nos salvar! (At 4,12).

Nota: Em vez do Credo seria conveniente hoje renovar as promessas batismais e a profissão de fé, conforme a formulação da Vigília Pascal.

Segundo Domingo da Páscoa (A)

At 2,42-47: Os fiéis viviam todos unidos e tinham tudo em comum.
1Pd 1,3-9: Pela ressurreição de Jesus Cristo dentre os mortos Deus fez-nos nascer de novo para uma esperança viva.
Jo 20,19-31: Oito dias depois Jesus apareceu de novo.

A INCREDULIDADE DOS FIÉIS

1. A missão e o dom do Espírito
a) Aparição no dia da Páscoa
b) A missão e dom do Espírito
c) O perdão dos pecados
2. Felizes os que crêem sem ter visto
a) Tomé, modelo paradoxal de fé
b) A bem-aventurança da fé
3. A incredulidade dos fiéis
a) Tomé é um protótipo atual
b) A inutilidade das razões
4. Testemunho pascal de fé em ação

***

As leituras bíblicas deste domingo, oitava da Páscoa, descrevem a fisionomia do grupo apostólico antes e depois da Aparição em que Jesus lhes confia a missão mediante o dom do Espírito *(evangelho)*. A fé na Ressurreição do Senhor e a ação de seu Espírito constroem a comunidade cristã no amor *(1ª leit.)*. Este é o fruto do novo nascimento para a esperança viva por Cristo ressuscitado *(2ª leit.)*.

O Evangelho é comum aos três ciclos deste domingo. No presente ano A refletiremos sobre a fé cristã, cujo centro é o mistério pascal; e nos seguintes veremos os Sinais desta fé na ressurreição do Senhor: a Comunidade (ano B) e as Aparições (ano C).

1. A missão e o dom do Espírito

O evangelho de hoje (Jo 20,19-31) relata duas aparições de Jesus ressuscitado. Ambas no domingo, o dia cultual: a primeira na tarde do mesmo dia de sua Ressurreição, estando ausente o apóstolo Tomé; e a segunda, com Tomé presente, oito dias após a primeira. Esta última é a razão porque se escolheu este evangelho para hoje. Na primeira aparição destacam-se a missão e o dom do Espírito e na segunda a instância da fé.

a) **Aparição no dia da Páscoa** (vv. 19-20). - O estado de ânimo dos discípulos depois da morte de Jesus é deplorável: portas fechadas por medo dos judeus (isto é, das autoridades religiosas), tristeza, falta de comunicação e dúvida radical sobre Jesus de Nazaré no qual tinham posto tantas esperanças e que terminou morto na cruz por seus inimigos. Neste contexto comunitário tem lugar a inesperada aparição de Jesus ao entardecer.

Cristo saúda-os: A paz esteja com vocês! Em seguida mostra-lhes as mãos e o lado com as chagas de sua Paixão, como provas de sua identidade pessoal; assim arrancava as dúvidas de seus corações. Os discípulos estão conscientes de não serem vítimas de uma alucinação coletiva. A pessoa que eles têm diante dos olhos é Jesus de Nazaré com quem conviveram antes e que morreu crucificado; mas que agora vive porque ressuscitou. Assim o prenunciava seu sepulcro vazio, assim o anunciava a mensagem sobrenatural às mulheres que foram ao túmulo, e assim o afirmava Maria Madalena a quem Ele aparecera naquele dia pela manhã.

* Eles, que não tinham acreditado em nada disso, são agora testemunhas oculares da presença real e não fantasmagórica de Jesus vivo. Ele não é um espírito; tem corpo, o mesmo de antes, embora glorificado (ver este domingo no ano C).

Com isto o autor do quarto evangelho (90-95 d.C.) rebate o erro dos gnósticos e docetas que afirmavam a aparente natureza humana de Jesus, negando a encarnação real do Verbo de Deus; algo proclamado desde o princípio no evangelho de João: A Palavra (de Deus) se fez carne e veio morar no meio de nós (1,14).

* O efeito que segue a aparição é a alegria e a fé dos discípulos ao verem o Senhor ressuscitado, que pela segunda vez deseja-lhes a Paz. Esta era e é a saudação habitual entre semitas (judeus e árabes). Mas no caso de Jesus é muito mais que uma fórmula ou um desejo. É uma realidade; porque sua paz não é a que o mundo dá, e sobretudo porque Ele mesmo, sua Pessoa, é nossa Paz (Ef 2,14).

Está se cumprindo já a palavra de Jesus em sua despedida: Vocês me tornarão a ver; e a tristeza de vocês se mudará em alegria (Jo 16,20). Efetivamente, o Senhor ressuscitou! Esta profissão de fé pascal, baseada em sua experiência pessoal do Ressuscitado, será o fundamento da esperança, do anúncio e do testemunho dos Apóstolos e do Credo secular da Igreja nascente e futura.

b) **A missão e o dom do Espírito** (vv. 21-22). - Em seguida tem lugar o que chamaríamos de "transmissão de poderes" que Cristo faz a sua Igreja representada nos discípulos: Como o Pai me enviou assim também eu os envio.

Esta é a fórmula de missão em João. (Ver outras em Mt 28,19; Mc 16,15; Lc 24,47; At 1,5-8: Ascensão do Senhor, nos três anos).

O envio missionário que esta frase de Jesus contém significa mais que um paralelismo, mais inclusive que uma simples continuação. Trata-se no fundo de uma participação plena e em profundidade da mesma missão e poderes salvíficos de Cristo Salvador e Filho de Deus Pai, incluído o poder de perdoar pecados que se especifica em seguida (v. 20), como fruto da vitória de Jesus sobre o pecado e sobre a morte.

Em seguida Jesus infunde seu Espírito sobre seus discípulos - ou seja, sobre os crentes em linguagem joanina - com um rito que diríamos sacramental; isto é, com um gesto ao qual acompanha a palavra eficaz. Soprou sobre eles e disse: Recebam o Espírito Santo (v. 22). Este detalhe recorda o sopro criador de Deus sobre Adão (Gn 2,7). Estamos diante da segunda criação do homem novo em Cristo ressuscitado.

Jesus cumpria a promessa que lhes fizera em seu sermão de despedida. Como no caso de Cristo enviado pelo Pai para realizar a obra de salvação do homem, a missão de seus discípulos vem selada pelo dom e batismo do Espírito de Deus. Ele fará realidade viva e operante a presença de Jesus na comunidade eclesial: Eu estarei com vocês até o fim do mundo (Mt 28,20).

c) **O perdão dos pecados** (v. 23). - Ao lhes dar seu Espírito, Jesus acrescenta: "Àqueles a quem perdoarem os pecados, ser-lhes-ão perdoados; àqueles a quem os retiverem, ser-lhes-ão retidos". Somente Ele podia dar tal poder à comunidade eclesial, pois isto deriva de seu pleno Senhorio no céu e na terra (Mt 28,18: Ascensão, A).

O Espírito que Jesus lhes dá é a libertação da morte e do pecado para tornar possível o nascimento para uma vida nova no Espírito (Jo 3: entrevista de Jesus com Nicodemos). A nova forma de existência do discípulo, do cristão, em Cristo ressuscitado é uma nova criação no amor e na reconciliação com Deus e com a comunidade dos irmãos *(1ª leit.)*.

2. Felizes os que crêem sem ter visto

a) **Tomé, modelo paradoxal de fé.** - A segunda parte do evangelho (vv. 24,31) narra uma segunda aparição de Jesus depois de oito dias da primeira no dia de sua Ressurreição. Esta nova aparição tem um destinatário bem particular: o apóstolo Tomé, que não estava presente na primeira aparição e resistia a crer em seus companheiros. Exige provas inequívocas: se não vejo e não toco, não creio. De fato, o destinatário somos todos nós, pela conclusão que Jesus tirará no fim da ceia.

Tomé é um modelo paradoxal de fé. Pois se a princípio é paradigma da incredulidade, da dúvida e da crise racionalista hoje tão freqüente, posteriormente é o modelo de fé absoluta. Ao aparecer pela segunda vez Jesus, depois de saudá-los de novo com a paz, convida Tomé a realizar suas comprovações empíricas. E é então que dos lábios de Tomé, antes incrédulo e agora crente, brota a mais alta confissão de fé em Cristo que lemos em todo o Novo Testamento: Meu Senhor e meu Deus! (v. 28).

Diante de tão esplêndida confissão de fé por seu discípulo, Jesus conclui: Tomé, você acreditou porque me viu; felizes aqueles que acreditaram sem ter visto! (v. 29). Se essa frase tinha alguma coisa de reprovação, servia também aos demais discípulos que creram porque viram, pois a dúvida de Tomé todos a tinham tido também. O evangelho de Mateus constata a dúvida de alguns quando Jesus lhes aparece no monte da Galiléia (28,17: Ascensão, A). Igualmente Lucas faz constar as dúvidas do grupo na aparição que relata em 24,36-43 (3º dom. de Páscoa,B).

b) **A bem-aventurança da fé** (v. 29). - A nova bem-aventurança: "Felizes os que crêem sem ter visto", é para nós e temos de acrescentá-la, como uma nona, às oito do Sermão da Montanha (Mt 5,1-12). Um eco desta bem-aventurança são as palavras que ouvimos na *segunda leitura* de hoje, tirada da primeira carta do apóstolo Pedro (1,3-9), a qual se lê como segunda leitura nos domingos de páscoa do ano A. A carta é dirigida aos cristãos da Diáspora residentes nas comunidades da Ásia Menor (1,1) e provenientes em sua maioria do paganismo. Cristãos da segunda geração que não conheceram pessoalmente a Cristo, como nós.

> "Sem terem visto a Jesus, vocês o amam, apesar de não o terem visto ainda, vocês crêem e exultam com alegria inefável, cheia de glória, na certeza de atingir a meta da sua fé, a sua salvação pessoal." (vv. 8-9).
>
> A Carta (escrita antes do a. 64, de Roma) recolhe provavelmente uma homilia batismal primitiva, e é uma exortação à esperança em meio às dificuldades e perseguições. O texto da leitura de hoje é o exórdio da carta: um hino de louvores a Deus, segundo a tradição judaica que Paulo segue também (p. ex. Ef 1). Mas a motivação cristã aparece em seguida: "Na sua grande misericórdia, nos gerou de novo, pela ressurreição de Jesus Cristo dentre os mortos, para uma esperança viva, para uma herança incorruptível, imarcescível, reservada nos céus para vocês" (vv. 3-5). Mas ainda deve-se aquilatar nossa fé como o ouro no cadinho.

A fé em Cristo ressuscitado não é estatuto classista de privilegiados. A cruz estará sempre presente na caminhada da comunidade cristã e na vida de cada um de nós; mas iluminada pela experiência pascal do Senhor glorioso ao qual temos visto pela fé e em quem cremos. Felizes os que crêem sem ter visto!

3. **A incredulidade dos fiéis**

a) **Tomé é um protótipo atual.** - O apóstolo Tomé encarna algumas atitudes muito atuais e sempre perenes diante da fé: o racionalismo, o empirismo e a comprovação positiva, aplicados ao objeto da fé. Diante das dúvidas ou crises da fé aflora, inclusive nos fiéis, a tendência de procurar provas e seguranças. Percebemos que no fundo de nosso ser existe resistência a crer; isto é o que provoca a "incredulidade dos fiéis".

Conscientes de que a fé em Cristo morto e ressuscitado é o núcleo central da mensagem cristã ao qual a fé se refere constantemente como a sua fonte original, percebemos que ser cristão contém conseqüências práticas muito sérias, pois não fica na passividade teórica do "eu não compreendo, mas acredito". Por isso surge a tensão dialética, não exclusiva de Tomé, entre fé e razão, fé e incredulidade, fé e insegurança, fé e obscuridade. Então, "logicamente" pedimos luz e provas para crer e aceitar a Deus em nossa vida pessoal, moral, afetiva, familiar, social, profissional ou de negócios.

Por que custa tanto para nós crer de verdade? Basicamente por um destes motivos: por hipercrítica racionalista, por medo do risco, por falta de compromisso e generosidade.

b) **A inutilidade das razões.** - Em sua segunda aparição, estando Tomé presente, Jesus não procura principalmente apresentar provas ou argumentos esmagadores para a fé do incrédulo Tomé. Mas antes mostra a inutilidade das razões constrangedoras, quando afirma: "Felizes os que acreditam sem ter visto". Com isso Jesus está dizendo que a fé não é a conclusão de uma demonstração ou de um raciocínio. Podemos pedir a Deus sinais de sua presença e indícios para crer, mas não provas apodíticas. A primeira coisa é o que Jesus faz: oferece os sinais de sua paixão e morte, as chagas de suas mãos e lado. E então Tomé pronuncia a mais sublime profissão de fé em Cristo: Meu Senhor e meu Deus! Sua fé vai mais longe e afirma muito mais do que está vendo, porque não é fruto da razão nem da evidência, mas do coração como afirma São Paulo:

> Porque se você confessar com sua língua que Jesus é o Senhor, e se no seu coração você crer que Deus o ressuscitou dos mortos, você será salvo. Pois crendo de coração que se obtém a justiça, e é confessando com a língua que se alcança a salvação (Rm 10,9-10; cf Ef 1,18-20; ver 1º Dom. Quaresma, C).

4. **Testemunho pascal de fé em ação**

O apóstolo Tomé tocou as chagas de Jesus e colocou sua mão no lado de Cristo de onde brotaram a Igreja e os Sacramentos, no dizer dos Santos Padres e conforme o Prefácio da solenidade do Sagrado Coração. Desta forma ele reintegrou-se à comunidade de fé com seus companheiros, cujo testemunho não queria admitir.

A comunidade eclesial, diz São Paulo, é o Corpo de Cristo (1Cor 12). Na medida em que na comunidade cristã tomamos contato com as chagas do Corpo de Jesus, isto é, com a dor e o sofrimento dos irmãos enfermos, pobres, humilhados e oprimidos, descobriremos o Senhor em seus membros.

Este será o nosso melhor testemunho de Cristo ressuscitado para o mundo dos homens. Quando amamos, compartilhamos o que temos e respeitamos quem não pensa como nós; quando defendemos a vida e o amor estável do matrimônio; quando denunciamos a injustiça, quando sabemos perdoar e servimos os outros em nosso posto de trabalho ou profissão; quando visitamos o enfermo, vestimos o nu e damos de comer ao faminto; quando testemunhamos a fraternidade, a esperança e a alegria da vitória efetiva da fé e da vida sobre o pecado e a morte... então Jesus está ressuscitando no mundo dos homens, nossos irmãos.

Nossa profissão de fé é hoje a de Tomé: "Meu Senhor e meu Deus!" E se precisamos de mais fé: "Senhor, eu creio; mas aumentai a minha fé!"

Terceiro Domingo da Páscoa (A)

At 2,14.22-28: Não era possível que a morte retivesse Cristo sob seu domínio.
1Pd 1,17-21: Vocês foram redimidos pelo sangue do Cordeiro.
Lc 24,13-35: Reconheceram-no ao partir o pão.

AO PARTIR O PÃO

1. Um encontro com Cristo ressuscitado
a) Os discípulos de Emaús
b) Três chaves de leitura: a palavra, a eucaristia, a comunidade
2. A Escritura, primeira chave
a) Profecias (AT) e cumprimento (NT)
b) Pedro também apela para a Escritura
3. Ao partir o pão
a) A eucaristia, segunda chave
b) O Pão e a Palavra
4. Em comunhão com os irmãos: terceira chave
a) Uma fé compartilhada
b) Uma comunidade sinal
c) Aprovado ou reprovado nestas "disciplinas" evangélicas?

***

1. Um encontro com Cristo ressuscitado

a) **Os discípulos de Emaús. -** No evangelho de hoje (Lc 24,13-35) temos uma narrativa de aparição de Cristo ressuscitado a dois discípulos que caminhavam de Jerusalém para Emaús. Desses só sabemos o nome de um, Cléofas (v. 18). Esta passagem é exclusiva de Lucas, que com grande maestria desenvolve em sua linha narrativa um estudo psicológico perfeito dos protagonistas, que progressivamente vão passando do desencanto messiânico a uma fé entusiasta em Cristo ressuscitado.

Na presente narração verificam-se todas as constantes que encontramos na maioria das aparições do Ressuscitado, menos o envio missionário (cf. 2º dom. Páscoa, C, 2): 1) A aparição de Cristo acontece num domingo, "o primeiro dia da semana". 2) A iniciativa é de Jesus que aparece de improviso. 3) E não é reconhecido num primeiro momento pelos caminhantes, mas posteriormente por um gesto característico seu: aqui a fração do pão. 4) Durante uma reunião ou refeição: aqui na ceia.

b) **Três chaves da leitura. -** Uma simples vista de olhos revela-nos a estrutura narrativa do episódio que é clara, fácil, humana, íntima. Mas para aprofundar em seu conteúdo necessitamos de chaves de leitura que nos revelem sua intenção e mensagem mais profunda. Que processo tiveram de seguir os desanimados discípulos de Emaús - e o fiel de hoje em dia representado neles - para o encontro de fé com Cristo ressuscitado?

Várias são as direções nas quais podemos orientar nossa reflexão para um entendimento claro do relato.

Destaquemos entre outras estas três chaves de leitura com base no texto: 1) A escriturística, centralizada nas profecias messiânicas do Antigo Testamento sobre Cristo. 2) A eucarística, intencionada na fração do pão. 3) A eclesial ou comunitária, apontada no compartilhar a experiência de fé com os irmãos. Três chaves que não são excludentes mas que mutuamente são complementárias, como veremos.

2. A Escritura, primeira chave

a) **Profecias (AT) e cumprimento (NT).** - Quando Jesus se aproxima dos caminhantes, estes não têm olhos para reconhecê-lo porque a desilusão lhes turba o espírito. No sepulcro do Crucificado ficaram sepultadas suas esperanças messiânicas de triunfalismo político. Nem sequer as notícias do sepulcro vazio e de sua ressurreição, anunciada pelos anjos, trazidas pelas mulheres que foram até sua tumba, e a verificação posterior do primeiro fato por alguns do grupo foram capazes de fazer brotar sua esperança. Porque ninguém tinha visto o supostamente ressuscitado Jesus. Estão tristes e derrotados. Não crêem nele nem esperam mais nada. Assim eles o expõem ao Desconhecido que se lhes unira na caminhada.

> "Então Jesus lhes disse: Homens sem compreensão, como o coração de vocês é lento para crer tudo o que os profetas anunciaram! Então, não era necessário que o Cristo padecesse estas coisas para entrar na sua glória? E começando por Moisés e por todos os profetas, explicou-lhes em toda a Bíblia o que lhe dizia respeito" (Lc 24,25-27).

Esta é a primeira via que Jesus lhes abre para chegarem à fé em sua pessoa: leitura cristológica da Escritura, fazendo-os ver a estreita relação que há entre as profecias messiânicas do Antigo Testamento e o seu cumprimento no Novo, isto é, em Jesus de Nazaré. Este caminho, iniciado aqui e em muitas outras ocasiões por Cristo, é o que a Igreja primitiva seguiu. Os Apóstolos acentuaram em suas pregações e catequese que a compreensão exata da Escritura veterotestamentária garante a continuidade e realização do projeto salvador de Deus em Cristo, cuja morte não é o triunfo de seus inimigos mas a realização das profecias messiânicas conforme o plano traçado previamente por Deus.

No texto evangélico que lemos hoje, como nos demais dos Evangelhos, detectamos uma reinterpretação ou um "repensar" da figura e missão de Cristo, suas palavras e feitos, à luz do anúncio apostólico e da fé pascal da primeira comunidade em conflito prematuro com a Sinagoga judaica. Não nos esqueçamos que o evangelho de Lucas foi escrito pelo ano 80 e é posterior inclusive à maioria das Cartas do Novo Testamento.

b) **Pedro também apela para a Escritura.** - Apelando para este aval da Escritura, também Pedro se pronuncia em seu primeiro sermão missionário no dia de Pentecostes, como lemos na *primeira leitura* (At 2,22-28). Em apoio à ressurreição de Jesus, Pedro cita, pondo na boca de Davi, o Salmo 16,8-11) que faz referência a seu descendente o Messias, Cristo, a quem Deus ressuscitou da morte.

Nas comunidades do Novo Testamento e nos escritos que chegaram até nós foi este um lugar clássico para provar a anunciada glorificação de Cristo ressuscitado; como também os poemas do Segundo Isaías sobre o Servo de Javé o eram para insistir no anúncio prévio de sua paixão e morte.

Deste sermão missionário ou kerigma do apóstolo Pedro, que continua no próximo domingo, nos ocuparemos mais detidamente ao tratar ali do gênero literário do kerigma (nº 3,a-b).

3. Ao partir o pão

a) **A eucaristia, segunda chave.** - "Partir o pão" é a chave eucarística do encontro na fé com Cristo ressuscitado. Quando este em pessoa saúda os dois peregrinos de Emaús e se põe a caminhar com eles, os dois "fugitivos" da comunidade não percebem quem os acompanha e lhes explica as Escrituras. Mas uma vez que se tornaram amigos e se dispõem a cear juntos, então o Senhor, "pondo-se à mesa com eles, tomou o pão, deu graças a Deus e, depois de o partir, entregou-o a eles. Neste momento, os olhos deles se abriram e o reconheceram; mas Ele desapareceu da vista deles" (vv. 30-31). Aqui entra a leitura eucarística do fato. Lucas transcreve aqui o rito com que Jesus iniciou a instituição da eucaristia na última Ceia segundo lemos em Paulo e nos três evangelhos sinóticos.

Se em estrita exegese bíblica não podemos afirmar que aquela ceia com Jesus foi uma eucaristia, também não podemos prescindir da perspectiva eucarística que evidentemente está subentendida no texto. Assim o entenderam desde o princípio a tradição e a práxis litúrgica da comunidade cristã, enriquecendo esta passagem com um nova e fundada referência cultual.

> "Antes que esta tradição chegasse até Lucas, já havia sido modificada pela liturgia eucarística; atém-se à ordem desta: uma leitura, uma explicação das Escrituras, e a fração do pão... Não é preciso sustentar que Jesus consagrou a eucaristia; contudo, as fórmulas eucarísticas foram incorporadas ao relato ao ser este narrado repetidas vezes nas reuniões litúrgicas" (CB,III,417-418).
>
> Partir o pão é um termo específico, relativo à eucaristia, que Lucas emprega de novo em um dos Sumários sobre a vida da comunidade de Jerusalém (At 2,42; ver 2º dom. Páscoa, B,1). No antigo linguajar cristão a fração do pão em fraternidade tem sabor cultural e se emprega habitualmente num contexto eucarístico, como vemos pelas Cartas de Paulo (p. ex. 1Cor 11,17-34).

b) **O Pão e a Palavra.** - Quando os dois discípulos de Emaús quiseram fixar seus olhos em Jesus, para assegurar-se de sua presença há pouco descoberta, Ele já havia desaparecido de sua vista. E, contudo, aprenderam uma lição fundamental, extensiva a todos os cristãos: Cristo ressuscitado continua presente entre eles, no meio da comunidade, de um modo novo e certo, isto é, pela fé que nasce de seu Pão e de sua Palavra. Por isso comentam: "Não é verdade que ardia nosso coração enquanto nos falava pelo caminho e nos explicava as Escrituras?" (v. 32).

Esta nova presença de Cristo ressuscitado na comunidade de fé é sumamente alentadora para nós que não conhecemos a Jesus pessoalmente. É a presença adequada para o tempo da Igreja, tempo do Espírito de Cristo que no-lo faz presente. "Eu estarei com vocês todos os dias até o fim do mundo" (Mt 28,20).

Nesta passagem podemos ver, com alguns exegetas, um esquema catequético. Os discípulos de Emaús são tipo do Povo peregrino de Deus. Assim como o Senhor caminhou com o seu antigo Povo na Nuvem e na Arca, assim caminha Cristo ao lado do novo Povo de Deus, que é a Igreja, com uma presença sacramental, mas real e eficaz, por meio da palavra e do pão da vida que são Ele mesmo. Os sacramentos, cujo ápice é a eucaristia, são o grande sinal de Cristo ressuscitado no meio da comunidade cristã, que se constrói pela palavra e pela eucaristia; mediante os sacramentos nos quais celebramos o mistério salvador de Cristo, sua morte e ressurreição gloriosas, a Igreja continua a missão de Jesus.

> "Para realizar a obra de salvação Cristo está sempre presente em sua Igreja, sobretudo nas ações litúrgicas. Está presente no sacrifício da Missa... Está dinamicamente presente nos sacramentos, de tal forma que quando alguém batiza, é Cristo mesmo que batiza (Sto. Agostinho). Está presente pela sua palavra, pois é Ele mesmo que fala quando se lêem na Igreja as Sagradas Escrituras. Está presente, enfim, quando a Igreja ora e salmodia, pois Ele mesmo o prometeu: "Onde dois ou três estiverem reunidos em meu nome, aí estarei eu no meio deles (Mt 18,20)" (SC 7,1).

4. **Em comunhão com os irmãos: terceira chave**

a) **Uma fé compartilhada. -** Conforme isto, Cristo está presente na comunidade dos irmãos. É a terceira chave do encontro. Assim o entenderam os peregrinos de Emaús: "Levantando-se no mesmo instante, voltaram para Jerusalém, onde encontraram reunidos os Onze com seus companheiros" (v. 33). No evangelho de Lucas, Jerusalém representa o grupo fiel, a primitiva comunidade apostólica, a jovem Igreja Mãe, depositária da salvação e que se distingue e se opõe à Sinagoga (Ver Ascensão do Senhor, ano C,2,b). Por isso de Jerusalém parte a missão dos Apóstolos para o testemunho da ressurreição de Jesus para os quatro pontos cardeais do mundo então conhecido.

E a Jerusalém voltam alegres os dois que haviam se ausentado desalentados e ruminando suas dúvidas e reticências, rompidos com a comunidade. Sentem necessidade de comunicar aos irmãos sua experiência pessoal do Senhor ressuscitado. A seu testemunho de fé faz eco a comunidade que repete em coro: É verdade, o Senhor ressuscitou e apareceu a Simão Pedro. E eles contaram o que lhes havia acontecido pelo caminho e como O reconheceram ao partir o pão (vv. 33-35).

b) **Uma comunidade sinal.** - Se para aqueles que não conhecem o Senhor hoje em dia, devem ser a assembléia de fé e a eucaristia comunitária um caminho de encontro com Ele, temos de refletir muito séria e responsavelmente sobre a imagem que lhes oferecemos. Como são e como deveriam ser nossa convivência e nossas comunidades de cristãos para poder aparecer como sinal de Cristo ressuscitado? Reunimo-nos em seu nome? Vivemos cordialmente a experiência de que Ele está no meio de nós? Verdadeiramente é a Eucaristia dominical ou diária a fonte e o ápice de toda nossa vida cristã? (SC 10,1).

Emaús sempre foi um bom nome para lugares de hospitalidade e para espaços de acolhida fraternal: O que vêem os outros em nosso grupo de fiéis: união, amor, fé, abertura, solidariedade com os pobres, testemunho de esperança, otimismo, alegria, cordialidade, tolerância e compreensão?

Finalmente, descobrimos a Palavra de Deus como alimento de nossa fé pessoal e comunitária, como fonte de nosso amor a Deus e aos irmãos? Lemos, meditamos e vivemos esta palavra como programa de vida? É muito oportuna a exortação da *segunda leitura* de hoje (1Pd 1,17-21): Procurem viver com respeito, porque vocês foram resgatados a preço do sangue de Cristo, ressuscitado por Deus, em quem vocês puseram sua fé e sua esperança.

c) **Aprovado ou reprovado** em todas estas "disciplinas" evangélicas? O exame é muito amplo e profundo para arriscar uma resposta superficial. Mas enquanto não vivermos a fundo as três chaves do encontro com Cristo: a palavra, a eucaristia e a fraternidade, não chegaremos a alcançá-lo nem mostrá-lo aos outros.

Enquanto vemos na assistência ao culto eucarístico de domingo apenas uma obrigação a ser cumprida e não uma necessidade vital de comunhão com Cristo e com os irmãos com os quais compartilhamos a fé, a vida e o pão; enquanto continuamos chegando tarde, ficamos distraídos, não participamos ativamente da oração, da escuta, do canto e das atitudes; enquanto não comungamos o corpo de Cristo; enquanto não sentimos falta durante a semana da eucaristia: em casa, no trabalho e nas ruas... é que ainda não temos reconhecido a Cristo nem os irmãos ao partir e compartilhar o pão em toda sua amplitude: eucarística e material, de fé e de vida, de amor e de justiça.

Quarto Domingo da Páscoa (A)

At 2,14a.36-41: Deus constituiu a Jesus como Senhor e Messias.
1Pd 2,20b-25: Retornaram ao Pastor e guarda de suas almas.
Jo 10,1-10: Eu sou a porta das ovelhas.

PARÁBOLA DO BOM PASTOR

1. O bom Pastor: uma parábola sugestiva
a) Nos três ciclos
b) Sugestiva e com substrato bíblico
2. "Eu sou a Porta das ovelhas"
a) A porta do aprisco
b) Cristo é a porta das ovelhas
3. Conversão a nosso Pastor que é Cristo
a) Deus o constituiu como Senhor e Messias
b) O sermão kerigmático
c) Retornando ao Pastor e guarda de nossas vidas
4. O Senhor é meu Pastor, nada me falta

***

1. O bom Pastor: uma parábola sugestiva

a) **Nos três ciclos.** - Este é o "domingo do bom Pastor" nos três ciclos litúrgicos. Em cada um deles se lêem trechos de João 10, que continua a polêmica de Jesus com os fariseus iniciada no c. 9: cura do cego de nascimento (ver 4º Dom. da Quaresma, A). Cristo prossegue o julgamento para aquele que veio a este mundo (9,39). Serviu-se então da imagem Luz para condenar os cegos obstinados que são os fariseus. Agora, respondendo à pergunta deles e a seu desafio: Também nós estamos cegos? (9,40), Jesus igualmente os desqualifica como guias espirituais do povo mediante a parábola do bom Pastor. Nela Cristo se autodefine como única Porta das ovelhas e como bom Pastor que dá sua vida por elas e para dar-lhes Vida eterna. (Sobre o serviço pastoral na Igreja ver este domingo nos ciclos seguintes B e C.)

Dentro da parábola global temos várias imagens parciais ou comparações menores a serviço de uma mesma idéia: a autenticidade de sua missão e a autoridade pastoral de Jesus que é o Messias e Filho de Deus. Autoridade que é serviço até a entrega da própria vida por todos. O próprio Jesus é quem dá uma explicação da parábola que inicialmente (leitura evangélica de hoje) se desmembra em três imagens: porta, pastor e ovelhas (Jo 10,1-5). Sistematizando, podemos distinguir estas etapas do desenvolvimento no conjunto da parábola do bom Pastor:

1) A "porta", centro do Evangelho de hoje, é explicada nos vv. 6-10.

2) O "pastor", nos vv. 11-18: ano B deste domingo.

3) E as "ovelhas" nos vv. 26-30: ano C.

b) **Sugestiva e com substrato bíblico.** - A parábola do bom Pastor é tão sugestiva que foi empregada profusamente na Igreja nos primeiros séculos, tanto na iconografia como nos comentários dos Padres às Escrituras. Ainda hoje em dia aparece em muitos quadros e estampas, não obstante os sérios inconvenientes que uma imagem rural e bucólica pode encontrar numa sociedade urbana e industrial, e inclusive apesar do gregarismo ovino que se atribui a uma manada de ovelhas.

O quadro de fundo bíblico e oriental é muito antigo. Devido à cultura semita ter sido inicialmente de pastores nômades, inclusive até bastante tempo depois da conquista de Canaã pelos israelitas que desceram do Egito, são freqüentes no Antigo Testamento as imagens pastoris para descrever as relações de Deus (o pastor) com o seu Povo (o rebanho). Na medida em que o povo vai se tornando sedentário e a agricultura vai adquirindo importância na Palestina, começam a aparecer outras comparações metafóricas para se referir a Deus e a seu povo, unidos por uma Aliança: Vinha, Vinhateiro, Semeador, Esposo-esposa etc. Mas a de Pastor continuou sendo a imagem mais familiar e com mais tradição, pois pastores reais e chefes do povo foram os Patriarcas, Moisés e Davi. Por isso o termo "pastor" foi aplicado também a Josué, aos Juízes, Reis e Sacerdotes. Isto é, aos dirigentes políticos e religiosos do povo. Costume comum, além disso, em todo o Oriente antigo.

Todo este contexto veterotestamentário está latente na parábola do bom Pastor, em especial em Ez 34, no qual o Senhor se compromete a ser Ele mesmo o Pastor de seu Povo, explorado pelos maus pastores (ver Dom. 34,A).

*Também nos evangelhos sinóticos encontramos numerosas passagens nas quais se emprega a imagem do pastor que cuida de suas ovelhas para definir as relações de Cristo com seus discípulos aos quais chama de "seu pequeno rebanho" (Lc 12,32). No chamar cada ovelha por seu nome (Jo 10,3) está um eco da atenção individual de que é objeto a ovelha perdida (Mt 18,12; Lc 15,3) e da compaixão de Jesus diante das multidões que o procuravam, porque andavam como ovelhas sem pastor (Mc 6,34). Muitas frases de Jesus sobre a relação pastor/ovelhas, tanto em João como nos Sinóticos, refletem o lugar clássico do Antigo Testamento citado acima: capítulo 34 do profeta Ezequiel (ver Dom. 34,A,2).

2. "Eu sou a Porta das ovelhas"

Deixando à parte a transição que une com João 9: "Naquele tempo disse Jesus aos fariseus", a estrutura do evangelho de hoje (Jo 10,1-10) tem estas duas seções: 1ª) Jesus inicia a parábola com três imagens: porta, pastor e ovelhas (vv. 1-5). 2ª) Explicação da "porta" (vv. 6-10).

a) **A porta do aprisco** adquire relevo especial desde a primeira frase de Jesus. Ele se identifica com ela na explicação. A porta define o pastor de verdade com estas três características:

1ª O pastor autêntico entra pela porta do redil, porque o guarda lhe abre quando chega ao aprisco onde pernoitaram as ovelhas de vários pastores. Ao contrário, aquele que entra por outro lugar com astúcia manhosa se denuncia como bandido e ladrão das ovelhas.

2ª Entra em contato individualmente com as ovelhas, chamando-as por seu nome para levá-las às pastagens.

3ª Quando retirou as suas ovelhas do aprisco, caminha diante delas, e elas o seguem porque conhecem sua voz. Não sucede assim com um estranho que vem para roubá-las. Não o seguem, como aconteceu no caso do cego de nascimento curado por Jesus, em seu encontro com os fariseus (Jo 9).

b) **Cristo é a porta das ovelhas.** - Como os destinatários da comparação não o entendem, Jesus passa a explicar os termos da parábola, como explica a do semeador na tradição sinótica. Mas aqui não camufla o ataque frontal a seus inimigos os dirigentes judeus, que parecem não se dar por atingidos na figura do ladrão e do bandido que saltam a cerca do redil. Sua explicação alegórica começa com a fórmula bíblica de autorevelação que João muitas vezes põe na boca de Jesus: Eu sou a Porta das ovelhas. O conhecido começo das parábolas dos evangelhos sinóticos: "O Reino de Deus se parece com", tem seu paralelo joanino no "Eu sou" que vai ser repetido quatro vezes na parábola do bom Pastor, centralizando-a assim no próprio Cristo. (Sobre as parábolas evangélicas ver o 15 Domingo Ord. A).

Jesus se auto-define duas vezes: Eu sou a Porta (vv. 7-9). A primeira vez como porta de entrada às ovelhas para os pastores legítimos: "Eu sou a Porta das ovelhas. Todos o que vieram antes de mim são ladrões e bandidos; mas a ovelhas não os escutaram". Esta última frase de Cristo é uma crítica dura aos maus pastores em geral, e uma denúncia concreta do abusivo exercício da autoridade religiosa sobre o povo por parte de escribas, fariseus e sumos sacerdotes do tempo de Jesus, como fica patente no contexto dos evangelhos.

Na segunda vez Cristo se auto-revela como porta de salvação e de vida para todos, não só dos pastores mas também das próprias ovelhas: "Eu sou a porta; quem entra por mim se salvará, e poderá entrar e sair, e encontrará pastagens".

No escrito do tempo dos Padres apostólicos intitulado *O Pastor de Hermas* (s. II), esta imagem joanina da porta do rebanho combina com a imagem sinótica da porta estreita que conduz à vida (Mt 7,13): A porta de acesso ao Reino de Deus é o Filho de Deus; ninguém pode entrar senão através do Filho, pois Cristo é a porta que nos dá livre acesso ao Pai, como lemos em Ef 2,18 (Comparação 9,12,3-6).

3. Conversão a nosso Pastor que é Cristo

a) **Deus o constituiu como Senhor e Messias.** - Esta parábola do bom Pastor, cuja segunda parte refere-se abertamente à Morte de Jesus para dar vida as suas ovelhas, foi compreendida em todo o seu alcance pelos Apóstolos depois da ressurreição de Cristo. Isto constituiu a mensagem central de sua pregação como vemos no sermão missionário ou Kerigma de Pedro no dia de Pentecostes, cuja primeira parte lemos no domingo passado e se conclui hoje na *primeira leitura*: At 2,36-41. O apóstolo Pedro proclama Jesus constituído Senhor e Messias por Deus. Dois títulos cristológicos fundamentais na confissão primitiva de fé. Reconhecer Jesus, morto e ressuscitado, como Senhor e Messias leva à conversão de fé Nele e ao batismo em seu nome para a salvação de todo fiel. Este é também o conteúdo do Kerigma ou anúncio missionário dos Apóstolos.

b) **O sermão Kerigmático** é um dos gêneros literários bíblicos, usado com profusão por Lucas no livro dos Atos dos Apóstolos, onde lemos seis Kerigmas propriamente ditos, à parte de outros menos estruturados. Cinco destes sermões missionários estão na boca de Pedro e são dirigidos a judeus, menos o quinto, no qual o apóstolo fala a gentios ou pagãos na casa do centurião Cornélio (10,34-43), que lemos no domingo da Páscoa da Ressurreição. O sexto Kerigma é o de Paulo em Antioquia da Pisídia a judeus (13,16-41), parte do qual se lê no ano C do presente domingo.

Estes sermões, tais como os temos hoje, não são uma reprodução literal das intervenções apostólicas. Embora mantendo uma fidelidade substancial ao conteúdo da pregação apostólica, Lucas oferece-nos uma reelaboração posterior que é uma amostra excelente e um resumo básico do primeiro Kerigma.

O núcleo central do mesmo é o testemunho da morte, ressurreição e exaltação de Cristo por Deus como Senhor e Salvador a todo aquele que realiza uma conversão de fé nele. Este núcleo, seguindo um padrão comum, desdobra-se nos seguintes *elementos característicos* de todos os discursos dos Atos que, como o de hoje, estão incluídos no lecionário pascal:

1º Anúncio da pessoa histórica de Jesus de Nazaré, o Messias, o Ungido de Deus, o Cristo. Afirma-se assim a identidade entre o Jesus histórico e o Cristo da fé, e se faz a ponte entre o Antigo e o Novo Testamento, entre profecias e cumprimento. Nesta primeira seção aparece também um resumo da atividade profética de Jesus a serviço do Reino de Deus, inaugurado em sua pessoa e garantido com os sinais das curas milagrosas.

2º Morte violenta e ressurreição gloriosa de Jesus. É a parte central. Costuma-se empregar a fórmula mais antiga que faz o Pai autor da ressurreição de Jesus: "Deus o ressuscitou". Diz a mesma coisa que a fórmula posterior, mais freqüente nos Evangelhos, que em forma ativa faz Jesus autor de sua própria ressurreição: "Cristo ressuscitou dentre os mortos". Sabemos que na trindade tudo é comum às três pessoas: natureza divina, poder e ação. Por isso afirmou Jesus: "O Pai e eu somos um" (Jo 10,30; cf. Páscoa da Ressurreição ano C,1,b).

3º O testemunho apostólico, baseado na experiência das aparições de Cristo ressuscitado, vem plenificar o testemunho dos profetas do Antigo Testamento: "Nós somos testemunhas". Daí surgiu a fórmula "segundo as Escrituras" que passou para o Credo da Missa (Símbolo Constantinopolitano, ano 381, DS 150).

4º Anúncio alegre da salvação de Deus e do perdão dos pecados por Cristo a todo o que realiza uma conversão de fé e se batiza em seu nome (Cfr.

B. Caballero: *Pastoral de la Evangelización*, PS Editorial, Madrid 1975, 3ª ed. 123-136).

c) **Retornando ao Pastor e guarda de nossas vidas.** - Em sintonia com a primeira leitura e o evangelho de hoje ouvimos a exortação de Pedro em sua primeira Carta que está sendo lida desde o segundo domingo de Páscoa. O texto da *segunda leitura* (1Pd 2,20b-25) pertence à exortação dirigida aos escravos cristãos, mas sua validade é extensiva a todo discípulo de Cristo diante das situações de opressão e sofrimento. O modelo de paciência é Jesus, cujas atitudes em sua paixão e morte são expostas em forma de hino cristológico que incorpora referências ao Servo sofredor de Javé conforme o Segundo Isaías (c. 53).

A paciência do cristão, em união com Cristo, diante dos padecimentos inevitáveis não é resignação fatalista nem servilismo ao opressor, mas a constância e a esperança daquele que sabe que o fruto da cruz é a glorificação com Cristo ressuscitado e constituído por Deus Senhor e Salvador dos que crêem nele, foram batizados em seu nome e o seguem como guia e pastor. "Vocês andavam desgarrados como ovelhas, mas agora retornaram ao pastor e guarda de suas vidas" (v. 25).

4. O Senhor é meu Pastor, nada me falta

O *Salmo responsorial* de hoje resume perfeitamente a alegre espiritualidade bíblica do cristão que celebra a ressurreição de Cristo: O Senhor é meu pastor, nada me falta (Sl 22). Nossa alegria e esperança devem ser um total desmentido tanto ao derrotismo enervante e ao conformismo resignado como à pressa desesperada e à revolução do ódio. A grande oração do fiel, o fundamento de sua esperança, a utopia e o projeto cristãos que movem a história é o "venha a nós o vosso Reino", combinando em exato equilíbrio a atividade com a paciente espera.

Pois estamos conscientes de que agora a nossa vida está escondida em Deus, e a salvação definitiva, mas já iniciada, terá sua plena luz quando, vivendo para a justiça, nos encontrarmos com Cristo, o pastor e guarda de nossas vidas *(2ª leit.)*. Assim saberemos dar razão de nossa fé e de nossa esperança a todo aquele que nos interpelar, e nos colocar no justo meio entre a evasão futurista, que se converte em absentismo presente, e a impaciência temporal que queima etapas a torto e a direito. Temos de saber-nos "já" libertados, embora "ainda não" totalmente.

O Cristo ressuscitado de nossa fé, o mesmo Jesus histórico de Nazaré, não fica em mera fórmula ou artigo de fé do Credo, mas é nosso Pastor que nos conhece pessoalmente por nosso nome e nos abre a Porta da Vida. Por isso alenta em nós uma esperança indestrutível que nos impele a nos converter para um amor sem limites, para uma constância alegre e para uma ação sempre em marcha. Assim compreenderemos o amor de Deus manifestado em Cristo e buscaremos os bens do alto onde Ele está, sem nos isolarmos do mundo onde Deus nos quer no momento caminhando como testemunhas da ressurreição de Jesus e de nossa esperança Nele.

Quinto Domingo da Páscoa (A)

At 6,1-7: Escolheram sete homens cheios do Espírito Santo.
1 Pd 2,4-9: Vocês são uma raça escolhida, um sacerdócio real.
Jo 14,1-12: Eu sou o caminho, a verdade e a vida.

A COMUNIDADE PASCAL

1. Um novo Povo organizado na co-responsabilidade
a) A primeira crise
b) Lições atuais deste episódio
2. Um Povo sacerdotal
a) As razões profundas
b) O sacerdócio comum dos fiéis
c) Nova imagem e modelo de Igreja
3. Sob a guia de Cristo: caminho, verdade e vida
a) O rosto humano de Deus é Jesus
b) Ver, conhecer, crer

***

A liturgia da palavra deste domingo está centrada na comunidade pascal, nascida da morte e ressurreição de Cristo, que é descrita como:

1º Um corpo vivo que se organiza e se desenvolve interna e externamente, assumindo seus membros diferentes tarefas, tais como o serviço da caridade, o da palavra e o do culto *(1ª leit.)*.

2º Um povo sacerdotal cujos membros são pedras vivas do edifício eclesial que tem por pedra angular Jesus Cristo ressuscitado *(2ª leit.)*.

3º Um grupo unido que peregrina para Deus ao ritmo da história e sob a guia de Cristo que é o Caminho, a Verdade e a Vida *(evangelho)*.

1. Um novo Povo organizado na co-responsabilidade

a) **A primeira crise**. - Continuamos lendo o livro dos Atos dos Apóstolos, que é a leitura de todos os domingos da Páscoa nos três ciclos. Assim voltamos às fontes para conhecer nossas raízes e os primeiros passos da Igreja. A imagem ideal da primeira comunidade que Lucas descreveu nos Sumários que precedem a leitura de hoje (6,1-7) é de otimismo sublime: Os fiéis viviam todos unidos e colocavam tudo em comum; todos pensavam e tinham os mesmos sentimentos; ninguém passava necessidade; etc. Esta descrição é o melhor desafio à utopia cristã do amor fraternal, possível somente graças à força do Espírito de Jesus (2,42;4,32; cf. 2º Dom. da Páscoa, B,1).

Mas surge a primeira crise séria que envolve em sombra tão grande bonança e mostra a verdadeira realidade. Embora os cristãos da comunidade de Jerusalém pertencessem todos à nação judaica, contudo diferenciavam-se pela língua e cultura. Uns são judeus palestinos que falam hebreu e outros são judeus provenientes da diáspora que falam grego, a língua comum *(koiné)* do império romano no Oriente. Estes últimos queixam-se de que suas viúvas não são atendidas devidamente na distribuição diária de gêneros aos pobres. Discriminação social e cultural à vista. Então os Apóstolos propõem à comunidade, com a aprovação de todos, que escolha sete varões livres de qualquer suspeita para que se encarreguem da administração, ficando eles assim livres para a oração e o serviço da palavra. Os sete Auxiliares escolhidos têm nome grego. Apresentados aos Doze, estes lhes impõem as mãos orando. Surgiu assim um novo ministério eclesial, que mais tarde se identificou com o diaconato; não se limitaram só à administração do material, pois Estevão e Filipe aparecem ocupados também na evangelização.

b) **As lições atuais deste episódio** são múltiplas. Se por um lado é a comunidade que democraticamente escolhe e propõe os candidatos, - algo que se perdeu nos séculos seguintes -, são os Apóstolos que lhes impõem as mãos associando-os a seu ministério. Tal gesto é o sinal do elemento institucional do serviço pastoral da Igreja, isto é, do carisma vertical ou graça do Espírito Santo, como recorda Paulo a seu discípulo Timóteo.

Esta passagem revela-nos um incipiente processo de organização eclesial e uma repartição de responsabilidade conforme ia crescendo e amadurecendo o grupo de fé. São apontadas as três ações pastorais básicas que constroem a comunidade a partir de dentro e dão força à sua missão para fora: palavra, sacramentos e caridade. No ministério da caridade, desde o princípio, gozam de uma atenção preferencial os pobres, representados aqui nas viúvas. (Para um desenvolvimento mais amplo dos serviços eclesiais ver o quarto domingo de Páscoa, ano B,3 e ano C,2-3.)

2. Um Povo sacerdotal

a) **As razões profundas. -** A co-responsabilidade que percebemos desde o início no interior da comunidade cristã não obedece a mera eficácia administrativa, comum a todo grupo ou empresa. Tem sua raiz numa consciência mais profunda: a de que é povo escolhido e vocacionado por Deus para o servir em santidade como um povo sacerdotal que lhe dá culto em espírito e verdade, como disse Cristo à samaritana. Oração, profetismo, apostolado, culto e fraternidade são funções, direitos e deveres de um povo consagrado a Deus.

Os membros deste povo não são um número de estatística, de registro ou de memória de atas, mas pedras vivas do edifício da Igreja que é o templo do Espírito e cuja pedra angular, fundamental e de coesão é Cristo ressuscitado. É isso que se deduz da *segunda leitura* (1Pd 2,4-9) que reflete a catequese batismal primitiva que, como se supõe, contém esta carta apostólica. O texto lido inspira o primeiro Prefácio dos domingos comuns, que fica bem proclamar hoje na celebração eucarística:

Pai, é nosso dever dar-vos graças, por Cristo, Senhor nosso, que, pelo mistério da sua Páscoa, realizou uma obra admirável. Por Ele nos chamastes das trevas à vossa luz incomparável, fazendo-nos passar do jugo do pecado e da morte à glória de sermos vosso povo, sacerdócio régio, raça escolhida e nação santa para anunciar por todo o mundo as vossas maravilhas.

* Na carta de Pedro, os fiéis, Povo de Deus em seu conjunto por duas vezes são qualificados, de sacerdócio santo e régio (vv. 5-9). Está presente aqui uma alusão ao Antigo Testamento. Antes da Aliança com os israelitas no Sinai, Deus lhes falou: Sereis minha propriedade pessoal entre todos os povos, sereis para mim um reino de sacerdotes e uma nação santa (Êx 19,5-6). Termos que a carta apostólica aplica com plenitude pascal ao povo do Novo Testamento, à congregação dos fiéis que chamamos de Igreja. Por isso aos sacrifícios de animais que selaram e renovavam a antiga Aliança se contrapõem os sacrifícios espirituais que por seu sacerdócio os cristãos oferecem e que Deus aceita por Jesus Cristo (1Pd 2,5).

Igualmente alguns textos do Apocalipse falam dos cristãos como de um Reino de Sacerdotes, ponto culminante da redenção de Cristo (1,6;5,10).

Tanto no texto do Antigo Testamento (Êx 19) como nos do Novo Testamento (1Pd e Ap) a afirmação da condição sacerdotal refere-se em primeiro lugar ao conjunto dos fiéis de Deus que é santificado por Ele como um coletivo (povo, nação, reino) para o servir fielmente. Uma vez que o povo se compõe de pessoas, obviamente estas também são qualificadas de maneira pessoal, mas não consideradas individualista ou isoladamente, mas dentro de uma corporação.

b) **O sacerdócio comum dos fiéis** não torna inútil o sacerdócio ministerial, pois tanto no Antigo como no Novo Testamento o povo consagrado a Deus necessita de sacerdotes para o exercício de seu sacerdócio mediante o culto a Deus. É neste sentido que o concílio Vaticano II explica o sacerdócio comum dos fiéis, citando por sua vez os textos bíblicos antes mencionados:

> "Os batizados são, pela regeneração e unção do Espírito Santo, consagrados como templo espiritual e sacerdócio santo, para que por todas as obras do homem cristão ofereçam sacrifícios espirituais e anunciem os poderes daquele que das trevas os chamou à sua luz admirável" (LG 10,1).
>
> "O sacerdócio comum dos fiéis e o sacerdócio ministerial ou hierárquico ordenam-se um ao outro, embora se diferenciem na essência e não só em grau. Pois participam, cada qual a seu modo, do único sacerdócio de Cristo.
>
> O sacerdote ministerial, pelo poder sagrado de que goza, forma e rege o povo sacerdotal, realiza o sacrifício eucarístico na pessoa de Cristo e O oferece a Deus em nome de todo o povo.
>
> Os fiéis, no entanto, em virtude de seu sacerdócio régio, concorrem na oblação da Eucaristia e o exercem na recepção dos sacramentos, na oração e ação de graças, no testemunho de uma vida santa, na abnegação e na caridade ativa" (LG 10,2).

O sacerdócio comum dos fiéis é exercido, pois, de múltiplas maneiras: na vida e nos sacramentos, começando pelo batismo e continuando pelos demais (LG 11), chegando ao testemunho de vida e à oferenda de toda a existência. Esta é vista a partir da fé como culto espiritual ao Senhor, conforme aquelas palavras de São Paulo: Exorto-os irmãos, a que ofereçam suas próprias vidas como sacrifício vivo, santo, agradável a Deus; tal será o culto espiritual de vocês (Rm 12,1); o sacrifício litúrgico que é a fé de vocês (Fl 2,17); o nosso, "de nós que oferecemos o culto segundo o Espírito de Deus" (3,3); um culto em espírito e verdade, que é o que Deus quer (Jo 4,23-24).

c) **Nova imagem e modelo de Igreja.** - Relacionando a primeira leitura com a segunda conclui-se a horizontalidade básica dentro da comunidade cristã. Como alternativa autêntica a um modelo hierárquico e clerical de Igreja que dominou desde os primeiros séculos da Idade Média, a teologia eclesial dá hoje a primazia ao Povo fiel, como reconhece a constituição conciliar LG sobre a Igreja que é entendida como Povo de Deus (c. 2). Esta é a chave dos capítulos que vêm em seguida referentes à hierarquia (3), aos leigos (4) e aos religiosos (6); e que contemplam os ministérios, funções e carismas dentro do Povo de Deus, como resposta à universal vocação para a santidade de um povo consagrado e sacerdotal (5).

A cidadania cristã é a dignidade básica que iguala fundamentalmente todos os membros do Povo de Deus, que pelo batismo e demais sacramentos participam da missão profética, sacerdotal e pastoral de Cristo.

Esta visão horizontal gira em torno da comunidade eclesial, como já vimos na primeira leitura de hoje, e conduz necessariamente a algumas aplicações concretas, por exemplo, nestes três setores: descentralização de ministérios ou serviços, colegialidade em todos os níveis desde os mais altos aos mais próximos, e base laical para o pleno cumprimento da missão eclesial em todos os ambientes; alguns dos quais somente são atingidos pelo apostolado dos leigos que vivem a vocação cristã no mundo. (Para um desenvolvimento mais amplo ver dia 29 de junho: São Pedro e São Paulo, ano A: Nova imagem de Igreja).

3. Sob a guia de Cristo: caminho, verdade e vida

a) **O rosto humano de Deus.** - O evangelho de hoje (Jo 14,1-12) pertence à primeira parte do longo colóquio no qual Cristo se despede dos seus (cc. 13-17) e do qual, transcorrida já a metade da cinqüentena pascal, são tirados todos os evangelhos dominicais dos três ciclos, a partir deste quinto domingo até o Pentecostes. O tema central que domina todo o discurso é a partida de Jesus e o futuro de seus discípulos sem sua companhia física, mas com a assistência de seu Espírito. Concretamente, a idéia básica de hoje é: Cristo é o caminho para o Pai a todos os que crêem Nele. Estamos diante de um texto de auto-revelação de Jesus mediante a fórmula habitual do "eu sou".

O Senhor começa levantando o ânimo dos seus depois do anúncio da traição de Judas e da tríplice negação de Pedro: "Não se perturbem seus corações! Vocês crêem em Deus, creiam em mim também!" Em seguida, iniciando o tema da ausência, anuncia-lhes sua partida para a casa do Pai, isto é, sua morte e ressurreição: "Vou preparar-lhes um lugar; voltarei para levá-los comigo. Vocês conhecem bem o caminho para onde vou". Deveriam sabê-lo. Mas como Tomé pergunta por ele, Jesus responde: "Eu sou o caminho, a verdade e a vida. Ninguém vai ao Pai senão por mim".

Então Filipe intervém: Senhor, mostra-nos o Pai e isso nos basta. Jesus responde: Quem me viu, viu o Pai. Creiam-me: Eu estou no Pai e o Pai em mim (vv. 9.11). É o ponto culminante da passagem lida hoje.

Porque Jesus é um com o Pai (10,30) e são mutuamente imanentes, Cristo pode se constituir em Caminho para Deus, em verdade que no-Lo revela e em Vida que do mesmo participamos. Porque Jesus é a imagem visível e o rosto humano de Deus, aquele que vê a Cristo, conhece e vê o Pai. Graças a Cristo, Filho de Deus, e sua palavra pessoal, podemos conhecer a Deus visivelmente (1,18; Prefácio do Natal, I).

b) **Ver, conhecer, crer.** - Este "ver" não é físico; senão os discípulos já teriam visto o Pai na pessoa de seu Mestre. Também viram fisicamente a Jesus os fariseus e escribas judeus, e, contudo, não captaram Nele o Filho de Deus. Contemplaram suas obras, seus milagres, sua conduta transbordante de bem, sua doutrina cheia de verdade, tinham à vista todas as garantias de sua Pessoa, e não creram Nele. Porque não é possível ver Jesus em sua identidade divina se não pelos olhos do coração que dão a visão autêntica, a da fé.

No quarto evangelho os verbos ver, conhecer e crer formam uma tríade conversível entre si, quase sinônima. Os três se conjugam generosamente no evangelho de hoje. A visão de Deus consegue-se pelo conhecimento do mesmo; e ambas as passagens desembocam na fé, que é a autêntica sabedoria de Deus, segundo a Bíblia. (Junto a essa tríade há outra: amar-guardar a palavra-morar; ver 6º Dom. da Páscoa, C,1, a).

O conhecer da fé não é a intelecção meramente conceitual que herdamos da filosofia grega. Conforme esta, a inteligência do homem conhece as pessoas e as coisas como objetos que abstrai e contempla a partir de fora à base de idéias e conceitos. Mas para a "filosofia" de João, que reflete o pensamento bíblico e semita, o conhecer é antes de tudo experiência pessoal do objeto com o qual se entra em relação e contato; aqui no caso, com Deus através de seu Filho Cristo Jesus que o manifesta em sua pessoa e em suas obras, totalmente identificadas com o ser e o querer do Deus Pai.

Jesus e o Pai (e o Espírito Santo) são um e estão, não justapostos, mas em mútua imanência ainda que distintos. Como pode estar ou habitar uma pessoa na outra se não é pela presença de um amor que as identifica no pensar, sentir e agir? Assim sucede entre Jesus e o Pai (com o Espírito).

Assombrosamente o homem é convidado por Deus para o círculo dessa comunidade trinitária mediante a fé e os sacramentos da vida cristã (cf. festa da Santíssima Trindade, nos três anos). Por analogia trinitária o discípulo deve estar e viver em Jesus por um amor que o identifique com Ele em pensamentos, intenções e ação, para poder fazer as obras que Cristo faz.

Conclusão. - Diga-me o que pensa de Cristo e lhe direi qual é a imagem que você tem de Deus. Desde que o Filho de Deus se fez homem não se pode mais falar de Deus sem mencionar Jesus, pois Ele é rosto humano e a imagem visível do Pai. Mas também não se trata aqui de uma nova moda de querer substituir ou trocar a Deus por Jesus; mas de reconhecer a Deus em Jesus de Nazaré. E onde melhor podemos reconhecer hoje a Cristo se não na comunidade e nos irmãos, especialmente nos mais pobres, conforme as palavras dele mesmo (Mt 25,40).

Sexto Domingo da Páscoa (A)

At 8,5-8.14-17: Impunham-lhes as mãos e recebiam o Espírito Santo.
1Pd 3,15-18: Cristo morreu na carne e foi vivificado pelo Espírito.
Jo 14,15-21: E eu rogarei ao Pai que lhes dará outro Paráclito.

O ESPÍRITO, PRESENÇA DE CRISTO

1. O Espírito: presença de Cristo na Igreja
a) O dom pascal do Espírito
b) A volta de Jesus
2. O Espírito vive na comunidade dos batizados
a) O pentecostes samaritano
b) Batismo e confirmação, sacramentos do Espírito
3. A Igreja, comunidade do Espírito
a) Um espaço natural para o Espírito
b) Prontos para dar razão de nossa esperança

***

1. O Espírito: presença de Cristo na Igreja

No domingo anterior víamos a comunidade cristã, nascida da Páscoa do Senhor, como um Povo sacerdotal, organizado na co-responsabilidade e peregrino para Deus sob a guia de Cristo que é caminho, verdade e vida.

O evangelho de hoje continua expondo a presença de Jesus entre os seus, uma vez consumada sua ausência física, por meio do Espírito Santo que é o novo Paráclito, advogado e defensor que se dá à comunidade dos fiéis *(1ª leit.)*; e que vivendo em seus membros cria a comunhão destes com Cristo e com o Pai. Condição e expressão desse trato familiar é o amor a Jesus mediante a observância de seus mandamentos *(Evang.)*. Assim, com a força do Espírito que ressuscitou Jesus poderão os cristãos glorificar a Cristo Senhor em seus corações e dar razão de sua esperança a todo aquele que lhe pedir *(2ª leit.)*.

No texto evangélico de hoje (Jo 14,15-21) distinguimos duas seções básicas que fazem parte da tríplice vinda trinitária à comunidade pascal, como promete e anuncia Jesus a seus amigos: 1ª) Vinda do Espírito como dom de Cristo e do Pai (vv. 15-17). 2ª) Volta de Jesus (vv. 18-21). 3ª) Vinda do Pai (vv. 23-24: ano C deste domingo).

a) **O dom pascal do Espírito. -** "Eu rogarei ao Pai e Ele lhes dará outro Paráclito, para ficar sempre com vocês. É o Espírito da Verdade que o mundo não pode receber, porque não o vê nem o conhece. Mas vocês o conhecem, porque ele está com vocês e estará em vocês" (vv. 16-17). Esta é a primeira das cinco passagens onde o Espírito é mencionado por Jesus em seu discurso de despedida. A referência ao Espírito nos lábios de Cristo sempre é feita no texto com o termo grego Paráclito, ao qual por duas vezes acompanha o nome de Espírito, qualificado uma vez como Espírito da Verdade (v. 17) e outra como Espírito Santo (v. 26: ano C deste domingo). Segundo o pensamento joanino o genitivo "da Verdade" é também objetivo; isto é, o Espírito que possui e comunica a verdade. Por isso iluminará por completo, aos olhos dos discípulos, a pessoa de Jesus (que também é a Verdade), porque o Espírito vive e habita dentro do fiel. É o primeiro tipo de presença divina nele.

* No elenco dos ditos sobre o Espírito Santo que lemos no discurso de despedida de Jesus (Jo 13,17) atribui-se ao Espírito uma missão que compreende estas *cinco tarefas* ou frutos: 1ª) Acompanhar os discípulos na ausência de Jesus (14,16). 2ª) Recordar-lhes suas palavras (14,26). 3ª) Dar testemunho Dele e glorificá-lo (15,26; 16,14). 4ª) Fazer um julgamento constante sobre o pecado e a justiça do mundo (16,8-11). 5ª) Guiar os discípulos até a verdade plena (16,13; sobre o quinto ponto ver Santíssima Trindade, ano C,2,a).

Em todos os casos Jesus fala do Espírito como uma pessoa distinta dele. Hoje diz claramente "outro" Defensor. Dada a complexidade de funções elencadas é difícil a tradução exata do termo Paráclito (em grego *Paraklétos*).

"O Paráclito é *testemunha* que atua em defesa de Jesus e um *porta-voz* que fala em seu nome quando é julgado por seus inimigos. O Paráclito é *consolador* dos discípulos, porque ocupa entre eles o lugar de Jesus. O Paráclito é *mestre* e *guia* dos discípulos e por isso também seu *protetor*" (R. E. Brown, *O.c.* 1522).

* Em conjunto e resumindo, podemos dizer que "João apresenta o Paráclito como o Espírito Santo numa tarefa especial; concretamente, como a presença pessoal de Jesus junto dos cristãos enquanto o mesmo Jesus permanece junto do Pai" (ib. 1525).

Sobre termos atuais para se falar sobre o Espírito Santo e mentalidade moderna, personalista, ver nesta obra o dia de Pentecostes, ano B,2).

b) **A volta de Jesus. -** "Não os deixarei órfãos, voltarei para junto de vocês. Em breve o mundo já não me verá, mas vocês me verão, porque eu vivo e também vocês viverão" (vv. 18-19). Jesus promete uma presença sua mais continuada que as aparições pascais. Mas, como, se de fato se ausenta? O Paráclito antes prometido não será um vigário em sede vacante, mas a presença permanente do mesmo Jesus por seu Espírito entre os seus depois de seu retorno ao Pai. "Eu estarei com vocês todos os dias até o fim do mundo" (Mt 28,20).

Mas esta promessa e presença estão condicionadas ao *amor a Jesus*: Se vocês me amam, guardarão meus mandamentos; pois aquele que os aceita isto é, que observa meu ensinamento e pratica meu estilo de vida, esse é que me ama, diz Jesus (cf. vv. 15 e 21).

2. O espírito vive na comunidade dos batizados

a) **O pentecostes samaritano. -** Na *primeira leitura* de hoje já vemos a verificação da promessa de Jesus: o Espírito desce por meio de Pedro e

João sobre os samaritanos, convertidos à fé em Jesus Cristo e batizados em seu nome graças à pregação e curas do diácono Filipe (At 8,5-17). Esta passagem constitui o "pentecostes samaritano", assim como na casa do centurião romano tem lugar o pentecostes "pagão" (10,44, ano B deste domingo). Ambos os casos são eco do grande Pentecostes "judeu" que é narrado no começo dos Atos (2,1-4).

Uma perseguição inicial contra a Igreja, parece que em especial contra os judeu-cristãos de origem grega, provocou a primeira diáspora cristã que abriu uma nova etapa à missão eclesial, a segunda que se menciona nos Atos. O ponto de destino foi a região de Samaria. Vai se realizando assim o esquema geográfico que em grandes traços programam inicialmente aquelas palavras de Jesus antes de sua ascensão: Quando o Espírito Santo descer sobre vocês, vocês receberão força para serem minhas testemunhas em Jerusalém (1ª etapa), em toda Judéia e Samaria (2ª etapa) e até os confins do mundo (3ª etapa; 1,8). A terceira etapa se iniciará em Antioquia de Orontes, Síria (11,19), já fora dos limites da Palestina e como efeito também da perseguição em Jerusalém, cujo primeiro fruto foi o martírio do diácono Estêvão.

É muito significativa a abertura da Samaria ao evangelho, pois era uma região hostil ao judaísmo, quase pagã para os judeus, embora com boa imagem em diversos relatos evangélicos. Os samaritanos, que estavam excluídos da comunidade judia como hereges, entram agora na comunidade cristã, o novo Povo de Deus, para adorar o Pai em espírito e em verdade como disse Cristo à Samaritana (Jo 4,23; sobre a origem dos samaritanos e seu culto no Garizin ver 3º Dom. da Quaresma, A,2,a).

b) **Batismo e confirmação, sacramentos do Espírito.** - Sempre constituiu problema a diferença temporal que o texto da primeira leitura estabelece entre o batismo e a recepção do Espírito Santo; algo que está unido conforme outras muitas passagens dos Atos, tais como o discurso missionário de Pedro em Pentecostes e sua atuação na casa de Cornélio, ou na intervenção de Paulo em Éfeso (2,38; 10,44; 19,5). Por que os samaritanos não tinham recebido o Espírito junto com o batismo?

O dilema que se apresenta é se já aparece aqui uma antecipação da práxis posterior que foi estabelecendo a progressiva distinção dos dois sacramentos da iniciação cristã: primeiro o batismo, e depois a confirmação; ou então se trata de destacar uma manifestação "pentecostal" que ainda não tinha acontecido na Samaria.

"Indubitavelmente tal distinção é um recurso de Lucas para insistir que o dom do Espírito se recebe através da Igreja, representada no colégio dos Doze em Jerusalém" (CB,III,471).

3. A Igreja, comunidade do Espírito

a) **Um espaço natural para o Espírito.** - Por tudo o que veio antes podemos concluir que a Igreja é a comunidade do Espírito, embora não como um monopólio exclusivista, pois também fora da Igreja atua o

Espírito de Deus (cf. Pentecostes,B,3,b). Mas é a comunidade de fé o espaço, digamos, natural de sua presença e ação, como vemos no conjunto do livro dos Atos que é, além de um ensaio histórico-teológico da Igreja nascente, a primeira e melhor teologia do Espírito. Este é comunicado ao grupo cristão mediante o batismo, a imposição das mãos e oração dos Apóstolos e dos irmãos para realizar, segundo a promessa de Jesus, as tarefas que em seu discurso de despedida são apontadas como próprias do Espírito, conforme vimos mais acima.

Por isso o Espírito é o grande dom de Cristo ressuscitado à Igreja, nascida do mistério pascal, isto é, da morte, ressurreição e exaltação gloriosas de Jesus. A inabitação do Espírito nos fiéis é a nova forma de o Senhor ressuscitado viver entre seus discípulos para sempre. É também o Espírito de Cristo que mantém unida a comunidade pascal e a impulsiona para a audácia evangelizadora rompendo o acanhado conceito nacionalista de salvação e criando a liberdade de Cristo frente ao estéril legalismo religioso.

Hoje é dia de perguntar até que ponto o Espírito de Jesus alenta nossa comunidade e nossa vida pessoal. Para que o Espírito não continue sendo um "ilustre desconhecido", o movimento eclesial de renovação carismática deve ser algo mais que o nome de uns grupos individualizados na Igreja de hoje; deve ser o clima de abertura missionária e vitalizadora de toda a vida cristã: religiosa, comunitária e pessoal (Ver J. M. Castillo: *Espiritu*, em CP, 293-301).

b) **Prontos para dar razão de nossa esperança. -** Assim poderemos glorificar a Cristo em nossos corações e estar sempre prontos para dar a razão de nossa esperança a todo aquele que no-la pedir, como exorta São Pedro na *segunda leitura* (1Pd 3,15-18). Confiantes na palavra de Jesus: "Não os deixarei desamparados, voltarei", sabemos que sua promessa não é futurista, mas realidade já presente pelo Espírito. Aqui está o fundamento de nossa esperança cristã em qualquer momento: na paz e na tormenta. Melhor é padecer fazendo o bem, se isso for a vontade de Deus, que sofrer fazendo o mal. Se respondermos ao mal e à violência com a mesma moeda não conseguiremos mais que aumentar o pecado no mundo.

Não foi esse o caminho que seguiu Cristo, que morreu vítima do ódio e da injustiça, mas voltou à vida pelo Espírito. Esta é a rubrica de autenticidade dada pelo Pai à vida, conduta e doutrina de Jesus. Deus revisou seu processo e reabilitou o seu nome. Se Cristo não tivesse ressuscitado diríamos dele que foi um homem bom, um grande profeta, um mestre sublime; mas nada mais que um homem, e além disso fracassado. Mas uma vez que o Espírito de Deus o ressuscitou ao terceiro dia após sua morte como Ele predisse, e Deus Pai lhe deu o Nome mais excelso e o Senhorio universal, Cristo é o Filho de Deus, o Ungido pelo Espírito, o vencedor da morte e da causa desta que é o pecado. Assim ficou Jesus constituído autor e fonte da salvação para todo aquele que nele crê (Hb 5,9).

A Ressurreição de Cristo fundamenta a esperança da nossa. E embora sempre seja possível constatar que a fé pascal e a esperança cristã não são narcótico que suprime a dureza da vida, nem a limitação da morte, nem as marcas dela manifestas no penar e no sofrer dos homens, também é certo que aquele que crê e espera mantém uma disposição distinta diante destas realidades negativas da existência. Pois o Espírito que ressuscitou Jesus vive em nós alentando a esperança de nossa própria ressurreição; ajuda-nos a entender como cristão a mensagem positiva que paradoxalmente se encerra em termos como cruz e morte; e ensina-nos abertamente que a última palavra não a tem o mal, mas o bem, não a morte, mas a vida.

Por isso podemos repetir com o Salmista: Não morrerei, antes viverei para celebrar as obras do Senhor (Sl 118,17). Se nossa vida está unida a Cristo numa morte como a sua, o estará também numa ressurreição como a sua (Rm 6,5); e estaremos prontos para dar razão de nossa fé e de nossa esperança a todos que a pedirem *(2ª leit.)*. Esplêndida formulação do estilo cristão que conjuga a fé, a esperança e o testemunho da caminhada diária. Porque Ele está vivo, nós também temos vida pelo seu Espírito, nos diz Jesus no evangelho de hoje. Glória ao Senhor! Aleluia!

Sétimo Domingo da Páscoa

Ascensão do Senhor (A)

At 1,1-11: Elevou-se à vista deles.
Ef 1,17-23: Sentou-se à sua direita.
Mt 18,16-20: Foi-me dado todo poder no céu e na terra.

GLORIFICAÇÃO DE JESUS

1. A festa e o mistério que celebramos
a) Dentro do mistério pascal: glorificação do Senhor
b) Em razão de uma discrepância
c) Visão panorâmica
2. A Ascensão do Senhor na narrativa dos Atos
a) Conexão e síntese
b) Instrução aos Apóstolos
c) Ascensão do Senhor
3. O mandato missionário
a) Façam de todos os povos discípulos meus
b) Presença permanente de Jesus

***

1. A festa e o mistério que celebramos

O mistério da Ascensão do Senhor não é um episódio isolado, o último da História de Jesus. Nem podemos vê-lo como um fato independente e separado temporalmente de sua própria Ressurreição. Também não é um acontecimento para servir de mero exemplo ao cristão que, seguindo a Cristo, deve aspirar os bens do céu (Oração sobre as oferendas).

Também, ao lembrá-lo, não há a pretensão de preconizar um fato mítico como poderiam parecer os relatos de Lucas nos Atos e no seu Evangelho se entendidos literalmente. E menos ainda poderíamos tomá-lo como um convite à alienação religiosa ou como uma justificação da síndrome escatológica, expressamente excluídos pela denúncia final do relato dos Atos: "Por que ficar olhando para o céu?" (At 1,11).

a) **Dentro do mistério pascal.** - A Ascensão do Senhor é o ponto final do evangelho e da presença (aparições) de Cristo ressuscitado entre seus discípulos. E é também o início da missão da Igreja representada nos Apóstolos. Missão que se funda no envio e mandato missionário de Jesus, ao que se une uma promessa de imediata realização: o batismo do Espírito Santo, que é quem, na história da salvação, faz a ponte entre a etapa de Cristo e o tempo da Igreja. Pois o mesmo Espírito que ungiu Jesus como Messias e que o ressuscitou dos mortos é quem batiza os Apóstolos para continuarem a missão e obra de Jesus mediante o anúncio e o testemunho (Rm 1,4; 8,11; cf. Páscoa da Ressurreição C.1,b).

Na realidade as três celebrações litúrgicas: Ressurreição, Ascensão e Pentecostes, embora se distingam conceitualmente e sejam separadas no tempo, não passam de acentuações pedagógicas ou momentos catequéticos (com base nos relatos individualizados de Lucas) de um único mistério de fé: a Páscoa do Senhor Jesus, "morto por nossos pecados e ressuscitado para nossa salvação", conforme a síntese teológica de São Paulo (Rm 4,25). Na Ressurreição a liturgia destaca sua vitória sobre a morte; na Ascensão, sua exaltação como Senhor do céu e da terra que transmite sua missão à comunidade eclesial através dos Apóstolos; e em Pentecostes, a ação de seu Espírito que solta as amarras e infla a vela da nau da Igreja, inaugurando o tempo, a história e a atividade missionária do novo Povo de Deus.

b) **Em razão de uma discrepância.** - Dois dos três textos neotestamentários que mencionam a Ascensão do Senhor pertencem a Lucas (Evangelho e Atos) e o outro a um acréscimo feito mais tarde ao evangelho de Marcos (final canônico). Pois bem, somente na passagem de Atos 1,3 a Ascensão e Ressurreição estão separadas temporariamente uma da outra. Todos os demais escritos do Novo Testamento, incluído o evangelho de Lucas e o acréscimo de Marcos (ver Ascensão ano B), parecem situar a glorificação ou exaltação do Senhor (ascensão) no mesmo dia de sua Ressurreição. Somente o quarto evangelho narra aparições de Jesus ressuscitado em dias posteriores à Páscoa; mas não menciona a Ascensão, que, como está insinuado, foi no mesmo dia da Ressurreição, assim como a efusão do Espírito Santo (Jo 20,19-23; cf. Pentecostes, ano A, 2,a).

Daquilo que diz a letra do evangelho de Mateus que, como final de sua narrativa, situa na Galiléia a aparição de Cristo ressuscitado a seus Apóstolos, poderíamos concluir que houve um lapso de tempo entre a Ressurreição e a Ascensão. Mas este detalhe topográfico não concorda com os relatos das aparições feitos pelos demais evangelistas, especialmente Lucas que expressamente assinala Jerusalém como lugar exclusivo (24,49; At 1,4).

* Estas discrepâncias entre os evangelistas sobre a Ascensão, como também sobre outros relatos pascais (ressurreição, aparições e lugar destas últimas), conforme vimos anteriormente, obedecem ao uso de fontes ou tradições diferentes na primeira cristandade do tempo apostólico. Sua importância é mínima diante do significado teológico coincidente sobre o mistério da fé pascal (cf. Páscoa da Ressurreição, A,2,b).

c) **Uma visão panorâmica** completa da riqueza cristã - bíblia e teologia - da festividade de hoje requer um aprofundamento dos diversos aspectos da Ascensão do Senhor, tais como: 1) sua Exaltação ou glorificação por Deus como Senhor ressuscitado; 2) a missão de Cristo transmitida à Igreja, e 3) o projeto do homem novo que a Ascensão de Jesus realiza nele e em nós. Esses serão os temas que nos ocuparão nos três ciclos desta festividade, cujas duas primeiras leituras são comuns, variando só o evangelho: um Sinótico para cada um dos três ciclos. Fixemos nossa atenção agora, como no primeiro passo e fundamento, na mensagem teológica e da vida cristã transmitida nos textos bíblicos desta festa, cujas três leituras mantêm perfeita unidade temática.

2. A Ascensão do Senhor na narração dos Atos

A primeira leitura é o prólogo dos Atos dos Apóstolos (1,1-11), livro que constitui um ensaio teológico e histórico da Igreja nascente. Na leitura distinguimos estas seções: Conexão com o evangelho de Lucas (vv. 1-2); instrução dos Apóstolos por Jesus ressuscitado (vv. 3-8); e relato da Ascensão (vv. 9-11).

a) **Conexão e síntese** (vv. 1-2). - Lucas apresenta seu novo livro (escrito entre os anos 80 e 90), que depois se chamou Atos dos Apóstolos, em referência e conexão com seu evangelho que o precedeu (70-80 d.C.). Seu evangelho termina com a cena da Ascensão que em Atos ele relata de novo com mais amplitude, embora também com algumas diferenças. A glorificação de Cristo ressuscitado é, pois, o ponto de partida dos Atos, isto é, do tempo e da atividade da Igreja.

b) **Instrução dos Apóstolos** (vv. 3-8). - Lucas indica com exatidão o tema da conversa de Jesus ressuscitado com seus Apóstolos nas "numerosas provas (leia-se aparições) de que estava vivo", depois de morto e sepultado. O tema é o Reino de Deus, como antes de sua Paixão. O período de aparições e instrução durou quarenta dias, diz Lucas nesta leitura dos Atos.

Não assim no final de seu Evangelho que situa a glorificação de Jesus depois de uma aparição sua a todos os Apóstolos, ao aparecer no dia de sua Ressurreição (Lc 24,50-53: ver ano C deste dia).

Jesus manda seus Apóstolos não se afastarem de Jerusalém até receberem o batismo do Espírito, superior ao batismo de água de João Batista (v. 5: contra a seita do Batista?). E uma vez mais aparece o reiterado mal-entendido, por parte dos discípulos, sobre o Reino de Deus como messianismo temporal de cunho político e nacionalista, e não como ele é na realidade: o Reinado de Deus entre os homens por seu amor e sua justiça. Então Jesus os instrui pacientemente sobre a missão de testemunho e anúncio que lhes confia e para a qual lhes promete a força do Espírito que receberão em breve. O dom do Espírito Santo é o grande sinal dos tempos messiânicos; sob seu impulso nascerá a Igreja a serviço desse Reino de Deus, como luz dos povos e sacramento de Cristo e de salvação (LG 1; 48,2).

c) **Ascensão do Senhor** (vv. 9-11). - Encenação literária da Exaltação de Jesus como subida ao céu. A mensagem transmitida é a Glorificação plena de Cristo junto do Pai, ao qual retorna depois de concluída sua etapa terrena. Por isso é preferível o termo exaltação ou glorificação ao de Ascensão. Este último termo não nos presta um bom serviço, pois a uma primeira vista dá-nos a idéia da categoria de espaço: subir como um míssil, um astronauta ou um super-homem que se perde de vista na estratosfera.

O estilo de Lucas nessa passagem reflete as narrações míticas de divinização dos heróis, tema freqüente nas culturas e literaturas antigas; se processa em acordo com a mentalidade e os conhecimentos cósmicos da época. Assim, dividiam o universo em três estratos superpostos: em cima estava o céu, morada de Deus e dos deuses; no meio, a terra dos homens e dos seres vivos; e embaixo, os infernos (Hades ou scheol), ou seja, a morada dos mortos.

Por isso a soberania de Cristo Senhor *(Kyrios)* abarcará esses três estádios, conforme a mentalidade cristã que as Cartas de São Paulo (em especial aos Colossenses) refletem como resposta às categorias culturais e religiosas de então. Vemos isso na *segunda leitura* de hoje (Ef 1,17-23) onde, além da sabedoria cósmica de Cristo ressuscitado é acentuada sua preeminência eclesial.

Jesus ressuscitado não subiu ao céu no sentido literal da palavra, porque Deus não vive nos espaços siderais além das nuvens; mas foi exaltado como Senhor à glória do Pai. Definir o céu, que confessamos pela fé e anelamos pela esperança cristã, supera nossos conceitos e linguagem. O céu é estar e viver com Deus; mas não podemos concretizá-lo num espaço determinado e localizado nas alturas. Como eco dessa crença tola, o primeiro cosmonauta, o russo Yuri Gagarin, afirmava não ter visto Deus em nenhuma parte durante seu vôo espacial (12 de abril de 1961).

O céu não é um lugar mas um estado, um estar com Deus e em Deus, vê-lo, gozá-lo e possuí-lo para sempre. Diríamos que o céu é o próprio Deus, as três Pessoas Divinas, de cujo amor nos é dado participar, graças a Cristo, de um modo sublime e inatingível pela nossa limitação humana. "O olho não viu, o ouvido não ouviu, nem subiu ao coração do homem, tudo o que Deus preparou para aqueles que o amam" (1Cor 2,9).

A nuvem e os homens de branco (anjos) no final da narrativa de Atos (1,10-11) também pertencem ao gênero literário usual nas teofanias bíblicas quando Deus se revela ao homem. A revelação transmitida pelos anjos é volta gloriosa do Senhor Jesus no fim dos tempos, sem que se possa especular sobre o quando da Parusia.

Entre as duas vindas do Senhor, a já realizada e a última, transcorre o tempo da Igreja, isto é, da missão responsável da fé e da ação dos cristãos ao impulso do Espírito de Jesus sempre em seu Povo: Por que ficar aí olhando para o céu?

3. **O mandato missionário**

A missão e a responsabilidade que Cristo confia hoje a sua Igreja é precisamente continuar seu Senhorio libertador de tudo o que torna menos humana e desfigura por completo a vida do homem.

a) **Façam de todos os povos discípulos meus. -** Como evangelho lê-se no ano A o final de Mateus (28,16-20) que aparece de novo na festa da Santíssima Trindade, ano B. Estes quatro versículos têm um rico conteúdo e constituem o testamento do Senhor ressuscitado. Sem mencionar a Ascensão, Mateus acentua a glorificação de Cristo na frase por Ele pronunciada: "Foi-me dado todo poder no céu e na terra (v. 18; cf. Dn 7,14), cujo desenvolvimento teológico está no centro da reflexão paulina da segunda leitura de hoje.

Conseqüência desta auto-revelação é o mandato missionário de Jesus: Vão e façam de todos os povos discípulos meus, batizando-os em nome do Pai, do Filho e do Espírito Santo, e ensinando-os a observar o que eu ordenei (vv. 19-20a). Este envio e missão de Igreja - exercício do poder salvador de Cristo - são universais e não se limitam a Israel. O novo Povo de Deus não tem mais fronteiras para seu elã missionário a não ser os limites do mundo. Fazer discípulos e não prosélitos. Discípulo é o homem e a mulher que, libertados do pecado pelo batismo, são constituídos membros do Corpo de Jesus que é a Igreja e que demonstram em seus critérios e conduta seguir pessoalmente, com fé, liberdade e fidelidade, o caminho e o ensinamento de Cristo: tudo o que Ele nos mandou.

Há dois detalhes no texto de Mateus que lhe são exclusivos, quando confrontado com Marcos (ano B) e Lucas (ano C): o primeiro, a fórmula do batismo; e o segundo a localização da cena na Galiléia.

1º A fórmula trinitária do batismo que Mateus transmite revela o uso litúrgico da comunidade apostólica. Marcos no lugar paralelo menciona a fé e o batismo; e nos Atos se fala do batismo em nome de Jesus (1,5; 2,38). A realidade profunda é a mesma. O batismo supõe a fé e vincula à pessoa de Jesus, cuja obra de salvação procede do amor do Pai e culmina no dom do Espírito.

2º Situando a cena de despedida de Jesus num monte da Galiléia, Mateus se diferencia abertamente de Lucas que acentua o local em Jerusalém.

* *Galiléia ou Jerusalém*? É sabido que no evangelho de Mateus há uma contraposição entre Galiléia e Jerusalém. Para Mateus, Jerusalém é o local religioso, já caduco, do Povo do Antigo Testamento. O véu do templo rasgado na morte de Jesus (27,51) marca o fim do culto da antiga Aliança. E isto por dois motivos: porque Jesus é o novo Templo, e porque a adoração ao Pai em espírito e em verdade constitui a nova religião.

Frente à obstinação e incredulidade dos chefes religiosos de Jerusalém, que diante do fato da ressurreição de Jesus compram com dinheiro a mentira e o silêncio dos guardas do sepulcro (28,11-15), agrada a Mateus destacar a aceitação dos povos pagãos simbolizados na Galiléia dos gentios (Is 8,23). Acentua assim a abertura da Igreja, o novo Israel, diante do fechamento da Sinagoga judia.

* *O monte, sem nome*, da Galiléia entra na tradição bíblica que vê nos montes, como no deserto, não um simples acidente topográfico, mas um lugar teológico para a ação e revelação de Deus. Assim: o monte do Sermão evangélico e das Bem-aventuranças é a revelação de Jesus como o novo Moisés legislador num novo Sinai. No monte da Transfiguração Cristo desvenda sua divindade. E finalmente no monte da Galiléia manifesta seu pleno Senhorio, do qual brota seu mandato missionário à Igreja.

b) **Presença permanente de Jesus.** - Ele conhece muito bem a enorme desproporção que existe entre prestígio pessoal de seus discípulos e a tarefa missionária que lhes confia. Necessitarão da ajuda do Alto, da força do Espírito, da presença do próprio Jesus. Por isso acrescenta a promessa: Eu estarei sempre com vocês até o fim do mundo (v.20). Mateus conclui assim seu evangelho sem mencionar a partida de Jesus porque, apesar de sua Exaltação gloriosa à nova existência, Jesus permanece com os seus. A sua presença física sucede no tempo da Igreja uma presença nova, invisível, mas real.

Ele continua vivo operante na comunidade cristã sempre e onde dois ou mais se reúnem em seu nome (Mt 18,20). Cristo continua presente entre nós pela fé, pela palavra, pelos sacramentos (em especial pela eucaristia), e por todo ministério eclesial, que é serviço da salvação de Deus para os homens. O Deus-Conosco (Emanuel) que abre o evangelho de Mateus, também o fecha. Esse é o fundamento de nossa esperança, de nosso otimismo e alento para o apostolado, do amor e do testemunho cristão. Cristo não partiu para ficar alheio a este mundo. Apenas nos precedeu como nossa Cabeça (Prefácio I da Ascensão). Por isso, enquanto esperamos sua vinda gloriosa, respondemos a seu convite com uma aclamação de fé exultante: Vosso é o reino, o poder e a glória para sempre, Senhor!

Sétimo Domingo da Páscoa (A)

At 1,12-14: Dedicavam-se à oração em comum.
1Pd 4,13-16: Vocês são felizes se sofrem injúrias pelo nome de Cristo.
Jo 17,1-11a: Pai, glorifica teu filho.

PERSEVERANTES NA ORAÇÃO

1. A "oração sacerdotal" de Jesus
a) Função e gênero literário
b) Estrutura de João 17
2. Perseverantes na oração
a) Orar é uma necessidade vital
b) A oração é o clima ambiental do cristão
3. Vida de oração = Oração da vida

***

1. A "oração sacerdotal" de Jesus

a) **Função e gênero literário.** - O capítulo 17 de São João é um dos mais sublimes do quarto evangelho. Jesus conclui seu colóquio final com os discípulos, dirigindo sua oração ao Pai. A leitura desta oração está fragmentada em três como o evangelho deste sétimo domingo de Páscoa, em seus três anos. O gênero literário de João 17 é a forma chamada "discurso de despedida", que recorda os dois cantos finais de Moisés (Dt 32-33); e sua atmosfera se liga com a Carta aos Hebreus na qual Jesus aparece como sumo sacerdote e mediador que intercede pelos homens e os santifica.

Como quase todo o discurso da partida de Jesus, este capítulo 17 foi composto, reelaborando diversas sentenças dele, algumas das quais têm seu contexto original na última Ceia. Há autores que sugerem que toda a oração de Jo 17 é uma composição independente que o último redator incorporou ao diálogo do adeus. Outros crêem que se trata de um hino de contexto litúrgico, com função semelhante ao hino a que Marcos 14,16 alude como final da Ceia (provavelmente o *Hallel* com que terminava a Ceia pascal).

Por sua vez, os liturgistas compararam com freqüência Jo 17 com o prefácio que abre a oração sacrifical da Missa, baseados em alguns paralelos com a oração eucarística da Didaché (9,10); em ambos os casos, dizem, aflora constantemente o tema da glória. Nesta linha alguns o vêem como hino de consagração no qual o Filho se oferece ao Pai como sacrifício perfeito. É por isso que Jo 17 tradicionalmente é qualificado como "oração sacerdotal". Já no século V, São Cirilo de Alexandria viu-o assim. Mas não se pode exagerar esta linha sacrifical, pois o tema central não é o sacrifício de Cristo mediante a entrega da vida, mas sim sua volta ao Pai e a oração pela unidade dos seus.

O que fica de fora de toda dúvida é que Jo 17 é texto de intercessão e oração que repete gestos característicos de Jesus em oração, conforme os evangelhos, contendo inclusive paralelismos com as petições do Pai-Nosso: santificado seja o vosso nome, seja feita a vossa vontade, livrai-nos do mal etc. Sua qualidade mais profunda está na intimidade que Jesus demonstra com Deus a quem chama continuamente de Pai. Por isso transcende o tempo e o espaço, pois Cristo se dirige a seus discípulos de todos os tempos. O fato de pronunciar sua oração ao Pai em voz alta e diante de seus amigos é um convite a que eles e os fiéis das gerações futuras participem de tão singular união: "Não somente por eles eu rogo, Pai, mas por todos os que hão de crer em mim por sua palavra, para que sejam um como tu em mim e eu em ti" (vv. 20-21).

b) **Estrutura de Jo 17. -** No capítulo podemos distinguir estas três secções:

1ª Jesus pede ao Pai para ser glorificado, uma vez que está concluída sua obra reveladora entre os discípulos (vv. 1-8). É próprio da cristologia de João ver toda vida de Cristo, desde o prólogo até o final, inclusive sua morte, como expressão de sua glória divina.

2ª O Senhor ora pelos que Deus lhe confiou e que vivem ainda no mundo, para que o Pai os santifique na verdade assim como Cristo se consagra por eles, para que sejam um como Ele e o Pai. É a comunidade presente (vv. 9-19; ano B).

3ª Jesus reza finalmente por quantos crerão nele pela palavra dos discípulos para que, vivendo unidos entre si e com Ele, o mundo creia que Cristo é o enviado do Pai. É a comunidade futura (vv. 20-26; ano C).

O texto evangélico de hoje (vv. 1-11a) compreende toda primeira secção e inicia a segunda.

Eco da oração de Jesus é a dedicação à oração comum que os Apóstolos, em união com Maria, a Mãe do Senhor, e com outros discípulos, mantêm depois da Ascensão, na espera do Espírito Santo *(1ª leit.)*.

Essa oração comum os faz viver em unidade e os prepara para a árdua tarefa do testemunho de Cristo e para suportar com alegria os sofrimentos e ultrajes inerentes à missão que o Senhor lhes confiou *(2ª leit.)*.

2. **Perseverantes na oração**

a) **Orar é uma necessidade vital. -** Fala-se que há hoje em dia crise de oração entre os cristãos; que se reza pouco e que se reza mal quando se reza. Outros denunciam que aqueles que oram se alienam do mundo e ao contrário, os que querem revolucionar o mundo não rezam. A jovem Igreja começou a caminhada histórica da missão entregando-se à oração comunitária e não através duma atividade febril, sem contato com Cristo e seu Espírito *(1ª leit.)*. O exemplo do Senhor e dos Apóstolos é uma lição evidente para todos nós que seguimos a Jesus. Na oração, que é comunhão com Deus, está a força da comunidade e do cristão para testemunhar aos outros a presença de Cristo, Senhor glorioso e Salvador dos homens.

A crise de oração tem uma de suas causas na maneira vulgar de se entender a oração cristã. Orar não é repetir rotineiramente fórmulas gastas e velhas. Não me refiro ao Pai-Nosso, que é a oração mais perene e sublime, mas à repetição mecânica de "orações". Também é empobrecedor reduzir a oração à súplica de petição mais ou menos egoísta, ficando sempre de fora nossa real indigência e limitação. Mas, para quando deixamos o louvor e ação de graças por tudo o que devemos ao Senhor? É na oração comunitária por excelência, a Missa, onde devidamente se realiza esta oração de louvor e de glorificação a Deus: assim o Glória inicial e a oração eucarística com o Prefácio.

Precisamos orar sempre, e com mais intensidade ainda nos momentos de crise pessoal ou comunitária, para nos reafirmarmos em nossa identidade cristã. Numa hora dessas poderá reabilitar-nos somente um encontro pessoal com Deus que é vida e amor e dá essa vida e amor a quem com Ele se comunica. Oração é falar com Deus como pessoas livres, mais ainda como filhos seus que somos. Saber rezar não é difícil; basta falar com Deus. Às vezes nem sequer é necessário falar, pois escutar é suficiente. Nossa oração pode ser individual ou comunitária, mental ou vocal, espontânea ou já formulada: salmos, orações, cantos, louvores... e a oração por excelência: o Pai-Nosso.

b) **A oração é o clima ambiental do cristão. -** A oração é tudo em nossa vida cristã, como o foi para Jesus: comunicação pessoal com Deus e experiência de seu amor que nos salva e dignifica; abertura ao dom da salvação de Deus e consciência de nossa adoção filial. A oração é plenitude de fé e expressão da vivência de Cristo presente entre nós por seu Espírito que inspira nossa oração e alenta nossa esperança; é a medida de nossa maturidade e capacidade cristãs de diálogo com o Pai e com os irmãos; é suplica, glorificação e louvor a Deus, superação das crises de fé e esperança; é força e alento na tarefa diária, fecundidade do grão de trigo que morre para o egoísmo, amor solidário com os irmãos e com o mundo, estímulo para a práxis da libertação em Cristo, vivência e renovação de nossa aliança com Deus pelo batismo e pelos sacramentos.

Somente em contato com Deus pela oração responderemos satisfatoriamente à nossa vocação cristã e nos realizaremos como seguidores de Jesus, a quem demonstramos ter escutado no mais profundo do nosso ser. Não há cristão, não há apóstolo, não há testemunha, sem oração pessoal e comunitária. Todos os grandes santos de todos os tempos foram cristãos de muita oração. Assim foram capazes de captar o mistério do indizível e transmiti-lo aos homens seus irmãos.

3. Vida de oração = Oração da vida

Como na vida de Jesus e na primeira Igreja, a oração vem a ser para as comunidades de hoje e para cada fiel uma virtude "cardeal" que tem relação com todo o panorama do viver cristão em seus múltiplos aspectos: a vida pessoal, comunitária, familiar, profissional e cívica; com a fé, a justiça, o amor; com a opção pela verdade, o bem, a justiça, a fraternidade e a solidariedade humanas.

Por isso a oração é uma dimensão indispensável para uma vida cristã pujante. A oração, a contemplação e a experiência de Deus, quando são autênticas, passam para a ação libertadora. Isso é levar a vida para a oração e a oração para a vida. Aquele que crê, espera e crê sempre; aquele que ama, sofre e ama sempre; e aquele que ora, reza sempre sem limitar-se a espaços demarcados, como o templo, nem a horários pré-estabelecidos, como a missa dominical ou diária. Se bem que também é bom e proveitoso assegurar um mínimo.

Mas a oração, como a fé, não fica no plano conceitual; é vivência pessoal. Possui-a somente quem a exercita; e compreende-a quem a vive. Por isso podemos crescer sempre mais na oração, como também nas virtudes teologais da fé, esperança e caridade; pois a oração é expressão destas mesmas virtudes.

Se a oração se desse à margem da vida não seria mais que uma guloseima para consumo espiritual, um subterfúgio enganoso, uma fuga alienante, um refúgio para o medo ou a comodidade. Os contemplativos autênticos, os orantes verdadeiros possuem uma enorme vitalidade interior que transborda para a vida e transforma tudo o que eles tocam, sem gerar ruptura entre Deus e os irmãos que vivem no mundo. (Sobre o equilíbrio entre oração e ação ver Dom. 16,C).

Felizmente não faltam casas, grupos e vigílias de oração. Hoje é uma ocasião para nos perguntar quanto e como rezamos, tanto individual como comunitariamente.

Pentecostes (A)

At 2,1-11: Ficaram cheios do Espírito Santo e começaram a falar.
1Cor 12,3b-7.12-13: Fomos batizados num mesmo Espírito para formarmos um só corpo.
Jo 20,19-23: Como o Pai me enviou, assim também eu os envio. Recebam o Espírito Santo.

O DOM DO ESPÍRITO

1. Pentecostes, mistério de fé pascal
2. O Espírito: vida e dom de Cristo ressuscitado
a) No dia de Páscoa
b) O legado de Cristo ressuscitado
3. A ação do Espírito inaugura a missão
a) O Espírito em ação
b) A festa de Pentecostes
c) Encenação do dado de fé
d) Intencionalidade da narrativa
4. O Espírito, alma da Igreja que é o Corpo de Cristo
a) Dois critérios de autenticidade para os carismas
b) Dois princípios de ação: pluralidade e unidade
c) Caminhando sob a força do Espírito

***

1. Pentecostes, mistério de fé pascal

O domingo de Pentecostes é o ápice da Páscoa. Com esta festividade encerra-se a cinqüentena pascal na qual celebramos o mistério de Cristo ressuscitado e glorioso. Isto não quer dizer que o Espírito Santo aparece hoje pela primeira vez no fim do tempo pascal. Sua presença é realidade desde o primeiro dia da Páscoa da Ressurreição, como vimos no evangelho de hoje (que se lê também no 2º Dom. de Páscoa).

> Por razões de caráter kerigmático e de pedagogia catequética da fé vão aparecendo no curso da história e da liturgia cristã, e dentro da riqueza e unidade do mistério pascal, algumas festividades que acentuam ou individualizam diversos aspectos do mesmo. Assim, na Páscoa da Ressurreição: a vida nova de Jesus e do cristão batizado em Cristo; na Ascensão: sua exaltação como Senhor glorificado e, conseqüentemente, a missão da Igreja e o projeto do homem novo em Cristo; e por último em Pentecostes: o dom do Espírito para a edificação da Igreja a serviço da missão que Jesus lhe dá.

Na liturgia e eucologia da presente festividade (orações e prefácio) está bem expressa a unidade existente entre Páscoa, Ressurreição e Pentecostes: "Ó Pai, Deus eterno e todo poderoso..., levando à plenitude o mistério pascal, derramastes hoje o Espírito Santo sobre aqueles que fizestes vossos filhos, unindo-os ao vosso Unigênito" (*Prefácio*).

Ressurreição, Ascensão e Pentecostes são dados de fé, mistérios, fatos meta-históricos que transcendem e ficam fora do campo da demonstração histórica, científica e empírica. Em vez de insistir em sua narrativa redacional, importa-nos mais destacar aquilo que a fé cristã viu neles durante o passar de séculos da comunidade eclesial, que é o mesmo que vê hoje: o acontecimento salvador de Deus para nós, que brota da Ressurreição de seu Filho Jesus Cristo.

Nas reflexões que seguem, com base nos textos bíblicos de hoje, centralizaremos nossa atenção no Dom do Espírito Santo dado por Jesus.

O Espírito é: 1) Participação da vida e da missão de Cristo ressuscitado *(evangelho)*; 2) ação de Deus que inaugura com dinamismo a missão da Igreja *(1ª leit.)*; e 3) princípio batismal de unidade, e alma que anima e edifica a comunidade fiel, Corpo de Cristo, com a pluralidade de carismas e funções *(2ª leit.)*.

Nos ciclos posteriores desenvolveremos outros temas da múltipla riqueza do mistério de Pentecostes, tais como: os sinais da ação do Espírito ontem e hoje (ano B) e a necessidade da coragem do Espírito diante do vazio moral de um mundo sem espírito (ano C).

2. O Espírito: vida e dom de Cristo ressuscitado

a) **No dia de Páscoa**. - Para o autor do quarto evangelho o envio do Espírito Santo sobre os Apóstolos tem lugar no mesmo dia da Ressurreição, na aparição vespertina do Senhor a todos os seus discípulos reunidos. Lucas, ao contrário, atrasa este momento até a data de Pentecostes, isto é, cinqüenta dias após a ressurreição *(1ª leit.)*; como também estabelece o prazo de quarenta dias para a Ascensão do Senhor (At 1,3).

No evangelho da Missa da Vigília de Pentecostes (Jo 7,37-39) fala-se da promessa do Espírito que Jesus fez por ocasião da festa das Tendas, e que se expressou com a imagem da água viva que acalma a sede: "Dizia isto referindo-se ao Espírito que haviam de receber aqueles que haveriam de nele crer. Ainda não lhes fora dado o Espírito, porque Jesus não tinha sido glorificado" (v. 39; ver 3º Dom. da Quaresma A,3, a).

Para João a glorificação de Jesus tem lugar no próprio momento de sua morte que, repetidas vezes no quarto evangelho, é chamada *glorificação*, inclusive antes que sucedessem a paixão, morte e ressurreição de Cristo. Por isso seus relatos pascais, como o evangelho de hoje (Missa do dia), obedecem sobretudo a uma intencionalidade kerigmática (e também apologética como veremos) para aprofundar e expressar a fé pascal da comunidade eclesial.

A passagem evangélica de hoje (Jo 20,19-23) está contida integralmente no evangelho que se leu no segundo domingo de Páscoa (Jo 20,19-31), comum aos três ciclos. Nas páginas correspondentes a esse domingo (ano A), encontrará o leitor reflexões que completarão os comentários ao evangelho de hoje.

b) **O legado de Cristo ressuscitado**. - Em sua inesperada aparição aos seus discípulos no dia de sua Ressurreição Jesus lhes dá sua paz, sua missão, seu Espírito e o poder de perdoar pecados. "Como o Pai me enviou, assim também eu os envio. E dito isto, soprou sobre eles e lhes disse: Recebam o Espírito Santo; a quem vocês perdoarem os pecados, serão perdoados; e a quem vocês retiverem, serão retidos" (vv. 21-23).

Jesus cumpre assim a promessa que lhes havia feito repetidas vezes, especialmente em seu discurso de despedida (Jo 13-17: ver evangelhos opcionais para os anos B e C desta festa). Promessa que lhes repetiu antes de sua Ascensão, conforme Lucas: Dentro de poucos dias vocês serão batizados com Espírito Santo (At 1,5.8).

Como a de Cristo, a missão dos Apóstolos está selada pelo Espírito, que foi protagonista na vida de Jesus desde sua encarnação (Lc 1,35) até a morte e ressurreição, passando pelo batismo no Jordão, pelas tentações do deserto e pelo seu ministério profético, centrado no anúncio do Reino de Deus e garantido pelos sinais de libertação do mal, como as curas de enfermos. O Espírito será também protagonista, desde o princípio e até o fim, na vida e atividade missionária da Igreja (ver 1ª e 2ª leit.).

* O gesto de Jesus, soprando seu alento sobre os discípulos, recorda o gesto criador de Deus sobre Adão (Gn 2,7), e o espírito de vida que se infunde sobre os ossos que enchem o vale descrito pelo profeta Ezequiel (37,1-14: 1ª leit. opcional da Vigília).

No vocabulário bíblico a palavra "espírito", tanto em hebraico *(ruáh)* como em grego *(pnéuma)*, significa vento, ar, sopro, alento, respiração: isto é, quer dizer vida em suas diversas manifestações. De fato, Jesus infunde na comunidade eclesial seu Espírito, sua Vida nova e gloriosa de ressuscitado.

Estamos diante de uma segunda criação; obra, como a primeira, da Palavra de Deus (Jo 1,1-3). E o *Salmo responsorial* de hoje expressa o anelo de um pentecostes cósmico: Envia teu espírito, Senhor, e renova a face da terra (Sl 103).

* Com respeito ao perdão dos pecados (Jo 20,23), os textos paralelos e explicativos deste versículo são os do primado ("chaves") e do poder de "atar" e "desatar" conferido a Pedro (Mt 16,19) e a todos os discípulos, isto é, à Igreja (Jo 18,18). João esclarece aqui a linguagem semítica para uma melhor compreensão de seus leitores gregos. Mas é a mesma idéia. Hoje se cumprem essas promessas precedentes, e desde hoje em nome de Jesus Cristo, o Senhor ressuscitado, se pregará a todos os povos a conversão e o perdão dos pecados (Lc 24,47).

3. A ação do Espírito inaugura a missão

a) **O Espírito em ação**. - Na *primeira leitura* (At 2,1-11) Lucas descreve uma cena em que o Espírito Santo aparece já em ação por meio do grupo apostólico no dia de Pentecostes. O contraste entre a situação de antes e depois do dom do Espírito é muito forte. Antes: medo, tristeza, portas fechadas, incomunicação, dúvida, angústia, silêncio e clandestinidade (Jo 20,19; *evangelho* de hoje). Depois: coragem, alegria, abertura, comunicação, paz, fé, segurança e proclamação profética em plena rua. Uma vez batizados com o Espírito Santo, são visíveis nos

Apóstolos a força e o dinamismo do Alto, que a narrativa da primeira leitura reflete.

Com o batismo do Espírito os discípulos compreenderam tudo o que Cristo lhes havia ensinado anteriormente (14,16). Captaram plenamente o mistério de Nazaré com quem tinham convivido vários anos sem darem conta de que Ele era e é o Messias, o Filho de Deus, o Salvador do mundo, o Senhor glorioso e a esperança do homem. Precisavam comunicar aos outros aquela descoberta transcendental. Além disso era o mandato de Jesus. E assim, pela força do Espírito, aqueles pobres pescadores galileus se transformam em Apóstolos e Testemunhas (mártires) da Boa Notícia de Cristo Salvador, de um a outro extremo da terra então conhecida.

b) **A festa de Pentecostes**, antes de ser cristã, foi de origem judaica. Era uma das três festas, inicialmente agrícolas, prescritas pela lei mosaica. Motivada por estas três festas reunia-se grande multidão de israelitas devotos em Jerusalém. 1) Na primavera celebravam-se os ázimos, e a Páscoa que foi acrescentada posteriormente. 2) Na colheita dos cereais, a festa das Semanas, que em grego se denominou Pentecostes (cinqüenta dias ou sete semanas); posteriormente (séc. II a.C.) somou-se a esta festa a recordação-aniversário da promulgação da Lei no Sinai. 3) E na coleta das colheitas, a festa das Tendas ou Tabernáculos (cf. Êx 23,14-17; Dt 16,16).

* Pois bem, na festa de Pentecostes Lucas situa a manifestação pública do Espírito, como marco mais aproveitado e, diríamos com respeito, mais publicitário também. É o único autor do Novo Testamento que menciona o acontecimento de Pentecostes. Como vimos anteriormente, João situa o dom do Espírito no mesmo dia da Páscoa da Ressurreição.

Por isso nos é hoje muito difícil precisar o que há de histórico nessa narrativa dos Atos, um dos livros mais tardios do Novo Testamento (80-90 d.C.). "A base histórica de Pentecostes na versão de Lucas é, provavelmente, a primeira pregação cristã em público" (CB,III,437).

c) **Encenação do dado de fé.** - O autor procura dar plasticidade narrativa a uma realidade invisível, a um dado de fé: a manifestação do Espírito que Jesus deu à sua Igreja. Por isso emprega a linguagem escatológica e a simbologia própria das teofanias bíblicas, com uma clara alusão aos fenômenos da promulgação da Lei no Sinai. Assim, o ruído do vento e as línguas de fogo, sinais da presença de Deus (Êx 19,3-20: 1ª leit. opcional na Missa da Vigília).

Acrescenta-se a isto, por antítese, a referência a Babel, expressa no dom de línguas dos Apóstolos. Se em Babel os idiomas foram motivo de confusão e desunião da humanidade, em Pentecostes, pelo contrário, são veículo mais apto para a proclamação universal das maravilhas de Deus; são compreensão e unidade na pluralidade, graças ao "Espírito que congregou na confissão de uma mesma fé aqueles que o pecado havia dividido na diversidade de línguas" (*Prefácio*. Ver Gn 11,1-9: 1ª leit. opcional da Vigília).

À tentativa soberba do homem de conquistar o céu sucede a vontade divina de baixar até o homem para salvá-lo e transformá-lo em nova criatura pelo sopro de seu Espírito criador.

d) **Intencionalidade da narrativa**. - A chave para se entender qualquer texto bíblico é saber qual a intenção do texto. Creio que aqui é múltipla. Poderiam ser apontados estes objetivos:

1º Verificar a promessa do Espírito que Jesus fez e o cumprimento das profecias do Antigo Testamento, como Pedro recorda no primeiro kerigma que segue ao acontecimento de Pentecostes (Joel 2,28-32; 1ª leit. opcional da Vigília).

2º Constatar a força do Espírito atuando na missão evangelizadora e na vida da Igreja já desde o princípio da mesma. É a finalidade básica do ensaio histórico-teológico que é o livro dos Atos. O Espírito, como primeira testemunha, dá o aval ao anúncio e testemunho dos Apóstolos sobre Jesus de Nazaré, Filho de Deus, Senhor glorioso, e autor da salvação humana.

3º Proclamar na festa-aniversário da promulgação da lei mosaica a vigência da nova lei de Cristo e de seu Espírito, a nova Aliança e Páscoa seladas na pessoa e sangue de Cristo Jesus, ressuscitado, glorioso e atuando por seu Espírito.

4º E conseqüentemente, expressar a universalidade do novo Povo de Deus, quando ainda não havia saído dos limites do judaísmo. A ação e dinamismo do Espírito realizam a unidade na pluralidade de línguas, raças e culturas.

4. O Espírito, alma da Igreja que é o Corpo de Cristo

a) **Dois critérios de autenticidade para os carismas**. - A segunda leitura (1Cor 12,3-13) realiza a passagem do Pentecostes histórico ou primeiro para o pentecostes perene na vida cotidiana da Igreja, onde o Espírito atua mediante as carismas e ministérios. O contexto prévio deste c. 12 é a consulta que os coríntios tinham feito a Paulo sobre os critérios para distinguir os carismas autênticos dos seus sucedâneos falsos, isto é, dos arrebatamentos entusiastas, comuns às religiões mistéricas daqueles tempos, e que alguns superestimavam acima da fé e da caridade.

O Apóstolo estabelece dois critérios de autenticidade: um doutrinal e um comunitário. O *doutrinal* é a confissão pascal de fé: Jesus é o Senhor! (contra a divinização do Imperador romano e dos éones, demiurgos e potências superiores do sincretismo helenista de então). Aquele que faz esta confissão de fé cristã está animado pelo Espírito (v. 3b). O segundo critério é *comunitário*: em todo carisma que serve ao bem comum do grupo de fiéis manifesta-se a ação do Espírito (v. 7; cf. LG 12,2).

b) **Dois princípios de ação**. - Tendo já determinado os carismas autênticos, Paulo aprofunda o tema estabelecendo dois princípios: o primeiro sobre a diversidade de carismas, e o segundo sobre a unidade dos mesmos.

1º A *pluralidade* dos carismas e dos ministérios na comunidade cristã é tão normal e necessária como a diversidade de membros e funções no corpo humano à semelhança do qual Paulo entende a Igreja, que é o Corpo de Cristo. A imagem do corpo era usual na filosofia daquele tempo, especialmente na estóica. E Paulo, homem culto, a conhecia. Aqui, ele a "cristianiza".

Contra a tentação de monopolizar o Espírito, seja por parte da autoridade eclesial ou por parte de outros membros da comunidade, Paulo afirma sem discriminações: em cada um manifesta-se o Espírito para o bem comum (v. 7).

O Espírito é a variedade e não monotonia informal: é riqueza e não pobreza. Portanto deve-se respeitar a cada um em seu carisma e personalidade cristã dentro da liberdade dos filhos de Deus (cf. AA 3). Não é justificável sacrificar a pluralidade no altar da unicidade; mas à autoridade eclesial compete o juízo da autenticidade dos carismas, serviços e ministérios. Não para sufocar o Espírito, mas para testar tudo e conservar o que é bom (1Ts 5,12; 19,21; LG 12,2).

2º A *diversidade* de carismas autênticos nos membros da comunidade não impede a *unidade* dentro da mesma. Porque os diversos dons e serviços coincidem em sua origem e finalidade. Sua origem é o Espírito de Deus, no qual todos fomos batizados para constituir um só Corpo (v. 13). E sua finalidade, edificar a comunidade.

> "Esforcem-se para conservar a unidade do Espírito por meio da paz que os une. Há um só Senhor, e um só Espírito, como também há uma só esperança, no final da vocação a que Deus chamou vocês. Há um só Senhor, uma só fé, um só batismo. Há um só Deus e Pai de todos" (Ef 4,3-5).

c) **Caminhando sob a força do Espírito**. - A diversidade não é para o confronto e a competição, mas para a unidade e a complementaridade. A história multissecular da Igreja, incluído nosso momento presente, atesta tudo isso e garante o que foi exposto anteriormente. Cada um vive sua condição cristã conforme uma vocação que é carisma, dom e serviço aos demais.

Há cristãos chamados ao sacerdócio ou à vida consagrada a Deus pelos conselhos evangélicos. Outros, a maioria, são chamados ao matrimônio e à vida familiar. Há cristãos, homens e mulheres, dedicados à vida apostólica, à pregação, à teologia, ao ensino, à educação das crianças e jovens, à catequese, ao atendimento social dos pobres, enfermos e anciaos abandonados. Há também cristãos comprometidos, como todos os anteriores, na promoção e libertação integral do homem. Há outros, finalmente, que tão somente podem dar testemunho pessoal de sua vida de cada dia, o que já é bastante.

Em todos eles manifesta-se o Espírito para o bem comum. Cremos no Espírito Santo, Senhor e doador da vida! dizemos em nossa profissão de fé. Hoje é dia de auto-exame, de alegria e de oração ao Espírito de Deus para que repovoe a face da terra e renove em sua Igreja, em nós, os prodígios de um novo e perene Pentecostes.

Santíssima Trindade (A)

Êx 34,4b-6.8-9: Senhor, Deus compassivo e misericordioso.
2Cor 13,11-13: A graça de Jesus Cristo, o amor do Pai e a comunhão do Espírito Santo.
Jo 3,16-18: Deus mandou seu Filho ao mundo para que o mundo seja salvo.

DEUS AO ENCONTRO DO HOMEM

1. A Trindade: quebra-cabeça teológico ou mistério de vida?
2. Deus amou tanto o mundo
a) Oferta de salvação por Deus
b) Antecipação do juízo escatológico
c) Deus próximo, compassivo e misericordioso
3. Do Deus comunidade ao homem em relação com Ele
a) Deus é comunidade de amor e diálogo
b) Índole comunitária da vocação humana
4. A graça de Jesus Cristo, o amor do Pai e a comunhão do Espírito Santo

***

O tempo pascal terminou em Pentecostes com o dom do Espírito. Ao reiniciar o curso do tempo litúrgico que atravessa todo o ano, esta festa da Santíssima Trindade é uma celebração alegre e agradecida a Deus uno e trino pela obra de nossa salvação.

As leituras bíblicas deste ano A apresentam-nos o mistério de um Deus compassivo e misericordioso *(1ª leit.)*, tão próximo do homem que sai a seu encontro por Cristo para lhe oferecer sua amizade, amor e comunhão *(2ª leit.)* e a possibilidade de uma vida sem fim *(evangelho)*. Hoje é-nos oferecida uma oportunidade para uma tomada de consciência da dimensão trinitária de toda nossa vida cristã.

1. A Trindade: quebra-cabeça teológico ou mistério de vida?

O perigo a que está submetida esta verdade de fé é a gente vê-la como um mistério imperscrutável. Efetivamente o é. Mas ao revelar-nos o mistério do único Deus que é Pai, Filho e Espírito Santo, Jesus quis mostrar-nos antes de tudo um mistério de vida e não um enigma religioso para que o decifremos como um hieróglifo, palavras cruzadas ou quebra-cabeças teológicos. Por este caminho não chegaríamos a parte alguma; lembre-se da lenda de Santo Agostinho passeando pela praia de Hipona. Felizmente o mistério trinitário não é mera verdade especulativa ou dogma para exercício do intelecto.

* Deve-se reconhecer pela história que a teologia, especialmente a latina, mostrou preferência por uma explicação abstrata do mistério da Santíssima Trindade. Assim:

- no começo, as definições teológicas dos primeiros Concílios que deram origem ao Símbolo niceno-constantinopolitano (s. IV) ou Credo da Missa. É a réplica da ortodoxia às heresias sobre a Trindade, Cristo e Maria;

- depois, a teologia dos Padres latinos: por exemplo, o tratado "De Trinitate" de Santo Agostinho (354-430), e os da teologia escolástica da Idade Média, entre os quais sobressai a Suma Teológica de Santo Tomás de Aquino (s. XIII) com suas 17 questões sobre a Trindade (I-I,27-43).

- mais tarde, o próprio Concílio de Trento (s. XVI) e a teologia neo-escolástica até antes do Concílio Vaticano II (1962-1965).

* Seguindo as categorias aristotélicas da filosofia grega com sua distinção entre essência e existência, natureza e pessoa, a teologia clássica explica o mistério trinitário dizendo que o Deus da fé cristã é uno em essência e natureza mas trino em pessoas. Uma só natureza divina - portanto um só Deus - em três Pessoas distintas de igual dignidade, glória e categoria: Pai, Filho e Espírito Santo. Esta impostação teológica está perfeitamente projetada no Prefácio desta festividade.

Temos de confessar que por mais esforço que se faça para explicar esta teologia trinitária, pastoralmente falando, ela continua sendo ortodoxia abstrata, especulativa e despersonalizada. Portanto, de difícil compreensão para o cristão comum. Além disso diz pouco ao homem de hoje que lida com outras categorias filosóficas, psicológicas, personalistas e afetivas diferentes das de séculos que já se foram. Não haverá saída para o problema? Felizmente a revelação de Jesus e a liturgia eclesial apontam-nos um caminho transitável. Não obstante, o mistério de Deus sempre superará nossa mente humana. Só a fé pode dar-lhe alcance. Mas de onde brota a fé senão da Palavra de Deus? Dirijamos a ela nossa atenção.

2. Deus amou tanto o mundo

O texto do evangelho de hoje (Jo 3,16-18) pertence ao diálogo de Jesus com Nicodemos, e seu tema central é o novo renascimento pela água e pelo Espírito. Seu contexto é, portanto, um relato doutrinal ou uma catequese sobre o batismo. Esta a razão porque é lido também no quarto domingo da Quaresma, ano B (Jo 3,14-21): ver esse domingo).

Esta breve leitura - três versículos - é de um conteúdo transcendental. Fala-se nela diretamente do Pai e do Filho, mas não do Espírito Santo. Não obstante, refere-se a uma teologia trinitária viva e não conceitual, pois mostra a Deus atuando por amor a salvação do homem. Permanecem: a) a oferta de salvação por Deus: motivação e finalidade (vv. 16-17); b) as conseqüências díspares da fé e da incredulidade para o juízo escatológico, já presente (v. 18). Um comentário esplêndido ao texto evangélico de hoje encontra-se em Rm 8,31-39 e em 1Jo 4,7-21.

a) **Oferta de salvação por Deus.** - A frase que abre a leitura é uma síntese bíblica admirável e condensa todo o quarto evangelho, escrito para que creiamos que Jesus é o Cristo, o Filho de Deus, e para que crendo tenhamos a vida por Ele (20,31). Diz assim: "Deus amou tanto o mundo que lhe entregou o seu Filho único, para que não pereça nenhum daqueles que crêem nele, mas que tenham a vida eterna" (3,16). O motivo da entrega é o amor de Deus ao mundo; e a finalidade desse dom pessoal em Cristo é a salvação e a vida do homem pela fé em Jesus, como posteriormente o v. 17 desenvolve. Cristo é, pois, o grande sinal ou sacramento do amor trinitário para a humanidade, patente na encarnação, vida, mensagem, paixão, morte e ressurreição do Senhor.

Como Moisés levantou a serpente no deserto para cura dos feridos mortalmente, assim também Jesus será levantado na cruz para vida de todo aquele que nele crê (cf. vv. 14-15; Nm 21,4). A expressão "Filho único", repetida duas vezes (v. 16.18), evoca também a figura de Abraão, protótipo de fé e pai dos crentes, sacrificando seu filho Isaac.

Uma vez que a causa da encarnação e morte redentoras de Cristo é o amor de Deus ao homem pecador, fica claro que "Deus não mandou seu Filho ao mundo para condenar o mundo, mas para que o homem se salve por ele" (v. 17).

b) **Antecipação do juízo escatológico.** - A fé, o encontro com as três Pessoas Divinas mediante a aceitação do Filho, que é a prova de seu amor, livra o fiel do juízo condenatório e dá a vida eterna. "Aquele que crê nele não será condenado; aquele que não crê já está condenado, porque não creu em o Nome (semitismo que indica a Pessoa) do Filho único de Deus" (v. 18). A fé é vida e salvação eternas; a incredulidade é condenação porque é negar-se ao amor.

O critério desse juízo definitivo de Deus que está se realizando já na vida do homem, é a fé em Jesus ou sua recusa. João não menciona a Lei, pois esta se deu por meio de Moisés, mas a graça e a verdade vieram por meio de Jesus Cristo (1,17).

A resposta positiva ou negativa, a fé ou a incredulidade, que compreendem uma decisão e uma atitude pessoais, expressa-se no quarto evangelho com o antagonismo irreconciliável entre a luz e as trevas (1,4-9; 3,19-21). Inevitavelmente Jesus foi e é sinal de contradição no mundo dos homens (Lc 2,34).

c) **Deus próximo, compassivo e misericordioso.** - O Deus revelado por Jesus Cristo, imagem visível do mesmo, embora transcendente, não é um Deus distante e inacessível, mas próximo do homem. Como antecipação desta plena luz evangélica, a *primeira leitura* (Êx 34,4-9) mostra-nos que o Deus do Povo do Antigo Testamento que Moisés conduz pelo deserto é compassivo e misericordioso, lento para a ira e rico em clemência e lealdade. Por isso perdoa a infidelidade dos israelitas (idolatria do bezerro de ouro, Êx 32) e renova sua Aliança com seu Povo ao qual toma como sua herança.

Para nós que vivemos na plena luz da revelação do Novo Testamento o Deus de nossa fé e religião cristãs é o Deus e Pai de nosso Senhor Jesus Cristo; tão compassivo e misericordioso, tão próximo e amoroso que é também nosso Pai. A partir da encarnação de Jesus, Filho do Pai, o Deus cristão não pode ser compreendido nem definido a não ser em referência a Cristo que é a imagem e a revelação sempre atual do Deus uno e trino.

A entrega de seu Filho ao homem por parte de Deus, como oferta de salvação, é perene. Isto é, não fica um fato do passado, mas constantemente repetido no acontecimento humano de nossa vida, de nosso mundo, de nossa comunidade de fé; especialmente pelo anúncio do evangelho e pelos sacramentos nos quais Deus opera a redenção humana, como afirma a liturgia continuamente.

3. Do Deus comunidade ao homem em relação com Ele

a) **Deus é comunidade de amor e diálogo.** - Deus não é um ser solitário e mudo, fechado no círculo hermético de um eterno silêncio, mas por ser trino, é amor e alteridade. Em termos de personalismo psicológico, explicaríamos o dogma trinitário assim: O amor do Pai o "Eu", a compreender-se e refletir-se a si mesmo gera o "Tu" que é o Filho; e do amor mútuo de ambos procede o "Nós", que é o Espírito Santo, dom e devolução de amor, comunicação e diálogo. Depois, como conseqüência e porque a Trindade ama o homem que criou, abre e aumenta o círculo, admitindo-nos em sua órbita divina como filhos por meio de Cristo.

Jesus afirmou: Esta é a vida eterna, que te conheçam a Ti, único Deus verdadeiro, e a teu Enviado, Jesus Cristo (Jo 17,3). Comenta São Bernardo (s. XII): Pretender provar o mistério trinitário é uma ousadia; crer nele é piedade; e penetrar em seu conhecimento é vida eterna.

"Penetrar em seu conhecimento" não significa desentranhá-lo, como quem resolve um enigma: três em um, ou o ângulo plano de um triângulo que é eqüilátero.

O mistério trinitário é para ser vivido na medida de nossas possibilidades, pois para isso Jesus nô-lo revelou. Essa é a melhor maneira de o entendermos. E vivemos e entendemos a relação filial com Deus, experimentando-a e vivenciando-a na fé por meio do Espírito de Cristo que habita em nós.

Vida e fé, oração e teologia vivencial devem combinar-se em nossa existência cristã. Não basta saber coisas sobre Deus e falar dele. Isto ainda não é fé. Devemos chegar a encontrar-nos e conversar com Deus mediante a oração e o diálogo pessoal. Esse é o caminho evangélico que Jesus nos mostrou: Primeiramente, abertura para Deus e escuta da sua Palavra; depois, resposta e oração, por exemplo, o Pai-nosso; e em seguida, amor a nossos irmãos, os homens, porque Deus os ama e se reflete neles, especialmente nos mais pobres, e porque são filhos de Deus, nosso Pai, que faz o sol despontar cada manhã sobre todos eles.

b) **Índole comunitária da vocação humana.** - Do contato vivo e pessoal com Deus pela fé e pela oração surgirá a avaliação exata do homem, da vida e das relações humanas. Romano Guardini escreveu: Só quem conhece a Deus, pode conhecer o homem. E antes, São João constatou: Só aquele que ama o irmão, conhece a Deus. Ambas as afirmações baseiam-se no fato de o homem ser feito à imagem e semelhança de Deus (Gn 1,26). Este é o fundamento da dignidade da pessoa e das relações e direitos humanos. Fé e teologia bíblica dão os fundamentos a uma antropologia cristã.

Esta assimilação do homem a Deus atinge o seu cume e plenitude pelo Espírito de adoção filial que recebemos com a justificação pela fé em Cristo; assim como pelo amor de Deus infundido em nossos corações com o Espírito Santo que foi dado a nós que cremos (Rm 5,1-5= 2ª leit., Trindade, C).

Porque nos sentimos amados de Deus, de nossa parte podemos e devemos amar os outros que também são filhos queridos de Deus, e portanto nossos irmãos. Deus uno e trino, que é amor comunitário, ao introduzir-nos em sua órbita, nos ensina que a vida é amor compartilhado, comunidade, aceitação e diálogo.

Em seu discurso de despedida Jesus orava assim ao Pai: "Rogo por aqueles que vão crer em mim... para que sejam um, como vós, o Pai, estais em mim e eu em vós, para que eles também sejam um em nós e assim o mundo creia que vós me enviastes. Eu lhes dei a glória que me destes, para que eles sejam um assim como nós somos um" (Jo 17,20-22).

O Concílio Vaticano II comentou o citado texto, deduzindo o caráter comunitário da vocação humana conforme o plano de Deus:

"Quando o Senhor reza ao Pai que 'todos sejam um, como nós somos um' abre perspectivas inacessíveis à razão humana, sugere alguma semelhança entre a união das pessoas divinas e a união dos filhos de Deus na verdade e na caridade. Esta semelhança manifesta que o homem, a única criatura na terra que Deus quis por si mesma, não pode se encontrar plenamente se não por um dom sincero de si mesmo" (LG 24,3).

4. A graça de Jesus Cristo, o amor do Pai e a comunhão do Espírito Santo

A celebração eucarística que é proclamação de nossa fé trinitária e nosso comum louvor, por meio de Cristo, a Deus uno e trino, abre-se com uma saudação tirada do final da segunda Carta de São Paulo aos Coríntios. É lida neste ano como *segunda leitura* desta festividade (2Cor 13,11-13).

Esta fórmula trinitária, provavelmente de origem e uso litúrgico nas comunidades apostólicas, atribui a cada pessoa da Trindade um dom ou uma função, embora toda ação salvadora seja comum na Santíssima Trindade. É mais que uma saudação; é todo um programa de vida no amor fraterno, conforme as exortações que vêm antes na carta. União para o louvor ao Deus, uno e trino na comunidade de fé, de esperança e de amor que nos une em Cristo.

Corpus Christi (A)

Dt 8,2-3.14b-16a: Alimentou-te com o maná.
1Cor 10,16-17: O pão é um; e nós, embora sendo muitos, formamos um só corpo.
Jo 6,51-59: Minha carne é verdadeira comida, e meu sangue verdadeira bebida.

CORPO DE CRISTO E COMUNIDADE

1. Eucaristia e comunidade eclesial
a) A festa litúrgica de hoje
b) Cumprimento de uma promessa de Jesus
c) A eucaristia, sacramento pascal
d) Sinal da unidade eclesial
2. Rumo a uma imagem atraente da comunidade cristã
a) Nossas assembléias eucarísticas
b) Questões que se apresentam
3. Recuperar a comunidade eucarística
a) Conversão para a dimensão comunitária
b) A eucaristia é impossível sem comunidade de amor

***

1. Eucaristia e comunidade eclesial

a) **A festa litúrgica de hoje. -** A expressão "Corpo e Sangue de Cristo" em sua primeira acepção significa a Eucaristia, que é o Sacramento do Corpo e Sangue do Senhor presente realmente sob os sinais sacramentais do pão e do vinho. Mas "Corpo de Cristo" é também a Igreja, isto é, a congregação de fiéis que crêem em Jesus Cristo, o aceitam como Filho de Deus e seu Salvador, e seguem sua doutrina, transmitida pelos Evangelhos e demais livros do Novo Testamento. O sacramento da eucaristia relaciona-se, pois, diretamente com a comunidade que o celebra. Na perspectiva dessa mútua interferência estão centrados hoje nossa reflexão e anúncio.

À primeira vista a celebração litúrgica do Corpus Christi poderia parecer uma duplicata da Quinta-feira Santa que a precedeu. Há uma convergência básica, mas com matizes ou diferenças básicas.

Nas leituras bíblicas e na liturgia da Quinta-feira Santa a eucaristia está esquematizada como a nova páscoa e sacrifício cristão, no contexto imediato da paixão e morte gloriosas do Senhor (ver ano A,2-3).

Pelo contrário, a festividade do Corpus Christi acentua a eucaristia em relação com a comunidade (ano A), com a nova Aliança pelo sangue de Cristo (ano B), e com o pão eucarístico como alimento do povo peregrino de Deus (ano C).

Além disso, na liturgia desta festa há um colorido de profissão pública da fé na presença eucarística de Cristo por parte da Igreja, como expressa a Procissão após a Missa (ver Corpus, ano B,3,d).

b) **Cumprimento de uma promessa. -** No sacramento da eucaristia cumpre-se a promessa que Jesus fez de nos dar seu corpo em alimento e seu sangue em bebida. Assim Ele o anunciou no discurso eucarístico sobre o pão da vida, na Sinagoga de Cafarnaum, no dia seguinte à multiplicação dos pães. Deste discurso toma-se a leitura evangélica de hoje (Jo 6,51-59).

> Eu sou o pão vivo descido do céu; aquele que come deste pão viverá para sempre. E o pão que eu darei é minha carne para a vida do mundo.
>
> Em verdade em verdade eu lhes digo, se vocês não comerem a carne do Filho do homem e não beberem o seu sangue, não terão a vida em vocês. Aquele que come minha carne e bebe meu sangue tem a vida eterna, e eu o ressuscitarei no último dia.
>
> Minha carne é verdadeira comida e meu sangue verdadeira bebida (vv. 51.53-55).

O pão da vida é o pão eucarístico, isto é, a carne, o Corpo, de Jesus. Assim a Eucaristia nos reporta à encarnação do Verbo de Deus, Cristo Jesus, e ao sacrifício de sua vida na cruz. Ambos os extremos, que encerram sua existência terrena, constituem o mistério do aniquilamento e auto-humilhação do Filho de Deus. Cristo, apesar de sua condição divina, rebaixou-se a si mesmo, tomando a condição de escravo, submetendo-se à morte de cruz por obediência ao plano do Pai, que era a salvação do homem pecador que não obstante Deus ama. Por isso Deus exaltou-o acima de tudo quanto existe, glorificando-o em sua ressurreição como Senhor de toda a criação (cf. Fl 2,6-11).

c) **A eucaristia, sacramento pascal.** - A missa é o memorial da Ceia do Senhor, a nova páscoa que expressa a nova aliança. Uma aliança nova requer e cria um novo culto, uma nova religião; isto é, uma nova relação de Deus com a humanidade, e do homem com Ele por meio do Corpo sacrificado e do Sangue de Cristo derramado como sacrifício por amor e salvação dos homens, convocados por Deus para sua família e assembléia que é a Igreja.

Cristo é o Cordeiro de Deus que tira o pecado do mundo na nova e definitiva páscoa e aliança, que se realiza pelo sangue de sua morte na cruz e por sua ressurreição gloriosa. Esta nova aliança é mais interior e pessoal que a antiga, selada com o sangue de animais; e fundamenta uma moral mais religiosa. Isto já o antecipara a profecia de Jeremias: "Farei com a casa de Israel e Judá, diz o Senhor, uma aliança nova... Colocarei minha lei em seu peito, a escreverei em seus corações; eu serei o seu Deus e eles serão meu povo (31,31.33).

A eucaristia, além de ser memorial e atualização do sacrifício de Cristo que associa sua ação cultural à Igreja, seu Povo (SC 7), é também refeição fraterna de um mesmo e único pão de vida que é o Corpo do Senhor. Desta maneira verifica-se, também no culto cristão, a constante universal de toda religião: participar da vítima do sacrifício é entrar em contato com a divindade.

d) **Sinal da unidade eclesial.** - O pão eucarístico é o alimento, o novo maná do novo Povo de Deus, a Igreja, que caminha pelo deserto da vida sempre em marcha até a pátria esperada do novo céu e da nova terra da promissão.

Isto prefigurava o maná do povo peregrino do Antigo Testamento que é lembrado na *primeira leitura* (Dt 8, 2-3.14-16). Além disso o pão que compartilhamos na mesa do Senhor une todos os cristãos no Corpo de Cristo, afirma São Paulo na *segunda leitura*: O Pão é um, assim nós, embora sendo muitos, formamos um só Corpo, porque comemos todos do mesmo Pão (1Cor 10,16-17).

Os dois versículos que integram a breve leitura apostólica de hoje são melhor entendidos no contexto da Carta cujos temas maiores são: a união dos fiéis em Cristo para superar toda divisão (cc. 1-4), a eucaristia como memorial do Senhor Jesus (c. 11), e o Corpo místico de Cristo que é a Igreja (c. 12), a Caridade (c. 13) e os Carismas a serviço da comunidade de fé (c. 14).

O corpo eucarístico de Jesus diz, pois, relação direta com a assembléia eclesial que é o corpo místico de Cristo. É por isso que a eucaristia, para ser autêntico memorial do Senhor, isto é, do mistério profundo de amor que é paixão, morte e ressurreição de Jesus, exige a união, o amor fraterno e a completa unidade do grupo que celebra com fé a Ceia do Senhor.

A eucaristia é, portanto, o centro de toda vida e liturgia cristãs, o ponto máximo de referência comunitária para o cristão que quer viver o mistério de Cristo em profundidade. Estes são os princípios teológicos, a verdade da eucaristia em que cremos como sacramento do Corpo de Cristo e da unidade eclesial. Mas é também a realidade que vivemos em nossa comunidade?

2. **Rumo a uma imagem atraente da comunidade cristã**

a) **Nossas assembléias eucarísticas.** - A eucaristia, tal como a instituiu Jesus na véspera de sua paixão ceando com o grupo de seus discípulos, e tal como a praticavam os primeiros cristãos conforme sabemos através dos Atos, Cartas apostólicas e demais documentos e testemunhos da antigüidade cristã, tem de modo muito vivo sentido de comunidade. Em família celebrava-se a páscoa judaica; e em família deve-se celebrar a eucaristia, que tomou a forma da páscoa israelita. Mas de fato, não muitas de nossas eucaristias ou missas não terão ficado no cumprimento de um mero rito?

Nossas comunidades de hoje são, com freqüência, muito maiores em número que as do cristianismo primitivo; às vezes, inclusive, são demasiado grandes. As missas dominicais, ou diárias, sucedem-se em nossos templos e igrejas paroquiais conforme horários fixos e com um tempo limite. Nas cidades o grupo de fiéis pouco ou nada se conhece, a nível pessoal, embora se tenham visto ocasionalmente no bairro ou à porta da igreja.

A assembléia, durante o desenrolar do culto, guarda silêncio a maior parte do tempo; e os presentes não se comunicam com seus vizinhos, às vezes demasiado dispersos. A participação se reduz às respostas, escuta comunitária, posturas comuns, cantos, saudações da paz e comunhão; embora nem todos comunguem. Ao terminar a ação litúrgica dissolve-se o grupo e cada um volta para seu ambiente, sua casa ou seu trabalho, sem contactar nem se comunicar pessoalmente com os irmãos, sem conhecer nada de sua vida e problemas.

b) **Questões que se apresentam.** - Este é o quadro mais habitual e tipo médio. Sinceramente, podemos considerar suficiente este espírito e estilo de comunidade eucarística? Dá para ver satisfatoriamente que formamos um só corpo e que nós, a comunidade dos fiéis, temos um só coração e um só sentimento? (At 4,32).

Muitas vezes damos a impressão que viemos para cumprir rotineiramente uma obrigação, e não expressar uma necessidade de nossa condição do Povo de Deus que se congrega, a convite de sua Palavra, para celebrar e manifestar sua fé, dar graças ao Senhor e cantar sua glória, partir o Pão juntos e viver o amor fraternal que deve unir-nos como irmãos e amigos que se encontram, se saúdam, se comunicam e estão com gosto em companhia sem o fastio aborrecimento nem a pressa do relógio.

3. **Recuperar a comunidade eucarística**

a) **Conversão para a dimensão comunitária.** - Precisamos nos converter decididamente para a amizade e fraternidade que se expressam na saudação cordial, no sorriso afável, no gesto acolhedor e compreensivo. Se somos irmãos que se reúnem em família não podemos aceitar o anonimato da massa. Precisamos de imaginação criadora para conseguir que nossas assembléias litúrgicas e de oração, especialmente a eucaristia, sejam uma reunião familiar. Haverá necessidade de se buscar caminhos novos e antigos já na primitiva comunidade cristã: comunhão de bens espirituais e materiais, comunicação pessoal, diálogo e conversação entre irmãos que se conhecem pelo seu nome, testemunho mútuo de fé e apoio, solidariedade - inclusive econômica - com os múltiplos problemas dos diversos grupos e pessoas da comunidade. Ninguém é tão auto-suficiente que não necessite dos outros; ninguém é tão pobre que não possa levar algo aos outros.

Não podemos prescindir da comunidade sem cometer um absurdo existencial. E nos enganaríamos se crêssemos poder contatar diretamente com Deus sem passar pelos irmãos e prescindindo da comunidade de salvação que por disposição de Deus é a Igreja (LG 9).

O Corpus Christi é o dia da caridade. Amar a Deus e amar os homens, nossos irmãos, vão unidos no juízo definitivo de Jesus (Mt 25,31s.). Assim o apóstolo São João o repetia incansavelmente. Se alguém disser que ama a Deus e não ama seu irmão, é um mentiroso; pois quem não ama seu irmão a quem vê, não pode amar a Deus a quem não vê (1Jo 4,20).

Em toda eucaristia há pelo menos um mínimo de sinais de amor fraterno e de comunhão: a assembléia reunida, a oração, o louvor comum, o Pai-nosso, a saudação mútua ou o gesto da paz, e sobretudo a participação do mesmo Pão na Mesa comum do Senhor; comunhão eucarística que, para ser plena, deve ter duas vertentes: a vertical e a horizontal, isto é, com Cristo e com os irmãos.

b) **A eucaristia é impossível sem comunidade de amor.** - O amor e a comunhão fraterna são inerentes à eucaristia, por necessidade e não como referência a mais; até o ponto de não se poder celebrar a missa numa comunidade profundamente dividida e numa desunião total, como adverte São Paulo. Pode haver na assembléia pobres e ricos, brancos e pretos, de direita, de centro e de esquerda; mas todos em igualdade e amor de irmãos. A única classificação inadmissível como simultânea é aquela que rompe a unidade do Corpo de Cristo na caridade: operadores e oprimidos, exploradores e explorados, verdugos e vítimas, perseguidores e perseguidos pela justiça.

Jesus avisou claramente: Se você for levar sua oferta ao altar, e aí se lembrar que seu irmão tem alguma coisa contra você, deixe sua oferta lá diante do altar e vá primeiro fazer as pazes com esse irmão e depois volte para fazer a oferta (Mt 5,23). Já os profetas do Antigo Testamento haviam denunciado como falso todo culto que não trouxesse consigo uma busca e seguimento da justiça.

> * Para os primeiros cristãos e Padres da Igreja era inconcebível que a eucaristia pudesse ser celebrada numa comunidade cristã dividida pelo desamor. Eis alguns testemunhos:
>
> - Aquele que tiver um desentendimento com seu companheiro que não se junte convosco, para que vosso sacrifício não se manche (*Didaché*, s.II).
>
> - A eucaristia é o momento em que os cristãos dão, cada um o que tem, aos necessitados (S. Justino, s.II).
>
> - É preferível que as Igrejas morram de fome do que receber alguma coisa dos que cometem injustiças (*Didascália*, s.III).
>
> - A eucaristia é a marca da liberdade, a oblação dos homens livres (Santo Irineu de Lion, s.II).
>
> - Do faminto é o pão que tu retens (S. Basílio, s.IV).
>
> O Papa Paulo VI, falando da propriedade privada em sua encíclica *Populorum Progressio* (1967), afirma:
>
> "Sabido é com que firmeza os Padres da Igreja determinaram qual deve ser a atitude daqueles que possuem em relação aos que estão em necessidade. 'Não dás da tua fortuna, assim afirma Santo Ambrósio, ao seres generoso para com o pobre; tu dás daquilo que lhe pertence. Porque aquilo que te atribuis a ti, foi dado em comum para o uso de todos. A terra foi dada a todos e não apenas aos ricos'.
>
> Quer dizer que a propriedade privada não constitui para ninguém um direito incondicional e absoluto. Ninguém tem direito de reservar para seu uso exclusivo aquilo que é supérfluo, quando a outros falta o necessário.
>
> Numa palavra: o direito de propriedade nunca deve exercer-se em detrimento do bem comum, segundo a doutrina tradicional dos Padres da Igreja e dos grandes teólogos" (PP 23).

Deus deve habitar em nós, seus filhos. Cristo quer estar presente em nossas reuniões e eucaristias como pão da palavra e alimento de vida eterna. Abramos-lhe espaço em nossos grupos, comunidades e paróquias abertos à comunhão eclesial e ao amor e fraternidade com os homens, nossos irmãos.

TEMPO COMUM

Segundo Domingo do Tempo Comum (A)

Is 49,3-6: Vou fazer de ti luz das nações.
1Cor 1,1-3: Saudação de Paulo, Apóstolo de Jesus Cristo.
Jo 1,29-34: Este é o Cordeiro de Deus que tira o pecado do mundo.

TESTEMUNHO SOBRE JESUS

1. Testemunho de João Batista sobre Jesus
2. Este é o Cordeiro de Deus
3. Que tira o pecado do mundo
a) Redenção universal
b) Libertação integral
c) Vitória com Cristo sobre o pecado
4. Deus quer-nos testemunhas do Evangelho

***

As três leituras bíblicas deste domingo são centradas, a partir de diversos ângulos, no testemunho sobre Jesus Cristo. Ao aval do Senhor em favor de seu Servo como "luz das nações" e portador de sua salvação universal *(1ª leit.)*, e à confissão de Paulo que se proclama "apóstolo de Jesus Cristo" *(2ª leit.)*, soma-se o esplêndido testemunho de João Batista sobre Jesus como "Cordeiro de Deus que tira o pecado do mundo" *(Evangelho)*.

1. Testemunho de João Batista sobre Jesus

A leitura evangélica de hoje (Jo 1,29-34) contém o segundo testemunho do Batista em favor da messianidade e divindade de Jesus, que está para iniciar sua vida apostólica. Já houve o primeiro testemunho de João diante dos enviados de Jerusalém (Jo 1,19-28) e virá um terceiro diante de dois de seus discípulos (vv. 35-37), para concluir sua vida com o grande testemunho de seu martírio.

O evangelista João prescindiu da infância de Jesus, no princípio de seu evangelho, cuja finalidade é proclamar, contra os Docetas, a fé na divindade de Jesus, Verbo de Deus e carne humana. Todo o quarto Evangelho - como os Sinóticos - é um testemunho em favor de Cristo Jesus. Depois do Prólogo, o evangelista começa de imediato a vida apostólica do Senhor com os testemunhos de João Batista e do Espírito sobre Jesus.

A palavra do Precursor, que é uma autêntica composição teológica, desautoriza também alguns discípulos sobreviventes do Batista que tinham seu mestre como superior a Jesus, pois fora João quem batizara; detalhe que o quarto evangelho não menciona expressamente, em diferença dos Sinóticos, embora esteja suposto nas palavras do Batista (Jo 1,32-34).

O testemunho do Batista sobre Jesus tem dois pontos chaves: 1º Este é o Cordeiro de Deus que tira o pecado do mundo (v. 29); 2º Eu vi e dei testemunho de que este é o Filho de Deus (v. 34). Não parece fácil o Batista ter dito assim. Esta é a redação de um teólogo, o autor do quarto evangelho, que por sua vez expressa a confissão de fé cristã da comunidade eclesial primitiva; confissão de fé pós-pascal, uma vez revelado em plenitude o acontecimento cristão, isto é, o mistério do Filho de Deus, Cristo Jesus, morto e ressuscitado pela salvação do mundo.

Conhecida é a impostação sacramental do evangelho de João. Partindo do sinal da água batismal que Jesus recebe, anuncia-se o batismo em Água e Espírito, em fogo e sangue. E aponta-se para os sacramentos pascais da fé e do testemunho cristão: o batismo, a confirmação e a eucaristia.

2. **Este é o Cordeiro de Deus**

A declaração de João Batista proclama Jesus: "Cordeiro de Deus que tira o pecado do mundo". Palavras que se repetem cinco vezes na celebração eucarística. A quinta vez, imediatamente antes da comunhão do Corpo do Senhor, como que indicando que aquele que se une a Cristo reconhece e assume também sua condição de Cordeiro sacrifical que expia, vence e apaga o pecado do mundo.

A expressão, de contexto cultual, era familiar à mentalidade judia e aos primeiros cristãos procedentes do judaísmo. É também título messiânico aplicado a Jesus, com base no quarto Canto do Servo de Javé (Is 53,7). O Servo pode referir-se ao "resto" de Israel, chamado a ser luz das nações (*1ª leit.*), como a uma pessoa individualizada (o Messias, Cristo), cujos sofrimentos (paixão) Is 53 descreve e pré-anuncia: "Era levado como um cordeiro ao matadouro" (v. 7).

Mas temos de convir que a comparação ou o título é hoje menos apropriado e pouco atual no contexto de nossa cultura. Devemos traduzi-lo para uma linguagem moderna, ao menos quanto a seu sentido; pois ele se mantém na liturgia e seu significado é rico em ressonâncias bíblicas: 1ª Referência, basicamente, ao cordeiro pascal da libertação do Egito (Êx

12); 2ª Referência aos sacrifícios habituais de cordeiros no Templo para expiação dos pecados do povo (Êx 29,38; Lv 16, 21).

Jesus é o Servo do Senhor por excelência e o Cordeiro Sacrifical por antonomásia, o novo Cordeiro pascal imolado precisamente no dia da Páscoa e na hora da matança dos cordeiros pascais. Ele é o sacrifício da nova Aliança que supera e anula o sangue dos sacrifícios de animais (Hb 10,1-18). Ele é a nova Vítima e o Sacerdote, simultaneamente (7,27). Por seu sangue recebemos a redenção, o perdão dos pecados (Ef 1,7). E São Pedro escreve: "Vocês foram resgatados... não com ouro ou prata, mas ao preço do sangue de Cristo, o cordeiro sem defeito e sem mancha" (1Pd 1,18-19).

3. **Que tira o pecado do mundo**

a) **Redenção universal**. - A expressão "que tira o pecado do mundo", no singular, engloba não somente apagar todos os pecados numericamente, mas também e sobretudo a situação de pecado do mundo, a condição escravizada do homem pecador; supõe a destruição do mistério de iniqüidade que é o pecado (2Ts 2,7), a vitória da luz sobre as trevas (Cl 1,13-14) e sobre a negação do amor a Deus e aos irmãos em suas múltiplas manifestações pecaminosas, cujo resumo é egoísmo irredimido do "homem velho".

Com a morte expiatória de Jesus fica saldado não só o pecado do povo israelita da antiga Aliança, mas também o pecado do mundo. E cria-se o homem novo original à imagem de Deus, chamado à santidade. Somos os "consagrados por Jesus Cristo, o povo santo que Ele chamou" (1Cor 1,2: *2ª leit.*).

b) **Libertação integral**. - O texto da primeira Carta de São Pedro antes citado fala de resgate; e nos textos neotestamentários é freqüente a referência à redenção por Cristo em termos de libertação da velha escravidão do pecado. A antítese de forças que lutam no coração humano foi vivida emocionalmente e expressada com maestria pelo apóstolo Paulo, que descreve sua própria luta interior (Rm 7,14-25). Todo nosso esquema psíquico e espiritual gira em torno de dois eixos básicos e antagônicos: amor e ódio, alteridade e egoísmo, gratificação e agressividade; aquilo que os gregos sintetizaram nesses dois instintos base: *éros* e *tánatos*, e que os psicólogos e psiquiatras atuais reconhecem como válidos e presentes em todo conflito psíquico, incluídos os complexos neuróticos de culpabilidade.

O pecado se faz realidade onipresente entre nós e dentro de cada um, hoje como ontem e como sempre. É certo que estamos redimidos, vocacionados à santidade dos filhos de Deus e a viver em sua amizade e graça como consagrados e libertados por Cristo; mas não nos tornamos impecáveis. O mal está no meio de nós, embora a nível de conversa de rua não lhe chamem de "pecado", termo que para alguns já está defasado. Mas basta lançar um olhar:

- Na sociedade nacional e internacional campeiam a exploração, a pobreza, a fome, a incultura, a violência, o sofrimento de tantos inocentes, a marginalização dos sem voz, numa palavra a violação dos direitos humanos.

- No mundo do trabalho proliferam a competição desleal, a paralisação da indústria, a insegurança, as greves e as fraudes.

- No mundo da família percebe-se frieza, falta de diálogo e entendimento, luta de gerações, desamor, infidelidade, divórcio e aborto.

- No plano pessoal dominam-nos as atitudes de soberba, avareza, de luxúria, de inveja, de desejo, de domínio, de ódio, de rivalidade e de vingança.

c) **Vitória com Cristo sobre o pecado**. - Isto faz-nos exclamar com São Paulo: "Pobres de nós! Quem nos libertará dessa situação de pecado que nos leva à morte pessoal e à destruição mútua? Quem nos reconciliará com Deus e com os irmãos? Como poderemos lutar com êxito contra o mal e vencê-lo dentro de nós mesmos, dentro de casa, em nossa vida e no ambiente que nos cerca? Há uma esperança indestrutível. É Jesus, o Cordeiro de Deus que tira o pecado do mundo. Ele é nossa vitória, nossa libertaçao e nossa paz.

Por Cristo e com Ele somos capazes, e é nosso dever, vencer o pecado cada dia e construir o Reino de Deus e sua justiça na terra: Venha a nós o vosso Reino, Senhor! Jesus tomou sobre si nosso pecado, assumindo nossa condição pecadora, como quis mostrá-lo em seu batismo por João na água purificadora; mas ao mesmo tempo venceu nosso pecado por seu batismo no Espírito, por sua morte expiatória e por sua ressurreição gloriosa, que aplica a nós e em nós realiza pelos sinais da fé que são os sacramentos: batismo, confirmação e eucaristia...

4. **Deus nos quer testemunhas do evangelho**

É uma urgência de nossa fé dar testemunho da salvação de Deus como indivíduos e como comunidade eclesial que segue a Cristo. Em nossa incorporação a Ele pelos sacramentos da iniciação cristã (batismo, confirmação e eucaristia), recebemos uma missão do Espírito para o testemunho como pessoas e como grupo de fiéis em Cristo Jesus, Cordeiro de Deus que apaga o pecado do mundo. A Igreja, comunidade cristã, deve continuar a obra de salvação e libertação universal de Cristo e ser, como Ele, luz dos povos e sacramento-sinal do amor redentor no mundo de hoje (LG 1.48). Ser cristão hoje é ser testemunha entre os homens de nossa fé em Jesus Cristo ressuscitado, Salvador do mundo.

Para isso pratiquemos a conversão contínua, como nos é lembrado no começo da Eucaristia. Celebremos o sacramento da reconciliação e o façamos comunitariamente, pois todo pecado desgraçadamente tem projeção comunitária e social. Como testemunhas, temos de mostrar em nossa existência de batizados, de fiéis e redimidos:

- que Jesus venceu o pecado em nossa vida, porque Ele nos fez filhos de Deus e nós adotamos seus sentimentos e atitudes evangélicas;

- que Cristo é a luz nas regiões obscuras da vida e da história;

- que construímos e servimos ao Reino de Deus entre os homens;

- que a figura de Jesus, Cordeiro de Deus, só se entende a partir de sua morte e ressurreição salvadoras;

- que vivemos os valores evangélicos do amor, da fraternidade humana, da justiça e da solidariedade com os mais pobres;

- que Jesus, na possessão plena do Espírito, torna possível a esperança no futuro, a fé no homem, a transformação social pelo amor;

- que a eucaristia que celebramos alenta nossa vocação cristã e nosso compromisso diário para a libertação do homem e para uma nova sociedade de irmãos.

Terceiro Domingo do Tempo Comum (A)

Is 9,1-4: Na Galiléia dos gentios o povo viu uma grande luz.
1Cor 1,10-13.17: Guardem concórdia uns com os outros e não alimentem divisões entre si.
Mt 4,12-23: Jesus na Galiléia. Pregação e primeiras vocações.

SEGUIMENTO DE CRISTO NA UNIDADE

1. Conversão ao Reino de Deus
a) O anúncio do Reino
b) A inacabada conversão ao Reino de Deus
2. A vocação cristã: seguimento de Cristo
a) A vocação para a fé
b) O seguimento de Cristo
3. Seguimento de Cristo na unidade
a) Unidade dentro da Igreja
b) A nível ecumênico ou intereclesial
4. É muito mais o que nos une do que o que nos separa

***

Este domingo apresenta uma liturgia da palavra muito rica em temática. No *evangelho*: a conversão, o seguimento de Cristo, o Reino de Deus e o seus sinais. Na *primeira leitura*, em referência direta ao evangelho: a luz e o gozo messiânico cumpridos na pessoa de Jesus. Na *segunda leitura*: a unidade entre os que seguem a Cristo.

Procurando vertebrar unitariamente os temas, importa destacar que a vocação cristã é seguimento de Jesus na unidade e a serviço do Reino de Deus em nosso mundo atual.

Como este domingo costuma cair dentro da *Oitava de oração pela união das Igrejas cristãs*, se se quiser acentuar o movimento ecumênico será útil se fixar nos números 3 e 4 das reflexões que seguem.

1. Conversão ao Reino de Deus

a) **O anúncio do Reino**. - O evangelho de hoje (Mt 4,12-23) contém uma síntese da pregação e atividade apostólica de Jesus, como também uma narrativa vocacional. O "sumário" que Mateus nos apresenta hoje resume o anúncio de Cristo sob o lema: Convertam-se, porque está próximo o Reino dos céus. Síntese que recorda também a mensagem do Batista (v. 17; 3,1). E o novo resumo com que conclui o texto evangélico acrescenta ao anúncio do Reino os sinais do mesmo: Jesus percorria toda a Galiléia, ensinando nas sinagogas e proclamando o Evangelho do Reino, curando as enfermidades e doenças do povo (v. 23).

A passagem evangélica de hoje incorpora uma longa citação da *primeira leitura* (Is 9,1-4) referente à Galiléia. Mateus procura mostrar

Jesus como o Messias no qual se realizam as profecias do Antigo Testamento. Depois do batismo no Jordão e da vitória sobre as tentações no deserto, Cristo volta para a "Galiléia dos gentios", assim chamada por se achar no norte da Palestina, nos limites com as nações pagãs. É aqui que Jesus vai iniciar seu anúncio da Boa Nova.

Cumpre-se assim a profecia de Isaías sobre a restauração destas regiões do norte saqueadas pelos assírios (ano 734 a.C). O povo que caminhava nas trevas viu uma grande luz (Is 9,2; Mt 4,16).

Há também em Mateus uma intenção universalista para seu evangelho. Jesus começa sua atividade apostólica e libertadora precisamente pelas terras de "pagãos", embora habitadas pelos judeus em sua maioria, aos quais Cristo se dedicou quase que exclusivamente.

b) **A inacabada conversão para o Reino de Deus.** - Temos de tornar operativo o programa prático de vida que o lema de Jesus encerra: Convertam-se, porque está próximo o Reino de Deus. São muitos os interesses que constantemente nos tentam para desvirtuar e inclusive invalidar nossa resposta ao Senhor. O "homem velho" que trazemos dentro de nós, escravo da soberba autônoma, da avareza, da luxúria, da exploração do próximo, numa palavra, do egocentrismo nefasto, opõe-se ao "homem novo" libertado por Cristo, que foi o Homem-para-os-outros.

Por isso a conversão é uma tarefa sempre inacabada. Assim o entenderam os santos e os grandes cristãos de todos os tempos. Mas é também compromisso alegre. O convite à conversão contínua que encerra o imperativo: "Convertam-se" é boa nova de libertação, é esperança luminosa e transformadora, é dom e tarefa que temos de assumir responsável, livre e alegremente com atitudes novas e atuais de comportamento pessoal e comunitário, assim como também de relação com os demais.

2. A vocação cristã: seguimento de Cristo

a) **A vocação para a fé.** - No evangelho de hoje Jesus vocaciona dois pares de irmãos: Pedro e André, Tiago e João. Os quatro vivem em Cafarnaum, cidade escolhida pelo Senhor como centro de sua atividade na Galiléia e se ocupam do mesmo trabalho: são pescadores. Jesus chama-os, dizendo-lhes: Venham e sigam-me e farei de vocês pescadores de homens. Eles deixaram imediatamente as redes e o seguiram. Impressiona-nos a personalidade de Jesus como também surpreende-nos a resposta instantânea dos vocacionados, que lembra a dos profetas. Iniciam-se assim a longa série e o estilo do discipulado cristão.

Esta chamada aos primeiros Apóstolos, célula germinal da Igreja, é um sinal de alerta para nós "cristãos velhos", membros de comunidades já mais ou menos constituídas. Não está adormecida ou morta a força original de nossa vocação para a fé em Cristo? Não estamos enterrados, mergulhados num cristianismo sociológico de tradição e herança familiar mais que de opção pessoal e consciente pelos valores do Reino de Deus?

Por que somos cristãos? Estas são interrogações sérias que merecem reflexão e resposta.

Uma rigorosa pesquisa religiosa (1985) sobre a assistência à missa dominical na cidade de Madri, centro e periferia, apontou uma média de vinte por cento do total da população "obrigada" à participação eucarística. E os restantes oitenta por cento? Batizados na sua imensa maioria. Estatística que possivelmente encontrará réplica semelhante em qualquer das grandes cidades.

Na pesquisa sócio-religiosa realizada nesse mesmo ano a nível nacional, oitenta por cento dos espanhóis se declaram crentes e católicos, mas apenas trinta por cento são praticantes habituais. Fria crueldade a dos números! É óbvio que ser cristão significa mais que a simples prática dominical ou sacramental; mas esta é um indicador.

Na vida individual de cada um de nós, como na cena evangélica de hoje, há um chamamento pessoal de Deus que nos chama pelo próprio nome para a fé em Cristo Jesus. É uma vocação alegre; por isso devemos vivê-la não como um peso carregado com tristeza mas como uma missão que ilumina o próprio horizonte, nossa vida familiar, nosso mundo profissional e a realidade social em que nos movemos. Cristo é a salvação, Jesus é a luz, e o que segue não caminha nas trevas. (Ver SãoTiago Apóstolo, ano B: Nova Evangelização).

b) **É seguimento de Cristo**. - Vocação cristã para a fé é isto: seguimento do Senhor. Assim o entenderam os Apóstolos e os primeiros cristãos. O conteúdo e o significado de "seguimento" é muito mais rico, comprometedor e exigente que a simples "imitação". Jesus não é modelo para ser imitado servilmente em todos os detalhes de sua vida terrena que é coisa de vinte séculos atrás. Seria anacronismo.

Mas o que não perdeu validade para nenhum de seus discípulos que quer ser chamado e ser cristão de verdade, é a assimilação das atitudes e a apropriação dos critérios que animam a conduta e a doutrina de Jesus de Nazaré. Esta é a chave do seguimento: adquirir o estilo de Cristo, escolher sua própria opção fundamental diante do Pai e dos irmãos, isto é, o serviço ao Reino de Deus, à verdade, ao amor e à justiça, com atenção especial aos homens mais diminuídos em sua condição humana e em seus direitos humanos, como Ele o fez.

3. Seguimento de Cristo na unidade

a) **Unidade dentro da Igreja**. - A *segunda leitura* de hoje descobre-nos uma situação pouco exemplar para o seguimento de Cristo na comunidade primitiva de Coríntios (1Cor 1,10ss.). A Igreja dos consagrados por Cristo e dos carismáticos, infelizmente, não é necessariamente uma comunidade de perfeitos e impecáveis. Porque o grupo de nós que seguimos a Jesus não pode prescindir da condição humana de seus membros; inevitavelmente é a soma das qualidades e defeitos, virtudes e falhas de seus integrantes.

Felizmente a força do Espírito é maior do que nossa fraqueza. É para ela que Paulo apela para superar os tumultos e divisões que se produziram na comunidade de Corinto: Guardem a concórdia uns com os outros e não alimentem divisões entre vocês. Vivam perfeitamente unidos num só espírito e num só pensamento, porque Cristo não pode estar dividido.

O tema da *unidade dos cristãos* é de plena atualidade hoje como ontem. Necessitamos do dinamismo da conversão contínua e progressiva para a unidade, tanto a nível interno ou intra-eclesial como a nível ecumênico ou intereclesial. Primeiro união entre os membros da mesma Igreja, depois união com os cristãos das diversas Confissões ou Igrejas. As instruções de São Paulo mantêm sua vigência, em primeiro lugar, para qualquer de nossas comunidades, paróquias, dioceses e Igreja católica em seu conjunto.

A ninguém ocultamos as *tensões internas* que sofremos: dialética entre maximalistas e minimalistas, progressivistas e conservadores, temporalistas e espiritualistas... não só no plano do mero opinar livremente e do legítimo pluralismo, mas também em atitudes e julgamentos mútuos que prejudicam a unidade, o amor e a convivência fraterna. Falta suficiente compreensão e diálogo entre nós que professamos o mesmo credo. Por isso construímos barreiras ideológicas e afetivas artificiais entre aqueles, que com sinceridade por parte de uns e de outros, entendem com cores diferentes a ação da Igreja atual em diálogo com o nosso mundo (ver Dom. 26,A).

É normal haver pontos de vista diferentes naquilo que é acidental, e diversidade de enfoques para problemas que surgem em situações sócio-culturais diversas. Mas não é cristão erguer por causa disso fronteiras de divisão, com escândalo daqueles que nos olham de fora. Estejamos de acordo no essencial a nível interno mediante o amor e o diálogo, e respeitemos as legítimas diferenças. Assim não perderemos eficácia missionária e evangelizadora.

b) **A nível ecumênico ou intereclesial**. - Critérios que têm validade também nas relações com os irmãos separados. É evidente o anti-testemunho que hoje, como durante séculos, oferecemos ao mundo, nós que cremos em Jesus divididos em diversas confissões cristãs. Em sua despedida Jesus rezou ao Pai: Que todos sejam um para que o mundo creia que tu me enviaste (Jo 17,21). Graças a Deus está em marcha o movimento ecumênico que procura reunificar o corpo de Cristo, desmembrado através da história por culpa e intransigência de uns e de outros.

Houve *dois momentos marcados* na divisão dos cristãos: 1º Cisma do Oriente no século XI com Miguel Cerulário, patriarca de Constantinopla, que em 1054 deu origem à Igreja ortodoxa. 2º Cisma do Ocidente no século XVI, com Martinho Lutero na Alemanha (1517) e Henrique VIII na Inglaterra (1539), que deu origem às Igrejas protestantes. A análise das causas de tais divisões é muito complexa e supera os limites deste espaço.

Hoje faz-se revisão histórica e doutrinal num clima fraterno de conversão ecumênica, olvidando preconceitos, supostos agravos mútuos e mal entendidos conjunturais.

Desde o forte impulso que o Papa João XXIII deu ao Ecumenismo e a partir do Concílio Vaticano II (1962-65), multiplicaram-se os *encontros ecumênicos*, tanto a nível de representantes máximos - Atenágoras, patriarca de Constantinopla, e o Papa Paulo VI, em Jerusalém (1964); João Paulo II e o primaz anglicano Robert Runcie em 1982 -, como dos teólogos da Comissão mista católico protestante, conseguindo-se positivos avanços, por exemplo, entre católicos e anglicanos com respeito à eucaristia. Há ainda muito que caminhar, mas a oração e o diálogo para a união e reconciliação das Igrejas estão em marcha felizmente em todas as partes.

Uns e outros precisamos nos examinar à luz da palavra de Deus e manter alguns critérios-base que passem de ser projeto para determinar já um programa de ação a médio e a longo prazo, inclusive com objetivos e gestos concretos. Neste sentido é confortador, por exemplo, o movimento de espiritualidade ecumênica de Taizé, França. As vigílias e encontros de oração pela unidade, conjuntamente com os irmãos separados, são também um gesto ecumênico desejável, porque onde dois ou três estiverem reunidos em nome de Jesus, ali estará no meio deles (UR 8; Mt 18,20).

4. É muito mais o que nos une do que o que nos divide

Somos irmãos separados e devemos nos unir, segundo o desejo de Cristo, para que o mundo creia nele e para que haja um só rebanho, uma só Igreja, sob um único Pastor. São Paulo expressava assim o ideal e o fundamento da unidade cristã: Um só Senhor e um só Espírito, como também há uma só esperança no final da vocação a que Deus nos chamou. Há um só Senhor, uma só fé, um só batismo, há um só Deus e Pai de todos, que está acima de todos, que age por todos e em todos está presente (Ef 4,4-6). Pontos básicos e comuns que de fato nos unem são estes:

- Fé em Deus Pai de nosso Senhor Jesus Cristo e nosso Pai, a quem rezamos a oração comum dos filhos de Deus: o Pai nosso que Jesus ensinou.
- Fé em Jesus Cristo, Filho de Deus e nosso Salvador, por que temos vida em Deus.
- Fé no Espírito Santo vivificante.
- O mesmo Evangelho, o mesmo Credo basicamente, a mesma Bíblia fundamentalmente (cf. UR 3).

Tudo está dizendo que somos "irmãos separados" que devem realizar uma conversão ecumênica para o Reino de Deus, cada um cedendo um pouco. Para reconhecer-nos irmãos precisamos ter um coração limpo, pobre e humilde, disposto a ver no outro a parte de verdade que nos falta (UR 4,7). E Jesus disse que antes de apresentar nossa oferta diante do altar, devemos nos reconciliar com nossos irmãos para podermos comer o mesmo Pão da Unidade em fraternidade de mãos estendidas e corações unidos (cf. Mt 5,23).

Quarto Domingo do Tempo Comum (A)

Sf 2,3; 3,12-13: Deixarei no meio de vós um povo pobre e modesto.
1Cor 1,26-31: Deus escolheu o fraco do mundo.
Mt 5,1-12a: Felizes os pobres em espírito.

AS BEM-AVENTURANÇAS: PROGRAMA DE VIDA CRISTÃ

1. As Bem-aventuranças: espírito do Reino de Deus
a) O Sermão evangélico da Montanha
b) As Bem-aventuranças resumem a opção pelo Reino
2. Utopia ou realidade? Chaves de leitura e interpretação
a) Em esquema de lógica racionalista
b) Interpretação espiritualista
c) Leitura puramente sociológica
d) Partindo da opção pelos pobres
e) A vida, exemplo e conduta de Jesus
3. As Bem-aventuranças: programa de vida cristã
a) Norma suprema e carta magna do discípulo
b) Só entende as Bem-aventuranças quem as pratica
c) A pobreza como síntese

***

1. As bem-aventuranças: espírito do reino de Deus

a) **O Sermão evangélico da Montanha**. - As Bem-aventuranças, lidas este domingo como evangelho, são o prólogo do Sermão evangélico da Montanha (Mt 5-7), que é grandiosa composição literária em que Mateus recompila e sistematiza para o discípulo, como num catecismo breve ou vademecum, diversos temas da pregação de Jesus apresentados em ocasiões diferentes. É o primeiro dos cinco grandes sermões que vertebram em secções o evangelho de Mateus. As Bem-aventuranças são lição a mais sublime ditada por um mestre de espírito.

Os temas básicos do também chamado "Sermão da Montanha", como veremos nos domingos seguintes até o nono inclusive, são estes:

- As Bem-aventuranças, espírito do Reino, 5,1-12 *(Dom. 4)*
- O discípulo, sal da terra e luz do mundo: 5,13-16 *(Dom. 5)*
- A nova justiça do Reino (à base de antiteses): 5,17-37) *(Dom. 6)*
- A não-violência e o amor ao inimigo: 5,38-48) *(Dom. 7)*
- Impossibilidade de servir a dois senhores: Deus e o dinheiro: 6,24-34 *(Dom. 8)*
- Cumprimento da vontade do Pai: 7,21-27 *(Dom. 9)*

b) **As Bem-aventuranças resumem o espírito do Reino**. - Por isso ficam muito bem no lecionário litúrgico, tanto dominical como semanal e no dos Santos. Em primeiro lugar, os biblistas vêem nesta passagem de

Mateus um paralelismo intencionadamente alusivo ao Antigo Testamento. Assim:

- A montanha que Jesus sobe recorda o monte Sinai, lugar da promulgação da Lei da Antiga Aliança.

- Cristo aparece como o novo Moisés, o novo legislador: Vocês ouviram o que foi dito aos antigos... eu, porém, lhes digo.

- Os discípulos representam o novo Povo de Deus, o Povo da Nova Aliança.

* Mateus (5,1-12) e Lucas (6,20-26) são os dois únicos evangelistas que relatam as Bem-aventuranças. Para fazer sua composição literária ambos seguiram uma fonte comum primitiva (chamada Q = *Quelle:* coleção de ditos *[loguia]* do Senhor). Mas entre eles há algumas diferenças.

Mateus escreve a destinatários judeus, convertidos ao cristianismo; por isso, é mais judaizante que Lucas na expressão de suas oito Bem-aventuranças: coloca-as na terceira pessoa e dá-lhes um colorido especial, espiritualizando-as: Pobres "em espírito", fome e sede "de justiça", limpos "de coração", perseguidos "pela justiça".

Lucas, ao invés, escreve seu evangelho aos cristãos provenientes do paganismo grego-romano. Põe as Bem-aventuranças na segunda pessoa do plural, combinando o presente ("agora") com o futuro; e parece ter uma intenção mais direta ou sociológica nos termos: pobres, perseguidos, vós que chorais, etc.

Esses matizes diferenciais entre Mateus e Lucas não afetam excessivamente o conteúdo, porque em ambos as Bem-aventuranças são, na boca de Jesus, a proclamação profética do espírito e atitudes próprios dos que optam pelo Reino de Deus que Ele inaugura no mundo dos homens.

2. **Utopia ou realidade? Chaves de leitura e interpretação**

Bem-aventuranças, como a palavra indica, é felicitar o outro e desejar-lhe felicidade. Jesus proclama felizes os pobres, os sofredores, os que choram, os que têm fome e sede de justiça, os que trabalham pela paz, os perseguidos por causa do bem. Mas tem sentido considerar felizes essas pessoas? São as Bem-aventuranças de Cristo uma mensagem válida para os nossos tempos? Por acaso o homem de hoje acha que elas podem ter lugar em sua vida? Não vão ficar na história como mera utopia? Para responder a estas questões difíceis foram apresentadas e ainda hoje se apresentam diferentes leituras das Bem-aventuranças que são chaves de interpretação que se opõem às mesmas.

a) **Vistas a partir da chave da lógica racionalista**, as Bem-aventuranças são uma estupidez aberrante e demente; oito normas para nunca se triunfar na vida, para ser um infeliz fracassado em vez de um realizado feliz. Mas esta é a sabedoria humana, da qual Deus se ri *(2ª leit)*. As Bem-aventuranças supõem uma tal inversão dos critérios e valores humanos que é possível entendê-las com a lógica deste mundo. É um ideal tão alto que o homem terreno e carnal não pode atingi-lo; por isso se sente forçado a tachar Jesus de cínico ou masoquista. Porque a felicidade do pobre não pode ser sua pobreza, nem a do enfermo ou perseguido o sofrimento, nem a do encarcerado as grades de sua cela, nem a do mártir o seu tormento.

b) **A interpretação espiritualista** é a contra-réplica da anterior. As Bem-aventuranças significam um vago espiritualismo conceitual e simpatizante com o bem, a pobreza, a paz, a resignação fatalista e o sonho de um mundo bonito e fraterno. Numa palavra, tudo se reduz a uma bela utopia ideal, um prisma de cristais através de cujas cores se vislumbra um paraíso de fadas. É lícito dizer que assim a atitude pessoal e o compromisso efetivo se diluem na passividade do impossível. Esta chave não tem nenhum valor para nós, pois é alienante.

c) **A leitura sociológica** é a preferida de outros. O sentido primeiro e direto dos termos, seu significado imediato, é o que importa para ser destinatário das Bem-aventuranças de Jesus. O pobre e o faminto, o oprimido e o explorado, o perseguido e o encarcerado, pelo simples fato de o serem, já estão sem mais dentro do Evangelho, são Bem-aventurados, são os escolhidos para o Reino.

Não é exato. A mera situação sociológica não se identifica com a atitude psicológica pessoal. E a atitude psicológica pessoal é conforme São Mateus a que mais qualifica para as Bem-aventuranças, quando se dá a atitude sociológica. Ninguém é herdeiro do Reino de Deus pelo simples fato de ser pobre; como também Jesus não exclui o rico só por causa de sua condição de rico. Embora seja certo que a pobreza material, o sofrimento e a enfermidade, a situação de opressão e a perseguição ajudem o homem a abrir seu espírito para Deus, em quem o fraco confia mais facilmente que o poderoso, que o sábio apavonado ou o rico auto-suficiente e satisfeito.

d) **A opção pelos pobres** e marginalizados é outra das chaves de interpretação. Os que a patrocinam acentuam que a bem-aventurança da pobreza resume todas as demais. É uma forte corrente eclesial que, fundamentada na Bíblia e na teologia de uma libertação integral pela fé em Cristo, ganhou força nas comunidades cristãs. Os documentos das Conferências de Medellín (1968) e Puebla (1979), assim como o Sínodo dos Bispos (1971) sobre a "Justiça no mundo" e a Instrução romana "Liberdade cristã e Libertação" (1986) acentuam a opção preferencial pelos pobres, porque assim o fez Jesus, como aparece com toda a evidência no Evangelho. Esta leitura é válida, nos serve.

e) **A vida, exemplo e conduta de Jesus** são, numa palavra, a chave mais autêntica de interpretação das Bem-aventuranças. Ele foi pobre e sofrido, teve fome e sede de justiça, foi misericordioso e limpo de coração, trabalhou pela paz e reconciliação, foi perseguido e morreu por causa do bem e por amor ao homem. Desta forma encarnou em sua pessoa as atitudes básicas do Reino que as Bem-aventuranças preconizam. Assim elas se convertem para o discípulo em programa real e possível do seguimento incondicional de Cristo.

3. **As Bem-aventuranças: programa de vida cristã**

a) **Norma suprema e carta magna do discípulo.** - As Bem-aventuranças são consideradas pelos exegetas e teólogos como a norma suprema de conduta para o cristão, embora não estejam redigidas em forma de lei constitucional ou código, nem sequer como imposição. As Bem-aventuranças são nos lábios de Jesus um convite e um indicativo, não um imperativo; mas um indicativo de tal alcance e categoria que constitui a norma básica de conduta moral, a carta magna de autenticidade para o cristão. Porque expõem as atitudes pessoais que hão de dar a todo discípulo de Cristo, e não somente a uma minoria seleta, sua qualidade espiritual e humana.

Cada vez que se faz a proclamação das Bem-aventuranças, como no evangelho de hoje, somos convidados a confrontar nossos critérios e conduta com os valores novos do Reino, para dar diante do mundo o testemunho de alegria que Cristo recomenda no final da lista. Alegres na pobreza efetiva e de espírito, no sofrimento, na fome e sede de justiça, na mansidão e pureza de coração, na paz e na fraternidade, sob o peso das injustiças e da perseguição por causa do evangelho e pela fé em Jesus de Nazaré; sem ódios nem rancores nem ressentimentos, mas amando sempre a todos.

Isto seria pedir muito? Sim, porque a prática das Bem-aventuranças constitui o cadinho de prova, a linha divisória entre o autêntico seguidor de Cristo e o Cristão sociológico, de número ou de herança familiar. O primeiro autêntico seguidor de Cristo, não é um tonto passivo ou um pobre infeliz, mas um aristocrata de espírito que com humildade, vazio de si mesmo e respondendo ao dom de Deus, opta lealmente pelos valores do Reino, como exaustivamente fez Jesus.

b) **Somente quem pratica as Bem-aventuranças** as entende, porque são paradoxais e supõem uma inversão total dos critérios em moda; são, diríamos, o mundo ao avesso. Pertencem à esfera religiosa da vivência experimental do dom de Deus na fé. Por isso unicamente são capazes de entendê-las em toda a sua profundidade aqueles que as vivem por uma opção pessoal espontânea ou por uma aceitação alegre do inevitável, assumindo com liberdade de espírito uma situação dada.

Estes são os sucessores dos "pobres de Javé", os "anawim", o "resto" de Israel de que fala a *primeira leitura*, tirada do profeta Sofonias (2,3;12-13). Este profeta, posterior ao primeiro Isaías e contemporâneo de Jeremias (pelo ano 630 a.C.), foi o primeiro a dar um alcance espiritual ao tema profético dos pobres; verdadeiro precursor do sentido neotestamentário de "pobre" que, confiando no Senhor e vazio de si mesmo, pratica a retidão e a justiça com absoluta fidelidade.

Igualmente São Paulo, na *segunda leitura* (1Cor 1,26-31), falando da sabedoria de Deus que confunde a sabedoria do mundo, acentua a preferência de Deus pelo pobre do mundo, o ignorante, o desprezível, o que não conta, o marginalizado. A estes "pobres" o Senhor chama para entender a sábia loucura da cruz de Cristo em quem temos sabedoria, justiça, santificação e redenção.

c) **A pobreza como síntese.** - Impossível comentar aqui todas as Bem-aventuranças com suas aplicações concretas (ver Todos os Santos, ano B). Talvez o que o mundo atual entenderá melhor seja o testemunho da pobreza: um compromisso real da Igreja e dos cristãos com a pobreza efetiva e de espírito, expresso na opção pessoal e comunitária pela libertação dos pobres, no sentido amplo da palavra. Pois "pobreza" é um conceito que engloba muitos aspectos: econômico, social, cultural, espiritual, religioso, carência de dignidade e de direitos humanos, marginalização, privação da liberdade, negação de voz e do voto, exploração, injustiça, opressão, enfermidade e morte prematura. No conceito amplo de pobreza, como num denominador comum, podem ter lugar as demais Bem-aventuranças (cf. LC 62.68).

Cristo identifica-se com o pobre, a ponto de dizer na sentença do juízo final: O que vocês fizeram a um destes pequeninos, a mim o fizeram (Mt 25,40). É certo que Jesus também teve amigos ricos, embora poucos: Lázaro e suas irmãs, Nicodemos, José de Arimatéia, e talvez as mulheres que o ajudavam com seus bens nas jornadas apostólicas. Mas nunca teve amigos "poderosos". Ele preferiu os pobres; e como eles e com eles viveu (LC 66-67).

A urgência da pobreza evangélica é para todos os cristãos, pois trata-se de um conselho ou indicativo evangélico que não é patrimônio exclusivo dos que fazem voto e profissão de pobreza na Igreja, como os religiosos, mas algo necessário à autenticidade e perfeição cristãs.

"Felizes os pobres em espírito", isto é, bem-aventurados também os que, inclusive possuindo bens, têm seu coração desprendido da riqueza, compartilham com os outros o que possuem, confiam em Deus mais do que em sua conta bancária ou rendas, são acolhedores sem auto-suficiência nem paternalismos e se mostram abertos e humildes para ser enriquecidos espiritual e humanamente com as qualidades dos menos abastados. Porque ninguém é tão rico que não precise dos outros e ninguém é tão pobre que não tenha algo para dar ao irmão.

Conclusão. - Busquemos nossa identidade cristã própria na prática tenaz das Bem-aventuranças. Elas são as atitudes e os traços característicos de quem segue a Cristo, da Igreja em seu conjunto e de cada comunidade cristã, se queremos ser fiéis ao Evangelho e à nossa missão evangelizadora do mundo.

As Bem-aventuranças são caminho de felicidade, paradoxal, mas real, se aceitamos e respondemos ao convite do Senhor. Que Ele nos conceda entendê-las, assimilá-las e vivê-las para entrarmos no Reino, porque, tudo isso, é dom do Alto que substitui nossa sabedoria humana pela de Deus *(2ª leit.)*. "Estejam alegres e contentes, porque a recompensa de vocês será grande no céu" (Mt 5,12).

Quinto Domingo do Tempo Comum (A)

Is 58,7-10: Então tua luz surgirá como a aurora.
1Cor 2,1-5: Anunciei-lhes Cristo crucificado.
Mt 5,13-16: Vocês são a luz do mundo.

SAL DA TERRA E LUZ DO MUNDO

1. O discípulo de Cristo é sal da terra
a) Para dar sabor de Cristo à vida dos homens
b) Alegre missão
2. O cristão, luz do mundo
a) Luz que ilumina
b) O mistério do homem
3. Um testemunho eficaz, tarefa do crente
a) Sem ceder à ilusão de uma fé alienante
b) Sem ceder à tentação de uma eficácia retumbante
c) Mas aplicando-se à ação libertadora

***

Para cumprir a missão que Jesus lhe confia de ser luz do mundo e sal da terra *(evangelho)*, o discípulo de Cristo, o cristão, tem de superar tanto a ilusão de uma religião alienante *(1ª leit.)* como a tentação dos falsos métodos e apoios temporais para uma eficácia evangélica ao estilo humano *(2ª leit.)*.

1. O discípulo, sal da terra

O evangelho de hoje (Mt 5,13-16) é continuação imediata das Bem-aventuranças que meditamos no domingo anterior. Nele Jesus nos mostra, mediante três parábolas-provérbio, o que é ser cristão: sal da terra, luz do mundo e cidade visível no alto de um monte (alusão à Jerusalém). As três imagens convergem numa mesma direção: o testemunho da vida a serviço dos outros. E neste serviço Jesus concretiza a identidade do cristão: luz e sal da terra, como o próprio Cristo o foi.

a) **Sal para dar sabor de Cristo à vida dos homens.** - O sal é a primeira das imagens (ou parábolas-provérbio) à qual Jesus apela para definir a identidade de seu discípulo. O sal é elemento familiar a qualquer cultura, pois desde sempre foi empregado para dar sabor à comida. Inclusive, até a aparição do frio industrial (geladeira ou frigorífico) era praticamente o único meio para preservar da corrupção os alimentos, especialmente a carne. Mas além disso, na cultura bíblica e judaica, o sal significava também a sabedoria. E não é em vão que nas línguas latinas os vocábulos sabor, saber e sabedoria pertencem à mesma raiz semântica e família lingüística.

Por isso o sal acaba sendo um simbolismo feliz, de grande riqueza expressiva, para centrar a missão do seguidor de Jesus no meio da sociedade. O sal é um protagonista muito especial no âmbito culinário. Sua presença discreta na comida não é detectada; mas sua ausência não pode ser dissimulada. O sal dissolve-se completamente nos alimentos e se perde em agradável sabor. Essa é sua condição: passar despercebido, mas atuar eficazmente; do mesmo modo é o fermento na massa de farinha que faz o pão, ou a luz ambiental que ilumina sem molestar.

Bela maneira de expressar a tarefa do cristão: ser sal da terra, sal humilde, derretido, saboroso, que atua desde dentro, que não se nota, mas que é indispensável. Isto a tal ponto que se o sal viesse a perder o seu sabor (suposto quimicamente impossível) não serviria mais para nada. Não admite meios termos.

b) **Alegre missão.** - Daqui nasce uma lição: a fé, como constitutivo da condição cristã, é totalmente o contrário de um desmancha-prazeres, porque não é ascética negativa, triste e moralizante. Infelizmente são muitos os que têm essa idéia da religião, porque ainda não lhes foi revelada a verdadeira face do evangelho, que é por necessidade boa e alegre notícia de Deus para o homem.

Alegre responsabilidade a nossa: descobrir o rosto autêntico e a face oculta de Deus, Pai de nosso Senhor Jesus Cristo e Pai de todos. Magnífico papel o nosso: ser sal e sabor da vida, ser graça festiva, ser esperança e otimismo para o tédio e aborrecimento da existência. Sublime tarefa a do fiel: transbordar sem ostentação a riqueza de uma vida cristã interior, fecunda, alentadora para os outros.

Isso é especialmente missão dos mais velhos e adultos em relação às gerações jovens, que vivem mais profundamente o desencanto do consumismo sem ideais transcendentes. Elas são as primeiras vítimas de um mundo decadente e saturado de violência, sexo e droga, como válvulas de escape do vazio e da solidão: um mundo vazio da alegria do compartilhar, um mundo insosso, sem o sal que dá sabor ao presente e sonho ao futuro (cf. GS 7-10).

2. **O cristão, luz do mundo**

a) **Luz que ilumina.** - Também o discípulo deve ser luz que ilumina, conforme Jesus. O simbolismo da luz tem um longo e fecundo itinerário bíblico: desde a primeira página do Gênese em que se descreve a criação da luz por Deus, passando depois para a coluna de fogo que guiava o povo israelita em seu êxodo do Egito, e continuando pela luz dos tempos messiânicos anunciada pelos profetas, especialmente por Isaías, para chegar à plena luz da revelação em Cristo Jesus. Ele afirmou de si mesmo: "Eu sou a luz do mundo; aquele que me segue não anda em trevas, mas terá a luz da vida" (Jo 8,12). Em todo o evangelho de João é abundante esta idéia da luz, personificada em Cristo, Palavra que nos revela e ilumina a imagem do Pai.

Também o que crê em Jesus se converte em luz para si mesmo e para os outros. Já não é somente o fiel israelita ou o povo escolhido, em seu conjunto, o depositário exclusivo da luz por estar de posse da Aliança e da palavra da Lei, que era lâmpada para seus passos e luz em seu caminho (Sl 118,105). Também o novo Povo de Deus, a comunidade dos fiéis que seguem a Cristo, tem a missão de ser luz do mundo, "pois a luz de Cristo resplandece sobre o rosto da Igreja" (LG 1).

b) **O mistério do homem.** - Em todo tempo e em toda cultura o homem buscou a luz da verdade, luz para seu próprio mistério que é uma síntese de vocação sublime e de miséria profunda (GS 13). Em todas as civilizações conhecidas houve e há explicações filosóficas, lendas mitológicas e teorias antropológicas e cósmicas sobre a origem do homem, sobre a vida e a morte, sobre a sociedade e a convivência humanas. Busca-se a resposta às indagações mais profundas do homem, que a Constituição pastoral do Concílio Vaticano II *Gaudium et Spes* enumera magistralmente.

> "A Igreja acredita que Cristo, morto e ressuscitado para todos, pode oferecer ao homem, por seu Espírito, a luz e as forças que lhe permitirão corresponder à sua vocação suprema...
>
> Acredita igualmente que a chave, o centro e o fim de toda história humana se encontram no seu Senhor e Mestre.
>
> Afirma além disso a Igreja que sob todas as transformações permanecem muitas coisas imutáveis, que têm seu fundamento último em Cristo, o mesmo ontem e hoje e por toda a eternidade.
>
> Sob a luz de Cristo, imagem de Deus invisível e Primogênito de todas as criaturas, o Concílio pretende falar a todos, para esclarecer o mistério do homem e cooperar na descoberta da solução dos principais problemas do nosso tempo" (GS 10,2).

A fé em Cristo é a luz do cristão. Cada um de nós tem seu próprio *histórico da luz*: desde o círio batismal que foi aceso na reta de partida até a luz pascal definitiva, passando pela vivência diária de nosso compromisso e identidade cristãos, expressos em cada um dos sacramentos que acompanham nosso peregrinar pela vida. Não podemos ficar inibidos e ser meros espectadores do antagonismo declarado entre a luz de Cristo e as trevas do mal num mundo de pecado. Aqui não há lugar para abstenção; é necessária uma opção radical por Deus e pelos irmãos.

3. **Um testemunho eficaz, tarefa do crente**

Que podemos fazer para um testemunho evangélico e eficaz? Temos de atuar sem ceder às duas tentações apontadas respectivamente pela primeira e segundas leituras deste domingo.

a) **Sem ceder à ilusão de um fé alienante**, exclusivamente cultual ou ritualista que valoriza as práticas religiosas "de igreja" colocando-as acima da ação da vida de cada dia. Não morreu ainda o farisaísmo legalista e ritualista que Jesus tanto condenou. Contudo:

"Isto diz o Senhor: Reparte o pão com o faminto, acolhe em casa os pobres sem teto! Quando vires um homem sem roupa, veste-o e não recuses a ajudar o próximo! Então a luz romperá como a aurora... Se removeres do teu meio a opressão, a denúncia falsa e a palavra malévola se deres ao faminto do teu sustento e saciares o estômago das pessoas aflitas, então tua luz brilhará nas trevas" (*1ª leit.*: Is 58,7-10).

Temos de ser testemunhas da luz. Não se acende uma luz para ocultá-la, mas para que alumie os homens, e para que estes, vendo nossas boas obras, glorifiquem o Pai que está nos céus (Mt 5,16). Ocupação pessoal intransferível de cada dia na família, na relação dos esposos entre si, dos pais com os filhos, dos adultos com as gerações jovens, no testemunho ambiental dentro do mundo profissional e cívico.

Na vida matrimonial e familiar "os cônjuges encontram a vocação que lhes é própria: ser mutuamente e para os filhos testemunhas da fé e do amor de Cristo. A família cristã proclama em alta voz tanto as virtudes presentes no Reino de Deus quanto a esperança da vida eterna. Assim pelo seu exemplo e testemunho argúi o mundo do pecado e ilumina aqueles que procuram a verdade" (LG 35).

b) **Sem ceder à tentação da eficácia retumbante**. - Deixar-se levar pela tentação da eficácia retumbante é nosso modo humano de pensar. Por falsa analogia estamos tentados a aplicar métodos terrenos à causa do Evangelho. Contudo, como ensina Paulo, que aprendeu bem a lição de seu fracasso em Atenas depois de um discurso magistral (At 17,16-34), o fundamento da eficácia cristã e evangélica:

- não é grandiloqüência persuasiva, nem o dinheiro todo-poderoso, nem as influências e recomendações, nem a fama, nem o privilégio social ou legal...

- mas, paradoxalmente, a ciência de Cristo crucificado e a força do Espírito que apóiam a fraqueza e o temor do apóstolo. Isto é o que dá um otimismo, humilde mas sólido, uma segurança que se apóia só em Deus e na eficácia da cruz e ressurreição do Senhor *(2ª leit.)*.

A obra da fé em Jesus pela boa nova de salvação e do amor de Deus ao homem - a evangelização, numa palavra, - não pode se realizar no estilo ou padrão das firmas comerciais que, baseando-se em estudos de mercado ou contratando gente famosa da vida social para sua promoção, vendem seus produtos mais ou menos inúteis ou desnecessários. Mas isto não vale para o Evangelho; e menos ainda podem ser colocadas a serviço da evangelização métodos da revolução violenta.

c) **Mas aplicando-se à ação libertadora**. - Para ser realmente sal da terra e luz do mundo temos de nos comprometer a realizar em nosso redor, em pequena ou grande escala e no raio de ação de nossa existência, as atitudes básicas que as Bem-aventuranças preconizam, plasmando-se aqui e agora em ações concretas:

- Em prol da *esperança* humana, à base de um otimismo humilde e realista, crítico inclusive, mas sempre evangélico. Pois a mensagem de Jesus é boa notícia que anuncia alegria a nosso mundo apesar das situações conflitivas e problemáticas.

- Em prol da *justiça* como condição para a fraternidade e a paz. Há muitos setores que acudir: problemas da fome no mundo, da violência, da marginalização, da solidão, da opressão, da doença, da exploração, da incultura... (ver LC 71-96).

Conclusão. - Não podemos perder o sabor cristão, diluindo-o em palavras ou em meras práticas religiosas. Se alguém vê nossas boas obras e nossa fé religiosa projetadas para a fraternidade e para o amor, nos reconhecerão como portadores da luz de Cristo e darão glória ao Pai. A fé e a condição cristãs não admitem meios termos: ou transformam e iluminam a vida, ou não servem para nada.

"Irmãos. Noutro tempo vocês foram trevas, mas agora são luz no Senhor. Caminhem, pois, como filhos da luz" (Ef 5,8).

Sexto Domingo do Tempo Comum (A)

Eclo 15,16-21: Deus não manda o homem pecar (Liberdade e pecado).
1Cor 2,6-10: Uma sabedoria que não é deste mundo.
Mt 5,17-37: Foi dito aos antigos... porém, eu lhes digo.

A NOVA JUSTIÇA DO REINO

1. A nova justiça, fidelidade e santidade conforme Jesus
a) Seis antíteses para declarar o sentido da Lei nova
b) Chave de interpretação: duas frases do Senhor
c) Pela nova justiça à sabedoria e liberdade cristãs
2. Letra e espírito. Da antítese à síntese
1º Homicídio. 2º Adultério. 3º Divórcio. 4º Perjúrio.
3. A Lei de Cristo, lei de liberdade e fidelidade
a) A lei, pedagogo do amor
b) Lei do máximo e não do mínimo
c) Lei de liberdade e fidelidade

***

1. A nova justiça, fidelidade e santidade conforme Jesus

a) **Seis antíteses**. - Prosseguindo na leitura do Sermão evangélico da Montanha, começado no quarto domingo, e no contexto das bem-aventuranças e da condição do discípulo como sal da terra e luz do mundo (domingo anterior), o evangelho de hoje (Mt 5,17-37) inicia as seis antíteses mediante as quais Jesus proclama o sentido da nova Lei. Hoje são lidas as quatro primeiras antíteses, referentes a estes temas: homicídio, adultério, divórcio e perjúrio. As duas últimas: perdão em lugar de vingança ou lei de talião, e amor ao inimigo em vez de ódio, ficam para o próximo domingo.

Jesus procede pedagogicamente à base de antítese ou antinomias, método usado pelo rabinos na tradição oral de escola e de sinagoga. "Vocês ouviram o que foi dito aos antigos... eu, porém lhes digo." Jesus compromete em sua afirmativa toda sua autoridade messiânica de Filho de Deus. Como vimos anteriormente, estabelece-se assim um paralelismo que supera o Antigo Testamento. Aqui há um novo Monte, um novo Legislador e uma nova Lei que supera a de Moisés no Sinai.

b) **Chave de interpretação**. - Há no evangelho proclamado hoje duas frases que constituem a chave de interpretação das seis antíteses de Mateus 5,17-48.

1ª "Não pensem que vim revogar a lei e os profetas; não vim revogá-los mas levá-los à perfeição" (v. 17). Portanto as fórmulas antitéticas nos lábios de Jesus não são palavras de um revolucionário aloucado que reduz a nada o Antigo Testamento, isto é, a Lei e os Profetas. As seis antinomias não desautorizam a Lei do Antigo Testamento, mas lhe dão plenitude e profundidade. O que se ataca abertamente é a interpretação legalista e minimista dos escribas e fariseus do tempo de Jesus. A alternativa que Cristo propõe à lei mosaica não é simples abolição ou destruição da mesma, mas precisamente uma maior exigência e radicalidade mediante a promulgação da nova Lei (= porém, eu lhes digo), que fundamenta uma moral, uma ética religiosa no dinamismo progressivo, interior, totalizante e de acordo com o ritmo ascendente da revelação.

2ª "Eu lhes digo: se vocês não forem melhores (= se a justiça, fidelidade e santidade de vocês não for maior) que os escribas e fariseus, vocês não entrarão no Reino dos Céus" (v. 20). Esta fidelidade maior é a diferença que Cristo assinala entre os membros da Sinagoga e os da Igreja, entre a comunidade do Antigo e do Novo Testamento. "O fim da lei é Cristo, para a justificação de todo crente" (Rm 10,3). O amor sem limites a Deus e ao irmão é a plenitude da Lei de Cristo, a nova justiça, a nova santidade, a nova fidelidade, porque, resume São Paulo, "amar é cumprir toda a lei" (Rm 13,8-10: ver Dom. 23,A, 3,b).

c) **Pela nova justiça à sabedoria e liberdade cristãs**. - Por meio da doutrina de Jesus sobre a nova fidelidade evangélica, o discípulo de Cristo é introduzido por sua mão na sabedoria de Deus, da qual fala São Paulo na *segunda leitura* (1Cor 2,6-10). Uma sabedoria misteriosa, escondida, dom de Deus, que não é deste mundo aqui em baixo; um saber renovado que é superior à envelhecida mentalidade humana e ao conhecimento dos iniciados nos mistérios pagãos ou na filosofia platônica imperante no tempo de Paulo.

A sabedoria cristã do Evangelho, em contraposição ao conhecimento auto-suficiente dos sábios e poderosos deste mundo, é o saber dos pobres de Deus, dos humildes e simples que optam pelas Bem-aventuranças do Reino e assimilam o propósito que estas supõem.

* "É imensa a sabedoria de Deus... e Ele conhece as obras do homem", cuja liberdade respeita, porque Ele mesmo lha deu. Assim explica a *primeira leitura*, tirada do livro do Eclesiástico (ou Sirac, pela assinatura final do livro pelo ano 190 a.C.), a origem da morte e do pecado. Não procedem de Deus, mas da liberdade do homem para optar pelo bem ou pelo mal. Porque o homem é livre, é também responsável moralmente diante do dilema do bem-mal, morte-vida.

É o saber escolher que constitui a sabedoria da liberdade. Por seu livre arbítrio o homem se realiza como pessoa madura, mas somente se opta pelo bem e não pela arbitrariedade egoísta; porque a vida está no caminho da justiça (Pr 12,28; Dt 11,26)

2. **Letra e espírito. Da antítese à síntese**

Depois de estabelecer o espírito da nova lei ou nova justiça, Jesus desce a alguns pontos significativos. As antíteses referem-se a temas concretos, e contrapõem atos externos a atitudes interiores. Assim o Senhor exclui a casuística farisaica do mínimo legal que se dá por satisfeito com a observância da letra da lei somente; e urge o espírito pleno da lei animada pelo amor. Eis aqui os temas das antíteses:

1º **Homicídio** (vv. 21-26). - Afirmação da vida humana e do direito à mesma (quinto mandamento). Jesus condena não só a privação da vida física, mas inclusive toda ação e sentimento de malquerer, porque esse é o sentido pleno da lei escrita: até ao ponto de estabelecer o amor ao próximo como condição prévia para o culto autêntico a Deus, isto é, como base da religião. Amor ao irmão e culto-amor a Deus irão unidos inseparavelmente, ensina Cristo; de sorte que para estar em ordem com Deus, temos de estar primeiramente com o próximo.

Notemos que, depois de estabelecer a antítese, Jesus faz a síntese: Deus-irmão. Ninguém pode basear-se aqui para defender exclusivamente o horizontalismo ético de um simples humanismo laico ou secular. Tão funesto é o moralismo individualista de antigamente como o humanismo pseudo-ético ou pseudo-religioso de autores mais recentes, como por exemplo o proposto por John T.A. Robinson em seu livro "Sincero para com Deus", Harvey Cox na "Cidade Secular", ou alguns extremistas da libertação e do compromisso sócio-político.

Não podemos reduzir o amor cristão e a práxis ética a mero humanismo horizontal, como claramente já afirmou no século passado o cardeal Newman; embora não possa ser ignorado. Nossa ética tem de ser profundamente religiosa e teológica para ser autêntica moral cristã e evangélica (ver Marciano Vidal, Moral de Atitudes, 3º volume - Ed. "Santuário".)

2º **Adultério** (vv. 27-30) - Afirmação da plena fidelidade conjugal no amor. É imoral não só o fato consumado, mas também o desejo, adultério de coração. O radicalismo do ensinamento moral de Jesus fica patente no exagero intencionado e consciente de olho arrancado e da mão cortada, como cúmplices dos desejos do coração.

3º **Divórcio** (vv. 31-32). - Afirmação da indissolubilidade do vínculo matrimonial. Jesus restabelece a ordem do Criador no princípio (Mt 19,4), anulando a "tolerância" da lei mosaica (Dt 24,1) sobre a qual as escolas rabínicas fundamentavam sua interpretação laxista. A indissolubilidade do matrimônio que Cristo preconiza, restabelece a dignidade da mulher e seus direitos e obrigações em paridade com o homem. Este gozava de todos os privilégios a respeito, mediante tão somente o libelo de repúdio (ver Dom. 27,B).

4º **Perjúrio** (vv. 33-37). - Afirmação da verdade, sinceridade, honradez e lealdade. Jesus exclui para o cristão não só o descumprimento do juramento feito a Deus, mas também o ato de jurar pelo céu, pela terra, pelo templo de Jerusalém ou pela própria vida. Porque contra a mentira não há outra salvaguarda que viver na verdade e sinceridade de irmãos que se sabem filhos de Deus.

3. A Lei de Cristo, lei de liberdade e fidelidade

a) **A lei, pedagogo do amor**. - O fato de Jesus pôr a plenitude da Lei do Reino no amor que deve animar toda a vida do discípulo, indica a importância e a função da lei em si mesma. A lei é necessária em toda sociedade civil ou estado de direito, como expressão das condições mínimas que tornem possíveis a convivência e a salvaguarda dos direitos humanos; de outra forma se imporia a lei do mais forte. Também a comunidade eclesial tem uma lei de auto-governo, lei constitucional diríamos, no Código de Direito Canônico; mas a própria Igreja e o cristão sabem que sua primeira lei básica é o Evangelho. Assim o entendeu São Francisco de Assis, essa foi a única regra que no princípio estabeleceu em suas comunidades de mendicantes.

A lei veterotestamentária bem ou mal cumpriu sua função de pedagogo ("babá", diz São Paulo) que preparava para a fé em Cristo Jesus (Gl 3,19-25). A lei continua tendo a sua função de pedagogo para a educação progressiva do cristão no amor. Quando este alcança sua plena maturidade e perfeição não se sente coagido pela lei; esta lhe sobra. Assim dizia Santo Agostinho: "Ama e faze o que queres". E São João da Cruz no final da "Subida ao Monte" escreve: "Por aqui já não há caminho; para o justo não há lei".

b) **Lei do máximo**. - Se Jesus dá a primazia ao espírito da lei sobre a letra da mesma, é para nos ensinar que o seguimento cristão não se limita à observância ritualista e legalista de um código de normas. Perigo que nos ronda continuamente. Mas a moral cristã, a ética autenticamente religiosa é mais que isso. Toda nossa vida cristã deve ser resposta ao dom amoroso de Deus, manifestado em Cristo Jesus. O objetivo fundamental de sua Lei não é fazer-nos escravos da letra escrita, mas filhos livres de Deus.

Há cristãos minimistas, herdeiros de um farisaísmo hipócrita e casuísta, que se contentam com o "eu não roubo, eu não mato nem faço nada de mal". Isso é o mínimo, e não garante que você ama de verdade os outros. O amor vai mais longe que a justiça e o direito, sem negá-los. Por isso o cristão que ama de verdade não se limita ao mínimo indispensável para cumprir os mandamentos com espírito temeroso do castigo e de escravo, mas sob os impulsos do Espírito e do amor que Deus derramou em seu coração, como pessoa livre e libertada por Cristo, entrega-se a uma obediência amorosa de filho que responde a uma lei interior e sem fronteiras.

c) **Lei de liberdade e fidelidade**. - Enquanto não nos sentirmos livres do legalismo tacanho, porque nosso amor, como o dos Santos, deve ir muito mais além do que os limites mínimos da letra e da lei, não teremos ainda captado a mensagem evangélica de hoje. A radicalidade da lei de Jesus é a dinâmica progressiva do amor sem limites nem fronteiras. Assim as atitudes interiores e a opção fundamental por Deus e pelo seu Reino têm primazia sobre os próprios atos externos; embora sem que se descuide destes para não se incorrer numa ilusão laxista.

"Pela união com Cristo a lei vivificante do Espírito me libertou da lei do pecado e da morte" (Rm 8,2). "Cristo nos libertou para vivermos em liberdade" (Gl 5,1); a liberdade dos filhos de Deus. No cerne desta liberdade, como resposta pessoal e agradecida ao dom-amor de Deus em Cristo, embasa-se a moralidade cristã (Cf. B. Häring: Liberdade e fidelidade em Cristo. Teologia moral para sacerdotes e seculares, 3 Vls. Barcelona 1981-83).

Conclusão. - Façamos um auto-exame para uma conversão realmente cristã. Já nos julgamos bons, fiéis e justos por nossos méritos e práticas religiosas? Amamos de verdade, sem limites mínimos nem fronteiras? Jesus recorda-nos: Quando você for oferecer a sua oferta sobre o altar... vá reconciliar-se primeiro com seu irmão. Se não formos melhores que os escribas e fariseus, não entraremos no reino de Deus.

Sétimo Domingo do Tempo Comum (A)

Lv 19,1-2.17-18: Amarás o teu próximo como a ti mesmo.
1Cor 3,16-23: Tudo é de vocês, mas vocês são de Cristo, e Cristo é de Deus.
Mt 5,38-48: Amem seus inimigos.

A FORÇA DA NÃO-VIOLÊNCIA ATIVA

1. Radicalidade do amor segundo Jesus
a) Mudança da lei de talião
b) "Amem seus inimigos"
c) "Sejam perfeitos como o Pai celestial de vocês é perfeito"
2. Programa realizável ou mera utopia para sonhadores?
a) Pergunta inquietante
b) Resposta afirmativa na história cristã
3. Perdoar e amar é a força do não-violento
a) Não a resignação fatalista
b) Somente a não-violência ativa do amor

***

1. Radicalidade do amor segundo Jesus

Com a leitura evangélica de hoje Mt 5 conclui a primeira parte do Sermão da Montanha que, com as Bem-aventuranças e as seis Antíteses, promulga a carta magna do Evangelho, a constituição do povo da nova Aliança. Hoje são lidas as duas últimas antíteses: Perdão em vez de vingança, e amor ao inimigo em vez de ódio. Ponto culminante da doutrina de Jesus. Junto com seu paralelo, Lc 6,27-38 (= 7º Dom. do tempo comum C) é uma das páginas mais sublimes de toda literatura universal e que inspirou a Gandhi sua campanha da "não-violência ativa".

É de tal envergadura a reviravolta que Cristo propõe, que nela empenha de novo sua autoridade messiânica: Vocês ouviram o que foi dito aos antigos... porém, eu lhes digo. Oposição frontal à tradição legal dos escribas e fariseus.

a) **Mudança da lei de talião** (vv. 38-42). - Esta lei é formulada pelo menos três vezes em diversos perícopes do Pentateuco. Em síntese: Vida por vida, olho por olho, dente por dente. Isto é, você pode vingar-se na medida em que foi ofendido; pode cobrar ou pagar com a mesma moeda (Êx 21,24; Lv 24,19; Dt 19,21).

A formulação da *Lei de Talião* se encontrava nas leis assírias, concretamente no Código de Hammurabi, rei da Babilônia (cerca de 1750 a.C.). Pode parecer-nos hoje uma lei bárbara e primitiva. Mas no seu tempo foi de fato uma lei de moderação que punha um limite à vingança "legal", tanto a nível de sentença judicial como de indivíduos ou famílias. O castigo seria igual ao dano, mas não ilimitado como proclamava o feroz Lamec em seu canto selvagem (Gn 4,24).

A prática da lei rapidamente foi suavizando a crueza de sua letra escrita. Inclusive no conjunto de prescrições morais e rituais, fundado na santidade de Deus, que constituem a Lei da Santidade (Lv 17,26), de onde se tira a primeira leitura de hoje, se diz: Não te vingarás nem guardarás rancor contra teus parentes, mas amarás teu próximo como a ti mesmo (19,18).

Deve-se reconhecer que o espírito de vingança, uma lei de talião à nossa maneira, está bem enraizado no coração humano, em todos nós. Dizemos e ouvimos dizer abertamente: o que você me faz, você há de pagar... Não se deixe pisar... Quem ri por último, ri melhor... A melhor defesa é o ataque.

Pois bem, para Jesus tudo isso fica excluído: Não só a vingança efetiva mas também o desejo da mesma, até chegar à renúncia da justiça vindicativa e de toda violência ativa, mesmo como autodefesa: "Não usem de violência contra os violentos: ao contrário... (39). E desenvolve sua afirmação com quatro exemplos ou situações diferentes: bofetada, demanda, intimação e empréstimo. São exemplos intencionadamente paradoxais que não devem ser tomados ao pé da letra em sua situação circunstancial, mas sim em seu espírito de perdão, reconciliação e fraternidade.

b) **"Amem seus inimigos"** (vv. 43-47). - Jesus começa a antítese afirmando na primeira parte: "Vocês ouviram o que foi dito: Ame o seu próximo e não é preciso amar o inimigo". Na primeira leitura encontramos de fato a primeira parte da afirmação; se bem que em Lv 19,18 o próximo significa o compatriota judeu. Ao contrário, no Evangelho de Jesus significa todo homem. A segunda parte, "não é preciso amar o inimigo", não se encontra literalmente em nenhuma passagem do Antigo Testamento e menos ainda do Novo. Mas os israelitas a deduziram como conclusão da primeira parte: Todo aquele que não pertencia ao Povo da Aliança desconhecia o Deus verdadeiro, e era estranho, "inimigo", e por isso não havia razão para amá-lo. Esse é o sentido.

Pois bem, Jesus rompe mais uma vez com a tradição dos rabinos e vai mais além: "Eu, porém, lhes digo: Amem seus inimigos, façam o bem aos que os odeiam e rezem pelos que os perseguem e os maltratam" (v. 44). O passo que Cristo dá é de gigante e para gigantes. Não contentes em estender o conceito de próximo a toda pessoa sem distinção, e o do perdão até setenta vezes sete (18,22; ver Dom. 24 A), ordena também o amor inclusive ao inimigo. Incrível! Ele não deixa por menos... Jesus declara inviável e antiquada nossa divisão tão usual das pessoas em amigos e inimigos; para aquele que ama não há senão irmãos, filhos do mesmo Pai.

c) **"Sejam perfeitos como o Pai de vocês que está nos céus é perfeito"** (v. 48). - Esta conclusão das seis sínteses é a motivação de tudo o que antecede. Base ética profundamente religiosa: Imitação do exemplo de Deus, à cuja imagem o homem foi feito. "Assim vocês serão filhos do Pai de vocês que está nos céus, que faz nascer o seu sol sobre os maus e bons e manda a chuva para os justos e injustos" (v. 45). Ao discípulo de

Cristo não basta saudar e amar os amigos; isso qualquer um faz. Do cristão exige-se mais. Sejam perfeitos como o Pai de vocês que está no céu é perfeito, conclui Jesus. Eco ampliado da motivação-estribilho da Lei de Santidade do Levítico: "Sereis santos porque eu o Senhor vosso Deus sou santo" (Lv 19,2: *1ª leit.).*

A mensagem de Jesus aparece aqui em toda sua radicalidade, que revoluciona todos os nossos critérios e valores humanos. É um programa desafiador! Seremos capazes de enfrentá-lo? Aceitamos ou rejeitamos? Por isso Cristo avisa no princípio das seis antíteses: Se a justiça de vocês não for maior (se vocês não forem melhores) que a dos escribas e fariseus, vocês não entrarão no Reino de Deus (Mt 5,20).

Comparando esta sublime doutrina de Jesus de Nazaré com a mentalidade corrente, hoje como ontem, compreende-se melhor a reflexão de São Paulo na *segunda leitura* (1Cor 3,16-23), que continua o tema da sabedoria cristã. Paulo afirma sem rebuços: A sabedoria deste mundo é loucura aos olhos de Deus (v. 19). Por isso é absurda toda divisão, malquerença, facção, partidarismo que destroem o amor entre os membros da comunidade cristã, templo santo de Deus e de seu Espírito.

A autêntica sabedoria cristã é conhecer a própria dignidade do fiel e da comunidade na qual ele vive; e depois estabelecer a hierarquia de valores e atribuições: Tudo é de vocês, vocês são de Cristo e Cristo é de Deus (v. 25). Assim o grande protagonista é Deus, Jesus e o Espírito; os demais são apenas servidores, apóstolos, enviados, servos leais que fizeram o que deviam fazer.

2. Programa realizável ou mera utopia para sonhadores?

a) **Pergunta inquietante.** - A radicalidade da mensagem evangélica deste domingo apresenta sérias interrogações que inquietam qualquer cristão responsável: É este um programa realizável ou uma mera utopia para sonhadores? É possível hoje em nosso mundo cumprir o programa das duas últimas antíteses do Sermão da Montanha? A resposta de muitos é: Impossível, inatingível, demasiado sublime.

Certo é que estas normas de Jesus, vistas à luz da "sabedoria deste mundo", podem parecer-nos utopia ingênua e irrealizável; programa para sonhadores ou para idiotas. Está bem que Cristo nos mande excluir todo sentimento de ódio, rancor, malquerença, fanatismo e intolerância, tanto a nível de família e indivíduos como a nível de grupos raciais, lingüísticos, ideológicos ou políticos. Mas, praticar o desarmamento unilateral, apresentar a outra face e amar o inimigo! Isto é demais; até parece conduta de tímidos e de resignados fatalistas. O máximo que uma pessoa ultrajada poderia fazer seria perdoar. Esquecer lhe custará muito mais. Amar seu ofensor ser-lhe-ia impossível.

Inclusive encontramos pessoas cristãs e de bom coração que dizem: "Perdoar eu perdôo, mas esquecer não me é possível, menos ainda querer-lhe bem". Com isso não estão cultivando em seu coração sentimentos de ódio, rancor ou agressividade; e menos ainda o prazer oculto da vingança.

Perdoar, sim; mas chegar a amar o inimigo... Como pode um negro escravizado amar, mesmo que queira, seu próprio escravizador, ou o segregado de cor o branco que o despreza, o palestino apátrido ao judeu, o torturado a seus torturadores, o exilado ao ditador, o assaltado a seu assaltante, as vítimas aos próprios terroristas?... Há falta de valentia de santo e de têmpera de herói! E é possível impor o heroísmo como norma?

b) **Resposta afirmativa.** - Tanto uma atitude de minimalistas irredutíveis como a sabedoria natural deste mundo darão uma resposta negativa e sem rodeio a todas estas indagações. Ideal impossível; portanto, digno de recusa. Contudo, historicamente sabemos que houve cristãos que deram uma resposta afirmativa; e não eram inconscientes nem covardes, mas heróis de santidade, homens e mulheres de coração grande e de uma maturidade humana e cristã inigualáveis, verdadeiros aristocratas do espírito que bateram todas as marcas olímpicas dos valores humanos. Porque o mais fácil e natural seria vingar-se, fazer justiça com as próprias mãos aos impulsos da lei de talião, ou ao menos odiar, mas eles souberam perdoar e amar.

Tal como soam as palavras de Jesus, teriam elas estabelecido como norma de conduta o amor afetivo ou emocional ao inimigo? Por lei não é possível impor a simpatia, o amor afetivo e o carinho emocional ao inimigo que nos agrava. Isso iria contra nossa estrutura psíquica; seria desumano. Também Jesus não o exige por decreto. Mas nos propõe seu exemplo e nos manda ter o amor efetivo: fazer o bem ao inimigo, rezar por ele, respeitá-lo sempre como pessoa e como irmão, filho também de Deus que faz nascer seu sol sobre bons e maus.

3. Perdoar e amar é a força do não-violento

a) **Não a resignação fatalista.** - Jesus não defende nem estabelece simplesmente como norma uma resignação tola ou uma insensatez descabida diante da violência, do fanatismo, da exploração ou da injustiça.

> O próprio Senhor em sua Paixão "protesta" pedindo explicação da bofetada injusta diante do tribunal de Anás (Jo 18,23); e diante de Pilatos manteve um silêncio de dignidade. Também São Paulo protestou contra a flagelação injusta que impuseram a ele e a Silas em Filipos (At 16,37), e mais tarde defendeu sua vida e seus direitos de cidadão romano apelando para César (25,11).
>
> Os imperativos pacíficos de Jesus a seus seguidores, como indivíduos e como comunidade, também não desautorizam o poder judicial e punitivo que a autoridade da sociedade civil tem para a necessária defesa dos direitos cívicos e como último recurso e salvaguarda da convivência do cidadão, quando a força da razão e da justiça não é respeitada.

Cristo não propõe estas normas a seus discípulos como meras utopias. É um ideal que se fracassa não é senão por falta de conversão, tanto do coração das pessoas como das estruturas violentas e egoístas de um mundo em pecado. Jesus conscientemente exclui toda violência e malmequer; mas não uma resistência pacífica, embora ativa pelo amor.

Não se deve aprovar nenhuma passividade, nenhum silêncio diante da injustiça. Uma atitude assim seria covarde e pouparia muitos mártires, é verdade; mas também impediria o processo de humanização e fraternidade; e em muitos casos silenciaria a voz dos pobres sem voz. Hoje como ontem fazem falta testemunhos, transbordantes de amor ao "inimigo", defensores valentes dos direitos humanos embora nisso se perca a vida às vezes, como um M.L.King, um Gandhi, um J.F.Kennedy, um Dom Romero e tantos outros. Suportar a injustiça não significa aprová-la nem deixá-la sem denúncia profética.

b) **Somente a não-violência ativa do amor. -** Jesus quer que inauguremos olhos novos para ver nos outros somente irmãos em Deus nosso Pai comum e não a velha categoria de amigos e inimigos. Ele manda que resistamos à tentação fácil da vingança e da violência diante do ultraje, inclusive em situações próximas de injustiça comprovada; perdoar e amar até tornar desnecessária a justiça vindicativa, sob a qual facilmente se aninha o ódio e se camufla a vingança. Deus quer que combatamos o mal com o bem. Perdoar e amar é a grande força ativa do não-violento, a única opção capaz de frear e destruir a espiral do mal e da violência.

O projeto do discípulo de Jesus está, pois, constituído:

- Pela não-violência, como primeiro passo: Não fazer frente ao agressor (Mt 5,39).

- E pelo amor ativo, em segundo lugar: Amem seus inimigos; façam o bem àqueles que lhes fazem mal (Mt 5,44).

- Valentia, coragem e maturidade humana e cristã, à maneira de Jesus que morreu perdoando e amando.

Conclusão. - Somente assim nossa fidelidade será maior que a dos escribas e fariseus. Somente assim, realizando com um coração novo este programa de amor sem fronteiras, e fundindo em irmãos a distinção entre amigos e inimigos, daremos ao mundo um testemunho atraente de alegria e fraternidade, condição prévia para a conversão de corações e de estruturas. Somente assim poderemos rezar o Pai-Nosso: Perdoai, Senhor, nossas ofensas assim como nós perdoamos a quem nos tem ofendido.

Oitavo Domingo do Tempo Comum (A)

Is 49,14-15: Mesmo que uma mãe esquecesse seu filhinho, eu não te esqueceria.
1Cor 4,1-5: O Senhor manifestará as intenções dos corações.
Mt 6,24-34: Não se preocupem com o dia de amanhã.

É IMPOSSÍVEL SERVIR A DOIS SENHORES

1. Opção diante de um dilema insolúvel
a) Uma disjuntiva inevitável: Deus ou o dinheiro
b) Duplo convite de Jesus
c) Abandonar-se a um amor providente
2. A nova religião do homem atual
a) O culto ao dinheiro
b) A idolatria consumista
c) Conseqüências da mesma
3. Uma margem de confiança em Deus
a) Uma segurança superior
b) Que não é alienante
c) Conclusão: Primazia do Reino de Deus

***

1. Opção diante de um dilema insolúvel: Deus ou o dinheiro

O evangelho deste domingo prossegue a leitura do Sermão da Montanha, no qual Jesus proclama as atitudes básicas do discípulo para assimilar o novo projeto do Reino de Deus. A passagem de hoje é de grande beleza literária (Mt 6,24-34). Cristo define a atitude do cristão diante do dinheiro e a subsistência material que nele se fundamenta. Parece que estamos ouvindo um eco da primeira bem-aventurança: a dos pobres de espírito e de fato (5,3; Lc 6,20).

a) **Uma disjuntiva inevitável. -** A passagem evangélica abre-se com um dilema que é tese de partida: "Ninguém pode servir a dois senhores... Não podem servir a Deus e ao dinheiro". O axioma é ao mesmo tempo um dado experimental. Dilema evidente, portanto. É incompatível o serviço satisfatório a dois senhores. O Deus da revelação é um Deus "ciumento", como se afirma freqüentemente no Antigo Testamento, especialmente nos Salmos e no Pentateuco. Portanto, não admite rival. Mas resulta também que o deus-dinheiro, o ídolo Mamon, é totalizante. E quando se apodera do coração do homem, destrona qualquer outra deidade. Diante da inevitável disjuntiva Jesus propõe a *opção* a seguir: servir ao Senhor, abandonando-se à sua providência amorosa de Pai. Idéia que ele apóia em duas belíssimas imagens da natureza: se os pássaros e lírios do campo são objeto do cuidado de Deus que provê gratuitamente sua subsistência espontânea, quanto mais o será o homem que vale muito mais que eles.

b) **Duplo convite.** - Do que foi exposto Jesus conclui um duplo convite para os ouvintes:

1º "Não se preocupem com a vida, com o alimento e com as vestes". Por quatro vezes no texto se exclui a preocupação angustiosa pelo sustento diário. O aviso se dirige tanto ao rico a quem sobra e que pode ser escravizado pela obsessão do ter, como ao pobre a quem falta e que igualmente pode ser dominado pela psicose da penúria. Já sabe nosso Pai do céu que temos necessidade de tudo isso.

2º "Busquem em primeiro lugar o Reino de Deus e sua justiça, e tudo o mais lhes será dado em acréscimo." Essa conclusão corresponde à atitude básica do cristão, seguidor de Cristo. Mediante a opção prioritária por Deus e seu Reinado amoroso em nossa vida e no mundo, estabelecemos a hierarquia de valores querida por Jesus. No primeiro lugar de nossas preocupações deve estar Deus. Assim o resto, cada coisa, ocupa o lugar que lhe é apropriado.

O Senhor não diz busquem "unicamente", mas busquem "sobretudo" o Reino de Deus; como isso não exclui o resto, mas coloca-o em segundo lugar. Jesus é realista e não um sonhador embriagado por poesia, trinados e flores. Ele sabe que somos passarinhos ou lírios, e que precisamos ganhar a vida com diligência e trabalho; mas descobrindo a cada passo a providência de Deus e confiando-nos totalmente ao Pai, sem angústia obsessiva pela aquisição de coisas.

c) **Abandonar-se a um amor providente.** - O texto do segundo Isaías, que se lê na *primeira leitura* (Is 49,14-15), tirada do Livro da Consolação (cc. 40-55) escrito durante o cativeiro da Babilônia, descreve esse amor providente de Deus com a imagem ainda mais sublime, se possível, do carinho da mãe que não se esquece de seu filhinho (v. 15). É a expressão bíblica mais profunda e eloqüente da ternura maternal de Deus e de seu amor ao Povo eleito e ao homem.

Deus é mãe e é pai, ou melhor não tem sexo. Mas, já que ao homem é preciso falar-lhe de modo humano, a imagem de pai é a mais usual na Bíblia, especialmente no Novo Testamento. Foi também a expressão habitual nos lábios de Jesus. Por isso na comparação de Isaías o recurso ao carinho providente da mãe para se referir a Deus recebe força especial.

2. A nova religião do homem atual

a) **O culto ao dinheiro.** - Jesus de Nazaré continua insistindo na tensão do máximo; continua assim sua utopia ou ideal de radicalidade. Se o tema do domingo anterior foi a não-violência, o perdão e o amor também ao inimigo, o de hoje é a nova atitude do discípulo diante da subsistência cotidiana, que se baseia no dinheiro e nos bens que com o dinheiro se conseguem.

O tema da riqueza e da pobreza é capital na doutrina evangélica; idéia "obsessiva" diríamos, especialmente em Lucas como também em Mateus.

Embora a mais de um a linguagem de Jesus na leitura deste domingo pareça de um altíssimo romanticismo profético, Cristo nunca fala como um sonhador por mais sublime e radical que seja sua doutrina. Nem hoje se expressa como um visionário, embora seja evidente que a hierarquia de valores que ele estabelece choque frontalmente com a sabedoria e mentalidade de nossos "sensatos" critérios mundanos.

O dinheiro, isto é, o ter e o consumismo que nele se baseiam, tornou-se o substituto da religião autêntica. Desde sempre, e hoje mais que nunca, rende-se culto ao deus Dinheiro com verdadeiro ritual de sacrifício ao ídolo tirano. Sacrifica-se tudo em seu altar: trabalho, saúde, princípios éticos, família, amizade, êxito, felicidade. Tudo, contanto que triunfe, tenha coisas, influências, êxito pessoal, aparência social, poder de consumo para o necessário e o supérfluo, diversão e prazer da vida.

b) **A idolatria consumista.** - No fundo está latente um erro enorme, freqüente na sociedade ocidental e de opulência: identifica-se o ser pessoa com o ter bens e coisas. Desta maneira o ser e o viver ficam sujeitos ao ter e ao gastar.

Quando nossa atitude pessoal diante do dinheiro desloca-o da sua junção de *meio* de subsistência digna e humana (alimentação, roupa, casa, família, estudos, educação, lazer e cultura...) para convertê-lo em *fim* obsessivo de nossa vida, começamos a soldar os elos da corrente que nos amarra à tirania do ídolo. Já temos um senhor, um deus absorvente, despótico e totalitário que não admite o Deus autêntico como rival.

Por isso o dilema colocado por Cristo continua de pé. Disjuntiva incompatível: Não podemos servir a dois senhores que se excluem mutuamente como são Deus e o Dinheiro. Cristo convida-nos à opção prioritária pelo Reinado de Deus e sua justiça, isto é, a escolher a soberania amorosa de Deus e sua vontade em nossa vida e em nosso mundo.

Este convite é para vivermos em liberdade, como filhos amados de Deus, a preocupação de cada dia no hoje do presente. Essa é a liberdade interior do discípulo verdadeiro, que, como Paulo e todo ministro fiel dos mistérios de Deus, sabe administrar os recursos que o Senhor entregou ao homem para serviço de todos e não para o monopólio egoísta e fechado aos outros irmãos (1Cor 4,1-5; *2ª leit.*).

c) **As conseqüências** da idolatria consumista são terríveis e degradantes, embora o homem moderno pareça recebê-las como coisa natural. O consumismo:

- Degrada a dignidade humana, a nobre condição do homem e da mulher que se convertem em razão dele em puras máquinas de produção e consumo de bens.

- Bloqueia a solidariedade do compartilhar, a fraternidade e comunicação humanas saciando até o fastio, o egoísmo, a manipulação e a exploração dos semelhantes.

- Não faz o homem mais feliz nem mais livre, mas sim, ao contrário, o desumaniza. A propriedade, quando é egoísta, sai fora de sua exigência básica que é orientação ao bem comum, ao compartilhar com os outros: e se converte só em possuir para o indivíduo, ficando este por sua vez "possuído" pelas coisas e bens que tem. Infelizmente é o que acontece freqüentemente.

3. Uma margem de confiança em Deus

a) **Uma segurança superior.** - A atitude do cristão diante do dinheiro e dos bens materiais, isto é, o projeto que Jesus aponta para quem o segue, põe à prova nossa fé e nossa confiança em Deus. O dinheiro significa segurança e uma garantia econômica muito de acordo com nossa psicologia. Temos fome de seguros de toda classe, também de seguros espirituais. Por isso a psicose de segurança corre parelha com a obsessão do ter.

Mas uma obsessão de segurança total choca-se com a fé: esta sempre será paradoxo, aventura, risco e atitude de peregrino em marcha pela vida. Tudo isso faz com que não estejamos a salvo das possibilidades de uma insegurança temporal, embora compensada com acréscimos por uma tranqüilidade de outro tipo. A fé que Jesus nos pede é confiança e abandono nas mãos de Deus a quem servimos com amor, e por quem nos sentimos amados. Ele sabe muito bem que necessitamos de muitas coisas para nosso sustento de cada dia.

b) **Que não é alienante.** - Esta confiança em Deus não é alienante, não nos exime de nossa responsabilidade nas tarefas temporais, nem nos permite fugir de nosso compromisso cristão no mundo. Assim diz o provérbio: Deus ajuda quem madruga. É o espírito da parábola dos talentos e das moedas de ouro (Mt 25,14; Lc 19,12). A busca do Reino não só não exclui o desenvolvimento humano e temporal, mas o exige. Desde o Gênese o homem é colaborador da obra de Deus no mundo, cujos recursos têm destinatário universal: toda pessoa de qualquer raça, cor, língua, credo, cultura e continente.

Se, dominados pelo ritmo do consumismo sem freio, optamos pela idolatria do dinheiro e do poder, do desenvolvimento meramente econômico e não integralmente humano, não haverá solução duradoura para os problemas da vida humana, embora uma primeira ilusão nos faça crer no seu êxito. A experiência vai se encarregando de demonstrar que nem o capitalismo nem o coletivismo dos meios de produção criam uma sociedade e um homem felizes. Não é só questão de repartir a maior fatia possível do bolo consumista para uns e outros, mas sim de criar estruturas de justiça, paz, liberdade e fraternidade humanas, para os homens serem mais pessoas e mais irmãos.

Grande empreitada a do cristão que optou pelo Reinado de Deus em sua vida e a seu arredor. Nos documentos do Concílio Vaticano II recordase freqüentemente esta tarefa do cristão (LG 30-3; AA 9,14; GS várias vezes).

c) **Conclusão: Primazia do Reino de Deus. -** No final da escuta da Palavra impõe-se-nos um auto-exame pessoal e comunitário, orientado à conversão de atitudes de mentalidade e de conduta conforme o critério e exemplo de Cristo. Quem é o deus ao qual eu sirvo? Urge-nos uma opção diante do dilema inicial: Vocês não podem servir a Deus e ao dinheiro... Busquem sobretudo o Reino de Deus e sua justiça e tudo o mais lhes será dado em acréscimo.

A proposta de Jesus é clara. Deixemos de ser servos do dinheiro e escravos de nós mesmos, para servir ao Senhor com alegria e livres da angústia e da febre possessivas. Confiados em sua Providência, repitamos a oração que o Senhor nos ensinou: Venha a nós o vosso Reino, e dai-nos hoje nosso pão de cada dia.

Nono Domingo do Tempo Comum (A)

Dt 11,18.26-28: Vede: hoje estou colocando diante de vós a bênção e a maldição.
Rm 3,21-25.28: O homem é justificado pela fé, sem as obras da Lei.
MT 7,21-27: A casa edificada sobre rocha ou sobre areia.

CUMPRIR A VONTADE DO PAI

1. Para entrar no Reino de Deus
a) Construir sobre rocha, não sobre areia
b) Bênção ou maldição: fruto da obediência ou desobediência a Deus
2. A fé e as obras: São Paulo discorda?
a) O contexto histórico no qual São Paulo escreve
b) Doutrina global: a gratuidade da salvação
c) Síntese: "A fé que atua pela caridade"
3. Cumprir a vontade de Deus
a) O exemplo de Cristo, servidor do Pai
b) Auto-exame e revisão

***

1. Para entrar no Reino de Deus

a) **Construir sobre rocha, não sobre areia.** Com o evangelho de hoje (Mt 7,21-27) encerra-se o Sermão evangélico que vem sendo lido desde o quarto domingo do tempo comum, durante o presente ciclo. Na busca prioritária do Reino de Deus (domingo anterior), Jesus aponta hoje uma *condição* indispensável para se entrar no mesmo: cumprir a vontade do Pai. Esta é a garantia de pertença pela qual Deus nos reconhecerá como seus filhos e discípulos de Cristo. Não basta confessar Jesus tão somente com palavra, como Filho de Deus e Senhor glorioso ressuscitado dentre os mortos. Não goza pois de crédito uma fé que se resumisse em palavrório. Mediante o cumprimento da vontade de Deus, e somente assim, nossa fidelidade será maior que a dos escribas e fariseus.

A necessidade de uma fé prática é esclarecida por Jesus com a comparação *das duas casas*: uma, construída sobre rocha; outra, sobre areia. O homem sábio que cumpre a palavra ouvida é o primeiro termo da comparação; é o verdadeiro discípulo. Ao invés, o néscio que edifica sobre areia é o falso discípulo que ouve a palavra de Cristo, mas não a pratica. O fim de ambos é logicamente muito diferente. O primeiro supera a prova e entra no Reino; o segundo é reprovado e fica excluído do Reino.

b) **Bênção ou maldição** é o resultado da obediência ou desobediência aos preceitos do Senhor. É isto que lemos no fragmento do segundo discurso de Moisés sobre a Lei-Aliança que a primeira leitura cita (Dt 11,18.26-28) e que vem repetido posteriormente (30,15-20).

O esquema bipartido de bênção e maldição era estrutura comum aos pactos orientais, especialmente nos de vassalagem como é o caso da Aliança bíblica de Yavé com o povo de Israel. O dilema bem-mal e vida-morte que é uma conseqüência da obediência ou desobediência à Aliança, é uma catequese teológica da salvação-perdição, que constitui a dupla dimensão inerente à Aliança em combinação com a liberdade humana. Trata-se de uma alternativa de livre decisão.

Há, pois, relação entre a primeira leitura e o evangelho de hoje. O cumprimento da vontade do Senhor é vida e bênção.

2. A fé e as obras: São Paulo discorda?

Da leitura do evangelho conclui-se que o cumprimento prático da palavra do Senhor é o que nos torna aceitos por Ele. Não o que diz: Senhor, Senhor, mas o que cumpre a vontade do Pai... Da *segunda leitura* (Rm 3,21-25-28), porém, parece desprender-se que São Paulo dá a primazia à fé com exclusão das obras. Contradiz o ensino de Jesus? Assim nos levaria a pensar uma leitura superficial desta passagem, especialmente o v. 28: "afirmamos, pois, que o homem é justificado pela fé, sem as obras da lei" (idem Gl 2,16). Frase controvertida. Significaria que a fé justifica independentemente da prática da vontade do Senhor? Significaria que a fé sozinha nos salva? Aqui teve origem a já superada polêmica entre católicos e luteranos.

Três pontos devem ser considerados para se entender exatamente o alcance dessa frase que é um resumo básico da doutrina de Paulo sobre a justificação: 1º O contexto histórico e polêmico no qual o apóstolo escreveu. 2º O conjunto de sua doutrina em suas Cartas. 3º A síntese de fé e obras mediante a fé que atua pela caridade.

a) **O contexto histórico. -** Quando São Paulo fala da lei refere-se habitualmente à Lei mosaica na qual ele mesmo foi educado como fariseu rigoroso. As primeiras comunidades cristãs às quais Paulo dirige suas cartas estavam integradas por duas classes de cristãos, provenientes uns do judaísmo (a maioria) e outros do paganismo. Entre os primeiros nem todos estavam de acordo quanto ao modo de entender a ruptura que a fé em Cristo suponha com respeito à lei mosaica; por isso achavam necessário impor algumas das prescrições da antiga Aliança, por exemplo a circuncisão, aos novos cristãos provenientes do paganismo. Eram os "judaizantes", que lhe criaram muitos problemas a Paulo (cf. At 15,1-29: Dom. 6º Páscoa C,2).

b) **Doutrina global: a gratuidade da salvação. -** São Paulo começa sua Carta aos Romanos descrevendo a situação sombria de pecado da Humanidade antes de Cristo. Todos os homens, tanto os pagãos como os judeus, são pecadores diante de Deus. Assim introduz o Apóstolo o tema da justificação pela fé, que é a doutrina central da Carta. A passagem que hoje se lê anuncia-o em síntese, como resumo da exposição que os capítulos seguintes desenvolvem.

A afirmação sintética e taxativa de Paulo é que o homem não pode alcançar a salvação pelas suas próprias obras conformes à Lei, como se a justificação diante de Deus fosse uma recompensa à nossa observância legal. A salvação nos vem de Deus como um dom. É Deus quem nos "justifica gratuitamente por sua graça mediante a redenção de Cristo Jesus, a quem constituiu sacrifício de propiciação mediante a fé em seu sangue" (3,24-25). Esta é a nova aliança, a nova lei da graça.

A Lei mosaica já preparou este final, cumprindo seu papel de pedagogo ou "preceptora até que chegasse Cristo e Deus nos aceitasse pela fé" (Gl 3,24).

Na Carta aos Romanos, como na Carta aos Gálatas, Paulo acentua a *gratuidade* da salvação que Deus realiza em nós pela fé em Cristo Jesus. Esta é a condição indispensável para ser justificados diante de Deus e gratos a seus olhos: abrir-se ao dom de Deus e agradecê-lo, crer em seu amor salvador e misericordioso que se manifestou em Jesus.

A própria fé já é dom gratuito de Deus que nos abre o caminho da justificação. Por isso é o Evangelho "boa notícia" de salvação. Fica assim descartada a auto-suficiência espiritual de estilo fariseu e todo maniqueísmo voluntarista.

c) **Síntese: "A fé que atua pela caridade".** - É exata, pois, a afirmação de Paulo: "Afirmamos que o homem é justificado pela fé, sem as obras da Lei". Se o Apóstolo elimina as obras da lei mosaica, não exclui, contudo, mas ressalta as obras "da fé que atua pela caridade", como escreve na Carta aos Gálatas (5,6), sua carta magna da liberdade cristã. Assim Paulo declara o cristão livre da lei mosaica, mas imerso na "lei do Espírito que dá a vida em Cristo Jesus e nos liberta da lei do pecado e da morte" (Rm 8,2).

O imperativo moral cristão "vivam como filhos de Deus" fundamenta-se no indicativo do dom de Deus que nos faz seus filhos, criaturas novas em Cristo ressuscitado. O "guardar os mandamentos" dos velhos catecismos continua tendo validade, mas enriquecido hoje com uma maior impostação bíblica. O dom-amor de Deus sempre precede; depois urge logicamente nossa resposta moral na conversão do coração e na fidelidade. Por isso as obras vem inseparavelmente unidas à fé autêntica. Deus é quem nos concede o dom de crer, e o de atuar a fé pela caridade: o ser e o agir.

No fundo, não é questão de opção dialética e excludente: fé ou obras. Mas trata-se antes de síntese vital: fé viva e não morta ou estéril; fé que se manifesta nas obras (Tg 2,16-24). A fé que atua pela caridade, essa é a fé que salva.

Não alcançamos a salvação de Deus por nossas boas obras como algo devido a nossos méritos; mas não sem elas. Assim como não conseguimos o perdão de nossos pecados por nosso arrependimento - embora também não sem ele - mas pela misericórdia amorosa de Deus e pela Paixão redentora de Cristo. Contudo, tanto as obras como o arrependimento são necessários, não como causa da graça e do favor gratuito de Deus, mas como sinal fidedigno de que o homem, o cristão, está justificado diante de Deus. A fé se reporta às obras; por elas se conhece a fé.

Nossa conduta de redimidos deve expressar em nossa vida a obediência à fé e ao evangelho, a correspondência ao dom de Deus, a resposta a um amor que nos precedeu primeiro, os frutos da justificação alcançada pela fé, o cumprimento amoroso da vontade do Senhor. Aquele que crê de verdade manifesta sua fé nas obras, cumpre em sua vida a vontade do Pai e entra no Reino de Deus. Não há, pois, oposição entre o ensinamento de Jesus no evangelho e a doutrina de São Paulo.

3. **Cumprir a vontade de Deus**

Sofremos constantemente a tentação de minimizar as taxativas afirmações, freqüentemente paradoxais, de Jesus: por exemplo, a deste domingo: "Nem todo aquele que me diz: Senhor, Senhor entrará no Reino dos Céus, mas sim aquele que cumpre a vontade do Pai que está no céu" (Mt 7,21). Inclusive pode alguém fazer milagre em nome de Deus, e não ser reconhecido por Ele como seu. Séria advertência para aquele que com duplicidade de coração instrumentaliza o nome e a palavra do Senhor para uso externo, sem aplicá-la a si mesmo.

a) **O exemplo de Cristo, servidor do Pai. -** E como conhecer a vontade do Pai para cumpri-la? Jesus foi o primeiro a realizá-la até ao ponto de afirmar: Meu alimento é fazer a vontade do Pai que me enviou (Jo 4,34); Pai, não se faça a minha vontade, mas a tua (Lc 22,42). Portanto, seguindo a Cristo acertaremos. Sempre é iluminadora uma olhada na vida e na doutrina de Jesus. No Sermão da Montanha que lemos nestes últimos domingos temos uma boa síntese de seu pensamento e das atitudes básicas do que quer ser seu discípulo. Imbuído do espírito das Bem-aventuranças o cristão deve ser sal da terra e luz do mundo; deve ter fome da nova justiça do Reino; será capaz de perdoar e amar o inimigo; servirá a Deus e não ao dinheiro, e cumprirá a vontade do Pai.

Para conhecer e cumprir a vontade do Pai temos de meditar e rezar nas fontes da Palavra de Cristo até torná-la eixo e centro de nossa vida cristã, núcleo central de nossa estrutura pessoal; e não um mero acréscimo de suplemento dominical. Cristo Jesus é o modelo desta escuta e prática, o grande servidor do Pai e do homem, o cumpridor fiel da vontade divina. Como Ele, nós seus discípulos temos de ser pessoas de oração, que é mais do que a súplica oral, para convertê-la em vida de comunhão com Deus. Esta se derramará logo sobre nossa existência pessoal, a família, o trabalho, a realidade comunitária e social em que vivemos; sem criar divórcio entre a fé e a vida (ver Dom. 31,A,3).

Amar a Deus e o irmão é o quadro completo e a síntese da vontade de Deus. Assim construímos nossa casa solidamente. Pois também Jesus não preconiza um ativismo pragmático e eficaz a qualquer preço. Antes o condena, pois o Senhor não reconhece como seus aqueles que afirmam que profetizaram e expulsaram demônios, fazendo milagres em seu nome, mas sem ter enchido sua vida pessoal e sua ação no mundo com a obediência da fé à vontade de Deus.

b) **Auto-exame e revisão.** - Antes de concluir, algumas perguntas: A que categoria de fiéis pertencemos: Somos a casa sobre rocha ou sobre areia? Provavelmente, em vista de nossa fraqueza e ambigüidade, pertencemos em parte a ambas situações: meio a meio; fortes em tempo de bonança, fracos em momentos de prova.

- Temos de revisar, pois, nossos alicerces, sobretudo em tempos de crise de identidade cristã. Não é suficiente identificação uma fé de herança sociológica ou familiar ou só de fórmulas pietistas e rituais.

- É necessária a coerência entre o que dizemos crer e nossa atuação prática, tanto a nível individual como comunitário. Somente cimentados pela fé em Jesus Cristo, em sua graça salvadora e no cumprimento da vontade de Deus e de seus planos sobre nossa vida e sobre a sociedade alcançaremos a justiça do Reino.

- Meditar e orar nas fontes da Palavra de Deus para assimilar sua vontade. Participar da eucaristia não é mera devoção ou cumprimento de uma obrigação, mas expressão, fruto e dimensão importante de nossa fé pessoal e comunitária. Por isso na liturgia começamos escutando a palavra de salvação que seguidamente se atualiza também no sacramento, para depois fundar toda nossa vida diária sobre a rocha que é Cristo.

Décimo Domingo do Tempo Comum (A)

Os 6,3b-6: Quero misericórdia e não sacrifícios.
Rm 4,18-25: Abraão acreditou contra toda esperança.
Mt 9,9-13: Não vim chamar os justos, mas os pecadores.

A RELIGIÃO ESSENCIAL

1. Não ao culto vazio de espírito
a) Conhecimento de Deus mais que holocaustos
b) Dilema excludente?
2. "Vim para chamar os pecadores"
a) Vocação de Mateus, o publicano
b) O escândalo dos fariseus
c) Resposta esclarecedora de Jesus
3. "Quero misericórdia e não sacrifícios"
a) Uma religião sem culto?
b) O constitutivo essencial da religião cristã
4. Exame de nossas motivações religiosas
a) Falsas
b) Autênticas

***

1. Não ao culto vazio de espírito

Tanto na primeira leitura como no evangelho de hoje repete-se uma frase chave que centraliza a mensagem da liturgia da palavra deste domingo: "Quero misericórdia e não sacrifício". Sobre ela versarão nossa reflexão e anúncio.

a) **Conhecimento de Deus mais que holocaustos.** - O contexto provável da leitura do profeta Oséias (6,3-6) é uma liturgia penitencial ou expiatória do povo israelita diante do Senhor, como reação ao perigo iminente de uma invasão assíria. Esta aconteceu em 722 a.C. e seu efeito foram a conquista e a ocupação da Samaria, no Reino do Norte. A primeira parte da leitura é uma auto-exortação do povo à conversão ao Senhor, que na segunda parte previne os praticantes do culto da inutilidade de uma conversão superficial e de um culto formalista, incapaz de expressar uma religião autêntica por não ter consistência, como a neblina da manhã ou o orvalho da madrugada.

A chave da passagem está nas palavras que o profeta põe nos lábios de Deus: Quero misericórdia e não sacrifícios, conhecimento de Deus, mais que holocaustos (v. 6). Idéia freqüente na tradição dos profetas, que sempre fustigarão o culto vazio e a hipocrisia religiosa daqueles que crêem estar bem com Deus porque cumprem certos ritos cultuais, como sacrifícios, dízimos, jejuns e purificações, enquanto esquecem a justiça, o amor ao próximo e a reconciliação fraterna.

b) **Dilema excludente?** - A contraposição de misericórdia (piedade, amor) e sacrifícios cultuais parece radical e excludente tal como soam os termos. Mas é preciso entender esse modo enfático de falar em antíteses, próprio da mentalidade e expressão semíticas. Se é dada primazia à misericórdia, não é rechaçado o sacrifício; se se interioriza a religião, não se condena sua manifestação cultural como falsa e inútil a não ser quando vem separada da atitude religiosa interior e de uma conduta conseqüente. O que Deus de fato reprova é o culto vazio de espírito, de verdade e de vida.

2. Vim chamar os pecadores

O mesmo sentido, não exclusivo mas preferencial, deve ser dado à frase evangélica nos lábios de Cristo: Não vim chamar os justos, mas os pecadores. Jesus a liga com a denúncia profética de Oséias que cita literalmente na conclusão do evangelho de hoje (Mt 9,9-13). No texto distinguimos estas três partes: a) Vocação e seguimento de Mateus (vv. 9-10). b) Escândalo e crítica dos fariseus (v. 11). c) Resposta esclarecedora de Jesus (vv. 12-13).

a) **A vocação de Mateus**, a quem Lucas e Marcos chamam também de Levi, é a mais surpreendente entre os doze Apóstolos, por se tratar de um pecador público e declarado oficialmente como tal pelos mestres da ortodoxia judia. Tudo isso devido à sua profissão: era publicano, isto é, arrecadador de impostos junto ao povo para a potência romana de ocupação: territorial, sobre o comércio e alfandegário etc. O cargo de publicano o governador romano alugava-o ao melhor lançador, isto é, àquele que oferecia a Roma uma arrecadação anual mais segura e elevada. A aplicação em nome próprio das quantias era freqüente; assim, por exemplo, Zaqueu era "chefe de publicanos" e, conseqüentemente, homem rico (Lc 19,2).

* Um publicano era alguém que devia ser evitado social e religiosamente entre os judeus, por dois motivos: por ser colaboracionista com o poder estrangeiro contra seu próprio povo, e por ter as mãos manchadas com dinheiro sujo, fruto da extorsão, do suborno, do roubo e da usura, habituais em seu caso; pois esse era o lucro que lhes ficava. Para os mestres judeus da lei e do tempo tal profissão os excluía por completo da salvação de Deus devido à impossibilidade prática de conversão: deixar seu ofício, fazer penitência e reparar satisfatoriamente o mal ocasionado a tantas pessoas. Por isso seu dinheiro não era aceito no templo, não tinham direitos civis, não podiam ser juízes nem testemunhas, e o relacionamento com eles devia ser evitado para evitar a contaminação com impuros. Publicanos e pecadores, prostitutas e pastores, bandidos e leprosos eram a escória de Israel. Precisamente aqueles com os quais Jesus teve contato, "as ovelhas perdidas da casa de Israel" (Mt 15,24).

b) **O escândalo dos fariseus**. - Compreende-se, pois, a surpresa dos fariseus diante do convite que o Rabi da Galiléia faz ao publicano Mateus. Quer incorporá-lo ao grupo de seus amigos íntimos. Mateus responde imediatamente com um "sim" ao "segue-me de Jesus"; e como despedida organiza um banquete do qual participam outros colegas de sua classe, ao lado de Cristo e seus discípulos.

O quadro é chocante para os fariseus, observantes ferrenhos da pureza legal. Ao verem isso, obviamente perguntam aos do grupo de Jesus: Como é que o Mestre de vocês come com publicanos e pecadores? Não será esta a única vez que o acusam desta familiaridade com os marginalizados, gente quase pagã, pecadora e fora da comunidade judia de salvação. "É gentão, beberrão e amigos de publicanos e pecadores" (Mt 11,19). Por isso puseram à prova sua ortodoxia com o caso da mulher adúltera, ou duvidaram de sua categoria de profeta quando a mulher pública enxugou seus pés durante o banquete na casa de Simão o fariseu (Jo 8,3; Lc 7,36).

c) **Resposta esclarecedora de Jesus**. - O Rabi tem que dar uma explicação de sua conduta; e nela vai deixar patente o porquê da mesma. "Os sãos não têm necessidade de médico, mas sim os enfermos. Vão e aprendam o que significa quero misericórdia e não sacrifícios: pois, não vim chamar os justos, mas os pecadores" (Mt 9,12-13). Jesus apela também para o texto de Oséias quando os fariseus criticam seus discípulos porque arrancam e comem espigas de trigo num dia de sábado (12,7).

Nestas afirmações de Cristo a preferência pelos pecadores não exclui a atenção aos justos. É um modo de enfatizar a maior necessidade que precisamente os marginalizados têm de um encontro com Deus e da sua amizade, assim como os enfermos e não os de boa saúde precisam de médico. Jesus provoca intencionadamente o escândalo dos puritanos tomando partido das "ovelhas perdidas da casa de Israel", para que fique patente a misericórdia de Deus que acolhe os pecadores e os perdoa como o pai a seu filho pródigo.

Por isso Cristo advertiu os chefes religiosos do povo judeu que publicanos e prostitutas os precederiam no caminho do Reino de Deus (Mt 21,31). De fato foram os pecadores e os "pequeninos", os pobres, os ignorantes e os enfermos que captaram a mensagem libertadora do Cristo melhor que os sãos, os justos, os sábios e os entendidos.

Ninguém deve escandalizar-se, pois a misericórdia de Jesus não é cumplicidade nem laxismo permissivo. Se ele se deixa "contaminar" com o desarranjo social e religioso das estruturas em voga, não é para aprová-los, nem sequer para escusá-los, mas para ajudá-los a se refazerem. Em Cristo Jesus o Deus santo vem em busca do homem pecador para redimi-lo.

Mateus era um marginalizado da salvação, não um pobre; era também um discriminado social como são hoje os delinqüentes habituais, os presidiários, os alcoólatras, os drogados, os homossexuais, as prostitutas... Não obstante, ele o dignifica e o restabelece na sua dignidade de pessoa e de filho de Deus com o voto de confiança que o convite "segue-me" supõe; sugestão que contava por certo com o contra de todos os pressupostos psico-sociológicos. Mas para o Senhor a pureza religiosa autêntica não é a legal, e sim a conversão para a piedade e para a misericórdia.

3. **"Quero misericórdia e não sacrifícios"**

a) **Uma religião sem culto?** - Reportando-se à frase "quero misericórdia e não sacrifícios", Jesus nao patrocina uma religião sem culto, mas sim uma *religião essencial* que não se atém a uma prática cultual meramente ritualista, externa e sem o compromisso da vida. Jesus, na linha profética, diz não a uma religião que só de raspão passa pelo homem e pelo amor ao irmão.

Não se trata, pois, de suprimir o culto litúrgico (os "sacrifícios"), mas sim de projetar sua celebração ao amor e à fraternidade que rompem barreiras discriminatórias, à justiça que liberta os mais fracos. Assim a "re-ligação" que a religião cria será não somente vinculação com Deus (comunhão vertical), mas também com os irmãos, especialmente com o mais necessitado de salvação no sentido integral (comunhão horizontal).

* **Cristianismo e religião**. - O teólogo protestante suíço Karl Barth (1886-1968) contradistinguiu e dissociou cristianismo e religião, afirmando que o primeiro está constituído essencialmente pela revelação de Deus da qual brota a fé do homem. Ao passo que a religião é tão somente um esforço do homem para alcançar a Deus, uma "desavergonhada presunção de dominá-lo". Por isso, conforme ele, a fé deve condenar a religião por seu sacrilégio.

Maior repercussão teve a tese do teólogo luterano alemão Dietrich Bonhoeffer (1906-1945) sobre um "cristianismo sem religião" para uma era não religiosa e secularizada como a nossa; idéia em que foi abundante a "teologia da morte de Deus" (John A. T. Robinson, Harvey Cox, Paul M. van Buren etc). Mas tanto os pressupostos donde partiu Bonhoeffer como seu diagnóstico, como também sua orientação reformadora do cristianismo, são discutíveis. Pois sua idéia de religião coincide com uma religiosidade estática que dá primazia às práticas cultuais, às instituições, ao intimismo subjetivo e à adesão meramente doutrinal aos dogmas (ver J. Gómez Caffarena: *Religión*, em CP 859-874).

b) **O constitutivo essencial da religião cristã** não são, como nas religiões naturais, as mediações do sagrado, os símbolos mais ou menos opacos, ou as "hierofanias" do transcendente (na expressão de Mircea Eliade), mas a adoração a Deus em espírito e verdade (Jo 4,23). E esse Deus nos é conhecido pela fé, que é a resposta à revelação do mesmo por Jesus Cristo. Este dom da fé que nos salva Deus o dá àquele que se fia totalmente nele, se lhe entrega e crê contra toda esperança humana, como se mostrou no protótipo de fé que segundo São Paulo foi o patriarca Abraão *(2ª leit.)*.

Uma religião autêntica, radicada na fé, expressa-se na abertura ao mistério de Deus, na disponibilidade absoluta diante dele na piedade e misericórdia, na equação entre fé e conduta, no amor ao irmão que São Tiago concretiza, por exemplo, na atenção aos órfãos e às viúvas (1,27), na práxis da reconciliação como pressuposto prévio para a oferenda cultual (Mt 5,23), na paixão pela justiça e pela libertação do homem: numa palavra, no culto espiritual de toda vida (Rm 12,1).

Se não os acompanhar o compromisso pessoal, os sinais cultuais degeneram em gestos rituais, em magia vazia de espírito, em "acender velas" de castiçais em religiosidade natural sem nada de religião autêntica, em "gentilezas" com Deus e com os demais por ocasião de bodas, casamentos, batizados, primeiras comunhões e missas de corpo presente; e não, como deve ser: relação pessoal e comunitária com Deus mediante a obediência da fé e da caridade (Ver 3º Dom. da Quaresma, B, 3).

4. **Exame sobre nossas motivações religiosas**

Da idéia que tivemos sobre a religião e fé cristãs surgirão diversas atitudes e motivações. Por que cremos em Deus e por que devemos praticar a religião?

a) Entre as falsas motivações estão: o ver a religião como um "seguro" que garante a própria salvação; o individualismo egoísta que procura a si mesmo; a religião mercantil do mérito utilitarista e dos créditos bancários espirituais; o medo do castigo de Deus quando este temor está vazio do amor; o ritualismo formalista que procura lucrar magicamente o favor divino à base de mecanismos cultuais; o espírito de gueto que não se deixa misturar, privilegiado, frio e que foge do convívio com os outros, etc.

b) Na linha da sinceridade bíblica ao estilo evangélico de Jesus estão as motivações religiosas mais *autênticas*: fé e entrega incondicionais a Deus como resposta a um amor que nos precedeu primeiro em Cristo; atitude de pobreza ante a gratuidade divina e frente ao voluntarismo humano da salvação; adoração a Deus em espírito e verdade; piedade e misericórdia que priorizam o amor ao irmão, a abertura ao marginalizado social e religioso, a compreensão, a tolerância, a justiça; numa palavra, conhecimento de Deus, por meio de seu Filho e sua Palavra pessoal Cristo Jesus, feito homem por nós, morto por nossos pecados e ressuscitado para nossa justificação, conforme a síntese teológica e kerigmática de São Paulo (Rm 4,25; *2ª leit.).*

No Glória da missa acentuamos um motivo religioso válido: Por vossa imensa glória vos louvamos, vos bendizemos, vos adoramos, vos glorificamos e vos damos graças, Senhor, nosso Deus.

Décimo Primeiro Domingo do Tempo Comum (A)

Êx 19,2-6a: Vocês serão para mim um reino de sacerdotes e uma nação santa.
Rm 5,6-11: Se fomos reconciliados com Deus pela morte de seu Filho, com quanto mais razão seremos salvos por sua vida!
Mt 9,36-10,8: Chamou seus doze discípulos e os enviou.

A MISSÃO: VOCAÇAO E IDENTIDADE DA IGREJA

1. Missão dos doze
a) Anúncio e sinais do Reino
b) Limites à missão?
2. A evangelização é gratuidade e serviço
a) O Evangelho não se cobra nem se vende
b) A mensagem essencial: Deus ama o homem
3. Identidade eclesial a partir da missão e dos pobres
a) A partir da missão evangelizadora
b) A Igreja dos pobres

***

O texto evangélico de hoje contém o primeiro envio missionário dos apóstolos com as instruções de Jesus para a missão evangelizadora que lhes é confiada. É a partir desta perspectiva missionária que se definem a vocação e a identidade da comunidade eclesial no mundo atual dos homens, com uma opção preferencial pelos pobres.

1. Missão dos Doze

a) **Anúncio e sinais do Reino**. O Evangelho que lemos hoje (Mt 9,36-10,8) inicia o Sermão apostólico de Jesus (c.10), segundo dos cinco grandes sermões do primeiro Evangelho e verdadeiro esboço de uma primeira teologia da missão; e compreende estes três passos:

1º *Urgência da missão* (9,36-38). Jesus, compadecido da multidão, expõe sua preocupação missionária com duas imagens dos destinatários da missão: são ovelhas sem pastor e messe que pede segadores.

2º *Envio dos doze Apóstolos* (10,1-4), aos quais confere "autoridade para expulsar espíritos imundos e curar toda enfermidade e doença". Mateus dá a lista de todos os Apóstolos ("enviados", em grego), coincidindo com os demais evangelistas em mencionar a Pedro em primeiro lugar e Judas Iscariotes em último. No resto da lista, cada Evangelho tem pequenas variantes de ordem, dentro do número fixo dos Doze, todos eles galileus, menos Judas Iscariotes.

3º *Instruções de Jesus aos enviados* (vv. 5-8) que se prolongam em Mt 10, cuja leitura terá continuação nos próximos dois domingos. A mensagem essencial dos missionários será a chegada do Reino de Deus;

e deverão unir ao anúncio os sinais da presença do mesmo: "Curem enfermos, ressuscitem mortos, purifiquem leprosos, expulsem demônios. Vocês receberam de graça, dêem de graça!" (v. 8).

b) **Limites à missão?.** - Há um ponto que chama fortemente a atenção. É a reserva que Jesus põe ao envio: Não vão à terra dos pagãos nem entrem nas cidades da Samaria, mas vão em busca das ovelhas desgarradas da casa de Israel (vv. 5b-6). Limitação de acordo sem dúvida com o campo de ação habitual de Cristo, mas chocante pelo seu exclusivismo. Esta observação parece corresponder a uma tradição judeu-cristã (fonte Q) dos primeiros momentos da Igreja, e que Mateus incorpora ao texto redigido posteriormente. Depois de Pentecostes, a comunidade cristã foi se abrindo para o mundo pagão como vemos no livro dos Atos dos Apóstolos. Respondia às ordens universais de Jesus antes de sua Ascensão (ver este dia nos três ciclos).

Pareceu normal num primeiro momento que os judeus, herdeiros da eleição e das promessas do Antigo Testamento, fossem os primeiros a receber o oferecimento da salvação messiânica realizada em Cristo.

* Assim a *primeira leitura* de hoje (Êx 19,2-6) destaca a eleição de Israel por Deus. Texto pertencente à tradição javista e que deve ter sido incluído, no século IV ou III a.C., na narração do Êxodo como prelúdio à aliança e ao decálogo do Sinai que aparece em seguida. Israel é o povo eleito pelo Senhor como propriedade pessoal sua, como reino de sacerdotes e como nação santa. Palavras que na primeira carta de São Pedro são referidas à Igreja, o Povo da Aliança (2,4-9; ver 5º Dom. da Páscoa, A,2).

2. A evangelização é gratuidade e serviço

a) **O Evangelho não se cobra nem se vende.** - Pelo envio dos Apóstolos fica patente que a missão é um serviço gratuito. A tarefa evangelizadora da Igreja, continuação da missão de Jesus, deve ser realizada na pobreza, sem intenção de lucro nem para proveito próprio. Trata-se de dar de graça o que se recebeu de Deus; ordem missionária de perene validade.

Assim, pois, o Evangelho, isto é, a Boa Nova da salvação de Deus para o homem não se cobra nem se vende. Se não fosse gratuito, seria açambarcado pelos ricos em poder, em cultura, em influências, em prestígio, em dinheiro e em tecnologia. E assim há muito tempo o Evangelho teria se tornado propriedade e monopólio privado de alguns. E desse modo os pobres ficariam excluídos do mesmo, quando foram eles precisamente os destinatários preferidos da mensagem de Cristo, assim como também dos sinais de libertação com os quais Jesus deu o aval da alegre presença do Reino de Deus em nosso mundo aqui embaixo.

Somente a partir da missão de Cristo se entende a missão da Igreja no mundo, isto é, nossa própria missão, a de todos os cristãos. E pelo exemplo de Jesus fica claro que a evangelização não é proselitismo sectário, nem propaganda de mercadoria, nem oferta interesseira de uma tecnologia, de uma filosofia humanista, de um sistema político ou econômico.

Jesus foi um profeta que se comprometeu a fundo com a libertação radical das pessoas. Por isso sua ação não foi de ordem política mas salvífica. Sua paixão pela justiça e sua opção preferencial pelos pobres ele as orientou para a redenção humana em plenitude, na linha dos profetas do Antigo Testamento. Ele anunciou o Reino dirigindo-se ao homem que vive no meio das próprias limitações, a maior das quais e origem de todas é o pecado pessoal e social.

b) **A mensagem essencial**. - Embora Jesus não tenha sido um revolucionário de cunho violento, nem um ideólogo político, nem um antropólogo humanista, nem um tecnocrata perito em programação e finanças, a esperança teologal e humana que seu anúncio do Reino despertou nos corações vazios de si mesmos e abertos a Deus não foi de modo nenhum angelical nem desencarnada da dura realidade cotidiana.

Revendo o Sermão da Montanha, cujo prólogo são as Bem-aventuranças, percebemos sua carga explosiva e revolucionária, mas atingindo em profundidade, até o interior da pessoa. É o coração que precisa converter-se aos critérios novos e à nova justiça do Reino. Convertido o homem, podem ser transformadas as estruturas sociais; porque remodelando o homem, "purificando seu cérebro" se reconstrói o mapa do mundo.

A mensagem essencial que nossa evangelização deve transmitir é a Notícia de que Deus ama o homem, convida-o para a fé, para sua amizade, para sua adoção filial e para a fraternidade humana mediante o seguimento de Cristo, o Homem novo.

São Paulo descreve na *segunda leitura* de hoje (Rm 5,6-11) o processo reabilitador que Deus opera no homem por meio de Jesus Cristo. De inimigos passamos a ser amigos, e de amigos a filhos. Tudo isso porque Deus ama o homem. Provas? Não existe maior prova de amor que dar a vida pelo outro. Pois bem, sendo nós ainda pecadores, Cristo morreu para nos reconciliar com Deus. Com maior razão, uma vez reconciliados, seremos salvos por sua ressurreição e sua vida nova. Diante de tal mensagem de amor e salvação, nossa esperança vai aumentando até a consumação esplendorosa do projeto salvador de Deus.

3. **Identidade eclesial a partir da missão e dos pobres**

Numa outra ocasião referimo-nos à horizontalidade que supõe uma visão da Igreja a partir do "Povo de Deus" (Festa de S. Pedro e S. Paulo, ano A). Um segundo tempo da reflexão teológica deu origem a uma eclesiologia, já pós-conciliar, que concretiza a abstrata universalização de "Povo de Deus" numa parte preferencial do mesmo: os pobres. Trata-se de entender a identidade eclesial a partir desta opção.

Por sua vez uma outra tendência aprofunda-se na missão evangelizadora da Igreja em conexão com essa opção pelos pobres e com a libertação do homem. Surge a teologia da libertação. Orientação que foi confirmada como válida, sem exclusivismo, pela Instrução da Congregação para a Doutrina da Fé sobre "Liberdade cristã e Libertação" (ver LC 64-68).

a) **A partir da missão evangelizadora.** - Sempre serão de perene atualidade na comunidade de fé, que é a Igreja, as palavras de Jesus: Ide pelo mundo todo... Dai de graça o que recebestes. E aquela reflexão de São Paulo: Anunciar o evangelho não é para mim motivo de glória; mas uma necessidade que se me impõe. Ai de mim, se não anunciar o evangelho (1Cor 9,16)!

Na Declaração final do terceiro sínodo dos bispos (outubro de 1974) se dizia: "A evangelização de todos os homens constitui a missão essencial da Igreja". E Paulo VI comentou na Exortação Apostólica "Evangelii Nuntiandi" (8-XII-1975):

"Evangelizar constitui, de fato, a graça e a vocação própria da Igreja, a sua mais profunda identidade. Ela existe para evangelizar, ou seja, para pregar e ensinar, ser o canal do dom da graça, reconciliar os pecadores com Deus e perpetuar o sacrifício de Cristo na Santa Missa, que é o memorial da sua morte e gloriosa Ressurreição (EN 14).

Amplo panorama do que é a missão evangelizadora do Povo de Deus. Anunciar o Evangelho não é somente pregá-lo como quem propaga idéias e lemas. Jesus não parou aí. A Boa Nova desencadeia necessariamente um processo e ativa um história de salvação, pela intervenção de Deus em nosso mundo. Ou seja, a fé suscitada pela palavra de Deus não se limita a descobrir verdades conceituais sobre seu mistério transcendente, mas impele a ajudar, acompanhando-a com sinais, a ação do Espírito de Deus para a transformação da realidade humana a partir da conversão profunda que deverá ter seu centro no íntimo da pessoa (cf. EN 18; CE, *Testigos* 61-65; Sobre o acompanhamento eclesial: CE, *Católicos* 172-190).

O velho homem, servidor dos ídolos de morte, pecador e não redimido, converte-se em homem novo e filho de Deus por Cristo e pela força do Espírito. E do núcleo da pessoa redimida transborda a salvação libertadora de Deus para as estruturas mundanas. Aí alcança seu objetivo a missão evangelizadora da comunidade cristã que vive no mundo dos homens e para os homens, especialmente para os mais pobres como fez Jesus. Ele sabia que era e se declarou Ungido pelo Espírito para evangelizar, isto é, para anunciar a Boa Nova de libertação aos pobres (Lc 4,18-19).

b) **A Igreja dos pobres**. - Se a identidade eclesial de nossa comunidade se verifica a partir da missão evangelizadora, esta missão por sua vez se autentica a partir dos mais pobres no mais amplo sentido da palavra. A Igreja dos pobres é uma concretização da abstrata universalização "Povo de Deus". A irrupção dos pobres na teologia da Igreja deve-se principalmente à teologia da libertação, inicialmente de caráter latino-americano, que gerou uma nova reflexão e práxis eclesiais. "A Igreja dos pobres confessa que Cristo ressuscitado apareceu-lhe naquele lugar onde

Ele disse que estava: nos pobres. Aqueles que foram testemunhas destas aparições, tanto hoje como ontem, somente podem atestar a configuração de uma nova forma de ser Igreja" (J. Sobrino).

O mundo dos pobres é um grande desafio à comunidade eclesial e à consciência cristã, se realmente cremos que o centro preferencial de Cristo e seu Evangelho são os pobres. Não se trata aqui de nenhum reducionismo da universalidade do Povo de Deus, mas de uma concretização da mesma: os pobres como lugar privilegiado para a receptividade da salvação libertadora de Deus pela fé em Jesus Cristo, o Homem novo (GS 22).

A chamada urgente a uma conversão eclesial, a uma mudança de posição social da Igreja; é o maior desafio que esta eclesiologia incômoda nos lança; pois não busca apenas uma Igreja com os pobres e para os pobres, mas uma Igreja "junto aos" e inclusive "dos" pobres, daqueles que estão lá embaixo na escala social. Pois do contrário a comunidade cristã continuará mantendo a contradição: chama os pobres de seus preferidos, mas continua fora de seu mundo e situada socialmente no nível superior dos que estão lá em cima, (cf. R. Velasco: *Iglesia*, em CP 460s; I. Ellacuría: *Pobres*, ib. 786-802; CE, *Testigos* 59-60).

Conclusão. - A missão eclesial é patrimônio e dever de todos os cristãos, participantes pelo batismo e sacramentos da missão profética de Cristo, assim como de sua função sacerdotal e pastoral. Se nossa fé e religião fossem unicamente espiritualidade evasiva não seriam fiéis à missão de Cristo nem à sua mensagem de salvação libertadora e de esperança teologal e humana, especialmente para os sem-esperança.

Décimo Segundo Domingo do Tempo Comum (A)

Jr 20,10-13: Livrou a vida do pobre das mãos dos ímpios.
Rm 5,12-15: A graça não se pode comparar com a queda.
Mt 10,26-33: Não tenham medo dos que matam o corpo.

CRISTÃOS DOMINADOS PELA VERGONHA

1. Profetas e apóstolos sem medo
a) Valor para uma missão difícil: "Não tenham medo" por três motivos:1. Força do Evangelho. 2. Inviolabilidade da pessoa. 3. Providência de Deus.
b) Confissão e testemunho de Cristo
c) As "confissões" de um profeta: Jeremias
2. Cristãos dominados pela vergonha e medrosos
a) O medo religioso
b) O velho respeito humano
3. O discípulo não é mais que o Mestre
a) A perseguição, sinal de autenticidade
b) E aviso da fidelidade

***

Como aconteceu ao profeta Jeremias *(1ª leit.)* assim acontece ao discípulo de Jesus: aguardam-no a inimizade, a incompreensão, a perseguição e inclusive a morte. Mas estes condicionamentos negativos não justificam o medo, porque Deus está conosco *(evangelho)* para vencer a força do mal *(2ª leit.)*.

1. **Profetas e apóstolos sem medo**

O evangelho de hoje continua o Sermão missionário de Jesus, com as instruções aos Doze quando estão para partir para sua primeira missão apostólica. O que o Senhor diz aos Apóstolos está dirigido também aos cristãos de todos os tempos. No texto evangélico há duas partes fundamentais que correspondem a cada uma das atitudes básicas. 1ª Fora com o medo!, diz Jesus, e dá três razões para isso (Mt 10,26-31). 2ª Confissão e testemunho de Cristo diante dos homens (vv. 32-33).

a) **Valor para uma missão difícil.** - Audácia, valentia e coragem são as características do seguidor de Cristo. Não tenham medo dos homens! É a ordem que por três vezes Jesus repete. O discípulo não deve temer a contradição, o isolamento, o ridículo, a perseguição, nem sequer a morte. Por estes três motivos:

1º *Força incontida, indomável do Evangelho* que adquire transparência mesmo nas piores circunstâncias. "Nada há escondido que não seja revelado". Aquilo que lhes digo à noite, digam em pleno dia; o que lhes falo ao ouvido, preguem sobre os telhados." Instrução que está unida ao mandato missionário de Cristo ressuscitado: "Vão pelo mundo todo e proclamem o Evangelho a toda criatura" (Mc 16,15).

2º *Inviolabilidade interior da pessoa*. "Não tenham medo dos que matam o corpo, mas não podem matar a alma", isto é, a vida, em linguagem bíblica. Os tiranos podem matar a liberdade de expressão e de ação e inclusive, no caso limite da violência, a vida física. Mas não podem destruir a pessoa, seu espírito, sua vida e liberdade interiores. O único medo saudável é o temor de Deus, em cuja mão está a sentença definitiva. Mas este temor religioso não é medo de um fiscal mas de um Pai, como mostra Jesus no motivo seguinte.

3º *Providência de Deus sobre seus filhos*. Se ele cuida dos mais insignificantes seres de sua criação, como é o caso de um humilde pardal, quanto mais se preocupará conosco seus filhos. "Não se vende um casal de pardais por um centavo?, e contudo, nenhum só deles cai por terra sem que o Pai de vocês o saiba. Até os cabelos de sua cabeça estão contados. Por isso não tenham medo; não há comparação entre vocês e os pardais."

Custar uns centavos ou um cruzeiro, é valer bem pouco. O medo não combina com o conhecimento de Deus como Pai, conhecimento que é experiência de amor e fonte de confiança e alegria. Porque o amor expulsa o temor; e onde está o Espírito de Deus, que é Espírito de filiação, aí está a liberdade e a alegria dos filhos de Deus.

b) **Confissão e testemunho de Cristo.** - É a segunda recomendação de Jesus: "Todo aquele que se declarar a meu favor diante dos outros, eu também vou declarar-me a seu favor diante do meu Pai que está nos céus". "Aquele, porém, que me renegar diante dos outros, também eu o renegarei diante do meu Pai que está nos céus". Primeiro positiva e depois negativamente Jesus afirma a mesma coisa: Em justa correspondência Ele afiançará diante do Pai aquele que o confessar diante dos homens como Senhor da história e da vida humana.

O testemunho da fé cristã, o tomar partido pelo Evangelho, e confessar a Cristo é atitude necessária e de perene atualidade. Esta confissão não é reservada somente para as situações-limite de perseguição religiosa oficial e aberta, cujo final é a prisão, a tortura, a morte. O máximo testemunho ("martírio", em grego) é dar a vida; coisa relativamente rara a não ser em casos de regimes políticos totalitários. Mas a confissão da fé é tarefa de todos os dias nos milhares de detalhes da existência cotidiana no meio de uma sociedade cada vez mais secularizada e descristianizada, onde campeia não tanto o ateísmo militante quanto a descrença como fenômeno de massas e já não de elites.

c) **As "confissões" de um profeta.** - Também o profeta Jeremias, sete séculos antes de Cristo (a. 627), teve de experimentar em sua própria carne o peso da missão profética. Diante de Deus que vinha complicar sua vida, Jeremias teve medo e resistiu a princípio: "Vê, Senhor, que eu não sei falar, sou ainda um menino". E o Senhor lhe respondeu: "Para onde eu te enviar, irás, e o que eu te mandar, falarás. Não tenhas medo, pois eu estarei contigo para te livrar (1,6-8).

O texto da *primeira leitura* (20,10-13) pertence à parte do livro de Jeremias conhecida como "as confissões de Jeremias". Aí vem apresentada uma arrasadora crise pessoal do profeta, resultante das maledicências e perseguições dos chefes religiosos e do desprezo do povo. - Tal foi a reação diante da sua denúncia de violência e sua predição da destruição do templo de Jerusalém (vv. 7-9; cf. dom. 22,A, 1ª leit.).

Por tudo isto, por sua enorme humanidade, apesar de sua distância no tempo, séculos antes de Cristo, a figura do profeta Jeremias parece tão próxima de nós e de nossa situação. Teria sido para ele mais vantajoso ficar na linha dos profetas "oficiais" que pronunciavam oráculos bajuladores ao rei, aos poderosos, aos sacerdotes do templo e ao próprio povo. Mas isso seria atraiçoar sua missão.

Na leitura de hoje fala-nos de um plano de seus inimigos para eliminá-lo. A paga que o profeta recebe será a incompreensão, a discriminação social, a ridicularização do público com o grito: "Cerca-nos o pavor", o cárcere e inclusive a morte. Mas de repente o tom do texto lido passa da lamentação para um canto de vitória e louvor a Deus, que cumprindo sua palavra, está a seu lado como forte guerreiro e livra a vida do pobre das mãos dos ímpios.

2. **Cristãos dominados pela vergonha e medrosos**

a) **O medo religioso.** - Entre os muitos medos que nos invadem e atormentam, um deles é o medo religioso. São muitos hoje em dia os cristãos dominados pela vergonha e medrosos. Diante de um ambiente social pouco favorável à fé cristã e inclusive às vezes difusamente hostil à mesma, uma das tentações mais freqüentes do cristão atual é o medo disfarçado, por exemplo, em silêncio cauteloso. Com o medo nos calcanhares não se pode servir ao Reino de Deus nem construir nada de positivo para o mesmo.

O medo leva uns à inibição, outros ao refúgio pietista e evasivo; e não faltam aqueles que inclusive chegam a dissimular seu credo religioso em suas relações de amizade e em sua vida profissional e cívica.

A intrepidez ou o medo do cristão é metido à prova e em evidência diante dos critérios em voga sobre amor e família, sexo e casamento, matrimônio e divórcio, vida e aborto, educação e liberdade, dinheiro e honestidade profissional, fé e compromisso cívico e político, justiça e direitos humanos, ética religiosa e amoralidade pseudo-progressista que taxa de arcáicos os princípios da moral cristã.

b) **O velho respeito humano.** - Não se quer dizer apenas que o cristão não deve ceder em seu foro interno às máximas e critérios incompatíveis com o Evangelho e com o seu próprio credo, mas que tenha além disso a coragem e o valor de discordar e de confessar seus princípios quando for o caso. E mesmo que por isso se venha a perder amizades, popularidade, vantagens econômicas e posições vantajosas nos negócios. Se o discípulo de Cristo deve estar disposto a arriscar sua vida para confessar sua fé em casos excepcionais, quanto mais a deixar de lado aplausos, dinheiro, poder e egoísmo, como opção habitual e caminho normal para viver praticamente suas promessas batismais.

Ter medo de mostrar-se diferente, envergonhar-se das próprias crenças, amedrontar-se diante de ridicularização é ceder ao velho respeito humano. São Paulo dizia não se envergonhar do Evangelho no meio da sociedade greco-romana de seu tempo, totalmente paganizada; mas nós nos envergonhamos por medo do menor incômodo ou contra-tempo numa situação muito mais propícia.

Anunciar e testemunhar o Evangelho não é tarefa exclusiva dos pastores da Igreja, do chamado estado clerical. Todos nós cristãos participamos da missão profética e testemunhal de Cristo pelos sacramentos da religião cristã. Portanto, inibir-se por medo ou por comodidade é ser infiel à missão confiada (cf. B. Caballero. *Pastoral de la Evangelización*, c.9: Testimonio, 163-197).

A atitude contrária não é a arrogância, e a resposta ao medo que nos apontem com o dedo, nos desprezem ou ridicularizem, não é uma confissão de fé que queira dominar. Pois a missão evangelizadora da comunidade cristã e de todos os cristãos é serviço humilde, fraternal e solidário. Dêem de graça o que de graça receberam, sem mérito próprio, ouvimos Jesus dizer domingo passado.

3. **O discípulo não é maior que o Mestre**

a) **A perseguição, sinal de autenticidade**. - A aversão ao profeta, à testemunha e ao discípulo de Cristo manifestada pelo mundo inimigo de Deus é um sinal de autenticidade de sua missão. Se não houver tal inimizade dever-se-ia suspeitar que atraiçoamos a mensagem evangélica. Esta deve necessariamente, como uma denúncia, conflitar com o estilo do mundo entregue às "paixões do homem terreno, à concupiscência dos olhos e ao orgulho do dinheiro" (1Jo 2,16). Aí está a razão do ódio mundano a quem segue o caminho do Senhor. Ele já nos preveniu:

> "Se o mundo odeia vocês, saibam que me odiou primeiro. Porque vocês não são do mundo, por isso o mundo os odeia. O empregado não é mais que seu patrão. Se a mim perseguirem, perseguirão vocês também" (Jo 15,18-20)".
>
> "O discípulo não está acima do Mestre, nem o empregado acima do patrão. Se o dono da casa foi chamado de Belzebu, que nome irão usar para o resto da família?" (Mt 10,24-25).
>
> "Não pensem que eu vim para trazer a paz ao mundo; não vim trazer a paz, mas a espada" (Mt 10,34).

b) **E aviso de fidelidade.** - Não obstante convém recordar que nem toda recusa à comunidade eclesial é repulsa ao Evangelho. Esta oposição costuma ser evidente quando a perseguição provém do poder estabelecido que se sente incomodado com a voz que recorda a justiça e o direitos humanos dos sem voz; o que vem garantir a fidelidade evangélica dos cristãos à mensagem do Reino de Deus que é amor, fraternidade, libertação, justiça social e defesa do pobre e do oprimido.

Mas às vezes a resistência, a crítica e a repulsa partem do povo simples, devido à falsa imagem que a comunidade cristã, fiéis e pastores, damos freqüentemente de Deus, de Cristo, de sua Mensagem e de sua Igreja por falta de autenticidade evangélica. Neste caso a crítica e o fracasso são purificação que deve alertar-nos para a conversão à fidelidade.

> O Concílio Vaticano II recordou com humildade que "na gênese do ateísmo tiveram sua parte não pequena de responsabilidade os próprios cristãos; enquanto descuidando a educação da fé, ou por uma exposição falaz da doutrina, ou por faltas na sua vida religiosa, moral e social, se poderia dizer deles que mais escondem que manifestam a face genuína de Deus e da religião" (GS 19,3).

Testemunhar a autêntica imagem de Deus conforme a revelação de Jesus é tornar patentes o amor e a misericórdia de um Pai que quer o homem livre e não aprisionado, pessoa e não objeto, irmão dos demais e não fera depredadora.

A oração humilde e confiante do cristão esforçado será a do *Salmo responsorial* de hoje: "Por vossa causa é que sofri tantos insultos e o meu rosto se cobriu de confusão. Por isso elevo para vós minha oração. Respondei-me pelo vosso imenso amor, pela vossa salvação que nunca falha... Humildes, vede isto e alegrai-vos: o vosso coração reviverá. Pois nosso Deus atende as preces de seus pobres" (Sl 69).

Décimo Terceiro Domingo do Tempo Comum (A)

2Rs 4,8-11.14-16a: Eliseu prediz o nascimento de um filho à Sunamita como recompensa de Deus por sua hospitalidade.
Rm 6,3-4.8-11: Pelo batismo fomos sepultados com Cristo na morte, para que caminhemos numa vida nova.
Mt 10,37-42: Aquele que não pega a sua cruz e não me segue, não é digno de mim.

OS PARADOXOS DO SEGUIMENTO

1. O seguimento de Cristo é uma opção radical e paradoxal
a) Um Evangelho duro e incômodo
b) Desamor familiar? Deus estaria com ciúmes do homem?
2. Os sinais fidedignos do Seguimento
a) Abraçar a cruz e perder a vida por Cristo
b) Significam uma total disponibilidade
3. Pela morte à vida
a) Não se pode silenciar a cruz
b) Mística do Seguimento pela cruz
c) Se morrermos com Cristo, viveremos com Ele

***

Não pôr o afeto familiar em primeiro lugar, abraçar a cruz de cada dia e estar disposto a perder por Cristo até a própria vida para ganhá-la definitivamente constituem os paradoxos do seguimento de Jesus *(evangelho)*. Assim realizaremos a passagem da morte para a Vida nova com Ele, tal como o expressa o batismo *(2ª leit.)*. O Senhor não deixará sem recompensa nossa entrega aos valores do Reino e a acolhida aos enviados e discípulos de Jesus; o mesmo que premiou a hospitalidade dispensada pela Sunamita ao profeta Eliseu *(1ª leit.)*.

1. O Seguimento de Cristo é uma opção radical e paradoxal

O evangelho que lemos hoje é o final do Sermão apostólico de Jesus; o segundo dos cinco grandes sermões que vertebram em secções o evangelho de Mateus. Na leitura evangélica (10,37-42) Mateus agrupa máximas ou sentenças que Jesus pronunciou provavelmente em outra ocasião, a julgar pelos outros evangelistas e pelo próprio Mateus que as repete mais tarde (16,24-25: cf. Dom. 22 Tempo Comum, A).

No texto há duas partes e idéias bem diferentes. Primeira: Seguimento radical de Cristo (vv. 37-39). Segunda: Recompensa a quem recebe os enviados e discípulos de Jesus (vv. 40-42).

A *primeira leitura* tirada de 2Rs 4, em que Eliseu prediz à Sunamita o nascimento de um filho como recompensa de Deus pela hospitalidade oferecida a seu profeta, conserva certo paralelismo com a segunda parte do evangelho.

Para nossa meditação e anúncio vamos nos concentrar de preferência na primeira idéia do evangelho.

a) **Um evangelho duro e incômodo.** - Ao texto evangélico de hoje antecedem as palavras decisivas de Cristo:

"Não vim trazer a paz sobre a terra, mas a espada" e divisão entre os membros de uma mesma família (vv. 34-36). E agora acrescenta:

"Aquele que ama pai e mãe mais do que a mim, não é digno de mim. Aquele que ama o filho ou filha mais do que a mim, não é digno de mim.

Aquele que não pega a sua cruz e não me segue, não é digno de mim.

Quem procura a si mesmo, acaba se perdendo; mas quem se esquece a si mesmo, por causa de mim, acaba se encontrando" (vv. 37-39).

Impressiona-nos hoje esta linguagem de cunho radical e de estilo profético, incisivo, quase rude, sem matizes nem atenuantes. E provocou impacto também nos ouvintes de Jesus. O eco de suas palavras se prolongou nas primeiras comunidades apostólicas onde circularam certamente como máximas proverbiais. Por isso os quatro evangelistas, também João (12,25), narram estas sentenças de Cristo referentes às condições paradoxais para alguém fazer parte dos seus discípulos e segui-lo.

O contexto preferido para situá-las é o do primeiro anúncio que Cristo faz de sua paixão, morte e ressurreição a seus discípulos, a caminho de Jerusalém, depois da confissão de Pedro e antes de sua transfiguração. Aí também Mt 16,24 volta a repeti-las (ver 2º Dom. da Quaresma A,1,a e C,2a = Transfiguração do Senhor).

"O próprio fato destas máximas serem citadas com tanta freqüência demonstra que a Igreja primitiva, como a atual, reconheceu nelas uma maneira excepcionalmente clara de expressar um princípio básico do evangelho e da vida cristã" (CB,III, 212).

b) **Desamor familiar? Está Deus enciumado do homem?.** - Quanto à questão dos vínculos familiares, é evidente que Jesus os relativiza aqui novamente como já o fizera por ocasião de sua "perda" no templo (cf. Sagrada Família, C,2,a) e quando das chamadas vocacionais. Diante da primazia do Reino de Deus cedem lugar os afetos de família e os laços de sangue, de raça, de nação ou de grupo cultural. Não obstante Jesus não os menospreza em sua vertente humana e religiosa. Ao contrário. Ele reafirmou, por exemplo, as relações paterno-filiais que fundamentam o quarto mandamento da Lei de Deus, quando condenou as tradições farisaicas contrárias ao mesmo (Mc 7,10-13).

E, contudo, no evangelho de hoje Cristo reclama para si um amor maior que o amor à própria família. Seria sua pretensão monopolizar para si, como Deus que é, afetos humanos tão entranhados e vivências tão pessoais como são a filiação, a paternidade e a maternidade? Estaria Deus enciumado do homem? A Bíblia diz de fato que Deus é ciumento, mas não à maneira do homem; ciumento de sua adoração e glória, mas não do homem que reflete sua imagem, nem da vida do homem que é glória para ele mesmo, como diz Santo Irineu de Lyon.

Além disso Cristo afirmou que amar ao próximo é amar a Ele; e os membros da própria família são sem dúvida os mais "próximos". Jesus quer colocar aqui casos concretos de dilema preferencial. Isto é, se os laços familiares significam um obstáculo intransponível ao discípulo para sua opção pelo Reino de Deus, presente na pessoa de Jesus, o Reino é que tem a primazia de valor e de opção. Em tal caso, proceder contrariamente ao chamado do Senhor seria tornar verdadeiro o refrão que diz: "Há amores que matam".

No Martirológio encontramos um caso, entre muitos, no qual houve essa situação limite de ruptura familiar por causa do seguimento de Cristo. Aconteceu em Cartago, perto de Tunis, durante a perseguição do imperador romano Septímio Severo (começos do II século). Foi o martírio de Santa Perpétua, cuja festa se celebra no dia 7 de março.

Estando já Perpétua para ser martirizada, apresentou-se no cárcere o seu pai trazendo nos braços seu neto, filho de Perpétua, rogando-lhe com lágrimas: Perpétua, minha filha, tenha piedade de seu filhinho e de mim; sacrifique em honra do deus imperador, renegue a Cristo e salve sua vida.

Não obstante o atroz drama desta cena e de seus próprios sentimentos maternos e filiais, ela se negou redondamente a apostatar da fé e morreu mártir de Cristo junto com sua companheira Felicidade.

2. Os sinais fidedignos do Seguimento

a) **Abraçar a cruz e perder a vida por Cristo.** - Além de exigir que o discípulo o coloque em seus afetos antes mesmo de seus familiares, Cristo exige também que coloque antes da própria vida. De tal sorte que quem quiser conservar sua vida para si, perde-a; ao passo que quem a perde por Cristo, encontra-a (v. 39). Este paradoxo não é mero jogo de palavras e de conceitos. Antes Jesus dissera: Aquele que não toma sua cruz e me segue, não é digno de mim (v. 38). A cruz aparece, pois, como sinal do Seguimento porque é sinal de amor; o mesmo que dar a vida. E esse segundo é o supremo sinal de afeto. A partir da perspectiva de Cristo sacrificado numa cruz, "porque assim amou Deus o homem", cruz e amor são sinônimos para o seguidor de Jesus. Se o discípulo não é maior que o Mestre, e este entregou sua vida na cruz, conclui-se que as palavras precedentes de Jesus são algo mais que expressões metafóricas. A vida que se perde ou que se ganha tem aqui um duplo sentido. Significa tanto a vida corporal ou física como a espiritual ou eterna, que é a plenitude da primeira. Somente entregando nossa vida a Jesus, que é a Vida com maiúscula, asseguramos nosso próprio destino; mas se quisermos guardá-la para nós, acabamos por nos arruinarmos, perdendo a Vida.

b) **Significam uma total disponibilidade.** - É certamente um modo de pensar e uma opção de vida o que sobretudo é inculcado por Jesus nas sentenças relativas a tomar a cruz e perder a vida, como expressões concretas do seguimento e discipulado. O risco de morte não é situação habitual e constante, salvo em casos limites de perseguição, cárcere e torturas, como vimos no domingo precedente. Mas o que deve ser atitude perene, fruto do seguimento amoroso e fiel de Cristo mediante a abnegação, é uma disponibilidade total para o caso possível e real de uma opção limite: perder a vida ou perder a Cristo. Vale aqui o que foi dito antes a respeito da família e do Reino de Deus.

Talvez nunca sejamos colocados diante desses dilemas; mas estaremos sempre diante das pequenas e contínuas opções entre Cristo e as demais coisas deste pobre mundo em que vivemos com sua arte de encantamento. Esta é a radicalidade cotidiana, o primeiro ponto na ordem de cada dia. O radicalismo do seguimento de Cristo é tal que não admite panos quentes; nem é diversão para passa-tempo; nem se reduz a uma mera simpatia por sua causa. O discipulado cristão é uma entrega tão totalizante que constitui uma "rendição incondicional" (M. Hengel). Por quê? Pela índole e urgência do Reino de Deus, diante do qual tudo passa para um segundo plano, inclusive a própria vida e os afetos familiares. Não há outro modo de ser cristão senão amando incondicionalmente a Jesus, encarnação viva do Reinado de Deus.

3. **Pela morte à vida**

a) **Não se pode silenciar a cruz. -** Toda nossa vida cristã, já a partir do batismo, é marcada com a cruz de Cristo nos sacramentos. A cruz batismal traçada em nossa fronte, junto com a água e o Espírito, deu-nos o nome de cristão, isto é, de discípulo de Cristo. Mas, como Ele mesmo avisa, não é um título que nos é conferido "honoris causa" sem que passemos pelas provas requeridas. O evangelho de hoje é um evangelho que incomoda, pois traz à nossa lembrança uma de suas páginas mais inquietantes. Devido à sua dureza, alguém de nós poderia sentir-se tentado a virá-la logo. Contudo, assim como as dificuldades da missão apostólica, também a cruz é sinal de qualidade e de prova de autenticidade cristã.

Meditar e transmitir integralmente a mensagem de Cristo exige não silenciar a cruz na vida do discípulo. Recordar isso é dever do servidor da palavra, do educador da fé e dos pais cristãos com respeito a seus filhos.

> Por isso no plano de Deus a família deve ser também escola de seguimento de Jesus e de valores evangélicos, tais como: a renúncia pessoal, o domínio próprio, a austeridade diante do consumismo embrutecedor e afrontante à pobreza de muitos irmãos, a fraternidade solidária que sabe compartilhar, o serviço em vez de lucro, a justiça em vez da exploração dos outros, a reconciliação e a paz em vez da agressividade e da guerra.

b) **Mística do Seguimento pela cruz. -** Nossa glória é a cruz de Cristo, podemos dizer com São Paulo (Gl 6,14); porque é sinal de vida e não de morte, de libertação e não de escravidão. A mística da cruz é monopólio do cristianismo porque foi exclusiva do estilo e doutrina de Jesus; e supera em muito o ideal de todas as religiões históricas. Também não tem ponto de comparação com as técnicas do zen, da ioga, da meditação transcendental, do silêncio dos sentidos, do nirvana das paixões, da ataraxia ou serenidade dos estóicos à moda de Sêneca. Porque a autorenúncia cristã não é passividade fatalista, nem droga alucinógena ou narcótico sedativo para a dor e o desprezo, mas atividade fecunda do amor que destrói os critérios e centros de interesse do homem velho, criando a Vida do Homem novo, isto é, de Cristo e de seu discípulo incorporado a Ele pela fé do batismo.

São Paulo afirma na *segunda leitura*, tirada de Rm 6, que pelo batismo (que significa "imersão" em grego) fomos sepultados com Cristo na morte para ressuscitar para a Vida nova com Ele, e para caminhar conforme esta Vida nova de Cristo ressuscitado. Daí o provérbio cristão: Pela morte à vida, pela cruz à luz. Teologia da cruz e teologia da glória se correspondem: a primeira está em função da segunda.

c) **Se morrermos com Cristo, viveremos com Ele.** - Escrevendo a seu discípulo Timóteo, Paulo afirma: "Eis aqui uma palavra que merece fé: Se morrermos com Cristo, viveremos com Ele; se ficarmos firmes com Ele, reinaremos com Ele" (2Tm 2,11-12). A partir desta perspectiva de Vida em plenitude não se nos parecem negativas, duras e difíceis de serem assimiladas as palavras de Jesus no Evangelho de hoje. A abnegação e a dor, a cruz e a morte não têm valor em si mesmas, pois são apenas meios para um fim. É sua finalidade de Vida o que lhes dá consistência, sentido e eficácia. Assim foi também no caso de Cristo; a partir do final se iluminou toda sua vida.

Jesus conclui seu sermão missionário abrindo perspectivas gratificantes, falando de recompensa. É um alento de que necessitamos. Seu pedido de fidelidade radical tem uma compensação plenificante, um prêmio conforme a medida Daquele em quem fiamos. Cristo disse: Felizes serão vocês quando os homens os odiarem, repelirem, cobrirem de injúrias e rejeitarem o nome de vocês como infame por causa do Filho do homem. Alegrem-se naquele dia e exultem, porque a recompensa de vocês será grande no céu (Lc 6,22s.).

Todo sacrifício, trabalho e esforço pelo Reino de Deus e todo serviço prestado ao próximo, embora não seja mais que um copo d'água ao sedento, não ficará sem retribuição. O aval de Cristo diante do Pai para todo aquele que o confessa, o segue com a cruz, se esquece de si mesmo e ama seus irmãos mais pequeninos e humildes será: Venham benditos de meu Pai para possuir o Reino para sempre. Porque tive fome e sede e vocês me deram de comer e de beber; estava nu, enfermo e no cárcere, e vocês me vestiram, me visitaram e me foram ver.

Então nossa ocupação será repetir o *Salmo responsorial* de hoje, síntese de alegria e agradecimento: Cantarei eternamente as misericórdias do Senhor; anunciarei sua fidelidade por todas as gerações (Sl 89).

Décimo Quarto Domingo do Tempo Comum (A)

Zc 9,9-10: Teu rei vem pobre a ti.
Rm 8,9.11-13: Se pelo Espírito, fizerem morrer as obras da carne, vocês viverão.
Mt 11,25-30: Sou manso e humilde de coração.

A SABEDORIA DO POVO SIMPLES

1. "Meu jugo é suave e meu peso é leve"
a) Bênção e motivo de ação de graças de Jesus ao Pai
b) Convite-chamado de Cristo à libertação e ao descanso
2. A fé é o saber dos simples
a) Os humildes entendem a Deus
b) A fé é uma sabedoria superior
3. Somos devedores ao Espírito e não à carne
a) Antítese paulina "carne e espírito"
b) Para captar os segredos de Deus devemos viver segundo o Espírito

***

A mensagem de libertação, paz e descanso que Jesus traz, Rei-Messias modesto e vitorioso que dita a paz às nações *(1ª leit.)*, alivia os aflitos do peso de uma lei que não é o jugo suave e o peso leve de Cristo *(evangelho)*; e culmina na vida segundo o Espírito que supera as obras mortas do homem imerso no pecado *(2ª leit.)*.

1. "Meu jugo é suave e meu peso é leve"

Duas partes distintas percebemos no Evangelho de Mateus 11,25-30, que é proclamado hoje: 1ª Ação de graças de Jesus ao Pai (vv. 25-27). 2ª Convite-chamado de Cristo à libertação (vv. 28-30).

a) **A ação de graças de Jesus ao Pai** é uma oração de ação de graças pela sua manifestação aos humildes. Momento de grande intensidade em todo o Evangelho. "Graças vos dou, Pai, Senhor do céu e da terra, porque escondestes estas coisas aos sábios e aos entendidos e as revelastes à gente humilde. Sim, Pai, assim foi do vosso agrado" (vv. 25-26).

Jesus não se fez entender e aceitar pelos sábios e letrados, como Ele mesmo reconhece: "Sim, Pai, porque isso foi do vosso agrado". O anúncio de Cristo sobre o Reino, sobre o amor do Pai e seu plano de salvação do homem, sobre a paternidade de Deus e a fraternidade humana, nós não compreendemos por nossa sabedoria humana, mas por revelação de Deus que a concede à gente simples e a nega aos sábios auto-suficientes. "Quanto mais se conhecia a Lei, mais difícil se tornava aceitar que a revolução messiânica haveria de suplantar a Lei" (CB,III,216).

b) **Convite e chamado de Cristo** à libertação e ao descanso. "Venham a mim todos vocês que estão cansados de carregar peso e se sentem oprimidos sob ele, e eu lhes darei o descanso. Recebam sobre os ombros o meu jugo e aprendam comigo, porque sou manso e humilde de coração. Porque o meu jugo é suave e o meu peso, leve" (Mt 11,28-30). Tópico exclusivo de Mateus. Quem são os cansados e aflitos que Jesus chama para junto de si? O que significa a imagem do jugo, duas vezes repetida? Parece mais certo responder que esta mensagem de libertação e descanso é a alternativa de Jesus ao jugo insuportável do formalismo estreito com que os escribas e fariseus explicavam e aplicavam a Lei à base de legalismo atomizado, casuística de mosaico e quebra-cabeças (ver Dom. T. 30, A,1).

Mas é preciso também ampliar o alcance de tal convite. Cansados e aflitos são todos aqueles que sofrem na vida por uma razão ou outra; são os pobres de Deus aos quais Jesus dirige sua Alegre Notícia, e entre os quais Ele se sente "como um deles", embora modelo para quem quer aprender, porque é manso e humilde de coração. Palavras que recordam as Bem-aventuranças (5,1-12: cf. 4º Dom. T. Comum, A).

À semelhança da imagem do Rei-Messias pré-anunciado pela *primeira leitura*, tirada do profeta Zacarias (9,9-10), que atuou na última década do s. VI a.C., na época da restauração pós-exílica de Esdras, sob o tolerante domínio persa. O texto é também um convite à alegria pela vinda do Rei-Messias, justo e vitorioso, que prefere um humilde burrinho aos cavalos e carros de guerra, e que anuncia a paz às nações. Quadro que foi plasmado na entrada de Jesus em Jerusalém.

O jugo de Cristo é suave e seu peso, leve, em contraposição aos pesados e insuportáveis fardos que os escribas e fariseus impunham sobre os ombros do povo, sem que eles movessem um dedo sequer para ajudá-lo (23,4: ver Dom. 31, A). Apesar da radicalidade do seguimento de Cristo (domingo anterior), seu jugo é libertação do legalismo escravizante. Como veremos em seguida, é a lei do Espírito que supera a carne *(2ª leit.)*, lei de liberdade interior e de relação filial com Deus que é nosso Pai, amigo da vida e dos homens, como recorda o *Salmo responsorial*: Misericórdia e piedade é o Senhor, ele é amor, é paciência, é compaixão. O Senhor é muito bom para com todos, sua ternura abraça toda criatura (Sl 144).

. A fé é a sabedoria dos simples

a) **Os humildes entendem a Deus.** - Para a compreensão do mistério de Deus, afirma Jesus, a gente simples leva vantagem até mesmo sobre os teólogos, se estes forem apenas sábios auto-suficientes, possuídos de orgulho doutrinal. Os fiéis do povo simples são capazes de captar a transcendência de Deus, porque também eles são a Igreja, depositária da eleição e revelação divinas. Mais ainda, estes pobres em espírito que, vazios de si mesmos se abrem a Cristo e aos irmãos, são os preferidos do Deus surpreendente e paradoxal da história bíblica que inverte nossas categorias racionais de pessoas humanas.

"Ninguém conhece o Pai senão o Filho, e aquele a quem o Filho quiser revelar"; e Ele prefere fazer isso, conforme uma constante bíblica, aos humildes e simples, sejam eles sábios ou ignorantes. Por isso, por si e automaticamente, não crê mais o que é mais sábio, ou o que conhece mais teologia e bíblia ou o que pertence a uma elite consagrada; nem tampouco está incapacitado para crer e entender a Deus o inculto e ignorante, ou aquele que está no último degrau da escala social.

Assim se explica porque às vezes encontramos gente simples, de poucos estudos ou de poucos alcances intelectuais, mas de uma grande fé, que compreende vivencialmente as coisas de Deus e intui a vontade do Senhor mais acertadamente que alguns pesquisadores, sistemáticos e profundos, da bíblia e da teologia. Verifica-se aquilo que São Boaventura dizia a uma velhinha que se lamentava por não poder amar a Deus tanto quanto o Padre Boaventura, porque ela não sabia ler nem escrever. Não é preciso esgotar exaustivos tratados sobre o Deus uno e trino, sobre a Revelação bíblica, sobre a Cristologia, sobre a natureza da Redenção e da Igreja, para vivê-los profundamente a partir da fé. Santa Tereza d'Ávila reconhecia não ter estudos de teologia pela Universidade de Salamanca; e, contudo, alcançou de Deus tal sabedoria espiritual que é Doutora da Igreja universal. Naturalmente se unirmos ambas as coisas: fé e ciência, sabedoria e humildade de espírito, estaremos na situação ideal e mais vantajosa.

b) **A fé é uma sabedoria superior. -** O cristão chega pela fé a uma sabedoria superior que é o conhecimento de Deus, como expõe São Paulo em 1Cor 1-2. Deus confunde a sabedoria e o poder humanos; sem que isto signifique preconizar a ignorância e a displicência na construção do Reinado de Deus no mundo dos homens. A fé é uma classe especial de sabedoria, pois não é ciência mas crença; e por isto mesmo seu objeto não está a nível do visível e demonstrável, mas no plano da experiência vivencial, da comunhão e da opção pessoais. Mas também não está desprovida de base objetiva, pois se funda em fatos reais da intervenção de Deus, e especialmente numa pessoa, a de Jesus Cristo.

Toda a experiência religiosa da fé cristã passa por Cristo que é o revelador do Pai e o caminho para Ele. A sabedoria e a ciência de Deus se revelam personificadas em Jesus. Palavra de Deus ao homem; e está enraizada no mistério salvador de Cristo, manso e humilde de coração, que sendo Deus se humilhou até a morte por amor ao homem. Sua cruz gloriosa é escândalo e loucura para os sábios e poderosos deste mundo, mas sabedoria de Deus, bênção e libertação para o discípulo, para o batizado adulto na fé que, guiado pelo Espírito, ajusta a sua vida ao querer de Deus.

Iluminados por este saber do Alto que é a fé, entendemos que a religião cristã não é uma imposição; nosso seguimento de Cristo não é submissão a uma lei impessoal e despótica; não é um jugo e uma carga insuportáveis. Esta era a situação sob a lei mosaica, da forma como a interpretavam os doutores judeus; e esta era a atitude do fariseus, por exemplo, diante da lei do descanso sabático, a ponto de criticarem a Jesus por curar um enfermo em dia de sábado.

3. **Somos devedores ao Espírito e não à carne**

Sob os impulsos desta sabedoria de Deus, que é a fé, entendemos a lei que Cristo estabelece - seu jugo suave e seu peso leve - como lei do Espírito que supera a carne. Disto nos fala a *segunda leitura* (Rm 8,9.11-13).

a) **Antítese carne-espírito.** - Os dois termos desta antítese não significam as duas partes constitutivas do homem conforme a filosofia grega: corpo e alma, o elemento material e o espiritual. Este dualismo é alheio à antropologia bíblica e à mentalidade semita, que têm um conceito unitário do ser humano.

"Carne" não é habitualmente em São Paulo, nem em o Novo Testamento, o corpo físico, o biológico e menos ainda o sexual. O homem carnal expressa a condição natural do ser humano não redimido, deixado às suas próprias forças, imerso na debilidade e no pecado, longe de Deus e destinado à morte.

"Espírito", em contraposição, é a força da vida nova do homem libertado, redimido e já desde agora ressuscitado no batismo com Cristo pelo mesmo Espírito que ressuscitou Jesus. O homem espiritual é o ser humano renovado pela graça de Deus e pela ação de seu Espírito.

> A antítese carne-espírito refere-se, pois, ao antagonismo moral que existe entre o pecado (obras da carne) e a justificação por Deus (obras do espírito). Reflexão e exortação paulina que têm hoje em dia plena atualidade. Em outra passagem de suas Cartas o Apóstolo procede também à base de antíteses; e uma vez enumerada a longa lista das obras da carne, ele passa a mencionar os frutos do Espírito de Deus. O contraste não pode ser mais forte e eloqüente (cf. Gl 5,19-25).
>
> Estar na carne e viver conforme a carne define a situação do homem pecador cujas motivações, atitudes e critérios de conduta são terrenos, egoístas, materiais e fechados a Deus e aos irmãos. Ao contrário, estar no espírito e viver segundo o espírito é ter já a salvação de Deus e atuar conforme os modelos da vida nova de filiação no Espírito: "pois os que se deixam guiar pelo Espírito de Deus, esses são filhos de Deus" (Rm 8,14).
>
> Esta segunda é a condição própria do batizado em Cristo, porque entrou pessoalmente na participação de seu mistério pascal: morte ao pecado e vida nova para Deus. Viver segundo o espírito é possível, pois o Espírito de Deus habita em nós: Espírito de filiação, de amor e não de temor, de filhos e não de escravos, de libertação e não de jugo opressor, de paz e confiança que expressamos chamando a Deus: Pai, papai (v. 15).

b) **Para captar os segredos de Deus** precisamos viver segundo o Espírito em tensão vigilante e alerta, pois carne e espírito são antagônicos e, obviamente, excludentes um ao outro. Precisamos também ter o olhar puro, limpo. Uma das bem-aventuranças reza assim: “Felizes os puros de coração porque eles verão a Deus”. Para ver a Deus é preciso ter os olhos de Deus, isto é, os olhos da fé. E para ser de Cristo precisamos ter o Espírito de Cristo, aquele que ressuscitou Jesus dentre os mortos. Assim entenderemos que não somos devedores à carne para viver carnalmente. Pois se vivemos conforme a carne vamos ao encontro da morte; mas se com o Espírito damos morte às obras do corpo viveremos, como explica São Paulo na segunda leitura.

A mensagem do evangelho de hoje: “Deus revela-se aos simples”, é de grande importância para toda nossa vida cristã e para o objetivo que nos orienta ao longo destas páginas. Acompanhemos a leitura, meditação e o anúncio da Palavra de Deus em suas fontes com a atitude humilde de abertura a Deus e aos irmãos, e com a oração assídua, tanto individual como comunitária, a Deus doador das luzes do Alto, necessárias para penetrar os segredos e o mistério tremendo e fascinante ao mesmo tempo do Todo Outro.

Décimo Quinto Domingo do Tempo Comum (A)

Is 55,10-11: Como a chuva que faz a terra germinar, assim é minha palavra.
Rm 8,18-23: O universo espera ansiosamente a revelação dos filhos de Deus.
Mt 13,1-23: Parábola do semeador.

AS PARÁBOLAS DE JESUS

1. Um balanço otimista da eficácia da Palavra
a) "Saiu o semeador a semear"
b) Otimismo escatológico
2. As parábolas de Jesus
a) Contêm "os segredos do Reino"
b) Natureza e transmissão das parábolas
c) Interpretação das mesmas: 1. Alegórica. 2. Humanista. 3. No mistério do Reino. 4. A partir de seu sentido original
3. Aplicação concreta da parábola do semeador: o caminho, o pedregal, os espinhos, a terra boa

***

As leituras primeira e terceira deste domingo, especialmente o evangelho com a parábola do semeador, convidam-nos a meditar sobre a eficácia da palavra de Deus em nossa vida; e ao mesmo tempo oferecem-nos uma ocasião para refletirmos sobre um gênero literário bíblico que aparecerá com freqüência na proclamação evangélica dos domingos deste ano A e seguintes: as Parábolas do Reino de Deus nos lábios de Jesus.

1. Um balanço otimista da eficácia da Palavra

A leitura evangélica de hoje dá início ao Sermão parabólico de Jesus sobre o mistério do Reino. É o terceiro dos cinco grandes sermões do Evangelho de Mateus e seu capítulo treze contém sete parábolas que são lidas nos domingos quinze, dezesseis e dezessete deste ciclo A.

Chamamos a atenção para três partes definidas no evangelho que é proclamado hoje (Mt 13,1-23): 1ª Parábola do semeador (vv. 3-9: é a leitura breve). 2ª O porquê e a finalidade das parábolas (vv. 10-17). 3ª Interpretação da parábola do semeador (vv. 18-23).

a) **"Saiu o semeador a semear".** - Depois de uma breve introdução na qual mostra a situação do momento (vv. 1-3), começa a narração da parábola do semeador; nela Jesus avalia positivamente a eficácia da palavra do Reino, que é a semente. Estamos diante de uma parábola que é balanço final, como resposta de Cristo àqueles que punham em dúvida os resultados de seu anúncio do Reino, devido à recusa da Boa Nova por parte do antigo povo de Deus, os judeus. Reflexão que faz também a primitiva comunidade cristã diante das dificuldades que encontra na continuação da missão de Jesus. Embora aparentemente os primeiros resultados falem de fracasso, a eficácia da palavra de Deus está assegurada, pois a terra fértil compensa sobejamente a esterilidade das outras três parcelas: o caminho, a terra pedregosa, os espinhos. O semeador (Deus, Cristo, apóstolo) espalha generosamente a semente confiando no êxito final.

Mas o papel principal na parábola não pertence ao semeador, mas à semente e ao terreno em que ela cai, pois o núcleo da proclamação evangélica deste domingo é a eficácia da palavra, embora condicionada em boa parte pelos diversos graus de aceitação da mesma pelo ouvinte. Fica claro que são dois os fatores determinantes da salvação: o primeiro e fundamental é a iniciativa de Deus que a oferece ao homem; e o segundo, a resposta afirmativa ou negativa deste, pois Deus respeita sua liberdade.

b) **Otimismo escatológico** é a perspectiva em que Cristo se situa ao pronunciar a parábola. Começa comparando o Reino de Deus com uma semeadura desastrosa e acaba equiparando-o a uma colheita esplêndida, sem prestar maior atenção às etapas intermediárias do crescimento e maturação; algo que faz, sim, a parte explicativa da parábola que, como veremos, desloca o sentido escatológico da mesma para a produtividade pessoal daquele que escuta a palavra do Reino aqui e agora. O trio de cifras que Jesus ressalta: cem, sessenta e trinta por um, fala manifestamente da plenitude escatológica do Reino de Deus que sobrepuja toda medida e supera sobejamente a previsão habitual de uma boa colheita, situada em torno de dez por um. Embora não sem dificuldades, o êxito está assegurado.

* A pri*meira leitura*, na qual o Segundo Isaías (55,10-11) conforta os israelitas desterrados na Babilônia, acentua essa mesma eficácia da Palavra de Deus com as belas imagens da chuva e da neve que molham e fecundam a terra.

Também na *segunda leitura* (Rm 8,18-23) São Paulo faz eco ao otimismo escatológico da parábola evangélica. A criação espera ansiosamente sua libertação na plena manifestação dos filhos de Deus. Ela é solidária com o destino do homem para quem foi feita e por cujo pecado sofre escravidão.

Se a filosofia grega queria libertar o espírito da matéria, por considerá-la como elemento nefasto de sua antropologia dual, a Bíblia e o cristianismo, ao contrário, libertam e plenificam a criação à medida do homem redimido.

Nesta linha ascendente, como uma antecipação da glória futura, deve-se entender e apoiar tudo o que é desenvolvimento humano integral. Progresso que detém todo atentado à humanização libertadora, à promoção dos povos, etnias e indivíduos, e ao equilíbrio ecológico que o *Salmo responsorial* de hoje canta: "Rios de Deus que vêm dos céus derramam águas... o ano todo coroais com vossos dons, ... as colinas se enfeitam de alegria e os campos de rebanhos; nossos vales se revestem de trigais: tudo canta de alegria (Sl 65).

2. **As parábolas de Jesus**

a) **Contêm "os segredos do Reino"**. - Na segunda parte do Evangelho

(vv. 10-17), os discípulos perguntam a Jesus: Por que falas ao povo em parábolas? E Ele lhes responde: A vocês foi concedido conhecer os segredos do Reino dos céus, - isto é, de Deus, nome que Mateus não pronuncia por respeito conforme a tradição judia, - e a eles não. E cita o profeta Isaías (6,9-10). É um texto difícil. Será que Jesus pretendeu expressamente que as pessoas não o entendessem? Seria absurdo. Então, para que e para quem o Senhor falava?

"A conclusão que parece impor-se hoje é que a tradução do célebre e torturante texto de Isaías deve ser a seguinte: A vocês foi dado por Deus conhecer o mistério do Reino; para os que estão fora tudo é misterioso, de modo que (como está escrito) olham e não vêem, ouvem e não entendem; que se convertam pois, e Deus os perdoará. A solução dos que estão fora não é desesperadora. Têm eles ainda um oportunidade: que se convertam" (*Comentários a la bíblia litúrgica*, 1016).

Jesus, com o profeta, limita-se a constatar a realidade; mas Deus não quer o endurecimento e a morte do pecador, mas que se converta e viva (Ez 33,11).

b) **Natureza e transmissão das parábolas**. - As parábolas do Evangelho pertencem ao gênero didático da Bíblia; sua intenção e finalidade é ensinar uma verdade religiosa. Próprias e exclusivas de Jesus de Nazaré, significam algo novo na literatura judaica, sem paralelo nos escritos rabínicos de seu tempo. As parábolas são comparações ou imagens destinadas a ilustrar ou ensinar uma idéia ou um ensino concreto. As parábolas não são alegorias, ao menos tomadas em seu conjunto; pois numa alegoria, que é uma série de metáforas ou imagens, cada detalhe tem significado figurativo por si mesmo. Ao contrário, numa parábola deve-se atender ao conjunto, do qual se tira uma conclusão única em forma de ensino pragmático.

* **Como nos foram transmitidas?** As parábolas que lemos nos Evangelhos sinóticos são fundamentalmente do próprio Jesus; portanto são um instrumento bíblico sólido e seguro. Embora em sua redação, como em todo o Evangelho, podemos perceber o influxo da comunidade cristã do tempo apostólico. Por isso o problema exegético das parábolas não é tanto entendê-las na forma atual em que foram escritas, quanto descobrir o sentido original que tiveram nos lábios de Jesus.

A tradição oral das primeiras comunidades, que é o nexo intermediário entre o Anúncio do próprio Jesus e sua redação por escrito de 25 a 35 anos depois de sua morte e ressurreição, modificou em alguma coisa a linguagem das parábolas de Jesus, adaptando-as e interpretando-as à luz pascal, à base da pregação e catequese dos Apóstolos e com sua colaboração. Eles eram os primeiros testemunhos da Boa Nova. Desta forma a mensagem fundamental de Jesus não foi adulterada, e fica a salvo a historicidade dos Evangelhos (DV 7s.18s).

c) **A interpretação das parábolas** sofreu variações ao longo da história: enfoque alegorizante, visão humanista de tipo religioso, dentro do mistério do Reino, e a partir do sentido original.

1. A *interpretação alegorizante* prevaleceu em toda a tradição eclesial desde a Época Patrística até a última década do século XIX. Esta tendência de interpretar as parábolas como alegorias acreditou encontrar uma base na "teoria da obstinação", segundo a qual as parábolas eram nos lábios de Jesus um véu para ocultar o mistério do Reino aos que estavam fora. De fato, também nos Evangelhos há quatro parábolas às quais se acrescenta uma detalhada explicação alegórica de cada traço ou detalhe; por exemplo, a do semeador com a qual nos ocupamos hoje, a do joio entre o trigo (Mt 13,36-40: próximo domingo), a rede de arrastão (vv. 47-50: Dom. 17, A), a do bom pastor (Jo 10,1-30: 4º Dom. da Páscoa nos três ciclos).

2. A *interpretação humanista* de tipo religioso foi a proposta por Adolf Jülicher, exegeta protestante, em fins do século XIX. Seus profundos estudos desacreditaram definitivamente a explicação alegórica das parábolas. Ele defendeu que de cada uma deve-se tirar uma só conclusão global, e a mais geral possível; porque entendeu as parábolas como a pregação por Jesus de um novo humanismo de tipo religioso. Segundo ele, Cristo foi tão somente um sábio mestre de práxis ética.

Posteriormente os autores da "história das formas" bíblicas, seguindo Jülicher, distinguiram e classificaram as parábolas conforme as categorias da retórica grega. Esforço inútil, porque o gênero semítico do *mashal* (= parábola, em aramaico *matlá*) tem um sentido amplo muito difícil de se classificar. Significa semelhança, comparação, alegoria, fábula, metáfora, exemplo, sentença, enigma, provérbio, ensino... Assim também o grego *parabolé* do Novo Testamento. Não se pode forçar as parábolas a entrar nas categorias helenistas da retórica.

3. *No mistério do Reino de Deus*. Mais tarde, já nos anos 30 do século XX, Charles H. Dodd, biblista anglicano, mostrou seu acordo com A. Jülicher em rechaçar a interpretação das parábolas como alegorias das quais se tiram aplicações espirituais ou piedosas conforme a fantasia, imaginação ou capricho daquele que as lê ou comenta. Mas mostrou desacordo com sua visão humanista, por considerá-la empobrecedora. Dodd procurou colocar cada parábola numa situação concreta da vida de Jesus, concluindo que todas as parábolas têm relação com o anúncio e mistério do Reino de Deus. Algo com que concordam todos os biblistas atuais. No evangelho de hoje ouvimos Jesus dizer que o ensino que as parábolas contêm são "os segredos do Reino" (v. 11).

Mas Dodd cerceou o alcance escatológico do Reino de Deus restringindo-o basicamente ao presente. Ao ser pronunciada, cada parábola numa situação concreta pedia uma resposta pontual e imediata por parte dos ouvintes.

4. *Buscando o sentido original*. Foi o exegeta luterano Joaquim Jeremias, considerado até o presente como a autoridade máxima no estudo das parábolas, quem, consolidando a parte melhor das conquistas de Jülicher (não a interpretação alegórica) e de Charles H. Dodd (anúncio do mistério do Reino), aprofundou aquilo que ele julgava mais importante: a busca do sentido original de cada parábola nos lábios do próprio Jesus antes que passasse primeiro para a tradição oral e escrita (fonte Q), e

depois para a redação definitiva dos Evangelhos (Ver J. Jeremias, *As parábolas de Jesus* 13,27; G. G. Dorado: *La biblia hoy*, 216-220).

A crítica textual e a "história das formas" bíblicas confirmam-nos que a parábola mesma, "a metade plástica", foi transmitida com maior fidelidade que "o marco", isto é, as introduções, a explicação e o contexto (J. Jeremias). Assim se desprende do estudo paralelo dos Sinóticos. Isso não cria problemas para a inspiração e inerrância dos livros sagrados que chamamos de Evangelhos.

3. **Aplicação concreta da parábola do semeador**

Não faria nenhuma falta não entrar na explicação da parábola do semeador já que o próprio texto evangélico interpreta magnificamente o significado das quatro espécies de terreno em que cai a semente, "a palavra do Reino" (v. 19): beira do caminho, terreno pedregoso, espinheiro e terra boa (vv. 18-23). Interpretação que pertence com toda probabilidade à comunidade cristã primitiva que a explica alegoricamente parte por parte; dado anterior à redação desta parábola por Marcos (4,1-20), de quem dependem as passagens paralelas de Mateus 13,1ss e de Lucas 8,4-15. Como mostrávamos mais acima (1,b), a explicação da parábola depura sua visão escatológica filtrando-a através de uma exortação eclesial para a perseverança e a frutuosidade dos convertidos ao cristianismo. Assim:

a) O semeado à beira da estrada e que os pássaros comem representa aquele que escuta a palavra do Reino sem entendê-la; vem o Maligno e rouba o semeado em seu coração endurecido e sem húmus para acolher a semente.

b) O semeado em terreno pedregoso, que brota logo e murcha por falta de raiz, significa aquele que escuta e aceita a palavra com prontidão e alegria; mas por carecer de substrato não tem constância e força no momento da dificuldade e da perseguição por causa da palavra do Reino.

c) O que semeado entre espinhos e abrolhos que ao crescer asfixiam a semente reflete aquele que por causa dos trabalhos excessivos da vida e da sedução do dinheiro e do consumismo abafa e torna estéril a palavra que escuta.

d) Finalmente, o semeado em terra boa significa aquele que entende e aceita com coração generoso a palavra escutada. Esse dá fruto com perseverança: trinta, sessenta e até cem por um.

Para concluir estas reflexões resta apenas uma pergunta: que classe de terreno somos nós e qual sou eu em particular. A resposta sincera temos de dá-la cada um pessoalmente em primeiro lugar e comunitariamente depois.

Décimo Sexto Domingo do Tempo Comum (A)

Sb 12,13.16-19: Concedes o perdão aos pecadores.
Rm 8,26-27: O Espírito intercede por nós com gemidos que as palavras não podem explicar.
Mt 13,24-43: Deixem crescer um e outro até a colheita.

A PACIÊNCIA DE DEUS ENSINA-NOS A TOLERÂNCIA

1. "Deixem crescer juntos um e outro até a colheita"
a) O joio no meio do trigo
b) A explicação da parábola no texto evangélico
2. A paciência de Deus ensina-nos a tolerância
a) "Queres que arranquemos o joio?"
b) Não julgar nem classificar os outros
3. E é um aviso para nossa impaciência
a) A impaciência pseudo-evangélica leva ao desalento
b) O crescimento do Reino segue um processo desconcertante

***

O evangelho e a primeira leitura de hoje destacam a paciência de Deus que, porque tem em suas mãos todo o poder, se mostra tolerante com sua criatura o homem, que é fraco e peca. Isso contrasta com nossa habitual intolerância, nossos juízos negativos sobre os outros, e nossa impaciência que nos leva ao desânimo.

1. "Deixem crescer juntos um e outro até a colheita"

No evangelho de hoje (Mt 13,24-43) há duas partes. - Primeira: Três parábolas de Jesus ao povo: o joio no trigo (vv. 24-30: leitura breve), o grão de mostarda (vv. 31-32), e o fermento na massa (v. 33). - Segunda: Explicação da parábola do joio no trigo (vv. 36-43).

a) **O joio no meio do trigo**. - Assim como na parábola do semeador (domingo passado) respondia a uma dúvida sobre os resultados palpáveis do anúncio do Reino por Jesus, esta parábola do joio no meio do trigo vem dar resposta ao movimento fariseu de segregação: somente os "puros" podiam constituir a comunidade da Aliança. Jesus, ao contrário, misturava-se com os pecadores e admitia em sua companhia os publicanos. Intolerável! Por que não exigia uma seleção? O mesmo problema teve de ser colocado logo depois pela jovem Igreja, ao sentir-se comunidade de justos e de pecadores que necessita de conversão (ver Dom. 23 e 24,A).

Resposta de Jesus: A paciência de Deus espera até que a colheita amadureça, para fazer a separação do trigo e do joio no último juízo. Então sim aparecerá a comunidade santa de Deus. Até esse momento, que poderá estar longe, deve-se repelir como falso todo zelo impaciente, deixar que a colheita vá amadurecendo aos poucos, lançar a rede com fé (parábola do próximo domingo) e deixar Deus agir até que chegue sua hora. Estamos, pois, diante de uma parábola de acento escatológico como no caso da semeadura da palavra do Reino. A ceifa é imagem clássica do juízo de Deus; enquanto ele não chega, é tempo de sua paciência.

Liga-se a esta idéia a *primeira leitura*, tirada do livro da Sabedoria (12,13.16-19). Texto que na sua reflexão combina estes atributos de Deus: justiça e misericórdia, poder e moderação indulgente. Algo evidente na história da salvação do homem por Deus.

"Teu poder é o princípio da justiça, e tua soberania universal te leva a perdoar a todos... Soberano poderoso, julgas com moderação e nos governas com grande indulgência, porque podes fazer o que quiseres."

Que lições se podem tirar daqui? "Agindo assim ensinaste a teu povo que o justo deve ser humano, e deste a teus filhos a doce esperança de que, no pecado, dás lugar ao arrependimento." Um dos textos mais reconfortantes e sublimes do Antigo Testamento em seu último livro, escrito em grego pelo ano 50 a.C., em Alexandria do Egito, por um judeu piedoso da Diáspora.

O *Salmo responsorial* faz eco a esta imagem do Senhor, bom e clemente, lento na cólera, rico em misericórdia e leal (Sl 86).

b) **A explicação da parábola**. - O ensinamento da parábola do joio no meio do trigo é claro na interpretação da mesma, própria do evangelista que por sua vez reflete a releitura da comunidade primitiva. Na interpretação notamos duas partes definidas. Primeira: explicação alegórica das sete palavras mais importantes do relato, o que constitui um pequeno léxico de termos alegóricos, o "quem é quem" na parábola. Como no caso do semeador, a explicação é colocada nos lábios de Jesus já em casa e a pedido dos discípulos.

"Aquele que semeia a boa semente é o Filho do homem; o campo é o mundo; a boa semente são os cidadãos do Reino; o joio são os partidários do Maligno; o inimigo que semeia é o diabo; a colheita é o fim dos tempos, e os ceifeiros são os anjos" (vv. 37-39).

A segunda parte da explicação põe em oposição o destino divergente do joio e do trigo, isto é, dos pecadores e dos justos, no juízo final que é descrito com a clássica terminologia apocalíptica: fornalha acesa, pranto e ranger de dentes.

* Aqui também, como na parábola do semeador, houve um *deslocamento de acentuação* pois a explicação subseqüente não toca no ponto central da parábola nos lábios de Jesus que é a paciência tolerante de Deus. Em vez da coexistência inevitável do trigo e do joio, do bem e do mal, do bom semeador e do maligno, dentro do mundo e da Igreja (que é o principal acento teológico-kerigmático da parábola em si), a interpretação da mesma ressalta a sorte desigual de bons e maus, de justos e pecadores, no final dos tempos. Isso não supõe nenhum problema sobre a inspiração do texto sagrado.

2. **A paciência de Deus ensina-nos a tolerância**

a) **"Queres que arranquemos o joio?"** - À paciência de Deus deve corresponder a tolerância do homem e não a intransigência, o fanatismo ou zelo excessivo que demonstram os empregados do amo: Senhor, queres que arranquemos o joio? Não, porque vocês poderiam arrancar também o trigo. Deixem que cresçam juntos até a colheita. A passagem recorda aquela cena evangélica na qual os fogosos "filhos do trovão", Tiago e João, diante da negativa de uma aldeia samaritana em receber a Cristo e seus discípulos, porque se dirigiam a Jerusalém, dizem ao Senhor: Queres que mandemos que desça fogo do céu para destruí-los? E Jesus voltou-se para eles e os repreendeu dizendo: Vocês não sabem de que espírito são. O Filho do Homem não veio para perder os homens, mas sim para salvá-los (Lc 9,54-55).

A lição de compreensão e tolerância que se desprende do Evangelho, e da parábola de hoje em concreto, não é só para os que governam os outros. É para todos, pois todos somos intolerantes com as faltas alheias, mas muito tolerantes em nossas autojustificações e muito fáceis em nos desculparmos. Temos olhos de lince para ver o cisco no olho do outro, e somos míopes para ver a trave no nosso. Enquanto não nos sentirmos comprometidos com o mal do mundo, nem nos converteremos nem experimentaremos a paciente compreensão de Deus, a "doce esperança de que no pecado Ele dá lugar ao arrependimento", nem teremos aprendido Dele a sermos humanos com nossos semelhantes *(1ª leit.)*. Como rezar então o Pai-nosso pedindo perdão de nossas falhas, se não toleramos as falhas do irmão?

b) **Não julgar nem classificar os outros**. - O bem e o mal não estão só fora de nós, mas dentro do nosso próprio coração. Porque esquecemos isto e porque não nos conhecemos suficientemente, temos o atrevimento de nos constituirmos juízes dos outros gratificando a intransigência. Contudo, Jesus disse: "Não condenem e não serão condenados; com a mesma medida que medirem, serão medidos" (Mt 7,1-2). Ninguém é tão bom que não tenha nada de joio; ninguém pode ter a presunção de ser trigo totalmente limpo. O próprio São Paulo fazia esta confissão: Não faço o bem que quero, e cometo o mal que não quero (Rm 7,19). E Jesus disse: Somente Deus é bom (Mt 19,17).

Somos muito propensos a classificar os outros em "bons" e "maus", esquecendo que só Deus conhece a história de cada um melhor do que qualquer médico, psicólogo ou assistente social; por isso compreende nossa imperfeição e nos perdoa. Além disso ser "bom", para Deus, não significa ser um praticante fiel, embora isso seja importante, pois assim eram os fariseus desmascarados por Jesus. O que identifica o "bom", conforme o Evangelho, é o amor a Deus e ao próximo, são as atitudes, os critérios e a conduta que brotam do Sermão da Montanha, cujo resumo nuclear são as Bem-aventuranças. E este espírito evangélico tanto o pode ter um cristão como um não-batizado. De fato, existem muitos "cristãos implícitos" que possuem este espírito, e que não são conhecidos, enquanto caminham pela vida, buscando a Deus com coração sincero, amando os outros e seguindo a voz de uma consciência reta. Um belo dia também eles escutarão o convite de Deus para entrar no seu Reino.

O respeito à consciência da pessoa e à sua dignidade é hoje um valor adquirido, um direito humano inalienável. O erro como tal não é admissível, e o pecado é sempre condenável; mas é preciso salvar a pessoa daquele que erra e peca. O Concílio Vaticano II pronunciou-se abertamente pela liberdade de consciência (DH 3,3).

Por outro lado, clamar pela petição automática da lei sem procurar eliminar as causas que fomentam a delinqüência, tais como a marginalização social, a falta de aceitação da pessoa, a incultura, a pobreza, o desemprego etc., é hipocrisia calculada, intolerância estudada, puritanismo farisaico, discriminação aberta.

3. E é um aviso para nossa impaciência

Além da intolerância, outra das tentações que nos rondam continuamente e à qual freqüentemente cedemos é a impaciência e o pessimismo desalentador ante a dura realidade de um mundo secularizado que se mostra impermeável à Transcendência.

a) **A impaciência pseudo-evangélica leva ao desalento**. - Depois de vinte séculos de cristianismo o balanço pode revelar-se um resultado ambíguo à primeira vista; e mais ainda hoje em dia quando o deserto da descrença avança poderosamente em torno de nós. Às vezes somos tentados a pensar que a súplica do Pai-nosso: "Venha a nós o vosso Reino", repetida perenemente por gerações de fiéis durante séculos, não apressa sua vinda. Ilusão derrotista. Sem que saibamos como, a semente do Reino germina e frutifica onde quer que um coração humano responda a Deus. É Ele quem dá o crescimento e espera pacientemente a colheita.

Pela experiência histórica e pela própria natureza da evangelização e da fé temos de entender que a programação de Deus não coincide com nosso ativismo calculado, de inversões e prazos que vencem, de eficácia avassaladora e rendimento percentual. É certo que devemos empregar todos os meios de evangelização que estão a nosso alcance hoje em dia: alocuções, escritos, conversas, homilias, catequeses, métodos de imagem e penetração social, pedagogia e psicologia, sinais atuais de expressão: literatura, arte, música, estudo lingüístico, meios de comunicação de massa etc.; mas sem a ambição de desempenhar o papel mais importante, sem esperar e menos ainda exigir necessariamente êxito imediato e palpável.

b) **O crescimento do Reino de Deus** segue um processo desconcertante para nossa impaciência, mas não permite o pessimismo nem a desesperança, porque o êxito final é de Deus. Esta é a mensagem do evangelho desse domingo. Suas três parábolas: o joio no meio do trigo, o insignificante grão de mostarda que cresce até aninhar os pássaros em seus ramos e o fermento que leveda toda a massa de farinha, junto com a semente semeada no campo (domingo passado), constituem quatro *parábolas de contrastes*. Isto é, mostram o crescimento incontido do Reino de Deus a partir de começos insignificantes, totalmente desproporcionados segundo os critérios humanos, irrisórios diríamos. Não obstante e apesar das dificuldades iniciais e concomitantes, a força de Deus, do bem sobre o mal, acaba por vencer a dura realidade sem empregar métodos de choque nem violar a liberdade humana.

Até que chegue esse momento culminante temos de viver sob a guia e o dinamismo do Espírito, diz-nos São Paulo na *segunda leitura* (Rm 8,26-27). Como a criação aguarda com expectativa sua libertação mediante a plena cristificação do homem, assim também nós que já possuímos as primícias do Espírito gememos em nosso interior suspirando pela hora de sermos filhos de Deus em plenitude e pela redenção de nosso corpo. Pois bem, "o Espírito vem em socorro de nossa debilidade, porque nós não sabemos pedir o que nos convém; mas o Espírito intercede por nós com gemidos que as palavras não podem explicar (ou sem palavras)" (v. 26).

Qualquer comentário corre o risco de desvirtuar um texto que fala por si só. Mais prático é meditá-lo, ruminando-o, uma e outra vez até experienciar pessoalmente seu conteúdo. Então nos sentiremos transformados pela esperança que alentará nosso esforço, nosso seguimento de Cristo e nossa conversão para o Reino de Deus e para o amor aos irmãos que peregrinam conosco rumo à plenitude final.

Décimo Sétimo Domingo do Tempo Comum (A)

1Rs 3,5.7-12: Salomão pede a Deus sabedoria.
Rm 8,28-30: Deus nos predestinou para sermos conformes à imagem do seu Filho.
Mt 13,44-52: Parábolas do tesouro, da pérola e da rede.

A PRIMAZIA DO REINO

1. Valor absoluto do Reino de Deus
a) O Reino em parábolas
b) A avaliação do Reino requer sabedoria do Alto .
2. Que é o Reino de Deus?
a) Jesus anunciou o Reino presente em sua pessoa
b) Conceito fontal, embora difícil de precisar .
3. Uma mensagem de salvação e felicidade em parábolas
a) A conversão ao Reino de Deus
b) O tesouro escondido na fé crista

***

Precisamos da sabedoria de Deus *(1ª leit.)* para discernir a primazia valor absoluto de seu Reino em nossa vida *(evangelho)*, cujo objetivo final é, segundo o desígnio de Deus, tomar nos conformes à imagem de u Filho, Cristo Jesus (2ª *leit.)*.

1. Valor absoluto do Reino de Deus

a) **O Reino em parábolas.** - Com o evangelho de hoje termina o Sermão parabólico de Jesus sobre o mistério do Reino mediante sete parábolas (Mt 13), das quais lemos hoje as três últimas: o tesouro no campo, e a pérola preciosa (vv. 44-46: leitura breve), e a rede de arrastão v. 47-50: com interpretação).

A mensagem das duas primeiras parábolas é coincidente: avaliação do Reino como bem supremo. O qual tem dois efeitos imediatos: primeiro, gozo e alegria pelo seu achado inesperado (o tesouro escondido) ou com afã procurado (a pérola preciosa). Segundo, em ambos os casos os afortunados descobridores, cheios de alegria, vendem tudo o que têm e compram o campo do tesouro ou a pérola preciosa, respectivamente.

A terceira parábola, a da rede de arrastão que é lançada ao mar e recolhe toda espécie de peixes, tem o mesmo sentido histórico e escatológico que o joio no meio do trigo (domingo passado). De uma parte valoriza realistamente a situação presente da comunidade cristã num mundo no qual coexistem o bem e o mal; e por outra parte, manifesta a paciente espera de Deus até o fim dos tempos.

A interpretação que segue à parábola deixa bem claro que o termo central de comparação com o Reino não é tanto a rede em si, quanto a seleção dos peixes depois da pesca. Separação que é a última fase do Reino e celebra a autêntica comunidade eclesial, a família dos filhos de Deus.

b) **A avaliação do Reino** como o primeiro na escala de valores requer discernimento e sabedoria do Alto. Porque se é um tesouro cujo conhecimento gera alegria transbordante, é também uma exigência radical avocada por uma opção totalizante que supõe renúncia de muitas coisas.

As duas imagens, tesouro e pérola, são aplicadas no Antigo Testamento à sabedoria, especialmente no livro dos Provérbios. A *primeira leitura* de hoje (1Rs 3, 5. 7-12) relata uma "aparição de Deus em sonhos" ao jovem Salomão no princípio de seu reinado (972-931 a.C.): "Peça-me o que quiser". Salomão, antepondo a sabedoria a uma vida longa, à riqueza e ao triunfo político, pede a Deus somente inteligência para governar o povo e um coração dócil para seguir o bem. Pedido que agradou a Deus.

O mistério do Reino de Deus fascina de tal modo que, para o que o capta em toda sua plenitude, não existe nada comparável aqui neste mundo. Merece que se sacrifique tudo por ele porque é o único que no futuro dará sentido à vida toda do autêntico discípulo de Cristo. Isso não fica em simples afirmação, mas reflete exatamente a entrega incondicional de todos os grandes convertidos de todos os tempos; por exemplo, São Paulo que "encontrou" para si o tesouro escondido inesperadamente, ou Santo Agostinho que o buscou angustiadamente.

Todos os santos que existiram na história do cristianismo, santos canonizados ou anônimos, sacrificaram tudo pelo seguimento do Reino. Essa é também a opção de tantos cristãos hoje em dia, homens e mulheres que, tomando a sério o Evangelho, decidem seguir a Cristo na vida secular ou na vida consagrada: sacerdotes, religiosos, religiosas e leigos.

2. Que é o Reino de Deus?

a) **Jesus anunciou o Reino.** - Este foi o objetivo da pregação de Cristo desde o princípio e durante sua peregrinação pelas aldeias e sinagogas da Palestina. Ele proclama a Boa Nova do Reino de Deus e envia seus discípulos para anunciar a proximidade do mesmo. As parábolas do Reino são numerosas. Desde o décimo quinto domingo deste ciclo litúrgico vêm sendo proclamadas como evangelho sete das parábolas mais significativas sobre o mistério do Reino, que Jesus declara presente já e inaugurado em sua pessoa. Porque o mais importante é que o Reino de Deus se identifica com a pessoa de Cristo conforme se deduz da comparação de textos evangélicos paralelos.

Em Mateus 19,29 Jesus diz: Aquele que deixar casa, irmãs, pai, mãe, filhos ou terras, por mim, receberá cem vezes mais e terá como herança a vida eterna. O motivo específico "por mim" (literalmente: por meu nome) é em Lucas 18,30: "Pelo Reino de Deus" e em Marcos 10,29: "por mim e por meu Evangelho".

Cristo ocupa o centro do Reino e é o conteúdo nuclear de seu próprio Evangelho, da doutrina que transmite e com a qual também se identifica. Pois Ele não somente ensina o caminho para o Pai, mas que Ele mesmo é o caminho; não só revela a verdade, mas que ele é a própria Verdade; não só anuncia a vida, mas que Ele mesmo é a Vida: "Eu sou o caminho, a verdade e a vida" (Jo 6,14).

Em sua obra: *Jesus, a história de um vivente* (Madri 1981), E. Schillebeeckx afirma que, em sua missão de revelar a Deus, Jesus aparece como parábola viva do Pai e do próprio Reino.

b) **Conceito fontal, embora difícil**. - Apesar de falar continuamente do Reino de Deus, Jesus não nos deixou um tratado sistemático sobre o mesmo, nem sequer uma definição; mas um mosaico de imagens, parábolas e sentenças que constituem "esboços sobre o Reino". Alguém poderia sentir-se tentado a pôr na memória de um computador todos estes dados para seu processamento exaustivo. Esforço vão! O Reino não é matéria de manipulação eletrônica; embora em alguma coisa se pareça com os microchips, diga-se com todo o respeito: nas enormes virtualidades que em si mesmo encerra a diminuta semente do Reino.

> "Não é fácil esmiuçar, sem empobrecer, a expressão Reino de Deus. Com esta expressão Jesus nos quer dizer que em sua pessoa Deus está realizando sua Aliança definitiva com o homem e até com toda a criação. O fundamento e o conteúdo desta Aliança é o amor de Deus que se nos comunica como graça em Cristo, garantia e fonte da nossa própria plenitude.
>
> O Reino de Deus é, por conseguinte, o próprio Jesus Cristo, uma vez que Ele é, em sua própria humanidade, a presença, a reconciliação e o amor de Deus oferecido a todos os homens; e é Nele que a humanidade, ferida pelo pecado, recebe do Pai a vitória e a glorificação definitiva da ressurreição. Jesus Cristo ressuscitado é o núcleo do Reino de Deus, da Nova Humanidade e da Nova Criação que deve ir se reunindo e configurando em redor de seu corpo e de sua humanidade glorificada (cf. Rm 8)" (CE: *Testigos*, 12).

O Reino de Deus é a absoluta e amorosa soberania do Deus vivo na vida e no mundo dos homens. O Reino é o conceito fontal e o ponto de referência de toda a Boa Nova da salvação do homem por Deus mediante a vida, morte e ressurreição de seu Filho Jesus, nosso Senhor. O Reino de Deus é o que determina as atitudes evangélicas do discípulo que segue a Cristo, e que se concretizam nas bem-aventuranças e no amor a Deus e ao próximo; é o descobrimento dos valores transcendentes, é a razão da abertura ao irmão e da opção pelos pobres, como também da espiritualidade cristã, a base de nossa alegre esperança e o fundamento do compromisso temporal inerente à fé.

O Reino é fé, esperança e caridade em exercício; é a maior exigência moral cristã que pede uma conversão profunda a Deus e ao irmão. O Reino é um valor que está sempre em alta na sua cotação; mas, porém, é o valor supremo, pelo qual todo sacrifício torna-se pequeno.

3. Uma mensagem de salvação e felicidade em parábolas

a) **A conversão ao Reino de Deus**. - Jesus começou sua atividade apostólica proclamando a chegada do Reino e a conversão ao mesmo: Cumpriu-se o tempo, está perto o Reino de Deus. Convertam-se e creiam na Boa Nova (Mc 1,15). Ouvir o anúncio do Reino e da conversão ao mesmo é motivo de alegria para o homem, porque é proclamar a salvação. E a salvação de Deus e a felicidade do homem se correspondem. Por isso em sua mensagem do Reino Jesus emprega parábolas centralizadas nos pontos de interesse psicológico. Tudo quanto há de humano no coração de seus ouvintes encontra ressonância nas parábolas, a fim de anunciar o mistério inefável que está presente com sua própria pessoa: o Reino de Deus.

Em suas parábolas do Reino Cristo fala da salvação com imagens de vida, dinamismo e felicidade que tocam a pessoa em seu núcleo mais profundo. Assim: o perdão de uma grande dívida, o tesouro achado no campo, a pérola preciosa, a volta do filho pródigo ao lar, o banquete das bodas, a ovelha encontrada, a dracma perdida e achada etc. Imagens nas quais transborda a alegria do homem pela salvação de Deus, concretizada na posse do Reino. Se encontramos o Reino de Deus, necessariamente devemos irradiar alegria, testemunhar esperança e contagiar com otimismo, pois o Reino é fermento de humanidade e de maturidade nas relações com os outros.

Às suas metáforas parabólicas Jesus uniu os sinais que confirmavam suas palavras de felicidade para o homem amado por Deus. Foram seus milagres, que anunciavam a festa do Reino; sinais eficazes que davam vida e felicidade, amor e perdão, vista e ouvido, movimento e saúde, e inclusive devolução à vida e à família de seres queridos já mortos, como foram os casos de Lázaro, irmão de Marta, do filho da viúva de Naim e da filha de Jairo.

b) **O tesouro escondido**. - Há muitos cujo esporte favorito é tentar a sorte difícil na busca de um tesouro fabuloso que os faça ricos de uma vez por todas, por isso participam de toda sorte de jogos de azar: loteria, bingo, roleta, máquinas caça-níqueis. Todos sonhamos melhorar; todos precisamos de dinheiro para sustentar a casa e a família, além de atender a um sem-número de gastos e necessidades. Deus sabe disso e sua Providência não nos esquece. Cristo disse: Busquem primeiro o Reino de Deus e sua justiça; tudo o mais lhes será dado em acréscimo (Mt 6,33). É triste comprovar que há muitos cristãos que não vêem sua fé em Deus, seu relacionamento com ele e com os outros, sua religião e seu cristianismo, como um tesouro que alegra o coração sobremaneira e pelo qual paga a pena sacrificar tantas coisas e caprichos. O Evangelho do Reino não é para eles uma Boa Nova que liberta, mas uma fonte turva de obrigações e de conseqüentes ameaças, isto é, uma nova e resignada escravidão legalista em vez da absoluta liberdade de quem crê e ama (ver Dom. 30, A).

Quem capta o segredo do Reino e assimila como critério e norte de sua vida o mandamento básico cristão que é amar, encontrou o tesouro escondido que lhe ensina relativizar tudo o mais e manter-se em equilíbrio e felicidade. Verá assim que esta última não consiste em ter e gastar, acumular e consumir, mas em compartilhar e dar seu dinheiro, seu afeto e seu tempo aos demais. Também entenderá melhor os paradoxos de Cristo sobre seu próprio seguimento, quando falou aos discípulos em "perder a vida para a encontrar" (Mt 10,37-42: ver Dom. 13,A).

Desta maneira, e conforme o desígnio de Deus, iremos nos transformando na imagem de Cristo, o primogênito entre muitos irmãos. A *segunda leitura* de hoje nos descreve as etapas desse projeto de salvação: predestinação, chamamento, justificação e glorificação (Rm 8,28-30). Enquanto estamos buscando a última etapa na plenitude escatológica do Reino, já iniciado e presente, mas ainda não consumado, a expressão de nosso compromisso com a aventura do Reino será a petição suplicante do Pai-nosso: Venha a nós o vosso Reino, Senhor!

Décimo Oitavo Domingo do Tempo Comum (A)

Is 55,1-3: Deus alimenta gratuitamente seu Povo.
Rm 8,35.37-39: Nada poderá nos separar do amor de Deus, manifestado em Cristo Jesus.
Mt 14,13-21: Todos comeram até ficarem satisfeitos.

PÃO PARA OS POBRES

1. Multiplicação dos pães e dos peixes
a) Um milagre de longo alcance
b) Que é sinal messiânico
c) É anúncio da Eucaristia e do Reino
2. Pão para os pobres
a) Mais de três bilhões de pobres sobre a terra
b) A fome e a pobreza têm muitas formas
3. Opção preferencial pelos pobres

***

Concluído o Sermão parabólico de Jesus sobre o Reino de Deus, o terceiro dos grandes Sermões do evangelho de Mateus, a leitura evangélica de hoje inicia a parte narrativa que faz nexo com o Sermão eclesial (c. 18). O evangelista Mateus dirige agora sua atenção diretamente ao novo Povo de Deus que é a Igreja, tema central no seu relato. E um primeiro momento deste tema maior é o episódio da multiplicação dos pães e dos peixes (14,13-21) que dá cumprimento ao anúncio contido na primeira leitura.

1. **Multiplicação dos pães e dos peixes**

a) **Um milagre de longo alcance.** - "Ao descer da barca, viu a grande multidão e teve pena e curou os doentes" (v. 14). Assim o evangelista declara a motivação do milagre que narrará em seguida. Cristo compadece-se do povo sem guia, "porque andavam como ovelhas sem pastor" lemos no lugar paralelo de Marcos 6,34. Morto João Batista por Herodes Antipas (como anota imediatamente antes Mateus 14,3-12), a multidão busca um guia definitivo no já admirado Rabi de Nazaré.

A compaixão pela multidão errante move Jesus a curar os enfermos sem que lhe peçam; e depois sacia a massa faminta mediante um fantástico milagre que devemos ver em conexão imediata tanto com as curas que Mateus aponta sumariamente como com o anúncio do Reino que Lucas faz constar expressamente no lugar paralelo de seu evangelho (9,11: cf. Corpus Christi C, 1, a).

*Os quatro evangelistas, com pequenas variações, referem este milagre da multiplicação. Inclusive Mateus (14,13e 15,29) e Marcos (6,34 e 8,1) relatam cada um duas multiplicações, que provavelmente correspondem a duas primitivas tradições paralelas que não foram sincronizadas na redação final de seus evangelhos. Junto com o relato de João 6,1-15 (cf. Dom. 17,B), temos seis narrativas de um sucesso que foi único na opinião dos exegetas.

Isso prova a importância que a Igreja apostólica atribui a tal milagre por causa de sua enorme carga semiótica, isto é, por seu longo alcance de sinal. De fato o sinal dos pães e dos peixes adquiriu desde o princípio um lugar destacado na simbologia e iconografia cristãs: mosaicos e afrescos das catacumbas e lugares de culto.

b) **Que é sinal messiânico.** - Fome de séculos, isto é, longa espera de libertação messiânica, está represada no povo faminto de cinco mil homens, sem contar mulheres e crianças, que Jesus alimenta até à saciedade com somente cinco pães e dois peixes. O milagre da multiplicação tem em primeiro lugar um paralelismo veterotestamentário que vem acentuar catequeticamente a superioridade de Jesus sobre Moisés e os Profetas.

Destaquemos somente três referências: 1ª O maná com que Deus alimentou seu povo peregrino pelo deserto sob a guia de Moisés (Êx 16: Dom. 18,B). 2ª Multiplicação do azeite e da farinha pelo profeta Eliseu em Sarepta (1Rs 17,7-16: Dom. 32, B). 3ª Multiplicação dos pães de cevada por Eliseu em Guilgal (2Rs 4,42-44: Dom. 17,B).

Conforme a tradição bíblica, o banquete comunitário alenta a esperança da transbordante plenitude messiânica (Is 25,6-10); imagem que Jesus reassume em algumas de suas parábolas do Reino (Mt 22,1-14; cf. Dom. 28,A, para ambos os textos).

* No Evangelho de hoje se cumpre, chegada a plenitude dos tempos messiânicos, o anúncio da *primeira leitura* (Is 55,1-3), já no final do segundo Isaías ou Livro da Consolação (cc. 40-55), composto durante o exílio na Babilônia (597-538 a.C). Na repatriação que já estava para acontecer (decreto de Ciro, rei da Pérsia, no ano 538). Deus alimentará gratuitamente os pobres que esperam Nele com água, trigo, vinho e leite em abundância. Isto é em conseqüência da Aliança, isto é, do amor do Senhor a seu Povo oprimido, e fruto de sua fidelidade às promessas que fez a Davi e aos Patriarcas.

O *Salmo responsorial* canta esta gratuidade de Deus para com aqueles que O invocam sinceramente: Todos os olhos em vós esperam, Senhor. Vós abris a vossa mão prodigamente e saciais todo ser vivo com fartura (Sl 145). Igualmente gratuito é o amor que Deus nos manifestou em seu Filho Jesus Cristo, e do qual nada nem ninguém poderá nos separar, como afirma Paulo na *segunda leitura* (Rm 8,35.37-39).

c) **E anúncio da Eucaristia e do Reino.** - Além de sinal dos tempos messiânicos que se cumpriram na missão de Cristo, o milagre da multiplicação aponta para o Sacramento da Eucaristia como alimento do novo Povo de Deus, e prenuncia escatologicamente o banquete definitivo do Reino, já inaugurado na pessoa, obra e mensagem de Jesus de Nazaré.

Estranhamente, embora sobre motivo, na narração evangélica de hoje não se menciona o habitual assombro do povo e dos discípulos diante dos milagres do Senhor. E é porque o episódio é consignado e tem interesse não tanto pelo que tem de espetacular quanto por ser um "tipo", um exemplo ou sinal que antecipa a Eucaristia, e uma antecipação do banquete messiânico da fraternidade humana no Reino de Deus e em sua consumação final (ver CB,III,231).

A referência sacramental que a comunidade primitiva viu nesse acontecimento fica patente na ação, de contexto cultual, com que, conforme Mateus e demais evangelistas, Jesus realiza o milagre: "Tomando os cinco pães e os dois peixes, elevou os olhos para o céu, pronunciou a bênção, partiu os pães e os deu aos discípulos que os deram ao povo" (v. 19).

É o evangelista João quem abertamente nos dá a chave eucarística para a interpretação deste fato portentoso, seguido pelo sermão de Jesus na sinagoga de Cafarnaum sobre o Pão da Vida que é Ele mesmo (Jo 6,35.51: ver Corpus Christi, A,1).

2. Pão para os pobres

a) **Mais de três bilhões de pobres. -** Quando vemos Cristo saciando a fome dos pobres vêm-nos à memória as estatísticas mundiais da pobreza. Conforme elas, mais de dois terços da humanidade está subalimentada e uma parte majoritária da mesma é vítima da fome, da enfermidade, da ignorância e da miséria. A grande mesa do mundo e suas riquezas são tão somente para uns vinte por cento, para as nações ricas, enquanto que os oitenta por cento restantes têm de contentar-se com as migalhas. Portanto, os pobres são maioria esmagadora no mundo, e somente uns poucos vivem bem. Absurdo, pois os recursos do planeta Terra pertencem a todos os que nele habitam. Por outra parte, a classificação das nações em desenvolvidas e subdesenvolvidas conforme o volume de suas rendas per capita não explica a origem nem remedeia a causa das desigualdades. O problema é muito complexo, certamente, e não se resolve com demagogia barata.

A miséria, grau limite da pobreza, é patrimônio cotidiano do chamado Terceiro Mundo ou Mundo subdesenvolvido há não muito tempo Colônia dos países europeus da velha cristandade. Sua distância do nível mínimo vital e do grau de vida das nações do Primeiro Mundo, em vez de diminuir com o passar dos anos, é cada vez maior por causa do desequilíbrio entre um crescimento demográfico acelerado e uma produção estancada e não compartilhada da riqueza. Muito mais comensais devem repartir entre si cada ano um bolo igual ou até menor que no ano anterior. Assim, tanto os países pobres como os ricos o são cada vez mais, mantendo-se intransponível o abismo que os divide. Como romper este círculo vicioso e desesperador? Para agravar ainda mais a situação, os Países do Terceiro Mundo que recebem do Primeiro ajuda econômica e promocional a conta-gotas, obtêm pelo contrário armas em abundância quando as solicitam. Paradoxo irritante!

* As estatísticas a respeito dos que passam fome mostram cada ano cifras alarmantes; e a cada ano que passa as cifras crescem amplamente.

Enquanto anualmente cerca de setenta bilhões de pessoas morrem de fome no mundo, as estatísticas anuais de consumo de bens estritamente necessários continuam aumentando.

E tudo isso apesar da crise econômica que afeta também os países desenvolvidos, mas cujos habitantes podem comer três vezes ao dia e mais do que necessitam, até tornar a obesidade, o enfarto, as dietas, o controle de peso e calorias uma obsessão comum.

b) **A fome e a pobreza têm muitas formas.** - Embora o conceito de pobreza tenha uma conotação primária e básica com os bens materiais, contudo, o conceito econômico não abarca toda a sua riqueza de aspectos. A necessidade, tanto no Terceiro como no Primeiro Mundo, e talvez a que está muito perto de nós, não se limita à carência de coisas, pois há muitas formas de fome e privação: fome de pão, de trabalho e de moradia, de dignidade pessoal e cultura de estima e afeto, de paz e liberdade, de espírito e religião. Fome total, fome de absoluto, fome de Deus, numa palavra.

Igualmente a pobreza congrega hoje em dia em sua porção muitos "novos pobres da sociedade moderna: anciãos solitários, enfermos terminais, crianças sem família, mães abandonadas, delinqüentes, drogados, alcoólicos e tantos outros" (CE: *Testigos,* 60).

Em nossa abertura cristã para os outros, não podemos esquecer que a melhor oferta de "pão" (= como sinal e síntese de todos os direitos humanos), o pão que ninguém recusa porque não o humilha, é o amor e o respeito a sua dignidade de pessoa que se sente aceita por causa de si mesma e tal qual é. Este talvez seja o pão de que mais se tenha fome em nosso redor; e sempre nos é possível dá-lo.

3. **Opção preferencial pelos pobres**

Com muita seriedade devemos nos perguntar agora até que ponto nos obriga a cena evangélica de hoje, na qual percebemos como pano de fundo o clamor dos pobres. Jesus não ficou em mera compaixão. Mas também não se contentou apenas com saciar o estômago da pobre gente que o procurava e o escutava. Consciente de que "não só de pão vive o homem" (Mt 4,4) e conseqüente com sua opção radical pelos pobres, Ele se entregará pessoalmente a eles porque somente Ele é o Pão da Vida que sacia definitivamente a fome do ser humano (Jo 6,35: Antífona opcional da comunhão).

Diante da fome e da pobreza, que têm muitas formas, do nosso mundo atual, que não são erradicadas com o simples consumo de bens, nossa solidariedade compassiva deve impelir-nos, como a Jesus, a uma ação eficaz nas múltiplas formas de compromisso que o amor criativo desperta, entre as quais uma organização muito perto de nós e de garantia é a Cáritas, tanto a nível paroquial como diocesano, nacional ou internacional.

Esta foi a ordem do Senhor a seus discípulos: Em vez de despedir o povo, dêem-lhe de comer vocês mesmos. Quer isso dizer que somos capazes de multiplicar hoje o pão para os pobres à custa de magia ou de fé? Em todo caso, o que certamente não podemos fazer é deixar de multiplicar o amor e a fraternidade entre os homens mediante a partilha. Esta é condição indispensável, "sine qua non", para que nossas Missas não sejam uma farsa cultual, mas uma celebração autêntica da eucaristia comunitária, prefigurada na multiplicação dos pães por Jesus.

Décimo Nono Domingo do Tempo Comum (A)

1Rs 19,9a.11-13a: Elias encontra-se com Deus no monte Horeb.
Rm 9,1-5: Quisera ser anátema pelo bem de meus irmãos segundo a carne.
Mt 14,22-33: Manda que eu vá sobre as águas até junto de ti.

EM PLENO MAR

1. Em pleno mar no encontro com Deus (Três níveis de leitura)
a) "Pensavam que era fantasma" (Primeiro)
b) Dentro de um esquema de teofania (Segundo)
2. O fantasma do medo nos impede de crer
a) A barca da Igreja, agitada pelas ondas (Terceiro)
b) O medo de crer é não fiar-se em Deus
3. A fé desprotegida
a) Quando se tornam pouco visíveis os sinais de Deus
b) Necessitamos falar com Ele na oração

***

Nosso encontro com Deus pela fé não está isento de incertezas e temores como no caso do profeta Elias, do apóstolo Pedro e demais discípulos de Jesus *(1ª leit. e Evangelho)*. Mas o fantasma do medo desvanece e as crises de fé são superadas quando aceitamos a presença de Deus em nossa vida pessoal e comunitária.

1. Em pleno mar no encontro com Deus

A cena evangélica de hoje, Jesus caminhando sobre as ondas encrespadas, dissipando os temores e suscitando a fé de seus discípulos (Mt 14,22-33), vem imediatamente depois da multiplicação dos pães (domingo anterior); e também é relatada por Marcos 6,45ss. e por João 6,16ss. Mas é Mateus que apresenta uma elaboração narrativa maior e uma intenção teológica mais marcada, como veremos.

Para entender o episódio em todo o seu alcance precisamos realizar estes três níveis de leitura: 1) o fato em si, com seu valor fático extraordinário; 2) a teofania, ou manifestação divina, subjacente no mesmo; 3) o significado eclesial que ele contém.

a) **"Pensavam que era um fantasma".** - Depois da multiplicação dos pães o Mestre insiste com seus discípulos que embarquem e vão à frente para a outra margem do Lago de Kinneret ou Mar da Galiléia. Nesse ínterim Ele se retira ao monte para orar. Uma vez mais "o monte" aparece sem nome. No pensamento bíblico, monte e deserto indicam freqüentemente mais situação anímica de contato com Deus que um lugar concreto ou acidente topográfico; sobretudo neste caso, pois não há montes propriamente ditos nas margens do Lago.

Alta noite, a barca já estava muito longe da terra e era agitada por ventos de tempestade. De repente Jesus aparece-lhes caminhando sobre as ondas. Os discípulos assustam-se e gritam de medo, pensando que se trata de um fantasma. Diante das palavras de confiança de Jesus: "Coragem, sou eu, não tenham medo", Pedro intervém para lhe dizer: "Senhor, se és Tu, manda que eu vá por sobre as águas até junto de ti". "Venha", respondeu-lhe Jesus. E Pedro desce da barca e, caminhando sobre as águas, vai ao encontro de Jesus. Mas, sentindo a força dos ventos, ficou com medo, começou a afundar e gritou: "Senhor, salva-me!" Jesus imediatamente estendeu a mão, segurou-o e disse-lhe: "Homem fraco na fé, por que você duvidou?" Assim que os dois subiram na barca, o vento se acalmou. Então os que estavam na barca se prostraram diante de Jesus, dizendo: "Efetivamente, tu és o Filho de Deus".

**A atuação de Pedro* é silenciada totalmente por Marcos e João, mas se explica dentro do contexto eclesial do evangelho de Mateus, que ressalta a figura do Apóstolo como protagonista do grupo e futuro chefe e cabeça do novo Povo de Deus, a Igreja, que Jesus funda. Não nos esqueçamos que estamos na parte narrativa que introduz o Sermão sobre a nova Comunidade (c.18, que será lido nos domingos 23 e 24). Por isso Mateus destaca que ao subirem na barca Jesus e Pedro o vendaval cessou e desapareceu o perigo. O fato salvador apresenta-se como efeito da ação conjunta de Jesus e Pedro; sem eles a barca (da Igreja) corre perigo.

*Percebe-se uma linh*a cristológica ascendente* na narração de Mateus, começando pelo "Sou eu" de Jesus (v. 27), passando pelo medo dos discípulos e as dúvidas de Pedro, que não obstante por duas vezes chama a Jesus de "Senhor" (vv. 28 e 30), até concluir com a esplêndida confissão de fé (pascal) de todos os que estavam na barca (v. 33). É uma antecipação da confissão de Pedro imediatamente antes de Cristo lhe conferir o primado de sua Igreja (16,16-30: ver Dom. 21,A).

Final bem distinto daquele constatado por Marcos: "Jesus subiu para junto deles na barca, e o vento amainou. Os discípulos estavam profundamente assombrados, pois não tinham compreendido o milagre dos pães, mas seus corações estavam endurecidos" (Mc 6,51-52).

b) **Dentro de um esquema de teofania. -** É o segundo nível de leitura da cena evangélica, que ganha profundidade se a gente a vê na mesma linha das teofanias ou manifestações de Deus ao revelar-se ao homem. Se na multiplicação dos pães Cristo aparece diante do povo como o Messias esperado, caminhando hoje sobre o mar e dominando o vento manifesta-se a seus discípulos como Deus, conforme eles o reconhecem na versão de Mateus.

As antigas religiões naturais e míticas divinizaram os fenômenos da Natureza inventando deuses para cada elemento: ar, céu, mar e terra. A revelação bíblica dessacraliza tais fenômenos cósmicos, o Antigo Testamento, porém, - por exemplo, os Salmos, - vê com freqüência a soberania de Deus em seu domínio sobre os elementos: mar e águas, sol e nuvens, trovão e raio, tempestade e vento, campos, messes e rebanhos.

Algo evidente nos acontecimentos do Êxodo: pragas do Egito, passagem do Mar Vermelho e teofania do monte Sinai.

Assim também Jesus aparece hoje dominando a força do vento e do mar e pronunciando a fórmula vetero-testamentária de auto-revelação de Deus: Sou eu, não tenha medo.

Medo era o que sentia por sua vez o profeta Elias, cujo encontro com Deus no monte Horeb (Sinai) nos é descrito na *primeira leitura* (1Rs 19,9-13). O profeta Elias, vergado sob o peso de sua missão, estava fugindo do rei Acab (874-853 a.C.) e de sua esposa, a ímpia Jezabel, que o procuravam para matá-lo porque ele, ardendo de zelo javista, mandara degolar na torrente de Cison os 450 sacerdotes do falso deus Baal depois do fracasso deles no sacrifício sobre o monte Carmelo (c. 18).

No Horeb Deus confirma a Elias sua presença na brisa suave que seguiu ao furacão, ao terremoto e ao fogo. Diante de Deus o profeta cobre o rosto com seu manto porque no Antigo Testamento ninguém podia vê-lo sem morrer, como dissera Javé a Moisés (Êx 33,20). O encontro com Deus dá forças a Elias para vencer o medo e realizar a missão que o Senhor lhe confia ao mandá-lo de novo para junto de seu Povo.

2. **O fantasma do medo impede-o de crer**

Como no caso de Elias diante de Deus, na calma dos ventos os discípulos reconhecem a Jesus como Filho de Deus, uma vez desaparecidos seus temores e confirmada sua fé.

a) **A barca da Igreja. -** A barquinha dos discípulos, primeiro açoitada pelo alto mar e levada depois a porto seguro graças a Jesus já é símbolo clássico da Igreja. Entramos no terceiro nível ou chave de leitura do fato: a comunidade eclesial. Este episódio torna-se tão singular na narração dos evangelistas, especialmente em Mateus, que muitos comentaristas do Novo Testamento concluem que seu contexto original deve situá-lo depois da ressurreição do Senhor.

"Seja este o contexto original ou não - e parece provável que é -, este relato, como também o anterior (a multiplicação dos pães), tem um *significado simbólico*. Com este capítulo inicia-se a parte de Mateus que é chamada de eclesiástica. Os discípulos na barca representam, de maneira não muito sutil, da qual Jesus nunca está longe mesmo quando a situação parece ameaçadora e Ele não é visto" (CB 231 - 232).

Quando este evangelho foi redigido (Mt), a Igreja dos princípios já tinha experiência das dificuldades na caminhada da fé e do seguimento de Cristo. Experiência suficiente, embora curta, se a compararmos com a que hoje temos depois de uma travessia de vinte séculos sem que as tormentas externas e internas tenham feito sossobrar a nave da Igreja, porque se cumpre a promessa de Jesus: Eu estou com vocês todos os dias até a consumação dos séculos (Mt 28,20).

A presença de Cristo em seu Povo é real e eficaz, atuando por seu

Espírito, por sua palavra e pelos sacramentos da vida cristã, entre os quais sobressai a atualização contínua da eucaristia. Por isso a cena evangélica de hoje tem validade em todo tempo, tanto na trajetória comunitária como pessoal dos fiéis, porquanto é uma lição de fé diante das crises, das dúvidas e dos fantasmas do medo.

b) **O medo de crer é não fiar-se em Deus.** - A figura de Pedro entre a confiança e o tempo, e a de Elias entre o desânimo e a escuta de Deus, mostram-nos que a caminhada do homem ao encontro de Deus, isto é, a fé, realiza-se superando a obscuridade da dúvida temerosa. Receamos o mistério de Deus e fica-nos difícil abandonar-nos em suas mãos. Numa palavra, temos medo de fiar-nos em Deus, de crer nele sem reservas. Pois para crer temos de prescindir de nossas seguranças tão "razoáveis"; deixar a terra firme para caminhar sobre as ondas no meio da tempestade ou entre as areias movediças do deserto da vida.

Ainda não chegamos a entender que a fé em Jesus Cristo é seu convite para assinarmos em branco um seguro evangélico com todo o risco, oferecendo-nos Ele uma certeza e confiança superiores a toda segurança humana, uma garantia total que nada tem a ver com as cautelas de nosso mesquinho egoísmo. Sem querermos arriscar nada, atormentados pelo fantasma do medo, não podemos crer como cristãos. Se a aceitação de Deus, que tem a iniciativa de salvação vindo Ele mesmo a nosso encontro, não se torna fácil para o cristão de hoje, pensemos que tampouco o foi para os cristãos de qualquer tempo, começando pelos apóstolos e passando pelos mártires, os santos e quantos nos precederem com a bandeira da fé.

3. **A fé desprotegida**

a) **Quando se tornam pouco visíveis os sinais de Deus** a nosso redor, porque faltam o amor e a amizade no mundo dos homens, a fidelidade no matrimônio, o respeito à vida, a justiça e os direitos na sociedade; quando o bem e a verdade parecem bater em retirada diante do avanço do mal e da mentira, quando nos golpeiam com rudeza a enfermidade, os acidentes e a desgraça,... então inevitavelmente se torna mais difícil continuar crendo em Deus e nos homens. Surgem as crises de fé, a dúvida sobre Deus e a desesperança da "impossível" fraternidade humana; ronda-nos o medo, aparece o desânimo; corrói-nos a desconfiança no futuro. Tudo isso são sinais inequívocos de uma fé fraca que fica desprotegida e sem raízes, tanto nos jovens como nos adultos.

E contudo, uma fé sem apoios ambientais num mundo pluralista e secularizado é também uma oportunidade para personalizar a nossa opção pelo Evangelho, pelo Reino de Deus e pelo amor ao irmão; embora não sem um processo de purificação que elimine muitos temores silenciosos.

b) **Necessitamos falar com Deus** no silêncio da oração para superar a tentação de abandonar; como ora Jesus na noite da tormenta e como grita o apóstolo Pedro diante do perigo de afundar-se: Salva-me, Senhor! Ou repetindo: Senhor, eu creio; mas aumenta minha fé. Ou também com o *Salmo responsorial* de hoje: "Mostrai-nos, Senhor, a vossa misericórdia e dai-nos a vossa salvação!" (Sl 85). Felizmente a força de Deus é mais poderosa que nossa miséria e debilidade, embora sejam elas imensas. Ele está perto de nós, presente em sua aparente ausência; ama-nos e não nos abandona.

Sabemos que nossa fé tem por objetivo central uma Pessoa antes que algumas verdades ou dogmas; e esta Pessoa é Cristo: o único que não falha. Jesus, o Filho de Deus, é mais que uma idéia abstrata, mais que uma figura histórica do passado. É o Deus vivo e nosso amigo, o Deus presente e atual vivendo entre nós que nos reunimos em seu nome, salvando o mundo que Deus ama, libertando o homem do medo que o escraviza, e guiando com seu Espírito a comunidade de fé, culto e vida que é a Igreja, seu Povo.

Vigésimo Domingo do Tempo Comum (A)

Is 56,1.6-7: Aos estrangeiros os conduzirei ao meu santo monte.
Rm 11,13-15.29-32: Os dons e o chamamento são irrevogáveis para Israel.
Mt 15,21-28: Mulher, grande é sua fé!

UMA MULHER QUE SOUBE GANHAR A CRISTO

1. *Uma mulher que soube ganhar: Cena e mensagem*
   - *a) Mulher, grande é sua fé!*
   - *b) A fé, única condição para a salvação universal de Deus*
2. *Um modelo de fé suplicante*
   - *a) Fé e oração andam, e devem andar unidas em nossa vida cristã*
   - *b) Para encontrar respostas nas crises de fé*

***

As três leituras deste domingo coincidem em acentuar o universalismo da salvação de Deus. Em seu novo Povo têm lugar tanto os judeus, cujas promessas e chamamento Deus não anula (*2.ª leit.*). como os gentios e pagãos. A única condição de pertença é a fé de quem se abre a Deus, como os estrangeiros residentes na Palestina do pós-exílio (*1.ª leit.*) ou a mulher cananéia cuja fé suplicante Jesus exalta (*evang.*).

1. **Uma mulher que soube ganhar: Cena e mensagem**

Se no domingo passado Cristo reprovava a Pedro: Que pouca fé! Por que duvidou?, hoje pelo contrário louva a fé de uma mulher não-judia que soube arrancar-lhe um favor: Que grande é a sua fé!

Para uma leitura complexa do Evangelho deste domingo (Mt 15,21-28) temos que atender a duas instâncias: 1ª o fato ou episódio em si; 2ª mensagem bíblica e intenção teológica subjacentes, neste fato que também Marcos refere mais brevemente, como lhe é habitual, e que representa a primeira versão (7,24-30).

a) **Mulher, grande é sua fé!** - A linha narrativa de Mateus é de fácil compreensão, embora chocante pelas reticências de Jesus diante de uma mulher que lhe suplica: Tem compaixão de mim, Senhor, Filho de Davi. Minha filha está terrivelmente atormentada pelo demônio (v. 22). Jesus não lhe responde nada; e aos discípulos que intervêm em favor dela, Ele os contesta com uma frase radical e excludente: "Fui enviado somente para as ovelhas perdidas de Israel". Intervenção e resposta que Marcos não registra.

O fato parece desenrolar-se dentro do território judeu, embora na zona limítrofe com a região de Tiro e Sidon (hoje Líbano). Ambos evangelistas advertem que a suplicante é uma mulher não judia: "pagã, uma fenícia da

Síria", diz Marcos; "cananéia", anota Mateus com expressão mais próxima e de reminiscências históricas para os judeus. Pois os israelitas libertados do Egito, ao se estabelecerem na Palestina, tiveram que combater e expulsar o povo de Canaã, personificação da impiedade no Antigo Testamento.

No diálogo que segue entre Cristo e a mulher cananéia há certo duelo dialético e um fundo de ironia, provocados ambos intencionalmente por Jesus depois do silêncio inicial. Neste duelo verbal a mulher acaba ganhando a partida com uma humilde mas engenhosa resposta que obriga Jesus a "fazer exceção" em seu favor, como no caso da súplica de Maria, a Mãe do Senhor, nas bodas de Caná.

A frase mais desconcertante e que é de som pouco amável, embora Jesus repita um provérbio comum naqueles tempos, é esta: "Não fica bem atirar aos cães (pagãos) o pão dos filhos (os judeus). Trata-se de um recurso dialogal e narrativo para ressaltar de um lado o talento e de outro a fé a toda prova da cananéia: "Tens razão, Senhor, mas também os cachorrinhos comem as migalhas que caem da mesa dos seus amos" (v. 27; ou "as migalhas das crianças", conforme Marcos).

"A cena tem muito mais de bom humor campesino do que de solene debate teológico" (CB, III, 234). E Marcos aprecia melhor o tom do diálogo ao concluir Jesus dizendo à cananéia: "Por causa desta sua palavra, pode ir para casa; o demônio já saiu de sua filha" (7,29). Ao contrário, Mateus prefere uma conclusão com mais ênfase, algo evidente no magnífico elogio de Jesus: "Mulher, grande é a sua fé! Que lhe seja feito como você o deseja" (15,28). E se opera a cura à distância, como no caso do centurião romano em Cafarnaum, que tem um paralelismo com o caso de hoje.

b) **A fé como condição única,** é a mensagem bíblica e teológica que está subjacente na cena evangélica deste domingo. Porque a questão de fundo que aqui se levanta é o universalismo da salvação de Deus para o homem. Quais são as condições para pertencer ao novo Povo de Deus, do qual Mateus se ocupa mais em particular nesta parte de seu Evangelho? Tal pertença, diz-nos a passagem de hoje, não se baseia no sangue nem na raça, na nação nem na cultura, no sexo nem na situação social (como afirmou também São Paulo: Gl 3,28; Cl 3,11); mas a única condição requerida e que não é discriminatória é a fé em Cristo Salvador, Filho de Deus.

Embora Jesus declare aos discípulos que não fora enviado senão aos judeus e recorda isso à mulher que lhe suplica, não obstante pelo desenlace se percebe claro que Cristo nunca rechaçou a fé onde quer que ele a encontrasse. Tanto neste caso como no do centurião romano que intercedia pelo seu criado e cuja fé também enalteceu de modo maravilhoso: Digo-lhes que nem mesmo em Israel encontrei uma fé tão grande assim (Lc 7,1-10: ver Dom. 9,C).

Desta atitude de Jesus surgiu a abertura "católica" (= universal, em grego) da Igreja missionária, desde os começos até nossos dias, "porque

Deus quer que todos os homens se salvem e cheguem ao conhecimento da verdade" (1Tm 2,4). Mateus escreve seu Evangelho pensando nos cristãos provenientes do judaísmo; e no relato da cananéia - embora não só por este motivo - dá uma explicação da admissão dos pagãos na Igreja. Passagem que não se deu sem algumas resistências internas na comunidade primitiva. Os gentios herdam também as promessas messiânicas de salvação, vindo ocupar os lugares que por sua cega obstinação deixam vazios os primeiros convidados, os judeus, como se nota na parábola do banquete nupcial (22,1-14; ver Dom. 28,A).

* Contudo, os judeus não ficam excluídos definitivamente por Deus, assegura São Paulo na *segunda leitura* (Rm 11,13ss). O Apóstolo confia que, estimulados pelo exemplo e pela ventura dos pagãos convertidos à fé em Cristo, também seus irmãos da raça se abram à verdade do Evangelho; pois Deus não revoga os dons e a chamada a Israel, e tem misericórdia de todos.

* No Evangelho de hoje vemos verificada a profecia da abertura do Terceiro Isaías, o pós-exílico, que aparece na *primeira leitura* (Is 56,1.6-7). A recente experiência do desterro e o contato com outros povos devem criar uma comunidade judia mais aberta e menos nacionalista com referência, por exemplo, aos estrangeiros residentes na Palestina desde a deportação de seus habitantes para a Babilônia. Pois a quantos o amam e o servem, o Senhor os convida ao templo de seu monte santo que é a casa de oração para todos os povos; passagem que Jesus cita quando expulsa do templo de Jerusalém os vendilhões e cambistas (Mc 11,17).

2. **Um modelo de fé suplicante**

Sempre se viu na mulher cananéia um modelo acabado de fé e oração unidas, isto é, de fé suplicante. Pois sua fé aparece com um forte tom pessoal; fé centrada na pessoa de Jesus a quem reconhece como Messias, fé que vai ao encontro do Senhor, fé dinâmica e orientada para a libertação do próximo, sua filha nesse caso. Por outra parte, sua oração reúne as condições que Cristo quis para a oração: fé, confiança e perseverança sem desânimo. A grandeza de sua fé suplicante está enraizada em sua atitude pessoal, como Jesus reconhece; pois se abre com pobreza de espírito à vontade de Deus, à primazia do seu Reino e de sua justiça antes de tudo e ao mesmo tempo ao bem do outro.

a) **Fé e oração andam, e devem andar unidas em nossa vida,** uma vez que ambas são expressão fundamental da religião cristã e mutuamente se potencializam com o exercício pessoal e comunitário das mesmas. A *fé* é a atitude básica do fiel, a condição constitutiva e indispensável, o primeiro de tudo conforme Jesus, como se conclui o Evangelho de hoje; pois é nossa resposta à oferta de amor e salvação de Deus. A *oração*, por sua vez, evidencia a presença e a vitalidade da fé no diálogo do homem com Deus, isto é, do filho com o Pai; e projeta-a para a vida no compromisso temporal e na conduta social do fiel que pede suplicante e coopera para a vinda do Reino de Deus ao mundo dos homens.

A base para uma boa oração é uma fé madura que não entende a oração como uma busca egoísta dos favores de Deus, e menos ainda tenta compará-los com espírito mercantil à base de boas obras, comunhões, rezas, novenas, terços, missas, velas e procissões, ou até com o preceito dominical. Em tal caso estaríamos diante de uma fé degenerada ou falsa fé que tomaria os contornos de magia grosseira de uma pseudo-religião primitiva.

Toda prática e expressão religiosa, também toda oração, devem ser fruto de uma fé adulta e de um amor desinteressado. Assim a soberba do egoísmo não as desobrigará, nem as roerá a traça idolátrica que substitui Deus pelo homem. O exercício da oração cristã tem, pois, um campo mais amplo que a simples petição interesseira. A oração da fé é diálogo com Deus e disponibilidade diante dele, é abertura à fraternidade humana e aos problemas dos que sofrem por algum motivo; é louvor e ação de graças a Deus uno e trino, e é também - como não - súplica de quem se reconhece indigente diante do Senhor e necessitado de seu amor, de sua graça, da força do Espírito e de outros muitos dons e favores.

b) **Para encontrar respostas novas. -** A que se atribui a crise atual de fé e de oração em tantos cristãos, jovens e adultos, homens e mulheres, leigos e consagrados? Destaquemos entre outras causas, apenas uma: a falta de respostas aos problemas novos; isto provoca em alguns uma crise purificadora que se torna positiva, e em outros um enquistamento infantil, terrivelmente empobrecedor, por imaturidade pessoal, desconhecimento da palavra bíblica, ausência de vida teologal e falta de formação religiosa.

Precisamos da resposta exata da Escritura sobre a imagem de Deus e a pessoa de Cristo. Abandonados os esquemas superados de épocas anteriores, é urgente hoje uma nova visão e apresentação do tema religioso, uma resposta nova da fé ao homem atual e a seus problemas. Porque Deus e Cristo não mudaram, mas sim o mundo e a sociedade que chegaram à autonomia de uma legítima secularização ou maioridade, embora ainda restem muitos passos a serem dados.

Esta necessidade de novas respostas é sentida não somente a nível de sociedade. Também nós como pessoas evoluímos e passamos por etapas sucessivas no desenvolvimento de nossa estrutura física e psíquica. Os esquemas religiosos infantis, isto é, a imagem do Deus da revelação que uma criança capta, servem para seu momento; mas não para a juventude e para a idade adulta, em que precisamos de uma aproximação nova para um mistério que é único e eterno: o Deus vivo e próximo de nós, e, contudo, inacessível à consciência de muitos que se dizem cristãos, mas desconhecem a Cristo e não falam com Deus na oração.

A causa de muitas crises de fé e de oração na adolescência, na juventude e na idade adulta está radicada não na falha do conteúdo ou do objeto da própria fé que é basicamente a pessoa de Jesus como imagem e revelação do Pai, mas na estagnação tanto da nossa relação pessoal com

Ele por falta de diálogo oracional, como da nossa formação cristã por falta de um crescimento na fé e sobretudo por falta de exercício da mesma na prática religiosa.

Uma fé madura requer uma catequese, uma evangelização e uma conversão contínuas que substituam a ignorância e os mal-entendidos pela luz e pela verdade, o medo do castigo pelo motivo do amor, e, numa palavra, o desconhecimento de Cristo e de sua mensagem por um contato pessoal com ele e com a comunidade dos irmãos.

Vigésimo Primeiro Domingo do Tempo Comum (A)

Is 22,19-23: Porei sobre seus ombros a chave do palácio de Davi.
Rm 11,33-36: Ele é origem, guia e meta do universo.
Mt 16,13-20: Você é Pedro, e lhe darei as chaves do Reino dos Céus.

PARA VOCÊS, QUEM EU SOU?

1. Quem é Jesus
a) No dizer do povo, quem é o Filho do homem?
b) E vocês? Para vocês, quem sou eu?
c) Adiantando acontecimentos
2. Você é Pedro, e lhe darei as chaves do Reino dos Céus
a) Sobre esta Pedra edificarei minha Igreja
b) E o poder do inferno não prevalecerá contra ela
3. As perguntas de Jesus
a) A resposta do povo
b) Pergunta-chave para o cristão
4. Resposta condicionada e condicionante
Conclusão: Precisamos conhecer a fundo Jesus

***

1. Quem é Jesus

No evangelho de Mateus 16,13-20 (que se lê também na festa de São Pedro e São Paulo), partindo das perguntas de Jesus a seus discípulos, distinguem-se estas três partes: 1ª) identificação de Jesus pelo povo (vv. 13-14); 2ª) confissão de Pedro em nome dos outros apóstolos (vv. 15-17); 3ª) primado de Pedro, que é a identificação do Apóstolo por parte do Senhor (vv. 18-19), com a ordem final de Cristo de "que não dissessem a ninguém que Ele era o Messias" (v. 20).

a) **No dizer do povo, quem é o Filho do homem?**. - A leitura evangélica de hoje, com suas perguntas e respostas, fica "a posteriori" fácil de ser entendida apesar do acúmulo de imagens e circunlocuções semitas: pedra (e o jogo de palavras que vem em seguida), edificar, poderes do inferno, chaves, ligar e desligar... Mas um exame detido do texto levanta interrogações inevitáveis que são eco das duas perguntas de Cristo a seus amigos: 1ª No dizer do povo quem é o Filho de homem? 2ª E para você, quem sou eu? Questionário que continua aberto e que somente a partir da fé pode ter resposta exata.

A resposta do grupo à primeira pergunta é bastante óbvia. O povo simples, impressionado pela personalidade, doutrina e milagres do Rabi de Nazaré, tem-no por um profeta. Uns identificam-no com o Batista redivivo, João, a quem o rei Herodes Antipas mandara decapitar; outros com o místico Elias que voltou, ou também com o profeta Jeremias. Até aqui não foi difícil chegar.

b) **E vocês? Para vocês, quem sou eu? -** Mas a resposta de Pedro a essa segunda pergunta de Jesus é mais comprometida. É uma profissão de fé messiânica que já adquire altura teológica. Em nome de todos, Pedro tomou a palavra e disse: Tu és o Messias, o Filho do Deus vivo (v. 16). No Evangelho que lemos hoje percebe-se uma graduação ascendente de títulos cristológicos: Filho do homem, Messias, Filho de Deus vivo.

A primeira parte da confissão do apóstolo Pedro: "Tu és o Messias" (única resposta que apontam Marcos 8,29 e Lucas 9,20) é importante; mas fica longe da segunda parte (exclusiva de Mateus): "o Filho de Deus vivo". Afirmação cristológica que supõe já a revelação do Pai, como diz Jesus, isto é, a fé pascal dos Apóstolos e da comunidade cristã depois da ressurreição de Cristo.

No quarto evangelho e em contexto distinto ao dos Sinóticos, como é habitual em João, lemos outra profissão de fé messiânica por parte de Pedro: "Senhor, a quem iremos? Tu tens palavras de vida eterna. Nós cremos e sabemos que tu és o Santo Deus", isto é, o Messias (Jo 6,68-69). Aqui ainda não vem confessada a divindade de Jesus. No texto evangélico de hoje Mateus parece adiantar fatos que sucederam mais tarde. Por quê?

c) **Adiantando acontecimentos. -** A fé lúcida na divindade de Jesus, que a confissão de Pedro supõe (Mt 16,16), provavelmente o Apóstolo não a tinha naquele momento em Cesaréia de Filipe. A prova vem imediatamente em seguida. Quando Pedro escuta da boca de Jesus o anúncio de sua Paixão e Morte, enfrenta-o em aberta oposição. Isso mereceu-lhe uma duríssima reprimenda de Cristo: "Afaste-se de mim, Satanás! Você está sendo uma pedra no meu caminho, porque seu modo de pensar não é o de Deus, mas o dos homens" (v. 23). O Messias confessado por Pedro era político.

O evangelista Mateus, fiel ao plano de seu Evangelho que nasce à base de blocos temáticos mais que cronológicos, adianta aqui fatos que sucederiam mais tarde; provavelmente quando das aparições pascais de Cristo ressuscitado. Acontece o mesmo com respeito ao primado de Pedro na Igreja que Jesus funda.

Desde o princípio de seu evangelho Mateus procura fazer ver que o cumprimento das profecias do Antigo Testamento e dos títulos messiânicos em Jesus de Nazaré prepara e afirma o nascimento da nova comunidade e povo messiânico, o novo Israel, "minha Igreja" que Jesus disse (v. 18).

2. **Você é Pedro, e lhe darei as chaves do Reino dos Céus**

a) **Sobre esta Pedra edificarei minha Igreja. -** Depois de sua confissão de fé messiânica e cristológica, Pedro é objeto de uma promessa formal de Jesus: será a pedra sobre a qual Ele construirá sua Igreja. Previamente muda-lhe o nome de Simão pelo de Kefas (pedra, em aramaico; Petros, em grego), e faz o jogo de palavras com seu novo nome: Pedro = Pedra. Na Bíblia dar ou mudar o nome de uma pessoa significa conferir-lhe uma missão especial. Efetivamente Pedro e seus sucessores desempenharão uma função relevante em o novo Povo de Deus: ser a rocha e fundamento visível de sua unidade e permanência (LG 18,1;13,3).

O símbolo da rocha, pedra ou penha, é freqüente no Antigo Testamento, onde se diz que Deus é o Rochedo de Israel, a Rocha de refúgio para os fiéis do Senhor (ver Salmos). Pois bem, com respeito à Igreja e à salvação do homem, a pedra angular é Cristo (At 2,11). Embora invisível, Ele é o primeiro fundamento; e ninguém pode pôr outro, como afirma São Paulo (1Cor 3,11; Ef 2,19-22). A garantia de permanência da comunidade eclesial através dos séculos e apesar das dificuldades, diante da transitoriedade de toda empresa humana por grandiosa e sólida que pareça, é o próprio Cristo. A Igreja é de Cristo e não de São Pedro ou do Papa; "minha Igreja", disse Jesus.

b) **E o poder do inferno não prevalecerá contra ela.** - Não obstante, a cátedra de Pedro será, por disposição de Jesus, o alicerce visível da duração e unidade do povo fiel com quem Cristo ressuscitado estará todos os dias até o fim do mundo (Mt 28,20). Por isso não derrotará a Igreja o poder do inferno, que vem expresso no original grego com a imagem "portas do Hades", como personificação aqui da morte e do mal.

O simbolismo das chaves e a expressão "ligar e desligar" com que Cristo transfere sua autoridade vigária a Pedro e seus sucessores no serviço pastoral a seu Povo, são de caráter nitidamente bíblico e semita. As chaves significam a autoridade e o governo sobre a casa e a cidade; imagem ainda atual e aplicada simbolicamente no caso de hóspedes ilustres. E o poder de ligar ou desligar expressa, além da autoridade, também o governo, o magistério, o discernimento e o juízo de absolvição ou condenação.

Em conexão com a idéia das "chaves" lemos na *primeira leitura* de hoje (Is 22,19-23) que o profeta Isaías, da parte de Deus, anuncia a Sobna, indigno mordomo da casa real de Ezequias, o piedoso rei de Judá (716-687 a.C.), sua próxima destituição do cargo. O novo primeiro ministro será Eliacim, sobre cujos ombros, em sua investidura, colocará o rei a chave do palácio de Davi. O que ele abrir ninguém fechará, e o que ele fechar ninguém abrirá. Esta passagem de Isaías aparecerá no Apocalipse (3,7), aplicado a Cristo. Por isso foi considerado pelos Padres como texto messiânico.

* Com respeito à problemática teológica e ecumênica suscitada pelo texto de Mt 16,18 sobre o primado e a cátedra de Pedro ver nesta obra o dia de São Pedro e São Paulo, ano B, 1, c.

Com base na segunda parte do evangelho de hoje, sobretudo se o dia de São Pedro não for celebrado como festivo, pode se usar hoje um dos três esquemas que apontamos para esse dia:

- Nova imagem de Igreja (Ano A)
- Confissão e primado de Pedro (Ano B)
- Alicerçados na fé apostólica (Ano C).

3. As perguntas de Jesus

a) **A resposta do povo.** - Assim como os contemporâneos de Jesus, também os homens de hoje têm sua opinião sobre Ele, pois sua pessoa é de tal relevo na história humana que não pode passar desapercebida. Já em vida Jesus de Nazaré apareceu como sinal de contradição; e continuou sendo pedra de escândalo depois através dos séculos até hoje. Sua pessoa, seu nome e o prolongamento de sua missão na Igreja e nos cristãos suscitaram sempre aceitação ou recusa, perseguição ou seguimento apaixonado até o testemunho incondicional da vida. Praticamente quase ninguém que um dia o conheceu passa indiferente diante dele.

> Isto consta nas pesquisas e livros que periodicamente são publicados sobre Jesus como um eco da primeira sondagem de opinião que o próprio Cristo fez. E como esse tema pode ser comercializado, a pergunta é feita até a gente "famosa"; exemplo é o livro de J. M. Gironella "Cien españoles y Dios". E como sabem que suas respostas vão ser publicadas, eles respondem de modo a satisfazer todos os gostos. Uns medem suas palavras e matizam suas declarações; outros dizem coisas românticas ou recorrem a termos em moda: o fundador da religião cristã; uma personalidade fascinante; um chefe nato; o profeta dos pobres; um revolucionário do amor e da justiça. Poucos falam a verdade pessoal que trazem dentro de si; e somente alguns confessam abertamente sua fé em Cristo como Filho de Deus e Salvador do homem, como aquele que dá sentido à sua vida e a seu trabalho, a seu amor e a sua esperança.

b) **Pergunta-chave para o cristão. -** Das duas perguntas que a "pesquisa" de Jesus contém, a que mais lhe interessa é a segunda: E vocês, quem dizem que eu sou? Pergunta que continua em aberto, hoje como ontem, esperando nossa resposta. É a pergunta central da religião cristã, pois contém a razão de nossa fé e o fundamento de nossa vida e conduta. Em quem cremos? Pergunta que cada um de nós deve responder com absoluta sinceridade, sabendo que a resposta deve espelhar o nosso ser ou não ser cristão, pois não pode ficar na superfície apenas, mas tem que atingir o núcleo central da fé cristã.

A pergunta sempre atual de Cristo admite entre outras estas três formulações a partir de diversos ângulos de enfoque ou pontos de vista:

1) Quem é Jesus em si mesmo: sua pessoa, sua doutrina, sua obra, sua missão? 2) Quem é Jesus para mim? 3) Que significa Cristo para o mundo e para o homem?

Para a primeira pergunta bastaria uma resposta dogmática e teologicamente correta, por exemplo, a do Credo, a do Catecismo, e inclusive a de uma aula de religião. Para a segunda pergunta já é necessária uma resposta mais comprometida, que supõe uma vivência pessoal; resposta bem profunda que não se satisfaz com fórmulas pré-fabricadas, sejam elas tiradas da Bíblia como a confissão de Pedro no evangelho de hoje, ou da teologia dogmática, cuja síntese mais completa encontramos no Credo ou profissão de fé que recitamos na Missa. Responder ao terceiro ponto de vista envolve além do mais a imagem missionária e evangélica que de Cristo a comunidade eclesial reflete.

4. **Resposta condicionada e condicionante**

Por sua vez a resposta pessoal está condicionada e é condicionante.

a) **Condicionada** pela nossa própria estrutura psicológica com suas preocupações vitais e seus centros de interesse, que não são os mesmos nas diversas etapas de evolução da pessoa: infância, juventude, idade madura. A imagem pessoal que temos de Cristo está medida também pelo meio sócio-cultural ao qual pertencemos, pela formação religiosa ou educação da fé recebida na infância e atualizada ou não posteriormente na juventude e idade adulta, e finalmente pela prática religiosa mais ou menos assídua. Daí que nossa idéia íntima sobre Cristo pode ser viva e profunda, distante e fria, completa e exata ou parcial e incorreta. Pois bem, nesta mesma medida é condicionante, isto é, comprometedora.

b) **Condicionante** porque Jesus não nos pede uma definição meramente objetiva e teórica de sua pessoa; não está nos submetendo a "exames" sobre nossos conhecimentos, como tampouco estava examinando seus discípulos quando lhes apresentou a questão de supetão. A pergunta de Jesus, que por certo deve ser feita a um cristão, tem um caráter tão pessoal que ninguém pode responder por nós nem "soprar" a resposta, que além do mais nos compromete muito seriamente.

Se confessamos a Cristo como Filho de Deus, sua palavra e seu estilo de vida nos julgam; pois Ele é o Mestre e modelo a ser seguido em sua doutrina, critérios e conduta. Se o reconheço como meu Salvador e libertador do homem, minha fé não pode contentar-se em receber passivamente a salvação de Deus em minha vida individual, mas devo responder pessoalmente a esse amor que me precedeu, e devo colaborar missionariamente para que esse dom de Deus se torne realidade presente no mundo e atinja todos os homens meus irmãos. Pois se, finalmente, proclamamos a Cristo como revelador do Pai, entramos num círculo que encerra simultaneamente a paternidade de Deus sobre cada um de nós e nossa fraternidade com referência aos outros.

c) **Conclusão: Precisamos conhecer Jesus a fundo** e saber sempre mais sobre sua pessoa, lendo seu evangelho, tratando com Ele diretamente de tu a tu, e falando com Ele na oração espontânea. Assim o amaremos cada vez mais e o seguiremos com fidelidade renovada, testemunhando sua pessoa e sua mensagem diante do mundo. Cristo é um ser vivo, uma pessoa; e somente a partir do amor e da amizade se chega a conhecer em profundidade as pessoas.

Como Pedro, temos a resposta exata de nossa fé à pergunta sobre a identidade de Jesus; mas temos de acrescentar a resposta de nossa vida para tornar crível diante do mundo nossa profissão de fé cristã. A imagem de Cristo que nós cristãos oferecemos é decisiva para que o mundo creia nele, ao ver toda nossa vida iluminada por sua pessoa e orientada para o amor, o serviço, a compreensão e a solidariedade com os irmãos, especialmente com os mais necessitados.

Vigésimo Segundo Domingo do Tempo Comum (A)

Jr 20,7-9: A Palavra do Senhor se tornou opróbrio para mim.
Rm 12,1-2: Ofereçam-se a si mesmos como sacrifício vivo.
Mt 16,21-27: Se alguém me quiser seguir, renuncie a si mesmo.

CATECISMO BREVE DO DISCÍPULO

1. "Se alguém me quiser seguir, renuncie a si mesmo"
a) Na perspectiva da Paixão gloriosa
b) A cruz do profeta é a Palavra
2. O seguimento: fórmula breve do cristianismo
a) O discipulado do Novo Testamento: Sinópticos, São João, São Paulo
b) Soou na Igreja a hora do Seguimento
c) Mediante a comunhão de destino com Jesus
3. Como realizar hoje o Seguimento de Cristo
a) Encarnação no mundo dos pobres
b) Em missão de amor libertador
c) Com o espírito das bem-aventuranças do Reino

***

1. "Se alguém me quiser seguir, renuncie a si mesmo"

a) **Na perspectiva da Paixão gloriosa.** - No evangelho de hoje (Mt 16,21-27) percebemos três partes, nas quais Jesus:

1) Anuncia a seus discípulos sua paixão, morte e ressurreição com a conseqüente reação negativa do apóstolo Pedro (vv. 21-23)

2) Expõe as condições de seu seguimento (vv. 24-26)

3) E prediz a vinda gloriosa do Filho do homem (v. 27)

Como dizíamos no décimo terceiro domingo deste ciclo A,1,a, o lugar preferido pelos Sinópticos para situar as condições de Jesus para seus seguidores: auto-renúncia e cruz, é onde Mateus as repete hoje, isto é, depois do primeiro anúncio por Cristo de sua paixão, morte e ressurreição, enquanto caminha para Jerusalém com seus discípulos.

Este anúncio provocou a forte oposição de Pedro, apesar de sua magnífica confissão de fé messiânica em Jesus, que percebe imediatamente esta passagem. Pelo que se vê, o Messias dos Apóstolos não estava isento de triunfalismo temporal: Neste ponto pensavam como os demais judeus (ver domingo passado, n.º 1,c).

Jesus rechaça energicamente as insinuações de Pedro: "Afaste-se de mim, Satanás! Você está sendo uma pedra de tropeço em meu caminho, porque seu modo de pensar não é o de Deus, mas o dos homens". E acrescenta: Se alguém me quiser seguir, renuncie a si mesmo, carregue a sua cruz e me siga. Aquele que quiser salvar a sua vida, vai perdê-la; mas quem perder a vida por causa de mim, há de encontrá-la.

Estas são as condições de Jesus para quem quer ser seu discípulo. Tais exigências requerem uma opção totalizante pelo Reino de Deus, como a fez o próprio Cristo, e antes dele os Profetas, e como haverá de repeti-la o seguidor de Jesus.

b) **A cruz do profeta é a Palavra.** - Na primeira leitura bíblica ouvimos algumas das dilacerantes confissões do profeta Jeremias que formam parte do relato chamado "paixão de Jeremias", sete séculos antes da paixão de Cristo. O profeta está arrasado por uma profunda crise pessoal, provocada pela ingrata missão que o Senhor lhe confiara. Mas deverá carregar a cruz da Palavra profética; de fato não pode silenciá-la, embora tenha controle. Seu lamento expressa bem a atração irresistível do mistério terrível e ao mesmo tempo fascinante que é Deus quando se revela ao homem.

"Tu me seduziste, Senhor, e eu me deixei seduzir! Tornei-me o alvo constante das caçoadas, todos me desprezam. Pois todas as vezes que falo, devo gritar, devo proclamar: 'Violência! Destruição!'

A Palavra do Senhor me trouxe insultos e escárnios, dia após dia. Mesmo quando pensava:'Não vou mais lembrar-me dele, não quero mais falar em seu nome'; então ela se tornava, no meu íntimo, como fogo a queimar, como fogo reprimido dos meus ossos; eu fazia força para suportá-lo, mas não conseguia" (Jr 20,7-9: *1.ª leit.*)

Nos versículos seguintes, que já lemos no décimo segundo domingo, Jeremias deixa escapar seu pavor diante da perseguição mortal de que é objeto; mas termina com um canto de vitória e louvor a Deus "que livrou a vida do pobre das mãos dos ímpios" (vv. 10-13; ver Dom. 12,A,1,c).

2. O Seguimento: fórmula breve do cristianismo

a) **O discipulado em o Novo Testamento** aparece como resposta ao chamado de Cristo: "siga-me!" Segui-lo é ajudar sua iniciativa e caminhar na vida "com os olhos fixos em Jesus que iniciou e completa nossa fé" (Hb 12,2). É nas profundezas da fé que alcançaremos a maturidade do seguimento mediante o conhecimento e contato pessoal com Jesus.

* Nos *evangelhos sinópticos* veremos como num princípio o Senhor chamou por seu nome determinadas pessoas, cujo número inicial de Doze foi se ampliando para 72 e mais, até constituir o grupo dos "discípulos" que seguiam a Jesus compartilhando seu modo de vida e sua missão. Também o acompanhavam em certas ocasiões algumas mulheres que são mencionadas com seus próprios nomes, e "outras muitas que o ajudavam com seus bens" (Lc 8,1-3).

A seus discípulos dirigiu Cristo seu ensinamento sobre o Reino de Deus, mas não em grupo fechado e exclusivista. Pois o Mestre esteve em contato e transmitiu sua mensagem a toda a classe de pessoas, junto com seus discípulos. Por exemplo, o Sermão da Montanha (Mt 5-7).

* No *evangelho de João,* seguir a Cristo é crer nele, que é a Palavra humanada do Pai, luz e guia do mundo e do homem. Precisamos segui-lo, como bom pastor que é, para poder contar-nos entre suas ovelhas, às quais dá a vida eterna (Jo 10). Se como o grão de trigo morrermos com Ele,

daremos muitos frutos. Pois "quem ama sua vida vai perdê-la; mas quem odeia sua vida neste mundo, vai guardá-la para a vida eterna. Se alguém me quiser servir, siga-me! Onde eu estiver estará também meu servo. Se alguém me quiser servir o Pai o honrará" (12,24-26).

* Para *São Paulo*, seguir a Cristo é incorporar-se a Ele em seu mistério pascal de morte e ressurreição; processo que começa já no batismo do cristão (Rm 6). Esta é a imitação mais profunda e radical de Jesus, mediante a comunhão em seu destino, seguindo-o em sua dor e em seu gozo, na morte ao pecado e na vida nova para Deus. Sobre este ponto voltaremos em seguida.

b) **Soou na Igreja a hora do Seguimento.** - Este seguimento constitui uma "fórmula breve do cristianismo" (J. Sobrino), um catecismo breve do discipulado. Porque:

1) Resume a totalidade da vida cristã e a identifica a partir de dentro, isto é, em referência a Cristo, iluminando os matizes próprios de cada vocação na Igreja e dentro da comum vocação cristã à santidade (LG 39-42).

2) Remete à conversão permanente para Jesus Cristo na perspectiva do Reino de Deus, assumindo sua vontade, critérios e atitudes em todo tempo e lugar.

3) Tem caráter normativo de realização cristã, de exigência pelo que é árduo, de alegria pela entrada no Reino e pelo encontro da Vida em plenitude, como expressam as parábolas do tesouro e da pérola, que se referem ao Reino.

4. Centraliza adequadamente a encarnação histórica da missão evangelizadora da Igreja, que é continuação da missão libertadora de Jesus.

Na comunidade pós-pascal o seguimento ou o discipulado converteu-se na expressão absoluta da existência cristã. Ao reconhecer a Cristo ressuscitado como Filho de Deus e Senhor, a Igreja apostólica entendeu suas palavras sobre o seguimento como princípios básicos do Evangelho com alcance para todo fiel. E assim as transmitiram os evangelistas.

Se noutro tempo o seguimento ("sequela Christi") foi uma parcela muito cultivada da espiritualidade, hoje é visto inclusive como o centro teologal da vida cristã, entendida como discipulado. Por isso afirma J.B.Metz, sou na Igreja a hora do seguimento. "O seguimento de Jesus não é somente o lugar da prática da fé, mas também o que possibilita saber que fé é a que praticamos" (J.Sobrino: *Seguimiento*, em CP,943; *Cristología desde América Latina*. Esbozo a partir del seguimiento del Jesús histórico. México 1977, 2.ª ed.).

c) **Mediante a comunhão de destino com Jesus.** - A resposta afirmativa ao convite e chamado de Jesus para segui-lo é a chave que nos abre o segredo do Reino de Deus inaugurado na pessoa de Jesus, e nos introduz em seu estilo de vida, em sua missão e em seu destino, para irmos assimilando progressivamente suas atitudes e critérios até termos os mesmos sentimentos que Cristo Jesus tinha (Fl 2,5).

O destino de Jesus, razão suprema de sua vida e missão, culmina em seu mistério pascal, isto é, em sua passagem através da cruz e morte para a ressurreição e glorificação como Senhor da vida, da história e do cosmo. O discípulo que segue a Cristo na primeira etapa: cruz, perseguição e morte, além de confirmar a autenticidade de seu discipulado, tem a garantia de viver com Jesus também o segundo tempo glorioso de seu destino.

Caminhando no seguimento de Jesus, apesar da tribulação e do conflito, o discípulo possui já o gozo evangélico dos pobres e a bem-aventurança dos perseguidos por causa dele; e é livre, como Cristo, para servir e entregar sua vida por amor, independentemente do aplauso ou da violência com que seu testemunho for correspondido. O discípulo sabe que a perseguição gera credibilidade e é sempre fecunda, porque "completa em sua carne as dores de Cristo, sofrendo por seu Corpo que é a Igreja" (Cl 1,24).

> Em conexão com o seguimento de Cristo segundo suas instruções no evangelho de hoje, o apóstolo Paulo entende toda a vida do cristão como um sacrifício oferecido a Deus.
>
> "Irmãos, pela misericórdia de Deus, peço que vocês se ofereçam a si mesmos como sacrifício vivo, santo e agradável a Deus. Este é o culto espiritual de vocês. E não sigam os modelos deste mundo, mas se transformem pela renovação do espírito para que possam distinguir qual é a vontade de Deus, e o que lhe é agradável, o que é bom e perfeito (Rm 12,1-2: 2.ª *leit.*).

3. **Como realizar hoje o seguimento de Cristo**

A comunhão de destino com Jesus pelo seguimento, nós a podemos concretizar hoje, entre outros, nos seguintes passos ou etapas que devemos percorrer com Ele: 1.ª Encarnação no mundo dos pobres. 2.ª Na missão do amor libertador. 3.ª Com o espírito das bem-aventuranças do Reino.

a) **Encarnação no mundo dos pobres.** - O primeiro passo do discipulado efetivo será encarnar-se como Cristo no mundo dos homens, e mais concretamente no ambiente dos pobres. Assim fez Jesus que, sendo rico, por nós se fez pobre a fim de enriquecer-nos com sua pobreza (2Cor 8,9).

Esta encarnação entre os pobres admite diversidade de formas conforme a vocação e carismas pessoais, ou institucionais entre os religiosos, religiosas e institutos seculares, ou vivendo com alegre testemunho uma situação já dada de pobreza, ou mediante uma inserção real na situação dos humildes e marginalizados compartilhando sua sorte, ou ainda por um compromisso ativo em defesa e comunhão com sua causa.

Se esta encarnação for autêntica, com freqüência será conflitiva, por ser excludente, devido ao dilema evangélico de Jesus: Ninguém pode servir a dois patrões: a Deus e ao dinheiro (Mt 6,24); isto é, aos que detêm o poder e a riqueza por meios injustos e aos que sofrem a opressão, a exploração e a pobreza.

b) **Em missão de amor libertador.** - Todo o ensinamento de Jesus gira em torno de um eixo central ou mandamento básico de amor com pequenas variantes no modo de anunciar: Amem a Deus e ao próximo; amem como eu os tenho amado: cumpram a vontade do Pai; busquem o Reino de Deus em suas vidas. A linha do horizonte cristão funde-se, como não poderia deixar de ser, com a idéia-mater da missão de Jesus: o Reino de Deus que sua pessoa inaugura neste mundo, e que Ele apresenta como Boa Notícia de libertação, especialmente para os pobres, conforme declarou na Sinagoga de Nazaré, no começo de sua ação missionária (Lc 4,16-21; cf. 3.º Dom. C).

Acompanhar hoje Jesus em sua missão - vocação imperiosa da comunidade cristã -, é levar o evangelho de libertação aos abandonados, e concretizar esta libertação em gesto de amor e solidariedade como fez Jesus, que "passou fazendo o bem a todos" (At 10,38). Se nós cristãos somos chamados por Deus a reproduzir a imagem de seu Filho, Cristo Jesus, para que ele seja o primogênito entre muitos irmãos (Rm 8,29), o seguimento autêntico será, necessariamente, compromisso e práxis evangélica de amor e libertação (ver LC 61-71ss).

c) **Com o espírito das bem-aventuranças.** - Reproduzir o modelo de Cristo, o Homem novo (GS 22), é mais que imitar exteriormente ou copiar seu estilo de vida; pois as circunstâncias sociais em que cada cristão vive hoje e nas quais deve realizar o seguimento, podem diferir muito daquelas em que viveu Jesus. Mas a finalidade, os critérios e atitudes que guiaram sua atuação são perenes. Isto é o que temos de incorporar em nosso esquema pessoal de vida e ação, porque condensam o espírito do Reino que Cristo expôs no Sermão evangélico da Montanha, cujo prólogo e síntese são as bem-aventuranças.

Jesus não nos manda nada que Ele não tenha feito primeiro; por isso é nosso modelo. E Cristo foi o primeiro a viver as bem-aventuranças do Reino mediante a pobreza e o desprendimento, mediante a fome e a sede de justiça, a misericórdia e a pureza de coração, a paz e a reconciliação, a paixão e o esforço pela fraternidade e partilha solidária.

O programa das bem-aventuranças choca-se frontalmente com os critérios do mundo e os interesses do homem materialista, como vimos noutra ocasião (4.º Dom., A). O homem atual, qual criança mimada no capricho e na abundância, não aprecia valores do espírito como a renúncia e a ascese. Mas assumir a cruz e praticar a abnegação, como condições do seguimento de Jesus, não é atentado à personalidade, mas libertação de nosso eu egoísta e mesquinho para abrir-se ao autodomínio e à entrega aos outros. Isto nos possibilita uma maior maturidade e plenitude humanas, isto é, crescer como pessoas e como discípulos de Cristo. Ele nos propõe a libertação do autismo, não a repressão psicológica.

Para entender isto, em vez de ajustar-nos a este mundo, temos de nos transformar pela renovação da mente, como nos propõe São Paulo *(2.ª leit.)*, e como o fizeram os melhores discípulos de Jesus, os santos e os místicos. São João da Cruz, descobrindo o caminho da "Subida ao Monte", assinala etapas: primeiro a purgativa, depois a iluminativa e finalmente a contemplativa ou unitiva. Ao chegar ao cume do Monte, não há nada, mas a libertação total: "Por aqui já não há caminho; pois para o justo não há lei".

É esta libertação total que Jesus nos propõe hoje: "porque o que adianta ao homem ganhar o mundo inteiro, se vier a perder a sua vida?" (Mt 16,26).

Vigésimo Terceiro Domingo do Tempo Comum (A)

Ez 33,7-9: Se você não falar ao ímpio, eu pedirei a você conta de sua morte.
Rm 13,8-10: A plenitude da lei é o amor.
Mt 18,15-20: Se ele lhe der ouvidos, você ganhou seu irmão.

A IGREJA, COMUNIDADE DE CONVERSÃO

1. A correção fraterna, exercício de eclesialidade
a) Na perspectiva do Sermão eclesial (Mt 18)
b) O pecado na comunidade cristã é uma realidade
c) As etapas da correção fraterna
2. Presença de Cristo na comunidade
a) A assembléia reunida em nome de Cristo
b) Possui uma forte consciência comunitária
3. A correção fraterna, mediação da caridade
a) A responsabilidade mútua é fruto do amor
b) Uma dívida pendente que nunca liquidamos por completo
c) A correção fraterna é fácil quando existe o amor

***

1. A correção fraterna, exercício de eclesialidade

O evangelho de hoje (Mt 18,15-20) contém duas partes em relação uma com a outra: A primeira trata da recuperação comunitária do pecador mediante a correção fraterna (vv. 15-18); e a segunda acentua a presença de Cristo na comunidade de conversão e oração que é a Igreja.

a) **Na perspectiva do Sermão eclesial.** - O contexto em que está inserido o evangelho de hoje assim como o do domingo seguinte (vv. 21-35: perdão das ofensas) é o Sermão eclesial (Mt 18), o quarto dos cinco que formam em seções a estrutura do relato evangélico de Mateus. Por isso muita coisa do que dizemos neste domingo serve para o seguinte. Nesta reflexão sobre a comunidade dos discípulos Jesus propõe algumas das atitudes próprias dos membros do novo Povo de Deus, em contraposição ao estilo do antigo Povo. Intenção básica e sempre presente em Mateus já desde a primeira das cinco seções: o Sermão evangélico da Montanha, ao qual tantas vezes já nos referimos como essencial (cc. 5-7).

Conforme o esquema do Sermão eclesial, a passagem lida hoje vem precedida pelas indicações do Senhor sobre quem é o maior no Reino dos céus (vv. 1-4), sobre o escândalo ao irmão mais fraco (vv. 5-11), e pela parábola da ovelha perdida que conclui com a afirmação de Jesus: A vontade do céus é que não se perca nem um só destes pequeninos (vv. 12-14). A estas palavras ele une o tema da correção fraterna da qual hoje nós nos ocupamos.

b) **O pecado na comunidade cristã é uma realidade,** infelizmente; pois a Igreja não é uma assembléia angelical de seres impecáveis, mas de homens e mulheres que, em meio a limitações e fraquezas humanas, caminham unidos como irmãos rumo a Deus. Por isso é necessária a correção fraterna como meio de conversão.

"Deus não quer a morte do pecador, mas que se converta e viva", lembra o profeta Ezequiel (33,11). São as palavras que vêm logo depois do texto da primeira leitura (vv. 7-9). A passagem pertence à terceira seção de Ezequiel, já no tempo do exílio da Babilônia depois da destruição de Jerusalém (586 a.C.), na qual o Profeta anima seus companheiros desterrados com a esperança da repatriação.

Deus lhe confiou, como a uma sentinela em sua guarita, a responsabilidade de despertar o povo do pecado, dar alarme de conversão, pôr na prisão aquele que peca e se desvia do caminho da lei do Senhor.

c) **As etapas da correção fraterna.** - A essa finalidade de conversão estão orientadas as etapas da correção fraterna que o Evangelho especifica para a recuperação da "ovelha perdida". Se seu irmão peca, primeiramente corrija-o em particular; se não lhe der ouvidos, chame mais duas testemunhas; e se falharem estes dois primeiros passos, leve o assunto à comunidade. Esta tem a faculdade de reconciliar o pecador bem disposto; ou, em última instância, de excluí-lo da comunhão daqueles que compartilham duma mesma fé e esperança, quando, por obstinação do culpado, falha a pedagogia do amor dialogante e misericordioso. Este processo com final diferente é o poder de "atar e desatar" que a comunidade cristã tem, como veremos depois.

Na literatura religiosa e na práxis dos tempos de Jesus encontramos alguns *lugares paralelos* que puderam inspirar a comunidade eclesial num primeiro momento de sua organização.

Assim, por exemplo, na Regra comunitária dos essênios de Qumrã também vêm apontados estes três momentos de correção dialogal. Por sua vez a Sinagoga judaica tinha esquemas de reconciliação e de excomunhão, fórmulas de "atar e desatar", isto é, de julgar absolvendo e condenando. É a este caso de segregação que se referem os termos estereotipados de: "Considerem-no como um pagão ou um publicano", isto é, como excluído da comunidade.

Embora Mateus coloque a frase nos lábios de Jesus, é evidente que esta é convencional e não pejorativa quanto a pagãos e publicanos, pois não combinara com a atitude e conduta do Senhor que veio chamar os pecadores e chamou Mateus o publicano (ver Dom. 10,A,2).

Também não podemos esquecer que, durante os seis primeiros séculos da Igreja, esse estilo "comunitário" de separar e reconciliar um pecador público com a assembléia dos fiéis foi habitual na práxis penitencial. Esta se referia aos pecados graves, cujo número se reduzia de fato a três: apostasia, homicídio e adultério. Assim também, de acordo com o espírito evangélico, os fundadores de ordens e congregações religiosas estabeleceram os capítulos de culpas e a revisão de vida como meios de conversão comunitária.

2. **Presença de Cristo na comunidade**

a) **À assembléia reunida em nome de Cristo** é que se refere a segunda parte do evangelho de hoje. Um provérbio rabínico de então afirmava a presença gloriosa (*shekináh*) de Deus no meio daqueles que se reuniam para meditar a Lei do Senhor. Jesus afirma também sua presença no meio daqueles que oram e do grupo que se reúne em seu nome; mas o centro de interesse não será mais a lei mosaica, mas sua própria Pessoa, "porque o fim da Lei é Cristo, para justificação de todo que crê" (Rm 10,4).

Por isso um princípio básico da celebração cultural cristã, na qual se realiza a obra da salvação efetuada por Cristo, é que "Ele está sempre presente em sua Igreja, sobretudo na ação litúrgica" (SC 7). Presença que nossas assembléias e comunidades cristãs devem fazer transparente tanto a nível de Igreja universal como local ou diocesana, de paróquias como de comunidades de base, de congregações religiosas como de grupos apostólicos de oração, estudo, ação, acompanhamento e convivência.

* *O poder de "atar e desatar"* que a comunidade cristã tem está baseado precisamente nesta presença de Jesus entre os seus; por isso sua decisão de perdoar ou condenar tem seu aval pela confirmação do Alto. "Eu lhes afirmo com toda a certeza: tudo o que vocês ligarem na terra, será ligado no céu; e tudo o que desligarem na terra, será desligado no céu" (v. 18).

Põe-se aqui no plural (como em Jo 20,23) o que em Mateus 16,19 se diz no singular, referido a Pedro como primado da Igreja. Será porque toda a comunidade local sucede ao Apóstolo em seu ministério de reconciliação? Possuiria a comunidade coletivamente a faculdade de perdoar pecados? Teria colegialmente este poder sacramental?

Se partimos de que a formulação deste texto evangélico, como em outros casos, provavelmente provém da situação pós-pascal das primeiras comunidades judeu-cristãs, quando ainda não tinham rompido sua vinculação com a igreja-mãe judia, isto é, com a Sinagoga que se baseava em Lv 19,17-18 para a correção e o amor ao próximo, o conceito (vá dizer à) "comunidade" que "ata e desata" significaria não toda a congregação dos fiéis, mas uma última decisão dos anciãos ("presbíteros"), chefes e representantes da comunidade, conforme o esquema judaico.

Em todo caso é importante entender o poder de perdoar ou excomungar, que a autoridade eclesial exerce em nome de Jesus, mais como uma mediação do amor fraterno e comunitário que como uma estrutura disciplinar ou uma instância jurídica do poder judicial; inclusive no caso limite de uma ex-comunhão ou separação da comunidade eclesial, que por causas muito graves a hierarquia eclesiástica pode estabelecer legitimamente.

b) **Uma forte consciência comunitária.** - O que foi exposto anteriormente não diminui a forte consciência eclesial que está subjacente no texto evangélico de hoje, patente nestes dados "estruturais":

1.º A presença de Cristo: "Onde dois ou mais estiveram reunidos em meu nome, aí estarei eu no meio deles". A comunidade de fé é comunhão com Cristo através da relação fraterna.

2.º A comunidade é fraternidade que se expressa no interesse pela correção e melhora dos irmãos, pela conversão contínua de todos os seus membros, pela união na oração, no amor e na fração do Pão, como destacam os Sumários dos Atos (ver 2.º Dom. de Páscoa,B). A correção fraterna manifesta especialmente a sensibilidade diante da hipoteca eclesial e sócio-comunitária que o pecado de um cristão supõe. Ponto importante que deve ser ressaltado em toda celebração comunitária da Penitência é a solidariedade na culpa, na conversão e no perdão.

3.º O aval do Céu às decisões comunitárias confirma a vinculação da Igreja de Cristo com o Pai, porque a Igreja atua em nome de Cristo presente nela.

3. A correção fraterna, mediação da caridade

a) **A responsabilidade mútua é fruto do amor. -** A correção fraterna do irmão que peca tem um objetivo: sua recuperação comunitária mediante a conversão; e por sua vez tem um fundamento e raiz: o amor fraterno. Este amor é a grande mediação, a alma de todos os setores da convivência. Por isso entre os membros da comunidade cristã que rezam juntos o Pai-Nosso há uma responsabilidade mútua e compartilhada, fruto do amor que deve uni-los.

Essa co-responsabilidade torna iniludível a correção fraterna; mas para que esta alcance seu objetivo - difícil, pela relutância inata que todos nós temos à correção -, deve ser feita com tato e respeito ao membro enfermo ou débil do corpo eclesial. Norma que vale para todos, mas especialmente para os pastores da comunidade, os superiores religiosos, os educadores e os pais de família. Contudo, omitir a correção para não molestar ou pôr um falso respeito ao modo de ser ou de opinar do extraviado, não é caridade, não é amar nem querer bem.

Pior seria ainda se, além de nos omitirmos, murmurássemos nas costas do irmão; ou também se lhe lançássemos em rosto seu pecado ou defeito em termos e tom ofensivos. Nestes casos, não só demonstramos não saber nem querer corrigir mas também, por nos termos transformado em juízes que condenam, perdemos o irmão para a conversão e a comunidade. Não foi esta a tática do bom Pastor com a ovelha perdida, e recuperada à base de preocupação, carinho e compreensão.

Infelizmente o mais comum é omitir a correção fraterna refugiando-se no derrotismo cômodo e ainda mais no individualismo anti-comunitário que se escusa com frases como estas: é caso perdido, mesmo; pau que nasce torto, morre torto; salve-se quem puder; cada um por si e Deus por todos; sou eu, por acaso, guarda de meu irmão?, para que criar mais um inimigo?

b) **Uma dívida pendente que nunca liquidamos por completo. -** Nos versículos que precedem a leitura apostólica de hoje (Rm 13,8-10)

São Paulo afirma que o cristão deve obedecer às autoridades e poderes legitimamente constituídos, porque representam a ordenação de Deus para o bem comum mediante as leis e os impostos sociais. E conclui com o princípio que encabeça a leitura de hoje: Não tenham dívidas para com ninguém, a não ser a do amor mútuo. Pois quem ama o próximo, com isso já cumpriu a lei (v. 8). Amar é cumprir toda a lei, porque todos os mandamentos se resumem nesta frase: Amarás o teu próximo como a ti mesmo (v. 9; Lv 19,18).

Também Jesus recorreu a este texto do Levítico para resumir toda a Lei no amor a Deus e ao próximo (Mt 22,34-40: ver Dom. 30,A). Mas tomou ainda maior a medida do amor fraterno: Amem como eu os amei (Jo l5,12). A lei de Cristo, a moral cristã, é muito mais simples que a complicada casuística do Antigo Testamento: Amar sem medida, como Jesus. Partindo desta impostação é bom perguntar até onde posso chegar sem violar os direitos do próximo ou até que ponto estou obrigado pela lei do amor fraterno. Quando este é autêntico, nunca se dá por satisfeito, porque sempre pode crescer mais. Efetivamente esta vem a ser uma dívida perene que nunca liquidaremos por completo.

Afirmar que o amor ao próximo é cumprir toda a lei, não é suplantar a lei de Deus pelo amor ao próximo, mas plenificá-lo. Pois o amor não é uma alternativa à lei cristã nem entra em competição com a mesma, mas vem dar-lhe plenitude transbordante. Deste princípio evangélico que nos recorda o Apóstolo brotam todos os deveres ou manifestações do amor, entre os quais se acentua hoje a correção fraterna.

c) **A correção fraterna é fácil quando existe o amor** e muito difícil, para não dizer impossível, quando a comunhão fraterna está ausente. É um fato comprovado que num clima familiar, como o que existe entre marido e esposa, pais e filhos, irmãos entre si, educador e alunos, a correção torna-se natural e é aceita; não molesta, não distancia. A mesma coisa acontece com grupos muito unidos por amizade profunda ou por uma vida religiosa em comum. Por quê? Porque o irmão corrigido sente-se amado pessoalmente.

Não é fácil aplicar o evangelho de hoje em nossas atuais macro-comunidades diocesanas ou paroquiais, pois o ambiente massificado costuma ser frio, menos cordial e pouco propício a algumas relações primárias. Mas não é uma dificuldade insolúvel se conseguimos criar em nossas assembléias cristãs, grupos e comunidades religiosas o sentido de comunhão aberta. Este é o objetivo que nos apontou Jesus. Ele faz comunidade tanto com o Pai e o Espírito Santo, como conosco seus discípulos (linha descendente), e quer que nós, unidos em seu Nome pelo amor fraterno (linha horizontal), entremos por Ele em comunhão com o Pai e o Espírito Santo (linha ascendente).

"Há um só Corpo e um só Espírito, como também há uma só esperança no final da vocação a que Deus chamou vocês. Há um só Senhor, uma só fé, um só batismo; há um só Deus e Pai de todos, que está acima de todos, que age por todos e em todos está presente" (Ef 4,4-5).

Conclusão. - Uma boa notícia do evangelho de hoje é que, apesar de tudo, a fraternidade, a comunidade de conversão, a comunhão no amor, numa palavra, a "igreja", são possíveis se colaborarmos com Jesus presente entre nós. Nossa convivência com os irmãos pode ser tudo isso, e não simples relações secundárias de cortesia, quando não de hipocrisia, egoísmo, anonimato de massa, mercantilismo consumista, utilitarismo, rivalidade e competição.

Criar comunidade deve ser o objetivo onipresente para o curso que iniciamos através destes dados. Comecemos por criar entre todos nós uma comunidade de conversão: Oxalá, ouvísseis hoje a voz do Senhor: Não endureçais vossos corações! (*Salmo responsorial*).

Vigésimo Quarto Domingo do Tempo Comum (A)

Eclo 27,33-28,9: Perdoe a ofensa cometida ao próximo, e, quando você pedir, seus pecados serão perdoados.
Rm 14,7-9: Na vida e na morte somos do Senhor.
Mt 18,21-35: Não apenas sete vezes, mas até setenta vezes sete.

A IGREJA, COMUNIDADE DE PERDÃO

1. A comunidade de perdão
a) O perdão: atitude básica do discípulo
b) Perdão ilimitado: alternativa à vingança
2. Perdoar não é empresa fácil, mas é possível
a) Custa-nos muito perdoar
b) Perdoar é possível a partir do exemplo de Cristo
3. Igreja reconciliada e reconciliadora
a) A reconciliação é o sinal do perdão
b) Gestos de perdão e reconciliação

***

1. A comunidade de perdão

a) **O perdão: atitude básica do discípulo. -** Como já adiantamos domingo passado, quando falávamos da correção fraterna, o Sermão eclesial (Mt 18) é o contexto da parábola de hoje que elucida a doutrina de Jesus sobre o perdão fraterno das ofensas (vv. 21-35). A disposição ao perdão ilimitado é uma das atitudes características do discípulo de Cristo. Porque experimenta a misericórdia do Senhor em sua vida e se sente reconciliado com Deus, o cristão está convidado e capacitado para amar e perdoar o irmão com o mesmo amor e perdão com que ele é aceito.

Assim também a comunidade de convertidos que é a Igreja, uma vez perdoada e reconciliada, deve aparecer diante do mundo como a comunidade do perdão que recebe de Deus e que compartilha e dá aos outros. A esta reconciliação e perdão se orienta também a correção fraterna cujo objetivo, como vimos, é a recuperação do irmão para a comunidade. A tática mais habitual na sociedade é a de marginalizar os tarados e encarcerar os delinqüentes; mas a tática evangélica é mais humana, porque o perdão reabilita e regenera a pessoa.

No contexto comunitário de Mateus 18 é lógica a intervenção do apóstolo Pedro, a quem Jesus pouco antes conferira o primado de sua Igreja (16,13-20: ver Dom. 21,A,2). Por isso é Pedro quem suscita o tema do perdão mediante uma pergunta na linha casuísta dos judeus: "Se meu irmão me ofende, quantas vezes eu tenho que lhe perdoar? Até sete vezes? Jesus lhe responde: Eu lhe digo, não só sete vezes, mas setenta vezes sete" (18,21-22). Isto quer dizer: sempre.

Tanto na pergunta de Pedro como na resposta de Jesus está subjacente uma referência implícita ao modelo clássico da vingança, lei sagrada em todo o Oriente de então. Sua expressão mais dura foi sem dúvida a do feroz Lamec: Se Caim foi vingado sete vezes, Lamec o será setenta e sete vezes (Gn 4,24): ou também o limite "legal" que estabelecia a lei de talião: "Vida por vida, olho por olho, dente por dente" (Ex 21,24), que Jesus declarou ultrapassada no seu Sermão da Montanha mediante o perdão das ofensas e o amor aos inimigos (Mt 5,38-48; ver Dom. 7,A).

Isto não quer dizer que o Antigo Testamento desconhecia o perdão fraterno, pois em Levítico 19,17-18 lemos: "Não odeies o teu irmão no coração. Repreende o próximo para não te tomares culpado de pecado por causa dele. Não te vingues nem guardes rancor contra teus compatriotas. Amarás a teu próximo como a ti mesmo". É ainda mais evidente o avanço de revelação do Antigo Testamento na *primeira leitura* de hoje, tirada do livro do Eclesiástico (27,33-28,9). Seu autor Ben Sirac (s. II a.C.) apresenta estas razões para o perdão das ofensas: 1ª Deus odeia o rancoroso e se vinga do vingativo. 2ª Nossa própria limitação deve nos tornar compreensivos diante da debilidade humana. 3ª Como pedir ao Senhor um perdão que nós negamos aos outros? 4ª A lembrança de nosso fim e morte relativiza o agravo e convida a guardar os mandamentos da Aliança.

b) **Perdão ilimitado: alternativa à vingança.** - Cristo substitui o prazer mesquinho da vingança pelo mandamento cristão do perdão fraterno ilimitado. Esta é a única maneira de romper a espiral do ódio. Mas, por que tal perdão sem limite? O que é que dá sustentação a tal doutrina e conduta? A parábola que Jesus propõe em seguida (exclusiva de Mt) está orientada para explicar o porquê de sua afirmação.

A linha narrativa da parábola do devedor sem piedade é fácil de ser entendida, mas seu ensinamento é bastante difícil de ser praticado, sobretudo quando a fé e o amor são fracos e, ao contrário, o espírito de vingança, o ódio rancoroso e a agressividade inata em nós são fortes.

A encenação da parábola está montada em quatro momentos, com um marcadíssimo contraste entre os dois primeiros e os dois últimos: imensa generosidade diante da inaudita mesquinhez.

1. Um devedor insolvente diante de uma dívida de dez mil talentos, impossível de ser paga. Visto que cada talento valia dez mil denários (a unidade monetária romana era o denário), trata-se da exorbitante cifra de cem milhões de denários (uns sete milhões de dólares).

2. Cancelamento misericordioso da dívida pelo rei credor. O senhor teve piedade daquele pobre infeliz que lhe suplicava e perdoou-lhe toda a dívida.

3. Mesquinhez cruel do perdoado com respeito a um companheiro que lhe devia cem denários, isto é, uma soma inferior um milhão de vezes a sua própria. Estrangulava-o dizendo: "Pague-me o que me deve" e terminou por mandá-lo encarcerar sem piedade.

4. O rei, irritado com isso, faz justiça e condena por toda a vida o empregado sem piedade.

A conclusão-ensinamento que Jesus tira é: "Do mesmo modo meu

Pai do céu agirá com vocês se não perdoarem de todo o coração a seus irmãos" (v. 35). Nós somos esse devedor insolvente diante de Deus, que não obstante nos perdoa nossa dívida porque fomos redimidos e resgatados por Cristo (1Cor 6,20). Contudo, é um perdão de algum modo condicionado, tal como pedimos no Pai-nosso.

2. Perdoar não é empresa fácil, mas é possível

a) **Custa-nos muito perdoar** e romper o círculo vicioso do ódio e da vingança. Será o perdão uma atitude para gente fraca? Há momentos em que, embora com a melhor vontade e disposição, a gente desabafa: Isto é demais! Já estou cheio! Será que preciso ser bobo para ser bom? E somos tentados a dar uma demonstração de força diante do insulto, da calúnia, do menosprezo e da desconsideração. O mais normal, e também o mais fácil, é vingar-se quando a gente pode ou ao menos guarda rancor. A vingança é o prazer do ofendido, e o ódio rancoroso o único refúgio do mais fraco.

O difícil, o que demonstra fortaleza, magnanimidade de espírito, maturidade humana e cristã não é vingar-se, mas perdoar, e romper a espiral da violência pelo amor sincero e reconciliador. Alguém poderia dizer que o prazer da vingança é algo de indizível. Mais sublime, porém, é a experiência de perdoar e ser perdoado. Não há muito tempo a foto do ano foi um gesto sublime de perdão: O Papa João Paulo II abraçando na cela do cárcere (27-XII-1983) o "irmão" Ali Agca que tentou matá-lo, disparando contra ele na praça de São Pedro em Roma (13-V-1981). Sem publicidade, sempre houve e há muitos gestos heróicos de perdão entre os discípulos de Jesus, que por sua vez se sabem perdoados e amados de Deus, como o sândalo que silenciosamente perfuma o machado que o corta.

Precisamos experimentar o perdão para nos sentirmos amados, libertados e reabilitados como seres humanos, como pessoas capazes de reconstrução e de convivência no amor. De fato, aquele que não experimentou pessoalmente em sua própria carne e vida o prazer de ser perdoado porque é amado, dificilmente é capaz de perdoar e quase nem sequer de ser pessoa, suplantando a lei de talião e do ódio pela atitude do perdão e do amor.

Os seres mais dispostos ao perdão, porque participam mais diretamente do amor criador de Deus, são o pai e a mãe. Amam seus filhos e perdoam-lhes; sabem muito bem que se consegue mais com um grama de amor do que com toneladas de castigos; porque o primeiro gera vida, otimismo e esperança, e o segundo gera medo e vergonha, quando não ressentimento, se o castigo ultrapassa as raias da justiça.

b) **Perdoar é possível a partir do exemplo de Cristo. -** Como sempre, Jesus praticou o que nos ensinou e mandou. Estando para morrer na cruz, vítima do ódio mortal de seus inimigos, tendo poder suficiente para confundi-los, não obstante optou por fazer justiça ao modo divino, isto é, perdoando e vencendo o mal com o bem, o ódio com o amor. Por isso Ele é nossa reconciliação e nossa paz (Ef 2,14).

A espiral do perdão, conforme Deus, é amar e perdoar o homem para que este seja capaz de fazer o mesmo com seu irmão, devolvendo-lhe precisamente esse amor e perdão que recebeu do Alto. Assim torna-se possível para nós a práxis da reconciliação. Aquele que ama e perdoa com o espírito das bem-aventuranças do Reino, cumpre a lei do Senhor com a liberdade que o Espírito de Deus lhe deu (2Cor 3,17); e de tal maneira se sente livre que não vê esta lei do perdão como obrigação imposta.

A moral de filiação cria a ética cristã do amor, cujo fruto maduro é o perdão fraterno. Efeito e causa andam tão indissoluvelmente unidos que constituem um estilo conatural de atuar como filhos de Deus e como irmãos dos outros em Cristo. É a atitude bipolar que a Lei do Senhor resume: amá-lo e ao próximo, como afirmou Jesus quando lhe perguntaram sobre qual era o maior mandamento (Mt 22,34-40; ver Dom. 30,A).

3. **Igreja reconciliada e reconciliadora**

a) **A reconciliação é o sinal do perdão. -** O perdão fraterno é tarefa cotidiana de reconciliação individual e comunitária. "Deus nos reconciliou consigo por meio de Cristo e nos confiou o serviço de reconciliar... e a mensagem de reconciliação" (2Cor 5,18s.). Honra da Igreja através dos séculos é ter sido sempre fiel ao anúncio do perdão e da misericórdia de Deus (B. Häring). Para ser reconciliadora a comunidade cristã deve começar por estar ela mesma reconciliada, como para ser evangelizadora deve ser evangelizada primeiro. A reconciliação dos irmãos que professam a mesma fé é o testemunho que o mundo melhor entenderá; assim a Igreja poderá apresentar-se diante do mundo como o que de fato é: "sacramento de unidade e de salvação" (LG 9,3;1).

São Paulo apela, na *segunda leitura* (Rm 14,7-9), para a união e concórdia, baseando-se no Senhorio de Cristo ressuscitado. Diante da tentação de mútua intolerância e incompreensão que havia, na comunidade de Roma, entre seus membros, provenientes uns do paganismo e outros do judaísmo, sobre a liceidade de alimentos e outras práticas, secundárias para os primeiros e importantes para os segundos, o Apóstolo propõe o mútuo respeito e a reconciliação: Por que você julga e deprecia o seu irmão? (v. 10).

"A reconciliação está estreitamente relacionada com a conversão do coração; este é o caminho obrigatório para o entendimento entre os seres humanos" (João Paulo II, *Reconciliatio et paenitentia* 8,7). Há um sacramento onde expressamos essa conversão: é o sacramento da Reconciliação ou Penitência. Sua forma comunitária é como que um eco da parábola do evangelho de hoje: perdoados e reconciliados com Deus, perdoamos e nos reconciliamos mutuamente. Porque com a mesma medida com que medimos os outros, o Senhor nos mede também; aquele que perdoa seu irmão, está perdoado por Deus. Pois o perdão sacramental da Penitência não é real e efetivo se nós não perdoamos o irmão, já que a Reconciliação não é só com Deus mas também com a comunidade eclesial, com os irmãos.

b) **Gestos de perdão e reconciliação. -** A liturgia eucarística está cheia de referências ao perdão que pedimos a Deus, que recebemos dele e que damos aos outros. Já no começo temos o ato penitencial, pelo qual nos reconhecemos pecadores diante de Deus e da comunidade, e solicitamos o perdão do Senhor "que é compassivo e misericordioso, lento para a ira e rico em clemência" *(Salmo responsorial* de hoje*)*. Antes da comunhão rezamos o Pai-Nosso e dizemos: "Perdoai as nossas ofensas, assim como nós perdoamos a quem nos tem ofendido". E em seguida nos saudamos mutuamente com um gesto de paz, reconciliação e perdão, dispostos a participar do mesmo Pão.

Para que tudo isso não seja uma farsa ineficaz continuemos estes gestos de fraternidade na rua, em casa, na vizinhança, no trabalho, nos ambientes tensos pelo ódio, ciúme, desconfiança, distanciamento afetivo, rancor talvez e vingança. Levemos conosco a Boa Nova de hoje: é possível amar, perdoar e reconciliar-nos como irmãos porque o Pai nos ama, perdoa e reconcilia com Ele por meio de Jesus Cristo, Senhor nosso.

Vigésimo Quinto Domingo do Tempo Comum (A)

Is 55,6-9: Meus planos não são vossos planos.
Fl 1,20c-24.27a: Para mim a vida é Cristo.
Mt 20,1-16: Você fica zangado porque eu sou bom?

GENEROSIDADE QUE SUPERA A JUSTIÇA

1. Parábola do Patrão generoso
a) Linha narrativa da parábola
b) Algumas observações para sua melhor compreensão:
1. Os detalhes. 2. O termo de comparação. 3. A suposta injustiça.
2. Contexto eclesial e intenção original da parábola
a) Catequese à comunidade cristã
b) Réplica de Jesus aos fariseus
3. Misericórdia que ultrapassa a justiça
a) Os planos de Deus não são os nossos
b) É absurdo querer passar fatura a Deus
c) Exame de atitudes e motivações

***

1. Parábola do Patrão generoso

Lemos hoje como evangelho a parábola comumente chamada de "os trabalhadores na vinha", e que seria melhor denominar de "o patrão bondoso" ou "o patrão generoso". Como em toda parábola, temos de ter em conta dois aspectos para sua interpretação correta: 1) a intenção original da mesma na boca de Jesus, e 2) o acento ou matiz que posteriormente recebe da comunidade primitiva onde se fez a redação que atualmente temos. Este segundo aspecto determina o contexto eclesial em que Mateus coloca a parábola, com uma intenção acrescentada que expressa a inquietude missionária da Igreja apostólica.

Adiantamos que os dois níveis de interpretação, neste caso, coincidem no ensinamento fundamental da parábola, embora Jesus a dirigisse aos fariseus e a comunidade a aplique a si mesma: gratuidade e universalidade da salvação porque Deus é bom e generoso. Comecemos por examinar sua linha narrativa e alguns tópicos para sua melhor inteligência.

a) **A linha narrativa da parábola,** exclusiva de Mateus (20,1-16), segue este desenvolvimento:

- Um proprietário contrata sucessivamente vários trabalhadores para trabalhar em sua vinha (vv. 1-7).

- Pagamento da diária, igual para todos, no fim do dia conforme a norma da lei mosaica (vv. 8-10).

- Protesto dos primeiros contratados que julgam injusto o procedimento do patrão: Tratas por igual os que trabalharam por uma hora e nós que agüentamos o peso do dia (vv. 11-12).

- Explicação do dono da vinha ao porta-voz dos descontentes: você está com inveja porque eu sou bom? Este é o ensinamento e a conclusão da parábola (vv. 13-15). Pois a conclusão atual: Os últimos serão os primeiros e os primeiros serão os últimos (v. 16) parece ser um dito (*loguion*) independente que não cabe aqui como conclusão, pois o contexto em que Mateus situa a parábola não é provavelmente o original como veremos em seguida (ver J. Jeremias, *O.c.* 42-53).

b) **Algumas observações.** - Embora a parábola não seja complicada, há todavia alguns pontos que importa esclarecer para uma melhor compreensão da mesma:

1.ª *Os detalhes do relato* não têm significado isoladamente do conjunto, pois não se trata de uma alegoria mas de uma parábola, relato didático que intenciona um só ensinamento (ver Dom. 15,A,2). Assim, por exemplo, os trabalhadores são contratados em horas diferentes: de manhãzinha, pelas nove horas, pelo meio-dia, pelas três horas da tarde e pelas cinco horas. Conforme a manifesta preferência dos santos padres pela interpretação alegorizante da Bíblia, Santo Irineu vê nestas horas sucessivas as etapas históricas da salvação de Deus, começando desde Adão; Orígenes, ao contrário, viu neste detalhe as diversas idades da vida na qual Deus chama ao seu serviço.

De fato, a marcação destes horários diferentes está em função da intenção global da parábola: proclamar a bondade gratuita de Deus que supera a justiça sem feri-la. Argumentar, como alguns fizeram, que os últimos trabalharam de empreitada para compensar o tempo menor e que por isso receberam salário igual, é desvirtuar por completo o ensinamento da parábola.

Igualmente o fato de começar o pagamento dos trabalhadores pelos contratos em último lugar não tem intenção especial em si mesmo, mas dentro do dinamismo narrativo que leva ao protesto dos contratos em primeiro lugar porque são testemunhas do fato.

2.ª *O termo de comparação* do Reino de Deus não é o dono da vinha, nem os trabalhadores, nem sequer a própria vinha (freqüentemente imagem bíblica do Antigo Testamento para designar o Povo eleito), mas o salário do dia de trabalho; neste caso, o denário que todos ganham por igual. É óbvio, além disso, que o amo generoso representa a Deus, a vinha seu serviço, os trabalhadores os homens, e o denário a recompensa para todos: seu Reino de salvação.

3.ª *A suposta injustiça.* Biblicamente parece menos acertado insistir no problema artificial da suposta injustiça arbitrária que o patrão faz aos que trabalharam de sol a sol, dando um salário igual para um trabalho desigual. Essa queixa que os primeiros expressam reflete a mentalidade utilitarista que domina a nós todos, e talvez hoje mais que ontem, pelo fato de vermos o trabalho como mercadoria que se compra e se vende por dinheiro.

Mas o Patrão, pela boca de Jesus, denuncia a inveja que tal queixa esconde. O proprietário não só cumpre a justiça entregando o que fora combinado aos primeiros, os únicos que combinaram expressamente receber o denário habitual de uma jornada de trabalho, mas além disso se compadece dos últimos. Se estes recebessem proporcionalmente seus méritos, não receberiam o suficiente para seu sustento e o de suas famílias. Se tivesse pago menos aos últimos - é o que certamente faríamos nós -, o amo teria sido "justo"; dando-lhes mais, é "generoso" sem cometer injustiça aos primeiros.

2. Contexto eclesial e intenção original da parábola

Dizíamos no começo que na parábola do Patrão generoso há dois níveis complementares que devem ser tidos em conta: a intenção original de Jesus ao pronunciá-lo e o filtro com que a Igreja primitiva a vê depois. No contexto eclesial no qual Mateus a coloca é uma catequese dirigida à comunidade; em sua intenção original é a resposta de Jesus às críticas dos fariseus.

a) **Catequese à comunidade cristã.** - No evangelho de Mateus, dirigido a cristãos convertidos do judaísmo, a Igreja de Cristo aparece como o novo Povo de Deus, composto não exclusivamente de israelitas como o antigo, mas de judeus e gentios ou pagãos. A partir desta perspectiva está escrita também a parábola de hoje. A comunidade cristã, cujos traços fundamentais vêm sendo desenhados desde Mateus 16,13 com a confissão e primado de Pedro (Dom. 21,A), aplica a si esta parábola; e à luz dela examina e estabelece sua norma de conduta diante da necessária abertura missionária ao mundo pagão sob o impulso do Espírito de Jesus.

Mateus sabe que os cristãos das comunidades apostólicas, provenientes num primeiro momento do judaísmo, devem assimilar o que São Paulo qualificou de "mistério oculto em outro tempo, mas revelado agora pelo Espírito a seus santos apóstolos e profetas: que também os pagãos são co-herdeiros, membros do mesmo Corpo e partícipes da Promessa em Jesus Cristo, pelo Evangelho" (Ef 3,5-6).

Por isso precede a parábola a passagem em que Pedro, cabeça da Igreja, pergunta ao Senhor pela recompensa que dará àqueles que o seguem. O prêmio será esplêndido, "mas - acrescenta Jesus - há muitos primeiros que serão últimos e muitos últimos que serão primeiros". Dizeres que antecedem imediatamente a parábola e que vêm novamente no final da mesma como conclusão e ensinamento (cf. Mt 19,27-30).

Conforme isto, os primeiros trabalhadores chamados à vinha são os cristãos oriundos do judaísmo, entre os quais se destacam os Apóstolos como colunas da comunidade e juízes das doze tribos de Israel; e os posteriores e últimos são os não-judeus, isto é, todos os homens.

b) **Réplica de Jesus aos fariseus.** - Este acento eclesial casa bem com a intenção original da parábola na boca de Jesus que a dirigiu aos fariseus. Estes o criticavam porque acolhia os pecadores, publicanos e marginalizados. Assim age Deus, diz Jesus com a parábola: dá espaço a todos em seu Reino de salvação. Este plano divino justifica o proceder do Mestre, solidário com a "escória" social e religiosa na opinião dos puritanos, impados de inveja e orgulho.

Jesus demonstra com sua parábola que os primeiros chamados eram os fariseus, fiéis cumpridores da lei mosaica, os doutos letrados, e em geral todos os judeus como povo escolhido e herdeiro das promessas do Antigo

Testamento. Os últimos, ao contrário, são os pecadores que Jesus veio buscar e que, convidados por Ele, entram no âmbito da misericórdia de Deus. Um caso-limite desse amor gratuito foi um operário de última hora, o Bom Ladrão, que "roubou" o céu no último instante quando Jesus lhe disse: Hoje você estará comigo no paraíso (Lc 23,43). Salário fabuloso para uma vida improdutiva do princípio ao fim.

A presente parábola do patrão generoso recorda outras que Jesus pronunciou contra seus inimigos, os fariseus e chefes religiosos do povo judeu; por exemplo, a do filho pródigo (Lc 15,1-32; Dom. 24,C) ou a do fariseu e o publicano (18,9-14; Dom. 30,C).

Suas parábolas não justificam uma suposta "injustiça ou indiferença religiosas", amparando-se na bondade divina. O que Jesus proclama é a gratuidade de Deus, que é bondade e misericórdia, diante da religião e da moral do mérito que os fariseus patrocinavam. Estes, incapazes de assimilar conceitos como amor e perdão, fechavam o caminho de Deus aos pobres ignorantes e violadores das muitíssimas prescrições religiosas que eles entrelaçavam gostosamente. Com esses "vitandos" (que deviam ser evitados) precisamente se misturava o Rabi de Nazaré, ensinava-os, curava-os e prometia-lhes o Reino que anunciava.

3. Misericórdia que ultrapassa a justiça

a) **Os planos de Deus não são os nossos.** - Esta gratuidade da salvação e do perdão de Deus faz parte dos pensamentos, planos e caminhos do Senhor que não coincidem com os nossos, como ouvimos na *primeira leitura* (Is 55,6-9). A conduta de Deus não é arbitrária, mas a de um Pai amoroso. Ele sai ao encontro de todos que o buscam mediante uma sincera conversão do mau caminho, porque Deus é "rico em perdão" e está perto daquele que o invoca *(Salmo responsorial).*

Partindo da auto-suficiência farisaica, que se fecha à aceitação do irmão, e da "religião de contrato" que vê a salvação como um débito de Deus às nossas boas obras, não podemos entender nem imitar a misericórdia de Deus que vai além de toda justiça humana.

Diante de Deus não há monopólios exclusivistas nem tem lugar a pretensão de manipular sua liberdade conforme nossos egoísmos pessoais, raciais ou nacionalistas. Pois os dons de Deus, sua graça, seu chamamento à fé e a entrada em seu Reino nunca se prendem a méritos, mas são efeitos somente de sua bondade generosa.

Para Ele não contam nosso sentido utilitarista da eficácia nem nossos códigos de justiça trabalhista que estabelecem perfeita equação entre prestação de serviço e salário, categoria e remuneração. Nossa vida cristã não pode ser estruturada à base de uma contabilidade de deve/haver com referência a Deus, mas à base de seu dom e sua graça que nos precedem sempre. Embora seja verdade que Deus espera nossa resposta agradecida, nossa colaboração livre e responsável.

b) **É absurdo querer passar fatura a Deus. -** Deus deve sorrir diante dos dígitos de nossas calculadoras do mérito religioso. Estar batizados, pertencer à Igreja, ser cristãos, cumprir nossos deveres religiosos para com Deus e para com os irmãos não dão "direitos adquiridos", nem nos fazem melhores que os outros. Jesus avisou-nos claramente: "Assim também vocês, depois de terem feito tudo o que lhes foi mandado, devem dizer: Não somos mais que simples servos, só fizemos a nossa obrigação" (Lc 17,10).

É absurdo um bom filho pensar que seu pai lhe deve algo só porque faz o que ele manda; além disso é feio exigir um pagamento à sua obediência. Se refletir, se dará conta de que tal atitude não tem cabimento, pois sua recompensa está assegurada. Deus não faz injustiça a ninguém: Ele é amor gratuito, não porém injusto ou mal-agradecido.

É a recompensa que esperava São Paulo, um dos chamados a trabalhar na vinha do Senhor na segunda hora. Escrevendo aos cristãos de Filipos, colônia romana na Grécia, afirma: "Para mim o viver é Cristo e o morrer é lucro". Mas está igualmente disposto a continuar vivendo enquanto for útil aos irmãos. Fala assim porque escreve do cárcere (Roma?, Éfeso?), esperando uma sentença que podia ser capital (Fl 1,20-24.27: *2.ª leit.).*

Em outra carta, durante o segundo cativeiro romano (pelo ano 67, pouco antes de morrer), escreve a seu discípulo Timóteo expressando sua esperança na generosa recompensa do Senhor. Embora saiba que ter anunciado o Evangelho foi para ele uma missão confiada e não um motivo de vanglória, afirma:

> "Quanto a mim já estou para ser oferecido em sacrifício e o momento de minha partida chegou. Empenhei-me no bom combate até o fim, terminei minha corrida, guardei a fé. E agora, está preparada para mim a coroa da justiça; o Senhor, justo Juiz, me dará naquele dia esta coroa, e não somente a mim, mas a todos os que tiverem aguardado com amor sua manifestação gloriosa" (2Tm 4,6-8).

c) **Exame de atitudes e motivações. -** Como os primeiros cristãos, os operários da primeira hora, isto é, os cristãos antigos e os fiéis observantes se alegrarão por terem sido chamados logo ao trabalho da vinha, ao serviço de Deus; e igualmente amarão os da última hora, porque Deus é bom e os ama com amor gratuito. Mas, é esta a imagem que temos de Deus? O Deus compassivo e misericordioso que Jesus nos revela ou o Deus fiscal de condutas e obras? Se nos opomos a aceitar que Deus é bom com todas as suas criaturas, é porque não somos bons como não o eram os fariseus.

Agora, no tocante à nossa religiosidade, basicamente o que nos motiva? O amor gratuito a Deus e aos irmãos ou o amor interesseiro que equivale negativamente a medo ao castigo? Por qual destes motivos nos guiamos na prática religiosa, em nossa conduta moral e nas relações com os outros? Provavelmente necessitamos de uma conversão para, como diz São Paulo, "levarmos uma vida digna do Evangelho de Cristo" (Fl 1,27: *2.ª leit.).*

Vigésimo Sexto Domingo do Tempo Comum (A)

Ez 18,25-28: Quando o mau se converter de sua maldade, salvará sua vida.
Fl 2,1-11 (breve: 1-5): Tenham todos um mesmo modo de pensar, um só amor, uma só alma, um só sentimento.
Mt 21,28-32: Os publicanos e as meretrizes precedem a vocês no Reino de Deus. (Parábola dos dois filhos).

A COMUNHÃO ECLESIAL COLOCADA À PROVA

1. A Igreja é comunhão
a) Concordes num mesmo amor e sentimento
b) A "comunhão" é um conceito básico para se entender a Igreja
2. A comunhão eclesial colocada à prova
a) "Cristo sim, Igreja não"
b) Atitude reducionista e de crítica desprovida de solidariedade
3. Pode alguém ser cristão prescindindo da Igreja?
a) Cristãos pela graça de Deus e na comunidade eclesial
b) Comunhão dentro dum legítimo pluralismo

***

1. A Igreja é comunhão

a) **Concordes num mesmo amor e sentimento. -** As leituras bíblicas de hoje acentuam o tema comunitário que culmina na comunhão eclesial sobre a qual insiste a *segunda leitura* tirada da carta de São Paulo (Fl 2,1-11). Tem duas partes bem distintas, em mútua referência. 1.ª Exortação à unidade da comunidade cristã (vv. 1-5, que constituem a leitura breve). 2.ª Hino cristológico em dois tempos: auto-humilhação de Cristo e sua glorificação pelo Pai (vv. 6-11; cf. Dom. de Ramos,A,3,a).

Nossa reflexão e anúncio, partindo da primeira parte da segunda leitura, irão se centrar na comunhão eclesial, colocada à prova hoje com tanta freqüência.

A primeira e a segunda leituras deste domingo conjugam a projeção comunitária do pecado com a responsabilidade no mesmo, em ordem a uma conversão como resposta ao chamado de Deus, sempre disposto a perdoar.

À conversão orienta-se o oráculo do Senhor pela boca do profeta Ezequiel (18,25-28: *1.ª leit.*). O contexto histórico é o desterro israelita na Babilônia quando da primeira deportação de judeus por Nabucodonosor no séc. VI a.C., reinando em Judá o rei Joaquim (ano 597 a.C.).

Também o *evangelho* (Mt 21,28-32) orienta-se à conversão: parábola dos dois filhos enviados à vinha pelo pai. Dos dois, obedece justamente aquele que parecia menos disposto, a julgar por suas palavras. Mas diante de Deus contam mais os fatos; e Ele sempre dá a oportunidade de arrependimento e de volta ao bom caminho.

No filho "bom", que diz e não faz, estão representados os guias religiosos do povo judeu que, embora conheçam bem a vontade de Deus e pareçam segui-la, de fato esvaziam o conteúdo do cumprimento da lei do Senhor, devido à sua auto-suficiência. Por isso verão com surpresa que a escória social e religiosa, conforme eles, isto é, os publicanos e as meretrizes, os precedem no caminho do Reino de Deus. Por ocasião do anúncio de Jesus repete-se o que acontecera com a pregação de João Batista.

b) **A "comunhão" é um conceito básico** na atual eclesiologia para explicar o mistério e a natureza da Igreja, entendida conforme o modelo do Concílio Vaticano II, que está exposto principalmente na Constituição Dogmática "Lumen Gentium" sobre a Igreja (ver festa de S. Pedro, ano A).

A Igreja é comunhão, "comum-união", isto é, comunidade de irmãos e de iguais chamados à solidariedade como conseqüência de sua comum vocação à fé e à vida em Cristo, vida de adoção filial por Deus. Ele nos faz seus filhos em seu Filho Cristo Jesus, pela comunicação de seu Espírito. A comunhão eclesial (que traduz o termo grego *koinonia*) tem um modelo de identificação na comunidade ideal que os Sumários dos Atos descrevem (ver 2º Dom. de Páscoa,B).

A expressão prática da comunhão eclesial é compartilhar tudo com os demais irmãos batizados que seguem a Cristo formando o grupo dos crentes. É compartilhar a fé, o amor que Deus nos tem em Cristo, a mesa eucarística, a acolhida e o calor humano, as opções evangelizadoras e a esperança cristã. A comunhão eclesial é, por isso mesmo, intercomunicação e unidade, comunhão de comunidades na pluralidade das igrejas locais que realiza e evidencia a realidade da Igreja universal como assembléia da caridade, unida no primado da cátedra de Pedro (LG 13,3).

O grande sacramento ou sinal da comunhão eclesial é a eucaristia que cria a comunidade, e celebra e expressa a comunhão tanto em sua dimensão vertical ou cultural como horizontal ou comunitária (ver C. Floristán: *Comunión*, em CP 161-171; e festa de Corpus Christi, anos A e C).

2. A comunhão eclesial colocada à prova

Acontecem vários fenômenos e situações que põem à prova em diversos setores o sentido de comunhão com o Povo de Deus que é a comunidade da Igreja. O problema é muito amplo e complexo. Sintetizando-o, vamos concentrar-nos nestas duas atitudes de ruptura eclesial: 1) Desligamento da Igreja por parte de numerosos fiéis, que não obstante se dizem crentes, embora mais ou menos praticantes. 2) Crítica desprovida de solidariedade e reducionista.

a) **"Cristo sim, Igreja não".** - Conforme as últimas pesquisas e questionários sobre religiosidade, a descrença ou o ateísmo, "que é um dos fenômenos mais graves de nossos tempos" (GS 19,1), não é o problema religioso maior entre nós, embora exista; pois são relativamente poucos os que se declaram formalmente ateus. Como também não o seria o agnosticismo nem a indiferença religiosa, que também se dá e em maior porcentagem. Conforme os pesquisadores o maior problema hoje em dia é o "desligamento", maior ou menor, da Igreja "oficial" e da sua hierarquia por parte de muitos que se dizem católicos e crentes em Deus, especialmente no setor da juventude. São os "novos cristãos sem igreja", cujo grau de distanciamento, tanto a nível ideológico como prático, varia conforme casos, formação e situações.

Isso mostra a diferença que há entre o conceito sociológico de cristão e o conceito teológico do mesmo, entre a pertença meramente sociológica ao cristianismo e a adesão pessoal estritamente religiosa.

O fenômeno apontado se dá tanto no setor popular do homem da rua, ou cristão de massa e de número, como nas minorias mais críticas e desenvolvidas cultural e religiosamente. Assim podemos escutar máximas como estas: "Eu creio em Deus, mas não na Igreja nem nos vigários"; "Cristo sim, Igreja não"; "Evangelho sim, papa, bispos e padres não". Todas elas são expressão deste fenômeno novo do distanciamento da comunhão eclesial. Devido a um excessivo culto à autonomia pessoal e à própria racionalidade, a um suposto progressismo ou simplesmente ao capricho infantil, à imaturidade cristã ou à ignorância, ouvimos estas pessoas dizerem: Isto não me convence; este outro não engulo... Em resumo: optam por um catolicismo individualista e por uma religiosidade livre.

b) **Atitude reducionista e de crítica desprovida de solidariedade.** - Há outras pessoas, grupos e comunidades que aplaudem o papa, os bispos ou sacerdotes somente quando dizem o que eles gostam de ouvir. E excluem de seu credo particular as verdades que não estão no seu gosto ou com as quais não concordam. Entre estas figuram, por exemplo, o inferno, a missa dominical, as chamadas virtudes passivas como a obediência e a oração, a renúncia e a cruz inerentes ao seguimento de Cristo, ou determinados pontos da moral cristã como o divórcio e o aborto. Pensam e agem como se o magistério eclesiástico devesse apresentar-lhes previamente suas credenciais ou levar em conta sua revelação particular, porque eles também têm revelação a domicílio, sua própria cátedra na teologia, seu circuito fechado e canal próprio, sua onda, sua antena e seu telefone direto com Deus.

Como compensação, alguns setores mais críticos e mais evoluídos conjugam simultaneamente um alarde de puritanismo evangélico com um desapreço olímpico pela instituição eclesial, concentrando-se exclusivamente na dimensão profética e temporal da fé e do compromisso cristão, que expressam na luta política pela justiça e libertação. Com sinceridade e entrega generosa, sem dúvida; mas com uma visão reducionista do que é ser cristão. Crendo ser este o único seguimento autêntico do Jesus "revolucionário" do Evangelho, deixam de lado tudo o mais; isto é, a Igreja institucional, o magistério, a hierarquia e a prática religiosa "convencional".

Finalmente há aqueles que, devido a seu agudo sentido crítico, acentuam as limitações dos pastores e as inevitáveis misérias humanas de uma Igreja que é santa e pecadora ao mesmo tempo, porque é obra de Deus em mãos humanas. Enxergam mais a vasilha de barro que o tesouro nela contido, como dizia São Paulo (2Cor 4,7). Objetivam de tal modo sua crítica desprovida de solidariedade que não se sentem como parte responsável nem chamados, como o resto da comunidade eclesial, a uma contínua conversão por uma autêntica catequese da autocrítica (ver CE: *Testigos* 37-39).

3. Pode alguém ser cristão prescindindo da Igreja?

a) **Cristãos pela graça de Deus e na Igreja.** - Diante destes dados que precedem a pergunta final, que poderia ser título inicial, é óbvia: Pode alguém ser cristão prescindindo da comunhão eclesial? Tanto uns como outros se esquecem de que no seguimento de Cristo "uma vez que tudo depende da fé, tudo é graça", no dizer de São Paulo; isto é, dom gratuito de Deus (Rm 4,16). Somos cristãos e discípulos de Cristo, antes de tudo pela graça de Deus, como diziam os velhos catecismos. E essa graça nós a recebemos na Igreja fundada por Jesus como sacramento universal de salvação para os homens, como fonte e sinal do favor de Deus à humanidade, como seu Povo eleito, sacerdotal, profético e carismático; mas não anárquico, e sim organizado e unido na comunhão da caridade sob a animação pastoral de Pedro e dos Apóstolos, e dos sucessores destes que são o Papa e os Bispos (LG 22,1).

> "Aprouve a Deus santificar e salvar os homens não singularmente, sem nenhuma conexão uns com os outros, mas constituí-los num povo (LG 9,1). E para apascentar e aumentar sempre o Povo de Deus, Cristo Senhor instituiu na sua Igreja uma variedade de ministérios ordenados ao bem de todo o Corpo" (LG 18,1).

Assim, pois, não chegamos diretamente a Deus e a Cristo senão pela fé apostólica da comunidade e tradição eclesiais, que nos transmitem o Evangelho de Jesus e a maneira de entendê-lo, vivê-lo, e celebrá-lo no credo, no culto e na vida do Povo de Deus, servindo por seus pastores na unidade da caridade.

b) **Comunhão dentro dum legítimo pluralismo.** - Salva a unidade essencial, que não se confunde com a uniformidade, não deve ser motivo de enfrentamento, intolerância e escândalo a diversidade de mentalidades, de expressões e opções temporais que são compatíveis com o Evangelho entre nós que formamos a comunidade eclesial, reconhecemos a Jesus como Filho de Deus, o seguimos como nosso Salvador, mestre e guia, e impulsionados pelo Espírito rezamos a Deus como Pai comum, conforme os ensinamentos de São Paulo:

> Dêem-me esta grande alegria: sejam unânimes e vivam na concórdia com um mesmo amor e um mesmo sentimento... Não se fechem em seus

> interesses, mas busque cada um o interesse dos outros. Tenham entre vocês os sentimentos próprios de uma vida em Cristo Jesus (Fl 2,1-5: *2.ª leit.*).
>
> Esforcem-se por conservar a unidade do Espírito por meio do vínculo da paz. Sejam um só corpo e um só espírito, assim como foram chamados por sua vocação para uma só esperança. Há um só Senhor, uma só fé, um só batismo. Há um só Deus e Pai de todos e em todos está presente, e está acima de tudo (Ef 4,3-6).

Nas inevitáveis situações de conflito ocasional que possam surgir, a atitude, tanto dos que mandam (melhor, servem) como dos que estão na base, não pode ser a de esmagar aquele que discorda de nós, nem a ambição de poder, nem o autoritarismo, nem a ortodoxia intransigente, nem a paz à custa das pessoas, nem o privilégio de uns sobre outros, nem o modelo chefe-subalternos e menos ainda o esquema senhor-escravo. Mas a única alternativa evangelicamente válida, segundo Jesus, é o amor ao irmão e o serviço libertador e gratificante (CE, *Testigos* 44-52; *Católicos* 179-183).

Somente uma comunidade onde todos são iguais e vivem unidos no amor expressa a comunhão eclesial e pode ser diante do mundo consciência crítica de uma sociedade que tende a ver a autoridade como poder e a estruturar-se sobre a exploração dos outros e o desamor, como também Jesus denunciou (Mt 20,25).

Na práxis da comunhão eclesial a chave foi dada por Santo Agostinho: "no necessário, a unidade; no duvidoso ou optativo, a liberdade; e em tudo, a caridade" (GS 92,2). Unidade e disciplina no essencial; liberdade e pluralismo em tudo o que é acidental e opinável; mas sempre o diálogo, o respeito e o amor fraterno que são a essência da comunhão eclesial.

Vigésimo Sétimo Domingo do Tempo Comum (A)

Is 5,1-7: A vinha do Senhor dos exércitos é a casa de Israel.
Fl 4,6-9: Ocupem-se com tudo o que há de virtude e ponham-no em prática.
Mt 21,33-43: Arrendará a vinha a outros. O Reino será tirado de vocês e dado a um povo que produza seus frutos.

TEMPO DE COLHEITA

1. Deus transfere o Reino a um novo Povo
a) Parábola dos vinhateiros homicidas
b) Linha narrativa. Quem é quem. E os "outros"?
2. Compêndio da história de salvação com dois momentos culminantes
a) A referência cristológica
b) A projeção eclesial
3. Um Povo que produza frutos
a) Último aviso
b) Sem feudos privados nem redução de cultivo

***

1. Deus transfere o Reino a um novo Povo

Sob a imagem da Vinha, comum à primeira leitura e ao evangelho, a idéia central da palavra bíblica deste domingo é a transferência do Reino de Deus a seu novo Povo, a Igreja que Jesus fundamenta como pedra angular; um povo que produza frutos para Deus.

a) **A parábola dos vinhateiros homicidas** que lemos hoje como evangelho (Mt 21,33-43) é referida também pelos outros dois Sinópticos (Mc 12,1-12; Lc 20,9-19), embora com pequenas variantes. Marcos, a quem seguem Mateus e Lucas, representa a versão mais antiga; e Mateus a mais ampla, para tornar mais explícita sua aplicação eclesial.

A parábola evangélica de hoje tem traços alegóricos e está ligada ao "Canto da Vinha" que se lê como *primeira leitura* (Is 5,1-7). Este canto é uma peça literária de alento poético, lugar clássico desta imagem da Vinha com que os Profetas do Antigo Testamento se referiram freqüentemente a Israel, Povo eleito de Deus.

A alegoria de Isaías alterna e põe em contraste dois tempos básicos de um rito binário: amor delicado e gratuito de Deus por seu Povo, e desamor pertinaz deste com respeito a Deus e aos irmãos; carinho e fidelidade diante da ingratidão e infidelidade; cultivo esmerado frente à colheita de uvas bravas.

A alegoria da vinha conclui com grande realismo: "A vinha do Senhor dos exércitos é a casa de Israel; são os homens de Judá seu jardim preferido. Esperava deles o direito e eis assassinatos; esperava a justiça, e eis lamentos" (v. 7).

A referência à Vinha constitui um dos "impropérios" da liturgia da Sexta-feira Santa durante a adoração da Cruz. Uma vez mais a história bíblica nos mostra que a iniciativa salvadora é sempre de Deus; Ele nos precede e acompanha continuamente com seu amor e solicitude paternais.

Jesus empregou também repetidas vezes a metáfora da videira e da vinha, por exemplo, na parábola de hoje cujo destinatário não foi originalmente todo o povo, como na alegoria do Primeiro Isaías, mas seus dirigentes religiosos.

b) **A linha narrativa** da parábola é clara por si mesma: Um proprietário arrenda sua vinha a alguns lavradores. Chegando o tempo da colheita, envia seus mensageiros para receber os frutos que lhe caibam, e o resultado é negativo. Assim por duas vezes; até que finalmente envia seu próprio filho que é assassinado pelos vinhateiros. A reação do dono é fazer justiça aos homicidas e transferir o arrendamento da vinha a outros lavradores que lhe entreguem os frutos a seu tempo.

Indagando quem é quem na parábola, torna-se evidente que a vinha é Israel; o dono, Deus; os arrendatários, os chefes do povo judeu; os mensageiros, os profetas; o filho morto, Cristo Jesus, e o castigo de justiça (além da destruição de Jerusalém), a entrega da vinha a outros, isto é, a admissão das nações pagãs no Reino de Deus.

* Quem são esses "outros" aos quais será entregue a vinha? Marcos (12,9) e Lucas (20,16) não acrescentam mais nada. Mas Mateus sim; no último versículo ele especifica: Será tirado de vocês o Reino dos céus e será dado a um povo que produza frutos" (v. 43). Trata-se, pois, da Igreja que é o novo Povo de Deus, o novo e verdadeiro Israel de Deus (Gl 6,16).

A Igreja, porém com uma característica especial: a *Igreja dos pobres*, por analogia com outras parábolas semelhantes à que nos ocupa hoje e que justificam o anúncio que Jesus faz da Boa Nova aos pequenos, aos marginalizados, aos mais abandonados. Assim: as parábolas do filho pródigo, da ovelha e da dracma perdidas, dos convidados para o banquete nupcial, dos trabalhadores na vinha etc.

Quando Mateus aponta para o conjunto destes novos destinatários do Reino como "povo que produza seus frutos", diríamos que se trata da Igreja dos pobres de Deus (cf. J. Jeremias, *O.c.* 94).

2. Compêndio da história de salvação com dois momentos culminantes

A parábola dos vinhateiros homicidas constitui um compêndio da história da salvação de Deus para o homem, desde a Aliança do Sinai até a fundação da Igreja por Jesus como novo Povo de Deus; passando pelos profetas e pela pessoa de Cristo que anunciou o Reino de Deus e foi constituído pedra angular de todo o plano salvador de Deus mediante seu mistério pascal de morte e ressurreição. Nesta perspectiva histórico-salvífica há dois momentos culminantes que a parábola na redação de Mateus acentua: Cristo e a Igreja.

a) **A referência cristológica** é patente em dois detalhes: 1.º O filho do dono é lançado fora da vinha e morto fora da mesma pelos arrendatários malvados e avarentos. "Este é o herdeiro; venham, vamos matá-lo e fiquemos com sua herança. E agarrando-o, expulsaram-no da vinha e o mataram" (vv. 38-39). Alusão manifesta à morte de Jesus no Gólgota, fora das muralhas de Jerusalém.

2.º A menção final da pedra, primeiro recusada e depois convertida em pedra angular do edifício ou do arco da abóbada (v. 42), é uma passagem do Antigo Testamento (Sl 118,22) preferida pela comunidade cristã para referir-se a Cristo, o Senhor ressuscitado e glorificado (At 4,11; 1Pd 2,4-7). Por isso é provável que este ponto seja uma adição posterior da comunidade, tradição que trazem os três Sinóticos.

b) **A projeção eclesial** é o segundo ponto alto com que Mateus enriquece, com marcada intenção, o ensinamento da parábola. Fiel a seu objetivo catequético sobre o novo Povo de Deus que é a comunidade cristã, enfatiza a missão da Igreja dentro do marco da história da salvação: o Reino dos céus será tirado de vocês e será dado a um povo que produza seus frutos (v. 43). Desta forma desloca a atenção da imagem inicial da vinha para o Reino de Deus que é confiado à Igreja. A vinha, que começou representando Israel, conclui significando tanto o novo Israel, a Igreja, como o Reino de Deus. Assim também os novos arrendatários da Vinha não são exclusivamente seus chefes religiosos, mas o Povo como protagonista comunitário e fecundo em frutos maduros.

3. **Um povo que produza frutos**

a) **Último aviso.** - Jesus está já na meta final de seu caminho de subida a Jerusalém, a cidade que matava os profetas; e pronuncia esta "parábola de choque" (W. Trilling) como último aviso aos representantes do povo judeu para que abram os olhos e o reconheçam como o Enviado, o Messias, o Filho de Deus. Um último chamado à conversão de fé.

Mas sua reação foi negativa uma vez mais. Inclusive tentaram prender Jesus, porque perceberam muito bem que a parábola dos vinhateiros homicidas se referia a eles; mas tiveram medo do povo que tinha grande estima pelo Rabi de Nazaré. Será que eles, os fariseus, por exemplo, não davam os frutos de boas obras? Não observavam fielmente as prescrições da lei mosaica: jejuns, dízimos, abluções e ritos cultuais? Sim, mas esqueciam "o direito e a justiça" *(1.ª leit.)*, o amor ao próximo e a misericórdia.

Em sua reflexão posterior a comunidade cristã primitiva entendeu a parábola como uma advertência de Cristo também a ela mesma, como um convite do Senhor a dar frutos segundo Deus, uma vez que lhe confiara a Vinha, o Reino, para um serviço fiel e fecundo. A fé, a oração e o culto devem transformar-se em frutos, para não frustrar as esperanças do

Senhor nesta hora do mundo, tempo de colheita de Deus. Nossa eleição como Povo a Ele consagrado não deve ser motivo de orgulho puritano e estéril, mas de fértil responsabilidade cristã.

É a partir desta perspectiva eclesial, em sua vertente comunitária e pessoal, que devemos aplicar a nós hoje a parábola para que seja eficaz em nós a Escritura (1Cor 10,11; 2Tm 3,16). O Espírito "que falou pelos Profetas", como confessamos no Credo, continua hoje fazendo ouvir sua voz nos sinais dos tempos e no testemunho dos profetas e carismáticos de nosso tempo, tanto no âmbito eclesial como secular. Não podemos emudecer sua voz, como fez o antigo Israel, se não quisermos que se repita sobre nós o juízo divino da parábola evangélica de hoje.

b) **Sem feudos privados nem redução de cultivo.** - Para uma aplicação correta da parábola da vinha devemos superar a tentação reducionista dos frutos. Embora seja certo que os primeiros a aplicá-la devem ser os responsáveis e animadores da comunidade cristã, o compromisso de frutificar é de todo o corpo eclesial e de cada um de seus membros. Jesus disse: Eu sou a videira e vocês são os ramos. Aquele que permanece em mim dá fruto abundante. Mas aquele que não permanece em mim é jogado fora, como o ramo, e seca (cf. Jo 15,5).

A tentação reducionista concentra-se sobretudo no uso da vinha e no cultivo dos frutos da mesma.

* *Com respeito ao uso,* há aqueles que tentam converter a vinha do Senhor - entenda-se tanto a Igreja como o mundo e a criação, - em monopólio exclusivo para legitimar seus interesses mesquinhos, em usufruto privado com mentalidade de proprietários. Estes tais esquecem-se de que a Igreja, o mundo e o Reino têm um dono: Deus. Vocês serão meu Povo e eu serei seu Deus (Êx 6,7). Vocês que outrora não eram Povo, agora são o Povo de Deus (1Pd 2,10).

A vinha de Deus deve estar aberta a todos os povos e etnias, raças e línguas, culturas, classes e mentalidades, ao primeiro e ao terceiro mundo; numa palavra: a todos os homens que com sinceridade de coração buscam o bem e a verdade. A sensibilidade de abertura, missionária, evangelizadora e universal pertencem por necessidade ao novo Povo de Deus, a Igreja, cujo alicerce e pedra angular é Cristo (1Cor 3,11; Ef 2,19ss.).

* *Com respeito aos frutos da vinha,* tentação freqüente dos cristãos é reduzi-los a parcelas pessoais e intimistas; basicamente, ao cumprimento dominical, às relações familiares e à moral do sexto mandamento: corpo e sexualidade. Mas os frutos que o Senhor nos pede, tanto a nível comunitário como individual, estendem-se a muitos outros âmbitos.

É necessária uma ampliação do cultivo a todas as realidades da vida e sociedade humanas: família e propriedade, economia e impostos, política e administração pública, cultura e técnica, convivência cívica e problemas trabalhistas, ecologia e meio ambiente, direitos humanos e libertação integral, paz e justiça.

Precisamos de uma Igreja e de uma sociedade novas que produzam frutos de humanidade e fraternidade, co-participação e solidariedade, justiça e progresso, libertação e desenvolvimento autenticamente humanos. São Paulo nos diz na *segunda leitura* (Fl 4,6-9) que devemos ter em conta e praticar "tudo o que é verdadeiro, nobre, justo, amável, puro e louvável; tudo o que é virtuoso", numa palavra. Guiados pelo Espírito de Deus, e não pelo afã de possuir e dominar, esses são os frutos maduros que devemos produzir e não as "uvas azedas" do egoísmo, opressão do mais fraco, rivalidade agressiva, competição desleal, intolerância e violência. Estas são as "chuvas ácidas" que arruinaram a colheita de frutos para Deus e para os irmãos.

A Eucaristia que constantemente celebramos e na qual oferecemos a Deus o pão, fruto da terra e do trabalho do homem, e o vinho, fruto da videira, é o sacramento que nos irmana no compromisso de construir um Povo que produz os frutos do Reino de Deus.

Vigésimo Oitavo Domingo do Tempo Comum (A)

Is 25,6-10a: O Senhor preparará um banquete e enxugará as lágrimas de todas as faces.
Fl 4,12-14.19-20: Tudo posso naquele que me dá forças.
Mt 22,1-14: Convidem para o banquete todos os que vocês encontrarem.

RESPOSTA À GRATUIDADE DE DEUS

1. Os convidados ao banquete nupcial
a) Uma das parábolas da Boa Nova
b) Um sinal da gratuidade de Deus
2. O convidado que é excluído por violar o protocolo
a) Outra parábola acrescentada. Por quê?
b) Mais que um traje de festa
3. Resposta à gratuidade de Deus
a) Todos convidados à festa do Reino
b) A Eucaristia, sinal do banquete messiânico
c) Três condições para uma resposta adequada:
1. Alma de pobre. 2. Conversão. 3. Disposição alegre e fraternal.

***

1. Os convidados ao banquete nupcial

a) **Uma das parábolas da Boa Nova. -** A parábola do banquete nupcial que lemos neste domingo (Mt 22,1-14) tem conexão com a do domingo passado - os vinhateiros homicidas -, e vem demonstrar concretamente a conclusão da mesma: O Reino dos céus lhes será tirado e dado a um povo que produza frutos (21,43). As duas pertencem às "parábolas da Boa Nova" que Jesus dirige a seus inimigos e críticos, para justificar seu anúncio evangélico aos pobres e marginalizados e sua conduta com os pecadores.

A coincidência de estrutura entre a parábola evangélica deste domingo e a do anterior se refere aos destinatários, à idéia ou ensinamento global, aos mensageiros e sobretudo ao "Filho" como figura central do plano e da história da salvação que ambas as parábolas compendiam.

1. Os primeiros destinatários são os chefes religiosos do povo judeu: sumos sacerdotes, senadores, escribas e fariseus.

2. O objetivo intencional é proclamar a oferta da salvação e do Reino de Deus a todos os homens, já que o povo judeu em seu conjunto, e especialmente seus dirigentes, recusam o convite de Deus feito através dos Profetas e de seu Filho.

3. A pessoa do Filho é outra das coincidências fundamentais entre ambas as parábolas. Tanto os que eliminam o filho do dono da vinha como os convidados que se escusam de tomar parte nas bodas do filho do rei e

maltratam seus mensageiros até matá-los são castigados e excluídos do Reino porque eles mesmos se auto-excluem, e não por capricho voluntarioso de Deus.

4. Por isso a oferta do Reino passa a novos destinatários e convidados. Aponta-se assim para o nascimento da Igreja de Cristo, o novo Povo de Deus.

Não obstante estes paralelismos, o desenvolvimento do argumento das duas parábolas é diferente: no primeiro caso baseia-se nos frutos da vinha, e no segundo no convite a um banquete nupcial que requer traje de festa.

b) **Um sinal da gratuidade de Deus. -** Na parábola de hoje o Reino de Deus é comparado por Jesus ao banquete que um rei celebra por motivo das bodas de seu filho. Para a festa são convidadas várias pessoas que por razões diversas se escusam de participar. Alguns inclusive maltratam e assassinam os mensageiros que o rei lhes envia pela segunda vez. Como represália, o rei destrói a cidade dos homicidas; e como os primeiros convidados ficaram excluídos, o rei estende o convite a todos que por ali passavam ocasionalmente. Assim a sala do banquete em pouco tempo ficou cheia de comensais: "pobres, aleijados, cegos e coxos", especifica o evangelista Lucas (14,21) ao narrar esta mesma parábola.

É fácil compreender que Deus é o rei que apresenta seu Filho, o esposo da nova Humanidade e da Igreja, por meio do anúncio dos profetas em primeiro lugar (Hb 1,1). Ao ser recusado posteriormente o próprio Jesus em pessoa pelos judeus em seu conjunto, primeiros convidados, as portas do Reino se abrem para todos indiscriminadamente: bons e maus, pecadores e publicanos, gentios e pagãos, "puros e impuros", conforme a classificação dos fariseus e escribas. Esses são os novos destinatários do chamado ao Reino para constituir o novo Israel de Deus que é a Igreja de Cristo, Povo da nova Aliança. O banquete de bodas é portanto um sinal do amor gratuito de Deus ao homem.

A destruição da cidade dos homicidas é sem dúvida uma referência à ruína de Jerusalém no ano 70 pelas legiões romanas de Tito; detalhe indicador de que esta passagem foi escrita posteriormente a esta data.

Mas o que importa é ressaltar a qualidade de sinal que também este fato encerra. Por uma parte, a destruição de Jerusalém é antecipação do último juízo de Deus como aparece no Sermão escatológico de Jesus (Mt 24-25: ver Dom. 32 e 33,A); por outra parte, significa o fim do Antigo Testamento ao retirar Deus sua presença do santuário destruído.

2. O convidado que é excluído por violar o protocolo

a) **Outra parábola acrescentada. Por quê? -** A parábola do banquete de núpcias que ocupa nossa atenção é relatada não só por Mateus, mas também por Lucas (14,16-24). As duas versões diferem em muitos detalhes, sendo que Lucas apresenta a mais original e Mateus a mais elaborada com adaptações que correspondem à situação de abertura missionária da comunidade judeu-cristã à qual Mateus escreve seu Evangelho. A Igreja primitiva interpreta e amplia a parábola de Jesus a partir de sua própria situação de missão, ao comprovar que efetivamente os pagãos vieram a ocupar os lugares vazios dos primeiros convidados. Na já iniciada era messiânica simbolizada pelo banquete de núpcias no qual Cristo é o Esposo, os não-judeus são admitidos também ao Reino de Deus mediante sua incorporação à Igreja. Aqui atinge seu objetivo a missão evangelizadora, continuação da missão de Jesus, da qual a jovem comunidade se sente responsável e servidora (cf. J. Jeremias, *O.c.* 78-81).

Por isso Mateus acrescenta à parábola inicial uma outra, independente em sua origem: a do traje de festa (vv. 11-13). E termina com uma máxima como conclusão geral: "Muitos são os chamados e poucos os escolhidos" (v. 14), que de momento não se enquadra ao exposto anteriormente - pois a sala está cheia de comensais e tão somente um é expulso como convidado indigno - mas obedece à intenção catequética do evangelista.

A esta altura, a pergunta é óbvia: Que significa o comensal excluído por não trazer veste apropriada? Embora se admitam as liberdades metafóricas de uma parábola, parece absurdo que o anfitrião exija etiqueta e protocolo dos convidados ocasionais como os da segunda turma. Que segredo encerra tal severidade?

b) **Mais que um traje de festa.** - A adição de Mateus é um aviso a todos os membros da comunidade à base de um exemplo individualizado. Deve-se evitar o erro que o fato de um convite universal e indiscriminado podia criar. Os chamados por Deus gratuitamente, tanto judeus como pagãos, não devem se enganar com uma falsa segurança da salvação, porque muitos (todos) são chamados e poucos escolhidos. Para se sair bem no juízo escatológico de Deus o cristão necessita de uma mudança interior pela conversão do coração. Isso significa o traje de festa de acordo com a chamada. Não nos esqueçamos que a parábola do banquete é também das parábolas de "crisis", isto é, na perspectiva do juízo de Deus (CB III, 259). Ele pede-nos uma resposta de gratidão por seu favor imerecido, para não cair em desgraça por nossa arrogância e presunção.

O apóstolo Paulo, valendo-se da comparação da oliveira selvagem enxertada na oliveira já cultivada, advertia do mesmo os pagãos tornados cristãos (Rm 11,17-22). Isto confirma que este acréscimo de Mateus responde a uma situação que começava a surgir nas primeiras comunidades; mas o novo Povo de Deus não deve repetir os erros do antigo. Por isso São Paulo advertia também os filipenses: Trabalhem com temor e tremor pela salvação de vocês (2,12).

Não se trata, pois, de um final deprimente que vem arrastar uma parábola festiva, mas de uma intimação de não se dormir sobre os louros conquistados.

No traje de festa que o rei pede para o banquete de núpcias de seu filho aponta-se para a conversão mediante o cumprimento da vontade do Pai. Numa palavra: somos convidados a deixar que o Espírito renove nossa mentalidade para nos revestirmos da nova condição humana, do Homem Novo, criado à imagem de Deus, na justiça e na santidade verdadeira (Ef 4,23-24).

3. Resposta à gratuidade de Deus

a) **Todos convidados à festa do Reino. -** O ensinamento básico da parábola de hoje é a vocação universal ao Reino de Deus que, de acordo com a tradição bíblica, é descrito como um banquete.

Imagem que é desenvolvida também pela *primeira leitura:* Nos tempos messiânicos o Senhor preparará para todos os povos no monte Sião, na cidade de Jerusalém, um festim de manjares suculentos e de vinhos velhos depurados; então aniquilará a morte para sempre e enxugará as lágrimas de todos os rostos (Is 25,6-10a).

A universalidade do convite é expressa na parábola evangélica com a expressão "bons e maus". É a classificação usual e o pano de fundo perene do filme da vida. Não é nada provável que alguém convide à sua mesa o primeiro vagabundo que encontre pela rua; nem mesmo no Natal. Jamais os meios de comunicação social informam que para uma recepção "oficial" foram convidados presidiários, alcoólicos e drogados. Isto é uma utopia aberrante, certamente. São fortes demais os preconceitos sociais.

Contudo, Deus, sim, fez isso e o faz à sua maneira. Porque nossas classificações das pessoas não são válidas para o Senhor que faz nascer o sol cada manhã sobre maus e bons. Deus simplesmente não discrimina; sua escala de valores e seu estilo de agir são diferentes dos nossos. Por isso Cristo rompeu as barreiras divisórias entre os homens, com grande surpresa dos puritanos que ouviram a parábola.

Hoje é um dia feliz para nós que escutamos o convite que brota das fontes da palavra. Deus chama-nos à festa de seu Reino, festa autêntica, alegria completa, oferta total de felicidade. Pois a mensagem cristã é a boa notícia da libertação já iniciada e o gozo seguro da esperança plena da mesma; e isto, apesar de tantas misérias que nos cercam.

b) **A eucaristia, sinal do banquete messiânico. -** A parábola evangélica de hoje e a primeira leitura contêm claras referências sacramentais. A eucaristia é o grande sinal do banquete do Reino e antecipa o eterno festim messiânico. Por isso a missa dominical não é dever triste e penoso, mas participação na festa de Deus e dos irmãos. Felizes os convidados para o banquete de núpcias do Cordeiro! (Ap 19,9). A importância e a alegria de um convite se medem pela categoria de quem nos convida, pois tal atenção significa entrar no círculo de seus amigos. E que dizer se quem nos convida é Deus?

Compete-nos dar uma resposta agradecida à gratuidade amorosa do Senhor. Infelizmente com freqüência somos abundantes nas escusas dos primeiros convidados da parábola; e pela cegueira de nossos mesquinhos interesses nos excluímos da festa. No fundo, tal negativa a Deus é negação da fraternidade humana, que se expande no ambiente festivo de uma refeição de amizade.

c) **Três são as condições** para uma resposta adequada ao convite de Deus:

1.ª *Ter alma de pobre,* pois, "Deus enche de bens os famintos e despede os ricos de mãos vazias" (Lc 1, 53). Ter alma de pobre significa estar disponível para Deus e para os irmãos, viver com o coração desapegado do consumismo, compartilhar com os demais o que tem, sentir-se desinstalado e com a absoluta liberdade que Paulo confessa na despedida de sua carta aos filipenses que o ajudaram com seus bens e compartilharam suas tribulações: Sei viver na pobreza e na abundância, pois estou preparado para tudo: para a fartura e a fome, para a abundância e para a privação (Fl 4,12ss: *2.ª leit.*).

2.ª *Vestir o traje apropriado,* isto é, converter a mente, o coração e a vida, como vimos anteriormente ao comentar a segunda parte da parábola global (n.º 2,b). Deus está sempre disposto a vestir-nos com a veste nova do filho pródigo, que é seu amor de Pai, e a contar-nos como escolhidos entre os chamados.

3.ª *Disposição alegre e fraternal.* Finalmente, ao convite de Deus devemos responder não com a auto-suficiência, nem com a escusa louca, nem com o voluntarismo ético do mérito e a contabilidade espiritual - embora sabendo que nossa colaboração é indispensável -, mas com uma disposição incondicional e alegre, porque tudo podemos naquele que nos dá forças *(2.ª leit.)*.

Vigésimo Nono Domingo do Tempo Comum (A)

Is 45,1.4-6: Repartição ordenada por Cristo, ungido do Senhor.
1Ts 1,1-5b: Recordamos a fé, a esperança e a caridade de vocês.
Mt 22,15-21: Dêem a César o que é de César, e a Deus o que é de Deus.

DEUS E CÉSAR

1. Uma pergunta política e com malícia
a) Texto e contexto redacional
b) O fato incômodo da ocupação romana
c) Um difícil dilema para Jesus
2. "A César o que é de César, e a Deus o que é de Deus" (Interpretações)
a) Termos que se excluem?: Privatizar ou domesticar a religião
b) Antes deveres complementares
3. Os cristãos como cidadãos, e a serviço do Reino de Deus
a) Atitudes, conduta e doutrina de Jesus
b) Diante do atual processo de secularização
- A legítima secularidade: autonomia do temporal
- Em caso de conflito

***

1. Uma pergunta política e com malícia

a) **Texto e contexto. -** Chegou ao fim a leitura de quatro parábolas do Reino segundo Mateus, que ocuparam os quatro domingos antecedentes. O evangelho deste domingo continua a ação de Jesus em Jerusalém, e forma uma unidade com os dois seguimentos num clima de controvérsia entre Cristo e seus adversários: fariseus e saduceus. Os temas em litígio são o imposto a César (domingo 29), o mandamento principal (domingo 30) e uma dura investida do Senhor contra escribas e fariseus (domingo 31). Desta forma acentua-se a superioridade de Jesus e de sua doutrina.

No *pano de fundo redacional* do evangelho deste domingo - perícope que também os outros dois Sinóticos referem - está a própria comunidade cristã primitiva em cujo seio nasceu a redação do texto sobre o imposto a César (Mt 22,15-21). Os primeiros cristãos procuravam um modo de posicionar e uma norma para atuar como cidadãos no meio da sociedade romana em que viviam. Por uma parte devem acatar a autoridade civil do império, mas por outra discordam profundamente da mesma por causa da concepção divinizante e absolutista do poder do imperador. Este segundo ponto originou as perseguições dos primeiros séculos.

Também não está descartado o eco da tentação política que abriu, acompanhou e fechou o ministério profético de Jesus desde o deserto até a ascensão; e que infelizmente sempre acompanhou também o peregrinar histórico da comunidade eclesial.

b) **O fato incômodo da ocupação romana** suscitava diversas reações e condutas nos judeus contemporâneos de Jesus. O imposto a César era uma das servidões conseqüentes, a mais humilhante sem dúvida. Pois bem, perante o problema dos impostos havia três atitudes diferentes patrocinadas por três grupos rivais:

1. Os saduceus e herodianos: eram colaboracionistas do poder estrangeiro e, por isso, partidários de se pagar o imposto.

2. Os fariseus: consideravam ilícito o pagamento do mesmo, e só por força maior o pagavam a contragosto.

3. Os zelotes - guerrilha revolucionária fundada por Judas o Galileu no ano 6 d.C. - opunham-se violentamente pela força das armas.

c) **Um difícil dilema para Jesus.** - Na passagem da qual nos ocupamos aliam-se fariseus e herodianos "para comprometer Jesus com uma pergunta". E introduzem a questão tentando chantagear o Mestre; para isso apelam para sua sinceridade e veracidade.

Eles simulam também buscar a verdade. No fundo estão reconhecendo a superioridade de Jesus, embora isto lhes desagrade. Por isso perguntam-lhe. É lícito pagar tributo a César, ou não? A pergunta era capciosa e a resposta ao dilema muito comprometedora. Qualquer solução, afirmativa ou negativa e inclusive o silêncio evasivo, criaria a Jesus problemas com a autoridade religiosa de Israel ou com a civil de Roma.

É digno de nota que a pergunta está formulada não somente no plano da penalidade da lei do imposto mas também a nível de sua liceidade moral para um israelita. O imperador romano era uma "divindade" estrangeira que cunhava moedas com sua esfinge; pagar-lhe imposto era reconhecê-lo como tal. E surgia o problema de consciência: Era lícito a um judeu, adorador do único Deus verdadeiro, pagar esse imposto?

Jesus age inteligentemente. De entrada desarma seus adversários, chamando-os à queima-roupa: Hipócritas! Mas já que lhe perguntam sobre o imposto, Jesus pede-lhes que lhe mostrem uma moeda do mesmo, cuja imagem e inscrição eram do César de Roma, o imperador Tibério, naquele momento. Jesus conclui então com uma frase lapidar e em dois tempos: "Paguem, pois, a César o que é de César e a Deus o que é de Deus" (v. 21). Cristo tinha ampliado com habilidade o tema do imposto, fazendo a questão passar do âmbito político para o plano religioso. "Ouvindo eles esta resposta ficaram surpreendidos e, deixando-o, foram-se embora" (v. 22).

2. "A César o que é de César e a Deus o que é de Deus". (Interpretações)

Tem sido freqüente referir a frase de Jesus às relações Estado/Igreja, quando seria mais de acordo com o contexto do Novo Testamento referi-la antes ao poder político ou temporal em relação com o Reino de Deus. Não esqueçamos que no contexto de Mateus vieram antes as parábolas do Reino, e em seguida a passagem sobre a qual estamos refletindo. Em sua redação, através da projeção da primitiva comunidade cristã, Jesus deixa claro a primazia do serviço ao Reino de Deus, que consiste na amorosa soberania divina sobre o mundo dos homens mediante o amor, a verdade e a justiça na terra. A Igreja não coincide com o Reino de Deus, pois ela não é senão a mediadora deste Reino.

É evidente que a frase de Jesus passou para a história, recebendo diversas interpretações conforme épocas e óticas concretas.

a) **Termos que se excluem? -** Não faltaram aqueles que exploraram a frase entendendo os dois extremos da mesma, César e Deus, em perfeita igualdade, com absoluta separação e até *mutuamente* se excluindo. A religião, o evangelho e seu conteúdo, assim como seus arautos: o papa, os bispos, sacerdotes e cristãos em geral, devem ficar dentro da sacristia ou dos templos; e deixar a rua, a vida, a economia e o trabalho, a ciência e a cultura, a paz e a guerra, a libertação da injustiça e da pobreza, como competência exclusiva da sociedade, tarefa de políticos, governantes e cientistas, campo das multinacionais e dos grupos de pressão.

Conforme isso, onde ficaria a ordem de Cristo: "Vão pelo mundo todo e anunciem o Evangelho a todos os povos? Fazer isto não é "clericalismo", mas obediência ao mandato do Senhor.

- Outros pretendem *privatizar* a fé e a religião de tal modo que se reduzam ao âmbito privado e meramente pessoal, ou ainda a um nível exclusivamente espiritualista; negam-lhes toda projeção no mundo, todo alcance social e compromisso político. Mas isso é tirar de Deus e de seu Reinado o que lhes pertence. Para que valeria uma religião e uma fé que não servem para transformar o mundo dos homens, tornando presente e real a soberania do Reino? Jesus disse que seu Reino, o de Deus, não é deste mundo (Jo 18,36), quer dizer, não tem poder temporal político; mas não o reduz ao âmbito privado da religiosidade interior. Deus reclama aquilo que constitui a vida toda do homem, e não aquilo que está no porão ou no canto da casa. "Ilumine a luz de vocês os homens para que vejam suas boas obras e glorifiquem o Pai que está no céu" (Mt 5,16).

- Há ainda outros que procuram *domesticar* a religião e o evangelho, submetendo-os a seus interesses pessoais, sejam religiosos ou temporais, ou mesmo a serviço dos egoísmos de classe ou dos que ostentam o poder estabelecido. Buscam assim a fusão e confusão de poderes, espiritual e temporal. Isto constitui também uma adulteração. Isto é dar a César o que é de Deus.

b) **Deveres complementares. -** A solução dada por Jesus não opõe César a Deus, o temporal ao espiritual, o político ao religioso, a autoridade civil ao Reino de Deus; mas, reconhecendo a autonomia do terreno e do poder civil, estabelece embora implicitamente uma hierarquia de termos que dá primazia a Deus sobre César. Cristo afirma deveres complementares e não excludentes nem em litígio permanente. O "dar a Deus o que é de Deus" é o primeiro; e daí dimanam o fundamento e a obrigação também de "dar a César o que é de César". Nenhum dos dois termos em jogo, Igreja e Estado, está subordinado ao outro; mas ambos subordinam-se a Deus, Senhor da história. Cada um tem seu lugar próprio com a devida subordinação ao Reino, que é quem tem a primazia.

3. **Os cristãos como cidadãos, e a serviço do Reino de Deus**

Nada melhor para definir a conduta do cristão na sociedade civil que ter em vista o exemplo e a atuação de Jesus de Nazaré. Como todo homem, crente ou não, Ele foi também cidadão de um Estado e viveu integrado numa sociedade temporal ou nação governada por um poder civil. Sua figura iluminará a conduta do discípulo, evitando os mal-entendidos e confusões num tempo tão delicado como o presente (ver Conferência Episcopal Espanhola: *Los católicos en la vida pública*, 22-IV-1986).

a) **Atitudes, conduta e doutrina de Jesus. -** Na medida em que os Evangelhos permitem traçar a personalidade histórica de Jesus, pode-se dizer em síntese:

Jesus foi um homem livre diante de toda lei, seja religiosa ou civil. Assim cumpria as observâncias básicas da lei mosaica: celebrava a páscoa e demais festividades, freqüentava a sinagoga, ia ao templo e pagava o imposto do mesmo etc., não obstante se possa considerá-lo como revolucionário religioso no campo doutrinal. Diante do formalismo minimalista e casuístico das escolas rabínicas Jesus de Nazaré proclama uma lei interior e totalizante, uma nova moralidade e ética na qual Deus e a pessoa humana, não a lei, têm a primazia. “Vocês ouviram o que foi dito... eu, porém, lhes digo”... “O homem não foi feito para a lei (ou para o sábado), mas vice-versa: a lei (ou sábado) para o homem”. Por causa disso tudo entrou em conflito com as autoridades religiosas judias que o entregaram ao poder civil dos romanos.

Mas em nenhum caso Jesus aparece como um revolucionário político como tal. Ele não aprovou a luta armada dos Zelotes contra a ocupação romana, e jamais usou nem ensinou, nem permitiu a violência, nem sequer para defender sua vida diante de uma condenação injusta por parte dos poderes constituídos.

Também consta sobejamente que Cristo recusou todo messianismo político, indo contra o pensamento de seus contemporâneos. Venceu a tentação política do poder, e diante da autoridade e do Estado, Jesus manteve uma atitude de lealdade, embora crítica: “Façam o que eles dizem; mas não façam o que eles fazem” (Mt 23,3). Em sua resposta sobre o imposto a César, Jesus não sacraliza a autoridade daquele que manda, mas reconhece-lhe seu direito, e apresenta a obediência como um dever dos cidadãos; por isso consente no pagamento do imposto. Não obstante delimita a competência do poder civil no ordenamento do bem comum da sociedade, pois coloca o direito de Deus e a obediência ao mesmo acima da submissão ao Estado, que permanece também dentro do ordenamento geral a Deus. Por isso em caso de conflito é Deus quem deve prevalecer, como proclamaram os Apóstolos diante do Sinédrio (At 5,29).

O cristianismo nasceu de Jesus sem apoio político algum; inclusive como inimigo do poder civil e religioso estabelecido. Embora a contragosto os cristãos sentiam-se pertencentes a dois reinos contrapostos. Somente mais tarde, no princípio do século IV, quando foi promulgado o edito de Milão (313) por Constantino Magno, o cristianismo adquiriu reconhecimento cívico e de tal modo que se converteu na religião oficial com todas suas conseqüências históricas (Ver festa de São Pedro,A,2a).

b) **Diante do atual processo de secularização. -** A secularização está em marcha em nossos dias. Como um processo que é, tem um valor ambivalente. Pode conduzir a uma legítima secularidade: maioridade e autonomia do temporal; ou também a um devastador secularismo: endeusamento do secular com total independência, e inclusive enfrentamento, com respeito a Deus.

- *A secularidade proclama a legítima autonomia do mundo,* o valor consistente e substantivo do temporal, da economia, da ciência e da cultura, do social e da ação política, como realidades humanas subsistentes (GS 36 e 76). Tudo isto é leigo, profano e não sacral, efetivamente. Mas a Constituição pastoral "Gaudium et spes" do Concílio Vaticano II sobre a Igreja no mundo atual assinala que esta autonomia não deve significar desligamento de Deus, menos ainda oposição ao mesmo, nem divórcio entre fé e vida, mas diálogo solidário entre fé e cultura, entre evangelho e atividade humana para glória de Deus num mundo criado por Ele e redimido por Cristo. Deus é o Senhor da história humana e mundana (cf. GS 1-3).

A Igreja e os cristãos não devem buscar o apoio do poder temporal para implantar a lei evangélica pela força do "braço secular"; mas como Cristo, devem ser livres para servir e independentes para anunciar, aos impulsos do Espírito, o evangelho de salvação e colaborar com todo homem de boa vontade na libertação integral da humanidade.

- *Em caso de conflito.* Tampouco o Estado pode absolutizar sua mediação política de autoridade, seu poder que é serviço somente, para controlar as crenças ou violar as consciências dos cidadãos. A lei estatal, o código ou a lei constitucional não são a norma última de moralidade, mas instrumentos a serviço do bem comum da sociedade. Estado e sociedade estão subordinados a uma ética política e civil que salvaguarde a reta ordem.

Por isso é legítima a discordância, a objeção de consciência, a oposição, a resistência e inclusive a desobediência, no caso de um Estado totalitário que se auto-diviniza ou de uma lei civil que contradiz os princípios da ética evangélica ou que não salvaguarda os direitos das pessoas, sejam estes: o direito à vida, à liberdade religiosa e de consciência, à liberdade de educação, aos valores da família etc.

Conclusão. - O cristão deve ser o melhor cidadão. A frase de Jesus marca a solução aos conflitos históricos e presentes. Nada do que devemos a Deus, o tiramos a César. Mas a fé religiosa não nos exime de dar a uma autoridade estatal legítima e justa a obediência e colaboração de cidadãos: pagamento dos impostos, cumprimento das leis, responsabilidade cívica, participação democrática, crítica construtiva e solidariedade na justiça.

Trigésimo Domingo do Tempo Comum (A)

Êx 22,21.27: Se explorarem a viúvas e órfãos, minha cólera se voltará contra vocês.
1Ts 1,5c-10: Vocês abandonaram os ídolos para servir a Deus e esperar a volta de seu Filho.
Mt 22,34-40: Amarás o Senhor teu Deus e a teu próximo como a ti mesmo.

O CRISTIANISMO É AMOR E ENCONTRO

1. O maior mandamento
a) Num emaranhado de preceitos
b) Resposta de Jesus: amar a Deus e ao próximo
2. O cristianismo é amor e encontro
a) Amar é o fundamental
b) Porque Deus é Amor e ama o homem...
c) Que é um ser criado para amar
3. Conversão a Deus e ao irmão
a) O amor: o caminho melhor e mais direto para o encontro
b) Abandonando nossos ídolos para amar a Deus e ao irmão

***

1. O maior mandamento

a) **Num emaranhado de preceitos. -** A cena evangélica de hoje (Mt 22,34-40) desenrola-se no contexto da polêmica entre Cristo e seus inimigos declarados, os guias religiosos do povo judeu. Assim assinala o começo do relato: Os fariseus, ao ouvirem que "ele calara os saduceus", aproximaram-se de Jesus e um deles perguntou-lhe "para pô-lo à prova": Mestre, qual é o maior mandamento da Lei? (vv. 34-36).

A questão tinha muita astúcia. Os estudiosos da Lei mosaica a apresentavam em 613 preceitos dos quais 248 eram prescrições positivas e 365 eram proibições, tantas quantos os dias do ano. Todos estes mandamentos positivos e negativos deviam ser cumpridos, pois constituíam a *Torá* (lei, em hebraico). Esta compreendia tanto a lei escrita (o Pentateuco) como a lei oral das tradições vinculantes, postas também por escrito nos círculos rabínicos (a Mishná).

Os opositores de Jesus conheciam tudo isto, mas as diversas escolas diferiam sobre a hierarquia entre as disposições legais. Era tão espesso o emaranhado de preceitos que eles se perdiam dentro do mesmo. É aqui que se situa a pergunta do fariseu a Jesus para comprometê-lo em sua opção prioritária.

b) **A resposta de Jesus foi esta:** "Amarás o Senhor, teu Deus, com todo o teu coração, com toda a tua alma, com todo o teu ser. Este mandamento é o maior e o primeiro. O segundo é semelhante a ele: Amarás o teu próximo como a ti mesmo" (vv. 37-39). Os termos nos quais

Cristo se expressa não constituíam novidade para um judeu e n
para os rígidos e observantes fariseus; pois para o mandamen
a Deus aponta o Deuteronômio 6,5, o *Shemá* (Ouve, Israel...) qu
de manhã e à tarde como oração por todo judeu piedoso. Para
próximo cita o Levítico 19,18; embora nos lábios de Jesus "p
todo homem e não somente o parente ou o concidadão judeu [illegible] no
Levítico.

Com respeito ao amor ao próximo, na *primeira leitura* (Êx 22,21-27) temos um fragmento da legislação social do Antigo Testamento. A passagem pertence ao Código da Aliança (20,22-23,33), coleção autônoma de leis e costumes, comuns em parte aos povos do antigo Oriente Médio, que foram acrescentadas à primeira legislação mosaica pois supõem uma estrutura social mais estável e com imigrantes estrangeiros.

Legisla-se sobre o tratamento a três classes de pessoas entre os pobres e marginalizados socialmente: os estrangeiros, as viúvas e os órfãos cuja exploração Deus condena. Importa ressaltar o porquê ou a motivação: além de apelar para a experiência histórica do próprio Israel, aparece já aqui uma constante bíblica. É a preferência de Deus pelos pobres que Jesus consagrará com sua mensagem e conduta. Porque estes desvalidos são os preferidos do Senhor, Ele intervém a seu favor. "Se ele gritar a mim, eu o escutarei, porque eu sou compassivo" (v. 27).

O novo da resposta de Jesus estriba-se nestes dois pontos: 1.º Define o amor a Deus e ao irmão como o centro essencial da Lei; algo esquecido pelos escribas e fariseus que andavam perdidos em sua selva emaranhada de normas rituais, prescrições jurídicas e disposições casuísticas sobre o puro e o impuro, os jejuns e as abluções. 2.º Jesus traz um princípio síntese que unifica e equipara dois mandamentos que os especialistas da Lei entendiam e explicavam como diferentes, separados e de nível distinto: Deus e o próximo. A unidade do preceito de amar a Deus e ao irmão é indissolúvel, afirma Cristo; mais ainda: nisto se resumem toda Lei e os Profetas (v. 40; cf. Dom.6,A,1,b e Dom. 23,A,3,b).

Deus e o homem são objetos distintos de amor; distinguem-se conceitualmente, mas não se podem separar, como expõe Jesus na parábola do juízo final (23,31s). Assim coloca a "lei" no horizonte alegre da "boa nova", do Evangelho do amor que Deus tem a cada um de nós e aos outros que são nossos irmãos porque Ele é Pai de todos. Nossa resposta a essa escolha gratuita deve ser da mesma natureza: amor a Ele e aos irmãos (1Jo 4,19).

2. O cristianismo é amor e encontro

a) **Amar é o fundamental.** - Conforme o que já veio antes, o cristianismo, isto é, tanto a mensagem como o seguimento de Cristo, é fundamentalmente amar, encontrar-se com Deus no amor através da fraternidade com nossos semelhantes. Entender assim a lei de Cristo vai mais além que a formulação negativa do rabino Hillel (ano 20 a.C.): "Não ças a outro o que não queres para ti. Isto é toda a lei; o resto é comentário". Jesus é mais positivo. Realça o amor como o marco, o contexto e a essência de toda a Lei de Deus e de suas aplicações concretas que chamamos mandamentos. É o amor que dá valor e consistência à observância da lei, e não vice-versa, porque o amor é o espírito que anima a letra da Lei do Senhor.

Não tem então sentido a questão de *acento vertical ou horizontal* separadamente; porque se nossa fé e nosso cristianismo forem autênticos, incluirão necessariamente ambas as dimensões simultaneamente. Jesus uniu-as num único e duplo mandamento. Amar a Deus sem amar o homem é uma utopia religiosa (uma mentira, diz São João), pois Deus se encarna no irmão. Do mesmo modo aquele que expressamente excluísse de sua caridade "política ou secular" a Deus como supérfluo, ficaria a meio caminho, em mera filantropia humanitária cuja consistência e duração seriam muito problemáticas por falta de suporte, como demonstra a experiência. Para alcançar a plenitude e a maturidade do amor precisamos de motivações superiores, princípios religiosos que nos dêem ânimo diante das dificuldades e nos ajudem a superar as frustrações da quase infinita miséria humana.

b) **Porque Deus é Amor e ama o homem.** - Deus e o homem são os dois interlocutores do diálogo de salvação; e ambos se definem pelo amor. Vocábulo e conceito que entendemos aqui em toda a sua profundidade humana e cristã, distantes da desvalorização inflacionária dos seriados folhetinescos, da literatura barata, dos filmes em moda e da música de consumo. Uma cura de emergência para intoxicação tão perigosa seria ler 1Cor 13: o amor autêntico. "Deus é amor", afirma São João, e como tal se revelou quando saiu ao encontro do homem por meio de sua Palavra humanada, Cristo Jesus (1Jo 4,8.16; Jo 3,16).

Por sua vez o homem também se define como um ser feito para amar e para ser amado. Muitíssimas são as definições que filósofos, antropólogos e sociólogos deram do ser humano. O Concílio Vaticano II o definiu como "mistério de vocação sublime e de miséria profunda" (GS 13,3). Se quisermos dar uma definição inteligível do homem ao mundo de hoje, talvez não nos sirva bem a dos filósofos escolásticos da Idade Média, que por sua vez repetiram a de Aristóteles, à base de gênero comum e espécie diferencial: o homem é um animal racional. Não, antes:

c) **O homem é um ser criado para amar.** - Isto é mais eficaz. Definir o homem como "um ser que ama e necessita ser amado" está mais perto da realidade psicológica e do núcleo da pessoa, na linha da antropologia atual e da orientação do Vaticano II, assim como da intuição genial de Santo Agostinho: "Amor meus, pondus meum" = meu amor é meu peso; é minha lei de gravidade, diríamos com Newton em linguagem física; ou em termos psicológicos: "o afetivo é o efetivo" (William James).

Deus é um bom psicólogo. A esta estrutura psicoafetiva do homem corresponde a progressiva pedagogia da auto-manifestação de Deus que culmina em Jesus de Nazaré. Neste "sacramento do encontro com Deus que é Cristo" (E. Schillebeeckx) Deus se revela como Amor que busca o homem e que pede uma resposta também de natureza afetiva. Em acordo com o nosso próprio peso que é o amor, todo o ensinamento e a lei de Cristo se resumem em que amemos a Deus e aos irmãos, porque Deus nos amou primeiro na pessoa de seu Filho.

"A Deus ninguém jamais viu. O Filho único que está no seio do Pai, foi quem no-lo deu a conhecer" (Jo 1,18). E Ele no-lo manifesta como Amor, teimosamente enamorado do homem apesar de sua indiferença. Deus ama o homem! é a "boa nova" de Jesus. Mensagem que deveria enlouquecer-nos de amor como aos santos: Francisco de Assis, Teresa d'Ávila, João da Cruz, Afonso Maria de Ligório, Inácio de Loiola, Francisco Xavier...

3. **Conversão a Deus e ao irmão**

a) **O amor: o caminho melhor e mais direto. -** Temos de nos abrir hoje ao mistério de Deus e do próximo pelo caminho da fé e do amor, porque para esse encontro não há caminho melhor nem mais rápido que o amor, que é nosso centro de gravidade. Uma visão panorâmica do objeto do nosso afeto mostra-nos que ele é duplo, conforme Jesus: Deus e o próximo. "Este é o mandamento (de Deus) que creiamos no nome de seu Filho Jesus Cristo, e que nos amemos uns aos outros assim como Ele nos mandou" (1Jo 3,23). Cristo disse: Este é o meu mandamento: que vocês amem uns aos outros como eu os amei. Ninguém tem maior amor do que aquele que dá a vida por seus amigos (Jo 15,12-13). A medida de Jesus para o amor supera inclusive a antiga e sempre atual: "como a ti mesmo".

Para cumprir, pois, o mandamento de amar o próximo temos de começar por amarmos a nós mesmos e a vida como Deus quer. Por isso os masoquistas que sentem prazer na autopunição pseudo-ascética não serão capazes de amar os outros; a experiência demonstra que antes costumam censurá-los e desejar-lhes o desprazer e o mal que eles se auto-infligem. É preciso aceitar-se a si mesmo com suas próprias limitações, para saber aceitar os outros como eles são; porque isto é o que Deus faz conosco. A medida do amor é amar sem medida, diz-nos Jesus com seu exemplo.

b) **Abandonando nossos ídolos** para servir e amar ao Deus vivo e verdadeiro, entramos na esfera do primeiro e maior mandamento: Amarás o Senhor teu Deus com todo o teu coração, com toda a tua alma, com todo o teu ser.

Na *segunda leitura* de hoje (1Ts 1,5c-10) São Paulo apresenta-nos uma comunidade cristã, a de Tessalônica na Grécia (atual Salônica), que é um sinal dinâmico, um exemplo convincente de caridade evangélica, um foco de irradiação da fé na Macedônia e na Acáia (as duas províncias romanas na Grécia). Tudo isso porque, abandonando os ídolos, se converteram à fé monoteísta para servir ao Deus vivo e verdadeiro e viver aguardando a volta do Senhor.

Os ídolos atuais que fecham nosso coração a Deus e aos irmãos e impossibilitam nosso amor são: o dinheiro e o orgulho, a prepotência e o domínio, o egoísmo e o sexo, o afã de possuir e consumir (ver Ssma. Trindade,B,3). Optemos pela libertação que Jesus nos presenteia através do único e duplo mandamento do amor, libertação integral que nada tem a ver com a libertação sexual patrocinada pelos freudianos radicais, como W. Reich e H. Marcuse. Erich Fromm em seu esplêndido livro *A arte de amar* (Barcelona, 1982) avisa claramente: A satisfação ilimitada das necessidades sexuais não gera felicidade, nem sequer saúde psíquica e mental, mas tirania.

Testemunhemos diante do mundo o evangelho do amor e mostremos o cristianismo como religião do sim, positiva e aberta para a vida, para a fraternidade e para a solidariedade humana, sabendo dizer não ao egoísmo e rompendo seu cerco de estéril idolatria, incompatível com a celebração do amor de Deus por Cristo na eucaristia e demais sacramentos da vida cristã.

Trigésimo Primeiro Domingo do Tempo Comum (A)

Ml 1,14b-2,2b.8-10: Vocês se afastaram do caminho e pelo ensinamento fizeram tropeçar a muitos.
1Ts 2,7b-9.13: Desejávamos dar-lhes não somente o Evangelho de Deus, mas até nossas próprias pessoas.
Mt 23,1-12: Nao fazem o que dizem.

A HIPOCRISIA RELIGIOSA

1. "Não fazem o que dizem"
a) Ataque e denúncia de Jesus a escribas e fariseus: duas acusações
b) Instrução à comunidade
2. Um Evangelho incômodo, mas muito atual
a) Um destinatário mais amplo que o clero
b) Uma tentação permanente e universal: o farisaísmo
3. Divórcio entre fé e vida, forma corrente de hipocrisia
a) Para não velar o rosto de Deus
b) Fé a nível social

***

As três leituras bíblicas deste domingo urgem a fidelidade à Palavra de Deus celebrada no culto e na vida. Falando negativamente, a mensagem bíblica de hoje denuncia uma falsa atitude religiosa que é freqüente: a hipocrisia. Tentação que ronda, hoje como ontem, tanto os animadores da comunidade cristã como a cada um de seus membros. A *primeira leitura* e o *evangelho* referem-se àqueles que não praticam o que ensinam; por contraposição, na *segunda leitura* destaca-se o exemplo do apóstolo Paulo, plenamente conseqüente com o Evangelho que anuncia.

1. "Não fazem o que dizem"

O auditório a que Cristo se dirige no evangelho de hoje (Mt 23,1-12), como uma réplica do Sermão da Montanha, são o povo e seus discípulos, aos quais Ele previne contra a influência nefasta dos escribas e fariseus. Duas partes bem distintas tem a alocução de Jesus: 1ª Acusação a escribas e fariseus como dirigentes do judaísmo oficial de seu tempo (vv. 2-7). 2ª Instruçao dos discípulos sobre seu próprio comportamento em comunidade (vv. 8-12).

a) **O ataque e a denúncia de Jesus** a letrados (escribas ou doutores da lei) e fariseus se concentram em duas acusações, que ele pinta à base de traços breves e pinceladas exatas: duplicidade e ostentação.

1º *Dupla vida*: "Não fazem o que dizem". Ensinam, interpretam e aplicam a lei muito rígida e minuciosamente para os outros, mas eles não se sentem obrigados em sua vida pessoal pelo que ensinam. "Amarram fardos pesados e insuportáveis e os colocam nos ombros do povo; mas eles não estão dispostos a mover um dedo para levá-los" (v. 4). Seguem a lei hipócrita do funil: a parte estreita para os outros e a larga para si.

2º *Egocentrismo*: "Tudo o que fazem é para serem vistos pelo povo". Sua religiosidade e honradez são de vitrina e de palco. Cultivam um vedetismo arrogante em seu porte e a ostentação, incham-se da vaidade querendo ser chamados de mestres.

Apesar de acusá-los, Cristo não desautoriza os escribas e fariseus. "Assentaram-se na cátedra de Moisés; façam e cumpram o que eles lhes dizem". Mas logo em seguida e com a absoluta liberdade critica sua hipocrisia e seu abuso de autoridade: "Mas não façam o que eles fazem, pois não fazem o que dizem" (v. 3).

> * Nesta linha situa-se a *primeira leitura* de hoje (Ml 1,14-2,10), que é um juízo condenatório e uma severa ameaça de Deus contra os sacerdotes indignos, por boca do profeta Malaquias ("meu mensageiro"). Estamos nos meados do V século a.C., anos depois da restauração religiosa do pós-exílio sob Esdras, que construiu de novo o Templo de Jerusalém (520-515 a.C.).

b) **Instrução à comunidade.** - Na segunda parte do evangelho Mateus continua a Catequese do Senhor aos membros do novo Povo de Deus que, para ser tal, devem assimilar novas atitudes. Porque "se a justiça de vocês não for superior à dos escribas e fariseus, vocês não entrarão no Reino dos céus" (Mt 5,20).

Vocês, ao contrário, não queiram ser chamados mestre, pai nem chefe, porque um só é o Mestre e o Senhor de vocês, o Cristo; e um só é o Pai de vocês que está no céu. Devido a isto todos vocês são irmãos. Assim Jesus os previne contra o perigo dum rabinismo cristão, e estabelece a base do equilíbrio comunitário entre missão e serviço, comunhão e co-responsabilidade, povo e hierarquia, horizontalidade, fraternidade e autoridade na Igreja, como posteriormente refletirá a célebre frase de Santo Agostinho: *Para vocês* sou Bispo, mas *com vocês* sou cristão".

E conclui a passagem com duas máximas de valor geral: 1ª O primeiro entre vocês será o servo de vocês (v. 11). A entrega e o serviço aos irmãos, em vez do domínio sobre eles, é a norma que Jesus consagra para identificar o verdadeiro discípulo. 2ª Aquele que se enaltece será humilhado, e aquele que se humilha, será exaltado (v. 12). A conversão mais eficaz, embora também a mais difícil, começa pelo coração das pessoas como pressuposto de toda reforma comunitária e estrutural (EN 36).

2. Um Evangelho incômodo, mas muito atual

a) **Um destinatário mais amplo que o clero.** - A validade da denúncia profética que ouvimos dos lábios de Jesus não perdeu atualidade, pois seu alcance é universal. Por seu objetivo, o destinatário não é exclusivamente clerical; isto é, não se reduz aos sacerdotes, responsáveis e animadores do povo cristão, mas atinge clérigos e leigos, a quantos não ajustam o ritmo de sua vida ao que dizem crer e professar. Não esqueçamos que os escribas e fariseus, - os primeiros visados por Jesus -, não eram sacerdotes, mas leigos.

As críticas à comunidade eclesial, tanto aos homens e mulheres de Igreja ou ao estado clerical como ao grupo de crentes em seu conjunto, embora nem sempre sejam justas e exatas, nos dão pé para um auto-exame.

* Em primeiro lugar os fiéis estão certos e em seu direito indiscutível quando esperam de seus pastores o serviço fiel da palavra de Deus, um culto digno e uma lealdade coerente entre o evangelho anunciado e a conduta de cada dia, como aval e testemunho do mesmo (LG 28,1; PO 4-6). Servir à comunidade e à libertação do Povo de Deus é missão daquele que é constituído em autoridade dentro da Igreja; função de serviço que deve prevalecer sobre as honras, os interesses, a prepotência, o lucro e a convivência com o poder estabelecido (ver 4º Dom. Páscoa,C,3).

Nesta linha da *segunda leitura* (1Ts 2,7-9.13) nos apresenta o exemplo de São Paulo que prefere trabalhar manualmente para não ser oneroso a ninguém, e deseja inclusive entregar, como uma mãe, sua própria pessoa junto com o Evangelho que anuncia aos fiéis.

* Em segundo lugar a condenação à hipocrisia religiosa por parte de Jesus é um aviso extensivo a todos os membros da comunidade cristã, que devem seguir seu exemplo. Cristo não se identificou com nenhum dos grupos de pressão e influência na sociedade civil e religiosa de seu tempo: nem com a classe sacerdotal e nobreza de elite que os Saduceus representavam, nem com os rígidos e puritanos moralistas que eram os Fariseus, nem com a minoria intelectual dos Escribas que eram os letrados e doutores da lei, nem sequer com a espiritualidade e o ascetismo dos Essênios, e menos ainda com a revolução violenta dos Zelotes (ver Dom. 2º Adv.,A,2).

Jesus de Nazaré optou pelos pobres do povo simples, e com eles e como eles viveu. Conseqüentemente propôs um novo estilo de relações horizontais na futura comunidade eclesial, na qual todos devem ser irmãos, presididos pelos pastores que, por sua vez, devem ser os primeiros servidores de todos.

b) **Uma tentação permanente e universal.** - Seria um erro pensar que a duplicidade, o fingimento e a impostura foi monopólio de escribas e fariseus. Todo cristão é candidato a este sistema hipócrita e mentiroso que se manifesta na dicotomia de crença e conduta: optando por uma religião formalista sem interioridade pessoal; refugiando-se numa estrita observância legal e esquecendo a conversão do coração; cedendo ao orgulho religioso de se acreditar bom e desprezar os que por qualquer motivo falham; supervalorizando a letra da lei sobre o espírito da mesma; alegando como título diante de Deus o mérito das boas obras como o fez o fariseu na parábola do mesmo e do publicano (Lc 18,9-14: Dom. 30,B);

respirando e bebendo os ares através da ortodoxia teológica, moral e cultural e relegando ao esquecimento o amor ao próximo; repetindo empedernidamente orações como fórmulas vazias; proclamando, quando convém, a primazia da própria consciência por meio de privilégios e epiquéias, enquanto defende ferrenhamente a exata aplicação da lei para os outros; etc.

Aparentar virtude, ciência e poderio, oprimir e humilhar os outros, é um esporte favorito de muitos. Valer-se de títulos que têm ou inventam, sobressair pelo valor, idéias e iniciativas é algo que agrada muito. Cristo, porém, disse: O primeiro entre vocês será o criado dos outros. Aquele que se enaltece será humilhado, e aquele que se humilha será exaltado.

> No dia 20 de outubro de 1984 foi canonizado pelo Papa João Paulo II, o Irmão das Escolas Cristãs Miguel Febres Cordeiro, equatoriano, que morreu em Premiá de Mar, Barcelona, no fim do século passado. Entre seus papéis foi descoberto um Diploma, esquecido que o tinha como membro da Real Academia de Língua, título que praticamente ninguém conhecia e sobre o qual jamais dissera uma palavra.

3. Divórcio entre fé e vida, forma corrente de hipocrisia

a) **Para não velar o rosto de Deus.** - Se queremos ser cristãos maduros não podemos entender nossa fé como um simples assentimento intelectual a algumas verdades reveladas por Deus, nem sequer como uma ideologia ou um modo de pensar; mas como uma força ativa que, longe de ficar flutuando perdida na suposta esfera sobrenatural, tem projeção no mundo e se encarna a nível da corriqueira realidade cotidiana. Por fidelidade à Palavra de Deus, a fé do homem deve ser ação; fé e amor a Deus e ao próximo devem caminhar unidos sem emenda (ver Dom. anterior).

É incontável o número dos que entendem seu cristianismo como ideologia, quando na realidade é práxis. Daí surge o divórcio entre fé e vida, entre crer e agir, entre dizer e fazer. O Concílio Vaticano II lamenta este fato patente e deletério, fonte de anti-testemunho e causa de ateísmo e descrença pelas críticas e acusações que essa dupla atitude gera (GS 43). É terrível esta afirmação do Concílio: Nós cristãos velamos com freqüência, mais que revelamos, o genuíno de Deus (GS 19,3).

b) **Fé a nível social.** - Jesus preveniu isto quando desqualificou a fé que fica num palavrório e não compromete a vida pessoal e pública ao compasso do querer divino: "Nem todo aquele que me diz: Senhor, Senhor, entrará no Reino dos céus: mas sim, aquele que faz a vontade de meu Pai que está nos céus" (Mt 5,21). Na realidade são "luteranos" muitos católicos que dizem crer, mas não praticam, ou que inclusive praticando religiosamente não projetam sua fé na vida pessoal, familiar, profissional, social, política e econômica (ver CE: *Testigos*, 61-65; *Católicos*, 95ss).

O Cardeal Herrera Oria escreveu faz alguns anos: Nosso catolicismo é forte e vivo a nível pessoal e familiar, mas frouxo e raquítico a nível social. Por isso o sentimento popular fala de gente que vai à missa, ouve a Palavra de Deus, mas não a pratica. É, por exemplo, a vovozinha ou o senhor X, o empresário ou o médico N. que vão à missa e comungam, até quem sabe diariamente; mas depois têm um comportamento insuportável em casa ou no local de trabalho, não pensam em outra coisa senão em ganhar dinheiro, não têm sensibilidade social etc.

Alguém dirá: Será que as práticas religiosas como a missa dominical, os sacramentos e as devoções, não são fazer a vontade de Deus? Certo que sim; mas não toda a sua vontade em nossa vida, que é mais ampla que o âmbito reservado ao cultural e devocional. O cristianismo não é mera religião de culto litúrgico e de sacramentos: batismo, primeira comunhão, missa dominical, casamento, funeral e enterro pela Igreja. Menos ainda se tudo isto não passa de mero ritualismo social vazio de fé, sentimentalismo espiritual de pura tradição ou, o que seria pior, hipocrisia religiosa.

Em certa ocasião Jesus proclamou bem-aventurados os que escutam a Palavra de Deus e a põem em prática (Lc 11,28). Estes são os que, como diz São Paulo *(2ª leit.)*, recebem e assimilam o Evangelho não como palavra de homem, mas como Palavra de Deus, que permanece operante em nós cristãos, se somos sinceros e leais para com Deus e os irmãos.

Trigésimo Segundo Domingo do Tempo Comum (A)

Sb 6,13-17: Encontram a sabedoria aqueles que a buscam.
1Ts 4,12-17: Os que morreram em Jesus, Deus os levará com Ele.
Mt 25,1-13: O esposo está chegando; saiam ao seu encontro.

EM VIGILANTE ESPERA

1. Escatologia em parábolas
a) No contexto do Sermão escatológico
b) As cinco parábolas da parusia
2. A parábola das dez moças
a) O protagonista principal
b) Quem é quem na parábola
3. Vigilância e responsabilidade
a) Conclusão que se deduz
b) Responsabilidade pessoal e insubstituível
4. A vigilância: fruto da sabedoria e esperança cristãs
a) Ensinados pela sabedoria do Alto
b) E com a esperança da ressurreição

***

1. Escatologia em parábolas

a) **O Sermão escatológico** é o quinto e último dos grandes sermões que estruturam o evangelho de Mateus (cc. 24-25); é dele que são tirados os evangelhos dos três últimos domingos deste ciclo litúrgico. São três parábolas: as dez moças (Dom. 32); os talentos (Dom. 33) e o juízo final (Dom. 34). No primeiro domingo do Advento deste ano A foi lido o texto "chave" que serve de introdução a estas parábolas: Fiquem alerta para não serem surpreendidos (24,37-44). O tema da vigilância está presente no ambiente litúrgico de fim de ano e prenuncia o Advento, o começo do novo ciclo.

O capítulo 24 de Mateus relaciona a ruína de Jerusalém com o fim do mundo, como se o primeiro fosse sinal do segundo. Ao anúncio escatológico seguem as cinco "Parábolas da Parusia" das quais quatro se encontram em Mateus 24-25.

"A observação de que a Igreja primitiva aplica as parábolas (em geral) à sua situação concreta e, portanto, provoca um deslocamento de acento, é de uma importância fundamental para a compreensão das cinco parábolas da parusia" (Joaquim Jeremias: *As parábolas de Jesus*, 60).

b) **As cinco parábolas da parusia,** também chamadas da "vigilância", são estas:

1ª O ladrão noturno: Mt 24,43; Lc 12,39 (= Dom. 1º Advento A)

2ª O porteiro: Mc 13,33; Lc 12,35; cf. Mt 24,42 (= Dom. 1º Advento B)

3ª O mordomo: Mt 24,45; Lc 12,41 (= Quinta-feira da 21ª semana)

4ª As dez moças: Mt 25,1-13, exclusivo (= Dom. 32 A)

5º Os talentos: Mt 25,14-30; par. Lc 19,12 (= Dom. 33 A).

"Originalmente as cinco parábolas de 'parusia' foram parábolas de 'crise'. Queriam sacudir um povo cego e seus chefes diante da seriedade terrível da hora. A catástrofe virá tão inesperadamente como o ladrão noturno, como o esposo que aparece à meia-noite, como o amo que regressa do banquete numa hora tardia, como o senhor que volta de uma longa viagem. Não se deixem surpreender sem estarem preparados!

A Igreja primitiva é quem interpreta as cinco parábolas cristologicamente e como palavras à comunidade, a qual se admoesta para que não seja negligente porque a parusia tarda em vir" (J. Jeremias, *O.c.* 78).

2. A parábola das dez moças

Na sua redação atual a parábola das dez moças esperando a vinda do esposo (Mt 25,1-13) incide sobre a atitude própria do cristão no tempo intermédio entre a ressurreição de Jesus e sua vinda no fim dos tempos, que é designado nos escritos do Novo Testamento com o termo já consagrado de *Parusia*. Os primeiros cristãos creram próxima, inclusive iminente esta segunda vinda do Senhor. Aí sua desilusão ao comprovarem que retardava. O que se segue não é desanimar mas vigiar. A parábola propõe como única atitude válida uma fidelidade em tensão amorosa e na espera. Vigilância que, como na parábola dos talentos (próximo Domingo), não é de passividade mas de ação pessoal e construção comunitária.

a) **O protagonista principal,** ao contrário do que sugere uma leitura superficial da parábola, não são as dez moças divididas em dois grupos iguais: descuidadas e previdentes. Como todas as parábolas - conforme assegurou C. H. Dodd e com ele posteriormente J. Jeremias e demais peritos na matéria -, esta também se refere ao anúncio e mistério do Reino de Deus, inaugurado por Jesus. O protagonista é o esposo/noivo que retarda em chegar.

Por isso a formulação inicial: O Reino dos céus (= de Deus) será semelhante a dez moças... pode parecer equívoca. O termo de comparação do Reino é o banquete de bodas, no qual naturalmente têm seu papel importante as moças que acompanham a noiva durante a espera do noivo.

b) **Quem é quem na parábola.** - Embora, como dissemos, uma parábola não seja uma simples alegoria para se buscar significado para cada detalhe, mas a lição global e única se tira do conjunto (ver Dom. 15,A,2), é certo que com a primeira comunidade cristã e com os santos Padres, podemos fazer uma identificação na distribuição dos papéis:

- O banquete de bodas é o Reino de Deus.
- O esposo, cuja vinda se espera, é Cristo.
- O retardamento do noivo é a demora da Parusia.
- As dez moças do cortejo são a comunidade que aguarda.
- A chegada repentina à meia-noite é a hora imprevisível do Senhor.

- A admissão ou recusa das moças é a sentença favorável ou desfavorável no juízo escatológico.

- Posteriormente nas moças desprevenidas se viu a exclusão do povo israelita em seu conjunto. Ao contrário, as previdentes representavam as nações admitidas ao Evangelho do Reino de Deus.

3. Vigilância e responsabilidade

a) **Conclusão que se deduz.** - A linha narrativa da parábola tem como conclusão uma lição de moral: Portanto, vigiem porque vocês não sabem nem o dia nem a hora (v. 13). Este seria o acréscimo ou modificação da primitiva comunidade cristã, dizem os especialistas em Bíblia. Essa conclusão alusiva à Parusia se enquadra no contexto do Sermão escatológico, mas não tem rigor lógico com respeito à narração que o precede.

As moças admitidas ao banquete tinham velado e, cansadas, tinham dormido como as que foram recusadas, mas as primeiras entraram na sala do banquete porque foram previdentes e se equiparam com azeite em abundância. Essa é a diferença entre previdentes e descuidadas. Portanto, a conclusão deveria ser: Estejam preparados, bem equipados, porque não sabem o dia nem a hora (cf. 24,44).

b) **Responsabilidade pessoal e insubstituível.** - Há na parábola dois detalhes surpreendentes: 1º O aparente egoísmo e falta de companheirismo das moças que têm provisão de azeite e não querem reparti-lo com suas companheiras. 2º A resistência inflexível do noivo que não abre a porta às impontuais. Que significam tais detalhes? Sem esquecer que o que importa é o ensinamento global, é evidente que a negativa de repartir o azeite é artifício literário da parábola a serviço do desenlace final. Diante da seriedade do momento, trata-se de destacar uma responsabilidade pessoal que não é substituível por ninguém. É precisamente essa falta de preparação a causa da exclusão do banquete. A lamparina bem abastecida é o sinal da previsão e vigilância. Essas são qualidades interiores, do espírito; ou a gente as tem ou não, mas não podem ser repartidas ou emprestadas.

Há falhas de previsão e vigilância que são irreparáveis. Ninguém pode suprir a falha de uma sentinela, de um piloto ou de um condutor. Coisa parecida se dá com a fé e a resposta pessoal a Deus, querem dizer estes detalhes da parábola. É insubstituível, pois, o compromisso pessoal da vigilância. É preciso estar preparado, hoje mais que nunca; porque o final pode estar na virada da esquina.

4. A vigilância: fruto da sabedoria e esperança cristã

a) **Ensinados pela sabedoria do Alto.** - Isso quer dizer ser sensatos com as moças prudentes, e possuir a sabedoria superior. Esta, segundo a *primeira leitura* (Sb 6,13-17), se deixa ver e encontrar por quem a busca; inclusive se antecipa e sai ao encontro de quem a estima como tesouro imperecedouro que é.

O livro da Sabedoria é o último do Antigo Testamento e foi escrito em grego pelo ano 50 a.C. por um piedoso judeu anônimo, residente em Alexandria. Esta cidade do norte da África, hoje Egito, alcançou grande importância na Diáspora judia e era centro de cultura helenista.

Pela personalização que se atribui aos traços próprios da Sabedoria, ela foi vista na tradição cristã como tipo vétero-testamentário de Cristo Jesus, o Messias, palavra e sabedoria eternas do Pai. Na iniciativa da Sabedoria que sai ao encontro do homem, entrevê-se o movimento da graça de Deus que busca o homem por meio de seu Filho, Cristo Jesus, como observa o Novo Testamento em numerosas passagens. Como exemplo, além do prólogo do quarto evangelho, recordemos estes:

- Nisto consiste o amor, não fomos nós que amamos a Deus, mas foi Ele que nos amou e nos enviou seu Filho (1Jo 4,10).
- Ninguém pode vir a mim, se o Pai não o atrair (Jo 6,44).
- Deus realiza em nós o querer e o agir (Fl 2,13).

Esta sabedoria é a dimensão pragmática da fé e do discernimento cristãos para distinguir os valores morais e os sinais dos tempos como chamadas de Deus (GS 4). Por isso é dom do Espírito Santo e não simples ciência humana, nem sequer o mero juízo comum, e menos ainda astúcia cautelosa; mas a inteligência superior da realidade social e política pela sabedoria cristã da fé. E isto tanto a nível pessoal como comunitário e eclesial.

Quantos cristãos de fé débil mantêm sua lâmpada amortecida ou apagada, e andam pela vida atordoados, embotados e incapazes de perceber a urgência da hora presente, sem personalidade nem consistência evangélica. Precisam desta sabedoria de Deus que nos dá uma mentalidade nova, desperta, previdente e ativa; a única apta para superar o aborrecimento e a vulgaridade de uma vida superficial que se contenta com qualquer sucedâneo[1] de Deus.

b) **E com a esperança da ressurreição.** - Outros vivem sem horizonte nem ilusão de futuro, submergidos tão somente no presente: dinheiro, poder, egoísmo, sexo, materialismo em seus múltiplos tentáculos. Quando a morte chama à sua porta, choram sem esperança ou fingem estoicismo diante do nada, porque não têm fé como diz São Paulo em sua carta aos Tessalonicenses que continuamos lendo como *segunda leitura* (1Ts 4,12-17). Esta carta é o primeiro dos escritos do Novo Testamento (pelo ano 51). Em sua descrição da ressurreição dos mortos, Paulo usa a terminologia e imagens da literatura apocalíptica do judaísmo tardio.

Mas o mais importante desta leitura é a afirmação da ressurreição dos mortos, que se fundamenta na ressurreição do próprio Jesus. "Pois se cremos que Jesus morreu e ressuscitou, cremos também que Deus levará

1- qualquer coisa que substitua outra

com Jesus aqueles que nele morreram... Consolem-se uns aos outros com estas palavras" (vv. 14.17). Pensamento luminoso neste mês de novembro em que ressoa muito perto ainda a recordação de nossos entes queridos já falecidos. Nossa esperança é herança de Cristo e estriba-se em sua vitória sobre a morte (ver 2 de novembro: Fiéis Defuntos).

Conclusão. - Há um momento chave no qual se acende a luz na vida do cristão ao resplendor da vela batismal. Este é o alcance do freqüente simbolismo litúrgico da luz pascal. Devemos alimentar essa luz constantemente com o amor e a fidelidade diária, para não nos encontrarmos desprovidos de azeite no momento culminante e imprevisível da vinda do Senhor.

Em cada eucaristia que celebramos realiza-se o sinal do banquete do Reino e a recordação do Senhor até que Ele volte (1Cor 11,26); e ressoa também o eco multissecular da esperança cristã que se une com a fé e o anelo ardente dos primeiros cristãos, quando repetimos depois da consagração o grito de alegria, e não de temor, que fecha o livro da Revelação ou Apocalipse: Vem, Senhor Jesus! (22,20).

Trigésimo Terceiro Domingo do Tempo Comum (A)

Pr 31,10-13.19-20.30-31: Elogio à perfeita dona-de-casa.
1Ts 5,1-6: O dia do Senhor chegará como um ladrão em plena noite.
Mt 25,14-30: Você foi fiel no pouco, eu lhe confiarei muito.

PRODUTIVIDADE NO SERVIÇO DO REINO

1. A parábola dos talentos
a) Os destinatários da parábola
b) Interpretação da mesma
c) Produtividade zero: o terceiro empregado
d) Sem gratificar o espírito mercantilista
2. Vigilância e trabalho andam unidos
a) Uma mulher que é um tesouro
b) A vigilância dos filhos da Luz
3. Não basta um cristianismo conservador
a) Talentos e criatividade
b) Os pecados de omissão

***

1. A parábola dos talentos

Prosseguindo o Sermão escatológico, no evangelho deste domingo se lê outra das parábolas da Parusia, os talentos, que exige a vigilância produtiva e a operosidade solícita *(3ª e 1ª leit.)*, enquanto esperamos o Senhor *(2ª leit.)*.

a) **Destinatários.** - A parábola dos talentos (Mt 25,14-30) anuncia o retorno e o juízo do Senhor. A síntese intencional, com referência à Parusia, é expressa no v.19: "Muito tempo depois voltou o senhor daqueles empregados e pediu contas a eles". O destinatário da parábola em sua redação atual é, portanto, a comunidade cristã, o novo Povo de Deus; o mesmo que na parábola das dez moças do domingo anterior. É evidente que a parábola dos talentos tem também um acento claramente escatológico.

b) **A interpretação da parábola** em sua redação atual pode ser acertadamente esta:

- O senhor dos empregados é Cristo Jesus; sua ausência, a ascensão; e sua volta, a parusia.

- Os empregados são os cristãos aos quais se recomenda a vigilância ativa e frutífera no tempo eclesial da espera, porque a volta do Senhor demora.

- O empregado negligente e inútil é Israel em seu conjunto e o mau cristão, que não cumpre sua missão histórica enterrando os dons recebidos de Deus.

- Os talentos são os dons de Deus na pessoa de seu Filho, Cristo Jesus, que nos são entregues para o serviço do Reino de Deus.

- O ajuste de contas é o exame de consciência sobre esta responsabilidade, no juízo definitivo.

- A sentença é a participação ou a exclusão dos bens messiânicos do Reino, expressos na imagem do banquete do Senhor.

- O ensinamento ou conclusão: "Ao que tem, se dará mais, e ele terá em abundância; mas a quem não tem, será tirado até mesmo o pouco que tem" (v. 29), significa que se entrega mais a quem mais produz e é mais responsável. Deus compensa a fidelidade criativa daqueles que arriscam seu esforço em servi-lo e aos irmãos. Simultaneamente se condena o pecado de omissão personificado pelo terceiro empregado.

c) **Produtividade zero: o terceiro empregado.** - Quando o patrão volta para acertar as contas, os dois primeiros empregados podem apresentar um balancete muito positivo: fizeram seus talentos render cem por cento, dobrando a vultosa soma confiada por seu senhor, maior ou menor conforme a capacidade de cada um. Por isso recebem felicitações, confiança e prêmio: "Como você foi fiel no pouco, eu lhe confiarei muito. Venha alegrar-se "com seu patrão" (vv. 21.23). Uma vez mais o Reino de Deus, conforme a preferência bíblica, é comparado a um banquete, embora a imagem talvez não tenha aqui o relevo que alcança na parábola das dez moças (Domingo anterior), ou o primeiro plano da parábola dos convidados às bodas do filho do rei (Mt 22,1-14 = Dom. 28,A).

A partir daqui o que centraliza a atenção da narrativa é o terceiro empregado, que enterrou o talento (um milhão, podemos dizer) que o amo lhe entregou para trabalhar com ele. Já se vê que era o menos capaz e o menos inteligente. Mas diante de seu patrão quer dar uma de correto e de leal. Demonstra uma atitude legalista; e além disso evidencia um espírito mesquinho, pois para dar força à sua escusa de preguiçoso não duvida em tachar o patrão de capitalista explorador. Não parece que é um homem livre com mentalidade produtiva que fala, mas sim um folgazão com alma de escravo.

Seria injusto em qualquer caso falar a Deus com esta linguagem: "queres colher onde não semeaste e recolher onde não espalhaste" (v. 24). Isso é desconhecer seus dons que sempre nos precedem, sua iniciativa de amizade, o perdão que nos oferece, e sobretudo seu amor ao homem, que culmina na paixão e cruz que Jesus sofreu. É o dom de Deus que constitui toda nossa vida cristã passo a passo, desde o batismo.

Por que é castigado o empregado inútil, se não malbaratou viciosamente o dinheiro e devolve intacto o talento que recebeu e o deixou depositado? Precisamente por isso, porque se limitou a conservá-lo. Não fez nada de mal, mas também nada de bom. Numa palavra, foi condenado por seu pecado de omissão, porque marcou produtividade zero. Por isso lhe é tirado o talento e ele é jogado fora.

d) **Sem gratificar o espírito mercantilista.** - A conclusão ou moral desta parábola dos talentos se entende melhor, na minha opinião, partindo da intenção eclesial do evangelho de Mateus que estabelece a diferença entre o antigo Povo de Deus que é Israel, e o novo que é a Igreja. A conclusão: "a quem tem, será dado mais", não é simplesmente um convite para acumular méritos à base de boas e piedosas ações. Isso poderia criar uma perspectiva mercantilista do mérito diante de Deus.

A felicitação aos empregados fiéis e empreendedores lembra o eco das Bem-aventuranças que abrem o Sermão evangélico ou da Montanha (Mt 5-7). Ali são traçados o espírito, o programa e o destino do novo Povo de Deus, comunidade eclesial daqueles que seguem a Cristo. Jesus não propõe uma justiça e fidelidade ao estilo dos fariseus e escribas que se mantinham no mínimo legal, somente à letra da lei (ver Dom. 6º Tempo Comum A). Isso foi o que fez o empregado folgazão que se ateve, conservadoramente e por medo, à norma do menor esforço possível para "cumprir". A nova justiça do Reino impulsiona ao máximo do amor que arrisca sem limites. Por isso o cristão autêntico faz seus talentos renderem ao máximo a serviço de Deus e da comunidade humana, sem o espírito ruim e mercantilista do mérito auto-suficiente.

2. **Vigilância e trabalho andam unidos**

a) **Uma mulher que é um tesouro.** - Contrastando com a preguiça do terceiro empregado e conectando com a operosidade dos outros dois, adquirem relevo a semelhança e o elogio da mulher laboriosa com que termina o livro dos Provérbios e que ouvimos na *primeira leitura* (Pr 31,10-31).

Nesta primeira leitura se recolhem somente oito dos vinte e dois versículos que compõem este poema acróstico, em que as iniciais de cada verso completam o alfabeto hebraico.

Aqui se propõe um modelo de mulher que é uma perfeita dona-de-casa; mulher com talento, trabalhadeira e com dotes de organização e previsão, generosa e com sentido religioso. Realmente um tesouro. O elogio é descritivo: suas qualidades aparecem na ação e se vêem em detalhes domésticos muito concretos.

* É neste momento que surge a perg*unta:* Seria este um arquétipo de mulher ideal, válido para hoje? Não faltarão feministas que o neguem peremptoriamente. E em parte têm razão. Aqui não se propõe um modelo exclusivo, fixo e para ser imitado sem mais nem menos. Para um juízo completo teremos de distinguir: 1) os valores; 2) seu conjunto sócio-cultural. O primeiro permanece, o segundo muda.

O contexto doméstico e a função da mulher numa sociedade patriarcal de séculos que há muito já se foram, devem ser diferentes forçosamente dos de hoje em dia quando as estruturas sócio-econômicas e profissionais não são mais as mesmas. Por isso não é satisfatório vazar o molde sem mais nem menos, ou sobrepor simplesmente o modelo do livro dos Provérbios. O arquétipo ou ideal feminino, e inclusive o mito do eterno feminino, varia segundo a época, lugar, cultura, nível e situação sociais, no primeiro ou no terceiro mundo.

Mas o quadro de qualidades desta mulher ideal dos Provérbios tem entidade própria e permanente; é uma forma de perene atualidade. Porque reflete o solícito cumprimento dos deveres cotidianos em qualquer situação da mulher, no âmbito doméstico e familiar, ou no exercício de uma profissão ou título da mulher moderna.

Há, pois, uma valorização do trabalho humano em sua dimensão pessoal, familiar, profissional, social e política. Tanto na leitura evangélica na qual se enaltece o varão fiel e cumpridor, como na primeira leitura onde se faz o elogio da mulher operosa, há uma projeção comunitária e escatológica da atividade humana em seu conjunto, que se engloba com o termo pluralista do "trabalho". Temos de pôr a serviço do reino de Deus e da comunidade os talentos recebidos do Senhor. A vigilância escatológica nos impele à fidelidade criativa do presente incerto e de risco, colaborando na obra do Criador. Servindo ao bem comum e contribuindo para os desígnios de Deus sobre a história dos homens (cf. GS 34 = valor da atividade humana. Ver também a festa de São José, ano B: O Evangelho do trabalho; ano C: Projeção social do trabalho, e Dom. 33, C: Espiritualidade do trabalho).

b) **A vigilância dos filhos da Luz** é a atitude apropriada para aqueles que esperam o Dia do Senhor, como avisa Paulo na *segunda leitura* de hoje, tirada do último capítulo da 1Ts (5,1-6), cuja leitura teve início no vigésimo nono domingo.

Diante da "psicose adventista" dos Tessalonicenses - cuja réplica foi posteriormente o milenarismo medieval e os sensacionalismos esotéricos e escatológicos dos tempos atuais -, Paulo não satisfaz essa curiosidade com detalhes sobre a Parusia, mas se reporta ao que dizem os Sinóticos com respeito à imprevisível Vinda do Senhor. Pronuncia-se, porém, abertamente contra o temor e a angústia e exige a vigilância e a sobriedade do cristão que, por ser filho do dia e da luz, deve viver como tal. "Por isso não durmamos com os outros. Vigiemos, sejamos sóbrios" (v. 6). É a parênese típica de Paulo: parte do indicativo cristão para chegar ao imperativo moral. O que devemos ser e fazer tira do anúncio alegre da condição cristã, do que já somos: "filhos da luz".

Vigilância significa estado de vigília. A vida do cristão é vigília perpétua, sempre em vésperas da Vinda do Senhor. Caminhamos continuamente para esse encontro alegre, que é a participação plena da ressurreição e vida de Jesus. Também cada dia que passa em nossa vida nos aproxima desse momento no qual haveremos de prestar contas; é preciso lembrar-se disso com freqüência para não perder o discernimento cristão dos valores autênticos. Isto é o definitivo; tudo o mais tem um valor relativo, isto é, referencial.

3. Não basta um cristianismo conservador

a) **Talentos e criatividade.** - O aviso da conclusão da parábola é inquietante: Daquele que não produz se tirará até o pouco que acredita ter. Deus não exige de todos igual volume de rendimento, porque conhece a diferença de capacidade e as limitações de cada um, e assim reparte seus dons; mas a todos pede igual dedicação pessoal e plena vontade de serviço.

Talento, dom de Deus, é tudo o que temos pessoalmente na ordem temporal e espiritual, tudo o que está dentro e fora de nós. A vida, fruto do amor de Deus e de nossos pais, é o primeiro e fundamental dos talentos; depois o mundo todo, a criação nas mãos do homem, da sociedade para construir na fraternidade e na justiça, a inteligência, a educação e a cultura, a pertença familiar, uma carreira, uma especialidade, um título, um ofício, a saúde, a simpatia, a personalidade... E os valores da vocação cristã, que são os maiores dons de Deus: a salvação e a fé por Cristo na comunidade eclesial, o Reino de Deus, sua amizade, seu Espírito.

Todos esses dons e talentos não são para nosso uso privado e exclusivo; mais que proprietários, somos administradores dos mesmos. Por isso no juízo escatológico ser-nos-á pedida conta sobre seu rendimento, como responsabilidade pessoal e insubstituível que toca a cada um de nós.

b) **Os pecados de omissão.** - No empregado inútil, por ser abstencionista, todos estamos retratados com maior ou menor intensidade de luz. Não estamos acostumados a nos examinar nem a nos sentir culpados dos pecados de omissão. Contudo, o absentismo, a apatia, a preguiça, a comodidade, o medo, a psicose paralisante de segurança e a inação egoísta são os maiores pecados sociais que um cristão pode cometer hoje em dia. Porque nossa justiça evangélica tem que ser produtiva a nível da política e da convivência; do contrário seremos desqualificados. Assim avisou Jesus: Se sua fidelidade e santidade não for maior que a dos escribas e fariseus, vocês não entrarão no Reino dos Céus (Mt 5,20).

Quantos cristãos enterram seus talentos e se contentam com o mínimo obrigatório para não complicar sua vida, para não ter que arriscar nada num compromisso sério pelo bem dos outros. Vivem instalados, desiludidos, apáticos, fossilizados. Como o servo folgazão, não malbaratam o talento, mas o enterram; e se contentam com manter intacto, mas infecundo, o "depósito da fé" que herdaram da família.

A filosofia do conservar e não perder é insuficiente em qualquer campo da atividade secular. O mesmo sucede no serviço de Deus e dos irmãos. Por isso temos que assumir o risco de investir nossos talentos na construção do Reino de Deus em nossa vida pessoal, familiar, profissional, política e social. O contrário, é renunciar ser pessoa e cristão, é sepultar-se em vida com nossos valores em conserva. E Jesus não fundou o cristianismo como uma religião de museu e de conservadorismo, mas de revolução total que nós, seus discípulos, temos de tornar efetiva, enquanto esperamos sua chegada. Somente assim poderemos ouvir de seus lábios: Porque foste fiel, entra para o banquete de teu Senhor!

Trigésimo Quarto Domingo do Tempo Comum

Jesus Cristo, Rei do Universo (A)

Ez 34,11-12.15-17: O Senhor, Pastor de Israel.
1Cor 15,20-26a.28: Devolverá o Reino de Deus Pai, para que Deus seja tudo em todos.
Mt 25,31-46: Assentar-se-á no trono de sua glória e separará uns dos outros.

UM REI QUE É PASTOR E JUIZ

1. Um Rei que é Juiz
a) Cena do juízo final
b) Destinatários e sujeitos: todos os homens
c) Critério ou programa de exame: o amor ao irmão
d) A sentença díspar identifica o próximo com Cristo
2. Um Rei que é Pastor de seu Povo e Senhor da Vida
3. O juízo final acontece dia a dia
a) O irmão é a chave
b) A religião que o Senhor aceita

***

1. Um Rei que é Juiz

Com a leitura bíblica deste último domingo do ano litúrgico conclui-se o Sermão escatológico, iniciado no 32º domingo. A cena do juízo final, em que Cristo aparece como rei, pastor e juiz, é o ápice da perspectiva escatológica do Reino de Deus. Cristo Jesus, que libertou-nos do pecado e da morte, é a primícia da nova humanidade dos ressuscitados *(2ª leit.)* Ele é o pastor que guia o Povo de Deus *(1ª leit.)* e faz justiça seguindo o código do amor aos irmãos mais humildes com os quais Ele se identifica *(evangelho)*.

a) **Cena do juízo final. -** Nesta parábola, exclusiva de Mateus, confluem todas as demais parábolas deste ciclo no qual foi lido o evangelho segundo São Mateus. A linguagem do texto está no futuro, e é esta a sua estrutura (25,31-46):

> 1º Aparecerá o Filho do homem - título messiânico de Jesus Cristo conforme Daniel 7 - vindo com poder; e sentado no trono de sua glória, como rei que é, reunirá diante de si todas as nações da terra para iniciar o julgamento. Isto dá já por suposta, embora implicitamente, a ressurreição dos mortos. Em seguida o pastor-juiz separará uns dos outros, colocando-os à direita e à esquerda (vv. 31-33).
>
> 2º Em seguida Cristo descreve a conduta oposta de ambas as partes, que é o que desencadeia a sentença final, favorável ou desfavorável (vv. 34-45). Ambos os grupos coincidem, com surpresa e ignorância, na pergunta: Quando, Senhor, te vimos com fome ou com sede, peregrino, nu, enfermo ou no cárcere? E a resposta do Juiz divino é a grande revelação que motiva

a sentença desigual: Ele se identifica com estes humildes que são seus irmãos menores.

3º Sentença dupla e díspar: Os maus irão para o castigo eterno, e os justos para a vida eterna (v. 46).

A parábola do juízo final - na qual se aplicam a Jesus títulos cristológicos tais como Filho do homem (v. 31), Rei (vv. 34.40), e Senhor (vv. 37.44) - é a descrição de um grande quadro apocalíptico, que inspirou a Miquelângelo seu monumental afresco da Capela Sistina de Roma. Já antes dele, esta página evangélica tinha inspirado sublime e copiosamente a pena e a palavra quente dos santos Padres. Isto pode ser constatado nos Comentários evangélicos e Homilias de Santo Agostinho, Santo Ambrósio ou São João Crisóstomo, para citar alguns.

b) **Destinatários e sujeitos** deste juízo final são todos os homens. Nisto se diferencia esta parábola de todas as outras, que são dirigidas aos discípulos, aos cristãos, à comunidade da Igreja. Aqui se fala de todas as nações; portanto, judeus e gentios, cristãos e pagãos, crentes e ateus.

Aqui há um sólido ponto de apoio para a teoria dos "cristãos implícitos", isto é, tantos homens honrados que, inclusive dizendo-se ateus ou agnósticos, são crentes, sem o saberem, por seu seguimento e serviço ao bem, à justiça e ao amor solidário com os demais. O cumprimento implícito do mandamento supremo da lei de Cristo, que é o amor, os fará participantes do Reino de Deus. Tem lugar, pois, neles uma justificação diante de Deus pelas obras de amor; pois por todos os homens foi derramado o sangue redentor de Cristo.

Em todo caso, parece claro que "o juízo final não se realizará conforme medidas estreitas de tipo jurídico ou moral. Terá em conta antes a orientação e intencionalidade fundamental de toda a vida do homem" (A. Laepple: *O.c.* 289).

c) **O critério ou programa de exame** para o juízo não será outro que o amor ao irmão. Cumpre-se aquilo de São João da Cruz: "No entardecer da vida seremos examinados sobre o amor". O fato de Cristo se identificar com os pobres, os marginalizados e os que sofrem e de, além do mais, chamá-los de seus irmãos menores, mostra-nos quão longe está da doutrina e conduta de Jesus toda idéia triunfalista. Sua soberania de rei do universo é muito especial, porque seu reino não é como os deste mundo. Por isso Jesus destrói nossos critérios que nos levam a identificar a autoridade e o poder como o domínio e não como o serviço. Mas o que Ele disse foi isto:

"Vocês sabem que aqueles que são reconhecidos como chefes das nações as dominam e que seus líderes as tiranizam. Mas entre vocês não deve acontecer isto. Ao contrário, quem quiser tornar-se grande entre vocês, seja servo dos outros; e todo aquele que quiser ser o primeiro entre vocês, seja o escravo de todos. Pois o próprio Filho do homem não veio para ser servido, mas para servir e dar a vida para resgatar a multidão" (Mc 10,42-44; cf. Mt 20,25-28).

A enumeração de obras de caridade (obras de misericórdia), ou essas seis maneiras de manifestar o amor ao próximo, não tem caráter de elenco exaustivo e menos ainda exclusivo. Não se excluem, mas se dão como supostos, outros pontos básicos do ensinamento de Jesus e as realidades que dimanam da vivência do mistério de Cristo e da condição cristã: a fé, a conversão, as bem-aventuranças, os mandamentos, a filiação divina, a graça e amizade de Deus, as atitudes interiores, a conduta moral, o culto religioso. Ao fazer o juízo girar em torno do amor ao irmão necessitado, cria-se uma concentração na realidade cristã fundamental que o engloba todo: o amor, "Amar é cumprir toda a lei" (Rm 13,8.10).

d) **A sentença do rei-juiz,** com surpresa de uns e de outros, da direita e da esquerda, esclarece que o herdeiro do Reino e da Vida eterna é todo homem ou mulher que ama o próximo, faz o bem e pratica a justiça; como é todo o que vive as bem-aventuranças. Embora não seja cristão, nem conheça a Cristo expressamente. Por isso os santos Padres falavam de "semina Verbi", dos clarões ou sementes da Palavra de Deus derramados na criação e no coração do homem que busca o bem e a verdade.

Na sentença do juízo final Cristo rompe uma vez mais - como o fizera no Sermão da Montanha -, o círculo fechado do próximo tal como o entendia a antiga lei mosaica. Todo homem é meu próximo, meu irmão; e não só o parente ou o concidadão. E quanto mais necessitado, é mais próximo e mais irmão, porque em seu rosto brilha mais claramente a imagem de Jesus. No Sermão evangélico da Montanha a motivação para o amor, inclusive ao inimigo, era a santidade e perfeição de Deus Pai (Mt 5,43-48); aqui é a identificação do próximo necessitado com Jesus Cristo, Filho do Pai.

Dir-se-ia que na sentença do juízo e na razão que a motiva ouvimos nos lábios de Jesus um eco das bem-aventuranças: "Venham, benditos de meu Pai", ou o das maldições: "Apartem-se de mim, malditos".

2. Um Rei que é Pastor de seu Povo e Senhor da Vida

* A *primeira leitura* de hoje é tirada do capítulo 34 de Ezequiel, profeta e sacerdote durante o exílio da Babilônia (s. VI a.C.). Todo o capítulo 34 de Ezequiel é um julgamento na boca do Senhor contra os maus pastores de Israel que são seus reis e chefes civis. Deus mesmo se encarregará de seu povo; será o pastor do rebanho abandonado por seus pastores e disperso pelo desterro que lhe impôs Nabucodonosor (a. 597 a.C.). Tudo isso porque o Senhor não desiste de seu plano de salvação.

A imagem oriental do pastor e das ovelhas tem profunda raiz bíblica em ambos os Testamentos. A profecia de Ezequiel cumpre-se em Jesus, bom Pastor (Jo 10,11-18), que vai em busca da ovelha perdida e que reúne o rebanho para impor justiça no último dia (evangelho de hoje). A comunidade cristã pode caminhar confiante e sem angústia ao encontro do Dia do Senhor, porque sabe que o Senhor é seu Pastor (*Salmo responsorial* de hoje; ver 4º Dom. de Páscoa, A).

* Jesus é o Pastor que, ao dar a vida por suas ovelhas e vencer definitivamente a morte, chama suas ovelhas à ressurreição da vida eterna.

Na segunda leitura (1Cor 15,20-28), no contexto da ressurreição dos mortos que alguns coríntios negavam, Paulo explica o Senhorio universal, a sabedoria e realeza de Cristo ressuscitado que é a primícia de todos os que morreram. O Apóstolo afirma a universalidade da ressurreição em Cristo, como universal foi a morte em Adão. Cristo ressuscitado inaugura o processo de transformação definitiva e o futuro novo do homem e da criação cósmica. Assim se prepara a apoteose final da história humana, a recapitulação de tudo em Cristo, que, uma vez destruídos todos os poderes do mal e a morte, devolve o Reino do Pai para que Deus seja tudo em todos.

3. O juízo final acontece dia a dia

a) **O irmão é a chave.** - O Reino de Deus, embora sendo escatológico, está presente em nosso mundo desde a vinda de Jesus, embora não tenha se manifestado em toda a sua plenitude. Assim também o juízo escatológico de Cristo já está se realizando no presente de nossa vida. A sentença final não será mais que tornar pública a sentença que dia a dia vamos pronunciando nós mesmos com nossa vida de amor ou desamor, que antecipa o desenlace.

Herdeiros do Reino de Deus são aqueles que amam o irmão, especialmente o que sofre por uma causa ou outra. Não são as ideologias nem as palavras que salvam ou condenam, mas as obras. Jesus adverte isto: "Nem todo aquele que me diz: Senhor, Senhor, entrará no Reino dos Céus, mas aquele que faz a vontade de meu Pai" (Mt 7,21). O sinal pelo qual conhecerão que vocês são meus discípulos será que se amem uns aos outros (Jo 13,35).

"O Pai não julga ninguém, mas confiou ao Filho o julgamento de todos" (5,22). Os homens serão julgados conforme a aceitação ou a recusa de Cristo, a quem não vemos em carne e osso, mas se identifica com todos os que sofrem nesta terra dos homens. O próximo é assim a tela panorâmica de nossa vida, o vídeo onde lemos nossa conduta, o espelho para recompor nossa figura cristã, porque "quem não ama seu irmão, a quem vê, não pode amar a Deus, a quem não vê" (1Jo 4,20). A sensibilidade e solidariedade efetivas diante da dor alheia são, pois, o termômetro de nosso cristianismo.

Não basta uma ação caritativa que por sistema se limitasse tão somente à esmola. A ação caritativa assistencial serve para situações extremas e inadiáveis. Mas para dar de comer ao que tem fome hoje, amanhã e depois, deve-se dar trabalho ao desempregado, devem-se transformar as estruturas sociais de modo que o necessitado se sinta libertado de sua pobreza e promovido como pessoa livre.

b) **A religião que o Senhor aceita.** - O cristão que se inibe diante dos problemas sociais e das múltiplas necessidades que estão em seu redor sob pretexto de que isso é "fazer política", ignora que toda ação humana, incluída a abstenção ou omissão, tem necessariamente repercussão social, isto é, política, porque o homem é um ser que vive em sociedade. Uma vez que é inevitável essa projeção "política" de nossa conduta para o bem ou para o mal, façamo-la para o bem dos outros. Isto é amar os irmãos, portanto, a Cristo; e este é o compromisso real da fé e do seguimento de Jesus. Para isso comecemos por converter nosso coração da injustiça para a justiça e do egoísmo para o amor (cf. CE: *Católicos*, 60-61: A caridade política).

O culto eucarístico deve refletir o culto de nossa vida, e vice-versa; porque um precisa do outro. O culto completo do discípulo de Cristo se expressa na solidariedade com o pobre, com o que sofre, o irmão menor de Jesus. Esta é a religião que o Senhor aceita (Tg 1,27).

Ao iniciar cada eucaristia temos de nos examinar sobre o amor, antes de apresentarmos a oferenda diante do altar. Este exame de amor é vigilância escatológica. Ver como distante o juízo final é um engano, porque já está presente. Por isso cada domingo temos de repetir conscientemente, e hoje mais que nunca, em nossa profissão de fé, o Credo: Creio que o Senhor "virá de novo com glória para julgar vivos e mortos, e seu Reino não terá fim".

SANTORAL

8 de dezembro

Imaculada Conceição de Maria (A)

Gn 3,9-15.20: Porei inimizade entre ti e a mulher, entre tua descendência e os descendentes dela.
Ef 1,3-6.11-12: Em Cristo Ele nos escolheu antes de criar o mundo.
Lc 1,26-38: Alegra-te, ó cheia de graça, o Senhor é contigo.

A CHEIA DE GRAÇA

1. A Imaculada Conceição de Maria
a) No contexto litúrgico do Advento
b) História do dogma
2. Alegra-te, Maria, cheia de graça
a) O dado revelado é a Encarnação do Filho de Deus
b) A encenação: diálogo entre o Anjo e Maria
c) A interpretação midráshica
3. Preservada imune da culpa original: por quê?
a) A maternidade divina
b) Função co-redentora de Maria
c) Imagem da Humanidade restaurada

***

1. A Imaculada Conceição de Maria

a) **No contexto litúrgico do Advento**, e "unindo a espera messiânica e a esperança do glorioso retorno de Cristo à admirável recordação de Maria", celebramos esta solenidade da Imaculada Conceição de Santa Maria Virgem, "começo e imagem da Igreja, esposa de Cristo, cheia de juventude e de cândida formosura" (MC 4; *Prefácio*).

No presente ano desta festa contemplamos em Maria a Cheia de graça, para vê-la no ano que vem como a Mulher Nova (ano B), e refletir depois sobre a Religiosidade popular mariana (ano C).

No dia 8 de dezembro de 1854 Pio IX definia na Bula *Ineffabilis Deus*: "É doutrina revelada por Deus, e portanto deve ser firme e constantemente crida por todos os fiéis, que a Virgem Maria por graça e privilégio de Deus todo-poderoso, em vista dos méritos de Cristo Jesus, Salvador do gênero humano, foi preservada imune de toda mancha da culpa original no primeiro instante de sua concepção" (DS 2803).

A definição dogmática foi o ápice de um longo processo no sentir do Povo de Deus. "Entre os Padres prevaleceu o costume de chamar a Mãe de Deus totalmente santa e imune de toda mancha do pecado, como plasmada e feita nova criatura no Espírito Santo" (LG 56).

b) **História do dogma**. - A doutrina da santidade original de Maria se firmou inicialmente no Oriente pelo século VI ou VII; e dali passou para o Ocidente, junto com uma festa litúrgica que se introduziu primeiro na Itália e depois na Inglaterra.

Foi no século XII que apareceu o primeiro tratado sobre a concepção de Maria escrito pelo monge Eadmer de Canterbury (a. 1128); e foi no século XIII que surgiu a grande discussão teológica. Santo Tomás de Aquino, assim como fizera São Bernardo de Claraval no século anterior, opôs-se a princípio a este privilégio mariano por razão da universalidade do pecado original e da redenção. Guilherme de Ware e Duns Scott, ao contrário, estavam a favor; e foi Duns Scott, chamado de "o doutor sutil", quem encontrou o caminho da solução que depois se impôs como teologia e se incorporou na definição dogmática.

Maria foi redimida por Cristo como todos os humanos, mas antes de contrair o pecado original, em previsão dos méritos do Redentor que lhe são aplicados também. Daí a formulação: "preservada imune de toda a mancha da culpa original no primeiro instante de sua concepção, *em vista aos méritos de Cristo Jesus*, Salvador do gênero humano".

O Concílio Vaticano II recorda este dogma de fé (LG 53.59), e afirma que Maria foi "enriquecida desde o primeiro instante de sua concepção com o resplendor de uma santidade inteiramente singular"; devido a isso, "por ordem de Deus é saudada pelo anjo da Anunciação como cheia de graça" (LG 56; cf. DS 2800). Esta base bíblica encontra-se no Evangelho que lemos hoje e que se repete no quarto domingo do Advento, ano B, e no dia 25 de março: Anunciação do Senhor.

2. **Alegra-te, Maria, cheia de graça**

O texto evangélico de hoje (Lc 1,26-38) contém uma esplêndida composição literária de Lucas na abertura do Novo Testamento; e inspirou quadros sublimes como os de Fra Angélico, poemas cheios de sensibilidade religiosa como os de Paul Claudel e deslumbrantes seriados em filmes como o de Franco Zeffirelli sobre "Jesus de Nazaré". Três são os níveis que temos de distinguir no relato da Anunciação para lê-lo devidamente: o dado revelado, sua encenação dramática e sua interpretação midráshica. E tudo dentro de um esquema bíblico de vocação (para o desenvolvimento deste ponto ver o dia 25 de março: Anunciação do Senhor, nº 2, c).

a) **O dado revelado** é o fato histórico da Encarnação do Filho de Deus, Cristo Jesus, no seio duma jovem judia chamada Maria. Não estamos diante de um fato mitológico, um a mais das antigas religiões, mas sim diante de um acontecimento real, embora pareça inaudito: "Chegada a plenitude dos tempos Deus enviou seu Filho, nascido de uma mulher" (Gl 4,4).

Maria assume voluntariamente sua maternidade divina, que condiciona toda a sua vida e sua relação com Deus desde sua Concepção Imaculada até sua Assunção em corpo e alma na glória do Pai; e inclusive no prolongamento de sua missão maternal sobre a Igreja peregrina da qual ela é, além de membro singular, tipo e exemplar acabado, começo e imagem, é também Mãe (LG 53,61-63).

b) **A encenação** deste fato salvador de Deus por meio de Maria de Nazaré é uma página magistral do evangelista Lucas. Os atores e protagonistas da cena são: o Anjo do Senhor (isto é, Deus), Maria, o Espírito Santo e Jesus que é Filho de Deus e assume natureza humana no seio da Virgem.

O diálogo entre o anjo Gabriel e Maria reflete um episódio real da história de salvação, porque o texto bíblico nos transmite uma mensagem histórica e como tal deve ser lido. Embora os detalhes não tenham um significado isoladamente, mas dentro da perspectiva global do anúncio, pois não é a intenção primordial do Evangelista Lucas dar-nos uma história detalhada, uma reportagem dos fatos ou um vídeo, diríamos hoje, mas uma mensagem de revelação e salvação.

Todo o texto ressumbra citações e alusões à Escritura, para realçar a grande novidade: Entra na história humana o Messias prometido no A.T. Por isso o Anjo da Anunciação se chama Gabriel. A seu nome se unia a profecia das setenta semanas de anos para a vinda do Messias (Dn 9,21-23). Ao se cumprir agora o tempo, Deus estabelece um começo totalmente novo na história humana. Mediante a encarnação do Filho de Deus na raça humana para a restauração da humanidade, o Espírito opera a nova criação; "porque para Deus nada é impossível", comenta o Anjo repetindo o que o Senhor dissera a Abraão, o pai da promessa messiânica, quando os três mensageiros anunciam a Sara, já anciã, sua futura maternidade (Gn 18,14).

c) **A interpretação midráshica** e hagádica é o ambiente próprio dos relatos do evangelho da infância de Jesus, tanto em Mateus que destaca a pessoa de José, como em Lucas que se centra na figura de Maria. E o episódio da Anunciação pertence a esse "evangelho da infância" segundo

Lucas; portanto não busca primordialmente narrar-nos uma história detalhada, mas revelação de Deus baseada na história de salvação, iluminada com referências do Antigo Testamento e interpretada e lida a partir da plena fé pascal da primitiva comunidade cristã (ver Epifania do Senhor, Ano A).

3. **Preservada imune da culpa original: Por quê?**

A definição dogmática da Imaculada Conceição de Maria a declara imune de toda mancha da culpa original desde o primeiro instante de sua concepção, em vista dos méritos de Cristo Salvador do gênero humano. Por que este modo preventivo e privilegiado de redenção para Maria? Entre outros motivos, principalmente por estes três: sua maternidade divina, sua função de co-redentora, e sua condição de sinal da nova humanidade conforme o projeto de Deus.

a) **A maternidade divina**. - O primeiro motivo que também é o fundamento de toda a mariologia, é a maternidade divina de Maria. Convinha que Ela, destinada a ser Mãe do Filho de Deus, possuísse a maior santidade possível a uma criatura, e portanto fosse imaculada e cheia de graça e do favor de Deus desde o primeiro instante de sua vida. Disso segue-se uma dupla conseqüência: Por uma parte, sua maternidade podia ser assim digno reflexo da paternidade e santidade absolutas de Deus Pai; e por outra, ter estado sempre sob a ação santificante do Espírito Santo, a colaboração de Maria com o Espírito na geração de Jesus podia ser mais perfeita. (Sobre a Maternidade divina de Maria, ver Oitava do Natal, ano B.)

b) **Função co-redentora de Maria**. - Uma segunda razão que pede esta condição imaculada de Maria é sua função subordinada de co-redenção e mediação com Cristo, nosso único Salvador (1Tm 2,5). Era também conveniente que a Virgem, associada ao sacrifício redentor de Cristo, pudesse apresentar ao Pai a oferenda materna mais pura. Redimida com a maior perfeição possível, nessa mesma medida podia cooperar para a salvação da Humanidade.

Pio XII em sua encíclica *Mystici Corporis* (1943) falou da co-redenção de Maria. Nos textos do Vaticano II não se aplica o termo "co-redentora", mas temos sim uma notável síntese doutrinal neste sentido (LG 60-62). Falando da intercessão de Maria "pelos irmãos de seu Filho que ainda peregrinam", atribuem-se a Maria qualificativos afins: "Por este motivo a Santíssima Virgem é invocada na Igreja com os títulos de Advogada, Auxiliadora, Socorro, Mediadora. Tudo isso deve-se entender, contudo, de tal maneira que nada reste nem acrescente à dignidade e eficácia de Cristo, como único Mediador" (LG 62,1).

"Por esse motivo os santos Padres afirmam acertadamente que Maria não foi um mero instrumento passivo nas mãos de Deus, mas que cooperou na salvação do homem com fé e obediência livres" (LG 56).

Além disso o desígnio de Deus é que todos os redimidos, entre os quais se encontra Maria, colaborem em sua obra redentora para que esta se realize no marco de uma Aliança. A mediação fontal de Cristo fundamenta a missão mediadora de intercessão entre os cristãos e de comunhão eclesial na oração por todos os homens (1Tm 2,1). Assim como o batizado em Cristo participa de seu sacerdócio, assim também participa de sua função mediadora e apostólica, evangelizadora e profética. "A Mediação única do Redentor não exclui mas suscita nas criaturas diversas classes de cooperação, participada da única fonte" (LG 62,2).

Sendo assim, quem pode negar a Maria, a Mãe do Senhor, um lugar de primeira ordem nessa cooperação à redenção por Jesus? E tanto mais podia realizar essa missão, quanto mais redimida por Cristo e mais em união com a fonte da graça e do perdão, desde o primeiro momento de sua existência. Assim podia ser mais perfeitamente imagem, tipo e modelo da Igreja que é "sacramento universal de salvação" (LG 48,2).

c) **Imagem da Humanidade restaurada**. - Finalmente, toda a pessoa e vocação da Virgem de Nazaré se orientam para a obra de Deus, que é a restauração da Humanidade por meio de seu Filho feito homem. Portanto, já desde sua origem Maria devia ser a Mulher Nova e mostrar em si mesma a nova criação de Deus, a nova Humanidade restaurada em Cristo, que por sua vez é o Homem Novo (GS 22).

Em Cristo Jesus, o novo Adão e filho de Maria, realiza-se a profecia messiânica do chamado "protoevangelho", que lemos hoje como *primeira leitura*: Gn 3,9-15.20. (Lido também no décimo domingo do ano B; ver ali um comentário mais amplo sobre o pecado original. Idem no ano B dessa festa.)

Na descendência da mulher que esmagará a cabeça da serpente (v. 15), isto é, que vencerá o mal e o pecado, a tradição eclesial viu o primeiro anúncio messiânico da salvação de Deus por Cristo Jesus, filho de Maria que é a nova Eva.

Na expressão dos Padres da Igreja, a desobediência e a incredulidade de Eva foram reparadas pela obediência e pela fé de Maria (Santo Irineu); e comparando-a com Eva, chamam Maria de "mãe dos viventes" (v. 20; Santo Epifânio), afirmando com freqüência que se a morte veio por Eva, a Vida nos chegou por Maria (LG 56).

O plano redentor de Deus corresponde ao seu plano criador, para refazê-lo. Se Ele criou o casal humano a sua imagem e semelhança, desfeita pelo pecado original de Adão e Eva, a restauração dessa imagem divina pela Redenção deveria também se apoiar num varão e numa mulher, Cristo e Maria que representam a nova Humanidade restaurada à sua primitiva condição (cf. MC 57,4; Rm 5).

Se o paraíso perdido foi a amarga frustração do impossível "ser como Deus", o paraíso recuperado será o evangelho, a boa notícia, de uma realidade possível e ao alcance do homem, conforme a eleição e o projeto divino: "sois filhos de Deus por Cristo" (*2ª leit.:* Ef 1,3-12). Somente em Deus o homem encontra o equilíbrio entre sua condição limitada e sua maior aspiração paradisíaca: reconquistar a amizade de Deus e a harmonia pessoal, inter-humana e cósmica que o pecado de origem rompeu.

Para seu projeto de regeneração humana por Cristo, Deus conta com o "sim" de Maria. E a resposta dela ao Senhor, mediante o seu "faça-se" incondicional, deve converter-se em programa do cristão e da comunidade eclesial que na atitude de Maria, a cheia de graça, reconhece sua própria missão de serviço na obra de Deus e sua vocação de santidade, conforme o plano de Deus que a segunda leitura bíblica de hoje expõe.

2 de fevereiro

Apresentação do Senhor

Ml 3,1-4: Entrará no santuário o Senhor, aquele que vocês procuram.
Hb 2,14-18: Ele teve de em tudo se tornar semelhante aos irmãos.
Lc 2,22-40: Meus olhos viram a vossa Salvação.

UMA BANDEIRA DISCUTIDA

1. A Apresentação do Senhor
a) Memória conjunta de Cristo e de Maria
b) Para além do cumprimento da lei mosaica
2. Manifestação e proclamação messiânica de Jesus
a) Proclamação messiânica no Templo
b) Profecia de Simeão
3. Uma bandeira discutida
a) Ruptura atual entre fé e cultura
b) Inculturação da fé

***

1. A Apresentação do Senhor

a) **Memória conjunta de Cristo e de Maria**. - A presente celebração intitula-se a "Apresentação do Senhor". Tempos atrás era chamada de "Purificação de Maria". O novo título é recuperação do antigo, e nos dá a pauta para um enquadramento exato desta festa do Senhor, que se cai no domingo tem preferência litúrgica.

Com base no evangelho de hoje em que Simeão proclama Jesus como Luz das nações, uma longa tradição eclesial viu neste dia a festa das Candeias ou da Candelária; isto é, a festa da Luz, que é o próprio Cristo conforme a definição no prólogo do quarto Evangelho. Na bênção das velas que, onde é feita, precede a Missa, a antífona repetida na procissão e como canto de entrada é precisamente: "Luz para iluminar as nações e glória de teu Povo Israel".

* Sobre o sentido desta festividade é importante a consideração de Paulo VI em sua exortação apostólica *Marialis cultus* (1974):

"Para poder assimilar plenamente seu vastíssimo conteúdo, a festa de 2 de fevereiro, à qual foi restituído o título de 'Apresentação do Senhor', deve ela ser considerada memória conjunta do Filho e da Mãe. Isto é, celebração de um mistério da salvação realizada por Cristo, ao qual a Virgem esteve intimamente unida como Mãe do Servo sofredor de Javé, como executora de uma missão referida ao antigo Israel, como modelo do novo Povo de Deus, constantemente provado na fé e na esperança pelo sofrimento e pela perseguição" (MC 7,2).

b) **Para além do cumprimento legal**. - Tirado do "evangelho da infância" segundo Lucas, lemos hoje a Apresentação de Jesus no templo de Jerusalém (2,22-40; também na Sagrada Família, ano B). O relato da infância de Jesus segundo Lucas e Mateus segue um gênero literário midráshico hagádico que enriquece e interpreta um fato histórico-teológico com citações, tipos e referências do Antigo Testamento (ver Epifania, ano A). Na perícope de hoje está subjacente intencionalmente a comparação com a apresentação do menino Samuel, depois grande profeta, por sua mãe Ana ao sacerdote Eli (1Sm 1,24-28).

Maria e José vão com o Menino ao templo de Jerusalém para cumprir a dupla prescrição da lei mosaica: apresentação do varão primogênito ao Senhor para o seu resgate (Êx 13,11-16), e purificação da mãe aos quarenta dias após o parto (Lv 12,2-8). Ao celebrar este dia litúrgico e vendo em Maria a "Virgem oferente", que é modelo da comunidade cristã no exercício do culto,

> "a Igreja, guiada pelo Espírito, vislumbrou para além do cumprimento das leis relativas à oblação do primogênito e da purificação da mãe, um mistério de salvação em relação com a história salvífica. Isto é:
>
> - notou a continuidade da oferta fundamental que o Verbo humanado fez ao Pai ao entrar no mundo (cf. Hb 10,5-7);
>
> - viu proclamada a universalidade da salvação, porque Simeão, saudando no Menino a luz que ilumina as nações e a glória de Israel (Lc 2,32), reconhecia nele o Messias, o Salvador de todos:
>
> - compreendeu a referência profética à Paixão de Cristo: As palavras de Simeão que uniam num só vaticínio o Filho, "sinal de contradição" (v. 34), e a Mãe a quem a espada haveria de atravessar a alma (v. 35), cumpriram-se sobre o Calvário.
>
> Mistério de salvação, pois, que o episódio da Apresentação no Templo orienta em seus vários aspectos até o acontecimento salvífico da Cruz.
>
> A própria Igreja, sobretudo a partir dos séculos da Idade Média, percebeu no coração da Virgem que leva o Menino ao Templo de Jerusalém para apresentá-lo ao Senhor, uma vontade de oblação que transcende o significado ordinário do rito" (MC 20,1).

2. Manifestação e proclamação messiânica de Jesus

a) **Proclamação messiânica no templo**. - As palavras de Simeão contêm uma proclamação em sua primeira parte (vv. 25-32), e uma profecia na segunda (vv. 33-35), e constituem o ponto central e básico do relato evangélico. Simeão, assim como Ana, a profetisa (vv. 36-38), encarna a expectativa messiânica do povo israelita; e sua intervenção é um compêndio de cristologia, pois sob a inspiração do Espírito Santo chama a Jesus Salvador, Luz das nações e Glória de Israel. É a idéia que o Prefácio recolhe e a impostação exata do mistério que celebramos: "Hoje vosso Filho, Senhor, é apresentado no Templo e é proclamado pelo Espírito: Glória de Israel e Luz das nações".

Na primeira parte da alocução de Simeão, isto é, na proclamação messiânica de Jesus, escutamos um eco, melhor dizendo, vemos a realização do anúncio do profeta Malaquias: vinda do Senhor ao Santuário (3,1-4: *1ª leit.*). O livro de Malaquias (= "meu mensageiro", em hebraico) foi redigido pelo ano 450 a.C., pouco antes da reforma religiosa do sacerdote Esdras e do governador Nehemias, quase um século depois da volta do desterro babilônico (538 a.C.). Todo o livro, centralizado na figura do Mensageiro, visa criar uma nova atitude religiosa que, por sua vez, renove o culto do templo, que estava em franca decadência.

Na entrada e apresentação de Jesus no templo de Jerusalém se verifica a aparição do Senhor vaticinada por Malaquias. Cristo Jesus é a presença de Deus no meio de seu Povo, como antigamente o foi a Arca da Aliança e a Nuvem de Glória de Javé. Jesus é também o novo Templo; e vem inaugurar o novo culto, a nova religião em espírito e em verdade como Ele mesmo disse à Samaritana (Jo 2,19; 4,23).

No texto evangélico e na boca de Simeão há uma proclamação solene, quase oficial, de Jesus no próprio templo de Jerusalém, como o Messias esperado. Isto se expressa à base de um conglomerado de citações do Segundo Isaías, referentes ao Servo de Javé. É a releitura messiânica e pascal que a comunidade cristã e o evangelista fazem das mesmas.

Próprio de Lucas, cristão de origem grega e que escreve preferentemente para os não judeus, é o realce que dá à universalidade da Salvação de Deus nos lábios de Simeão: "Agora, Senhor, podeis deixar ir em paz o vosso servo, conforme a vossa palavra, porque os meus olhos viram a vossa Salvação, que preparastes diante de todos os povos: Luz para iluminar as nações e para dar glória a Israel, vosso povo" (vv. 29-30). Feliz este ancião a quem a passagem dos anos em vez de apagar sua pupila deu-lhe uma visão mais aguda e penetrante para ver naquela oblação, que parecia tão rotineira como uma de tantas outras, um casal diferente e uma criança sem igual, o Messias de Deus.

b) **Profecia de Simeão**. - A segunda parte da intervenção de Simeão dirige-se à Mãe de Jesus, que centraliza o fio narrativo do Evangelho da infância segundo Lucas: "Eis que este Menino está destinado a ser ocasião de queda e elevação de muitos em Israel e sinal de contradição. Quanto a ti, uma espada te transpassará a alma. Assim serão revelados os pensamentos de muitos corações" (vv. 33-35). Depois da mensagem de proclamação messiânica se anuncia o drama paradoxal de Jesus como uma contra-luz que fere os olhos. Nesse drama doloroso, a Paixão do Senhor, Maria tem também sua participação com Jesus que mais tarde confirmaria as palavras de Simeão: "Não pensem que eu vim ao mundo para trazer a paz, mas a espada (Mt 10,34).

"Assim a bem-aventurada Virgem avançou em peregrinação de fé. Manteve fielmente sua união com o Filho até à cruz, onde esteve não sem desígnio divino (Jo 19,25). Veementemente sofreu junto com seu Unigênito. E com ânimo materno se associou ao Seu sacrifício, consentindo com amor na imolação da vítima por ela mesma gerada" (LG 58).

Desta maneira, "não foi um instrumento passivo nas mãos de Deus, mas cooperou na salvação dos homens com fé e obediência livres" (LG 56).

Depois a profetisa Ana vem juntar-se a Simeão na esperança de quantos aguardavam a libertação de Israel. Este é o grupo dos simples aos quais o Pai revela o mistério de Cristo e do Reino; aqueles que sabem ler sob sinais tão pobres e corriqueiros a manifestação de Deus na humanização de seu Filho, Cristo Jesus. Ana e Simeão, aos quarenta dias do nascimento do Senhor, descobrem-no como os pastores de Belém e os magos do Oriente; mas para os sábios, os vaidosos e auto-suficientes, ao contrário, o mistério continua oculto.

3. Uma bandeira discordante

a) **Ruptura atual entre fé e cultura**. - A passagem do tempo verificou e continua verificando a profecia de Simeão: Jesus e sua mensagem foram e são sinal de contradição. O conflito com as autoridades político-religiosas de seu tempo se resolveu como tantas vezes na história, em clima de violência cuja primeira vítima foi o próprio Jesus.

Cristo e seu evangelho continuam sendo contestados e dividem os homens: divisão que se traduz hoje com características próprias. Não se trata tanto de uma opção a favor ou contra, quanto de uma atitude de fé ou de descrença. Mas o tipo de descrença que hoje em dia campeia não costuma ser o ateísmo militante e combativo, mas antes é um agnosticismo, a abstenção, a indiferença religiosa. Simplesmente se deixa Deus de lado: ou se procura deixar. Porque não é tão fácil prescindir dele. A pergunta sobre Deus é a mais constante na história do homem, apesar de todas as mudanças, revoluções e progressos técnicos, mas varia em sua formulação.

Que "apresentação de Deus" é a mais apropriada para hoje? As profundas mudanças sócio-culturais que estão se produzindo em nossa sociedade devido à secularização, ao pluralismo ideológico e à mentalidade positivista, lançam um desafio e propiciam uma oportunidade para uma nova oferta evangelizadora da fé; que passará necessariamente por uma crise de maturação e purificação. Crise própria de uma nova etapa de inculturação da fé, com seus intentos e fracassos, suas falhas e esperanças, suas luzes e sombras. Mas esta nova evangelização é inescusável (EN 20).

b) **Inculturação da fé**. - A evangelização do homem contemporâneo tem uma condição fundamental: a inculturação da fé no mundo de hoje; e isto por uma dupla fidelidade à mensagem e ao destinatário da mesma (cf. EN 4).

Inculturar a fé cristã é alcançar a plena assimilação da mesma a partir do interior da própria cultura de modo que a fé se encarne dinâmica e criativamente na alma e no sentir do povo. Daí brotará necessária e felizmente um pluralismo na unidade e universalidade da fé. E assim o Espírito de um novo Pentecostes criará uma "comunhão que enriquece ao mesmo tempo a própria Igreja e as diferentes culturas" (GS 58,3; cf. LG 13,3).

A fé não deve ser imposta, e hoje menos que nunca, mas proposta à livre opção pessoal. A evangelização deve estar orientada a suscitar uma fé vivida comunitariamente e capaz de impregnar a cultura ambiental e transformar a sociedade mediante a total conversão dos crentes ao testemunho, à responsabilidade cívica, à solidariedade, ao amor libertador e ao contágio da esperança.

Também a autoridade eclesial, outrora indiscutível, terá de apoiar-se no testemunho da comunidade para a credibilidade do anúncio evangélico; testemunho visível e palpável em sinais fidedignos de compromisso, tais como: afirmação e defesa dos direitos humanos, novos modos de presença testemunhal e de ação libertadora nos setores humanos mais deprimidos e marginalizados. Numa palavra, a evangelização que é anúncio de uma alegre notícia: a salvação do homem por Cristo deverá realizar-se a partir da pobreza evangélica, do serviço e não do poder, para assim oferecer convincentemente o estilo de vida de Jesus.

Missão da Igreja e do cristão, missão nossa, é saber apresentar hoje o Cristo diante dos homens e ser testemunhas da Luz que é o mesmo Cristo, para iluminar a quantos caminham nas trevas e sombras de morte.

19 de março

São José (A)

2Sm 7,4-5a.12-14a.16: O Senhor Deus lhe dará o trono de Davi, seu Pai.
Rm 4,13.16-18.22: Apoiado na esperança, acreditou contra toda esperança.
Mt 1,16.18-21.24a: José fez o que lhe mandara o Anjo do Senhor. (Ou também:
Lc 2,41-51a: Seu pai e eu o estávamos procurando cheios de aflição.)

VOCAÇÃO DE SERVIÇO

1. No dinamismo messiânico pela fé que obedece
2. José, figura chave do evangelho da infância de Jesus
3. São José: vocação de serviço
a) A missão de um homem "sinal"
b) Menção especial para um ator secundário
4. Projeção eclesial da figura de São José
a) Patrono da Igreja
b) Seminários e vocações sacerdotais

***

As leituras bíblicas desta festividade de São José, Esposo da Virgem Maria, são de ciclo único com a variante do evangelho opcional; e mostram uma sucessão de três pessoas que são os marcos progressivos na genealogia de Jesus, o Messias, tal como vem consignado no primeiro capítulo do evangelho de Mateus.

No longo processo da salvação de Deus que culmina na encarnação de sua Palavra pessoal na raça humana, destacam-se estes três elos da cadeia: 1) Abraão, pai do povo do Antigo Testamento e modelo perene dos crentes (*2ª leit.*). 2) Davi, cuja descendência é depositária das promessas messiânicas (*1ª leit.*). 3) José, da casa de Davi e esposo de Maria que é a mãe virginal de Jesus, filho de Davi, filho de Abraão (*evang.*).

1. **No dinamismo messiânico pela fé que obedece**

São José liga-se linearmente com a dinastia messiânica não somente em razão de árvore genealógica mas, e sobretudo, pelo dinamismo da obediência de sua fé que o impulsiona a aceitar uma missão obscura, embora fundamental, nos planos de Deus sobre a salvação humana: ser o pai legal de Jesus, chamado Messias e Filho de Davi.

a) Assim o acentua a passagem bíblica lida hoje como *segunda leitura* (Rm 4,13-22). Nesta carta aos Romanos Paulo expõe a doutrina sobre a justificação pela fé, deixando bem claro a gratuidade da salvação de Deus: "Como tudo depende da fé, tudo é graça" (v. 16). E propõe um exemplo concreto: Abraão. Ao contrário do que defendiam certas escolas rabínicas de seu tempo, Paulo afirma que não foi a observância da lei, ainda não promulgada no Sinai, que mereceu para Abraão a promessa do Senhor, mas sim sua obediência na fé; uma fé contra toda esperança humana de sucessão. "Apoiado na esperança creu Abraão, contra toda esperança, que chegaria a ser pai de muitas nações" (v. 18).

Herdeira da bênção de Deus não é tanto sua descendência de sangue quanto a família espiritual nascida da fé que Abraão, pai de todos os crentes, encarna e representa. Entre esses destaca-se São José, posto à prova por Deus no próprio umbral do mistério de salvação, revelado em plenitude no filho de sua esposa Maria, Cristo Jesus; Ele é por antonomásia a descendência de Abraão (Gl 3,16).

b) Em Cristo se cumpre e tem seu apogeu a profecia contida na *primeira leitura*: 2Sm 7,4-16 (que com pequenas variantes se repete no 4º Dom. do Advento, ano B). Davi, depois de edificado seu palácio em Jerusalém, propõe-se construir um templo ao Senhor, onde seria colocada a Arca da Aliança que permanecia ainda numa tenda. Por boca do profeta Natã Deus promete construir para Davi uma casa real ou dinastia perpétua. Profecia que alcança sua plena verificação em Jesus de Nazaré, descendente e filho de Davi por parte de seu pai "legal" José, o esposo de Maria, a mãe do Messias.

c) Assim o proclama o *evangelho* de hoje: Mateus 1,16-24, que com pequenas mudanças no número de versículos - mais reduzidos hoje - é o mesmo que se lê no 4º Dom. do Advento do ano A. (Para um desenvolvimento mais detalhado, ver esse dia nesta obra. E se preferir o Evangelho opcional - Lc 2,41-51a -, ver Sagrada Família, Ano C).

2. José, figura chave no evangelho da infância de Jesus

Nos primeiros momentos de seu matrimônio com Maria, José é submetido à prova por Deus; e ele dá uma resposta incondicional de fé aceitando o desígnio de Deus sobre sua própria pessoa, tal como lhe é revelado pelo Anjo do Senhor.

No evangelho da infância de Jesus, Mateus constata e encena literariamente - dramatiza - a experiência vivencial de José (assim como Lucas dramatiza a de Maria) diante do fato extraordinário e para ele inexplicável da concepção virginal de sua esposa por obra e graça do Espírito Santo. Neste Evangelho se reflete a caminhada progressiva que mais tarde fizeram os apóstolos e as primeiras comunidades cristãs em sua reflexão e conhecimento da pessoa e mistério de Jesus, o Messias e Senhor ressuscitado, que em sua vida terrena foi chamado o filho de Maria e tido por filho de José, o carpinteiro de Nazaré.

Conduzidos pelo Espírito da Verdade que haveria de guiá-los até à verdade plena sobre Jesus (Jo 16,13), fizeram o descobrimento e aprofundaram o mistério virginal de Jesus por Maria. Não se trata aqui de uma reprodução do mito em uso em muitas das teogonias e mitologias da Antigüidade, pois sua base é a revelação de Deus, da qual Maria e José foram os primeiros destinatários e através deles pôde passar à comunidade. Simultaneamente se esclareceram a missão de José e seu alto posto no plano divino da salvação, como esposo de Maria e pai "legal" de Jesus, o Messias, que por meio de José se entronca à estirpe davídica (ver "Evangelho da Infância": Epifania, A).

3. São José: vocação de serviço

a) **A missão de um homem "sinal"**. - Já é algo comum lamentar o pouco que os Evangelhos nos falam de São José; mas é o suficiente para defini-lo como um homem sinal e sua missão. Seu porte humano se agiganta a partir da fé que o animou. Na linguagem bíblica dizer de uma pessoa que é "justo e bom", é dizer tudo: justiça e bondade segundo Deus. Absoluta honradez e retidão que em José de Nazaré se explicitam numa série de qualidades modelares para o crente de todos os tempos:

- Respeito diante do mistério de Deus, operado em Maria;
- fidelidade a toda prova de um homem que se fia de Deus;
- integridade e honradez silenciosas;
- vazio de si mesmo e operosidade sem protagonismos;
- e sobretudo, disponibilidade absoluta, fruto da obediência de sua fé, para a vocação de serviço e da missão que o Senhor lhe confia: ser o pai legal de Jesus, como esposo que era de Maria, sua mãe virginal.

b) **Menção especial para um ator secundário**. - Tudo isto cria o atrativo peculiar da figura de São José, apesar de não ser ele essa classe de pessoas que não podem faltar numa enciclopédia ou anuário mundial, num almanaque ou índice onomástico "quem é quem", ou nas indicações para um "Oscar" de protagonista ou de homem famoso. Contudo, sua figura silenciosa está arraigada muito profundamente no povo cristão, dentro do qual muitos trazem seu próprio nome.

- Há constância histórica na *veneração* dos fiéis a São José desde o século VII, embora sua festa litúrgica oficial date do século XII. Em tempos mais recentes o Papa João XXIII introduziu a menção de seu nome no cânon romano da missa, logo depois do nome de Maria (*Oração Eucarística*, I).

- Do mesmo modo os múltiplos títulos de padroeiro de São José demonstram sua relevância eclesial, pois brotam de sua condição de homem sinal e expressam sua vocação de serviço à missão que lhe foi confiada. Assim, é tido por patrono da Igreja universal, do amplo mundo do trabalho, e dos seminários onde se preparam os vocacionados ao sacerdócio para o serviço do Povo de Deus.

* Nos seguintes ciclos B e C trataremos mais detidamente, nesta festividade de São José, do tema do trabalho. Agora vamos nos fixar no significado de São José para a vida e missão da Igreja, isto é, de todos os cristãos.

4. Projeção eclesial da figura de São José

a) **Patrono da Igreja**. - Assim foi declarado pelo Papa João XXIII, acolhendo o sentir da tradição eclesial. Ser patrono significa não somente ser guarda e protetor, mas também modelo e guia no seguimento de Cristo. Da mensagem das leituras bíblicas de hoje se depreende que se o patriarca

Abraão é pai e modelo de fé para todos os crentes em Deus, como diz São Paulo, igualmente o é São José para todo cristão, para todo aquele que crê em Cristo e o segue.

Entre as múltiplas razões pelas quais se atribui a São José o patrocínio e a exemplaridade eclesial podemos apontar como as mais fundamentais:

- Por ser cabeça da Sagrada Família que foi a primeira Igreja doméstica, embrião da igreja familiar e universal.

- Sua condição de esposo de Maria, a Mãe do Senhor, e de pai legal de Jesus lhe confere uma paternidade espiritual que se prolonga sobre a Igreja que Cristo fundou como seu Povo e seu Corpo, do qual Ele é a cabeça e nós os seus membros.

- Finalmente, se toda a vida humana é chamamento de Deus e resposta do homem, a vocação de José de Nazaré se resume em seu serviço ao mistério da salvação humana por Deus, realizada na pessoa e missão de Jesus. Pois bem, esta missão de Cristo foi transmitida por Ele à Igreja. Assim esta tem em São José um perfeito modelo de serviço à missão. Sua atitude respeitosa diante do mistério e sua conduta com Jesus e Maria, sem protagonismo pessoal, mas com absoluta fidelidade e firmeza, é uma tela onde a Igreja pode ler e entender sua própria missão ao serviço do Reino de Deus entre os homens.

b) **Seminários e vocações sacerdotais**. - Na perspectiva da missão eclesial destacamos hoje a vocação e o ministério dos sacerdotes ao serviço do povo fiel. Eles são os dispensadores dos mistérios de Deus a seus irmãos os homens mediante a palavra, a solicitude pastoral e os sacramentos, entre os quais têm realce especial a eucaristia e a reconciliação. Tirados de dentre os homens e do seio da comunidade cristã, Cristo configura os sacerdotes à sua própria pessoa e funçoes mediante o sacramento da ordem e o carisma do sacerdócio ministerial. Assim participam no sacerdócio de Cristo, que se formou e cresceu no seio de uma família de Nazaré como o primeiro seminário da Igreja e o prolongam.

Por isso a festividade de São José tem uma referência aos seminários e centros de formação de futuros sacerdotes e missionários, pois estes encontram em São José um protetor e um modelo de entrega à obra de Cristo que é o Reino de Deus. A paternidade espiritual de São José, sua castidade são exemplo e estímulo para os sacerdotes que optam generosamente por uma paternidade espiritual dos fiéis, como vocação de amor aos homens seus irmãos e como expressão de um seguimento radicalmente evangélico de Cristo.

O tema e o problema das *vocações sacerdotais* é sempre de atualidade porque a comunidade cristã e a missão evangelizadora e salvadora da Igreja necessitam de homens generosos, capazes de responder com absoluta disponibilidade, como São José, ao chamamento do Espírito em favor dos demais. Jovens abertos ao ideal sublime do serviço aos irmãos, vazios de si mesmos e de qualquer protagonismo estéril, firmes na fé e na esperança, testemunhas de Cristo e servidores alegres como Ele que veio para servir e não para ser servido.

O primeiro canteiro de vocações sacerdotais é a família cristã, como reconhecia o Papa João XXIII falando de sua própria família e vocação. De um ambiente familiar generoso e com clima de fé pode-se esperar a exata valorização da vocação ao ministério sacerdotal como um dom extraordinário de Deus. De tais famílias é que devem brotar as vocações sacerdotais e missionárias como expressão do mais sério compromisso de vida cristã ao serviço do Reino de Deus.

"Nela, como Igreja doméstica (que é a família) os pais devem ser para seus filhos os primeiros pregadores da fé mediante a palavra e o exemplo, e devem fomentar a vocação própria de cada um, mas com cuidado especial a vocação sagrada" (LG 11,2).

Bendigamos ao Senhor na festa de São José e oremos a Deus Pai com a liturgia para que, pela intercessão de São José e seguindo seu exemplo silencioso e eficaz, a Igreja realize no mundo a missão salvadora de Jesus e leve à plenitude os mistérios da salvação dos homens que foram confiados em primeiro lugar à fiel custódia de São José.

25 de março

Anunciação do Senhor

Is 7,10-14: A Virgem está grávida.
Hb 10,4-10: Eis-me aqui, ó Deus, para fazer a vossa vontade.
Lc 1,26-38: Conceberás e darás à luz um Filho.

OTIMISMO DE DEUS COM RESPEITO AO HOMEM

1. Celebramos a Encarnação do Filho de Deus
a) Cristo e Maria: um duplo "faça-se"
b) Profissão de fé cristológica
2. A Anunciação do Senhor
a) O dado revelado é o fato real da Encarnação
b) A encenação: Diálogo do Anjo e Maria
c) A interpretação: Dentro de um esquema bíblico de vocação
3. Cristo, o homem novo
a) Duas cristologias complementárias
b) Otimismo de Deus com respeito ao homem
c) Um cristianismo de encarnação

***

1. Celebramos a Encarnação do Filho de Deus

O Evangelho de hoje se lê também na festa da Imaculada e no 4º domingo do Advento, ano B. Sua mensagem central é a Encarnação do Filho de Deus no seio da Virgem Maria. A Encarnação é também o tema que centraliza a eucologia da Missa de hoje: orações e prefácio.

a) **Cristo e Maria: um duplo "faça-se".** - A propósito desta festa que passou da liturgia oriental à romana no século VII, lemos na Exortação Apostólica Marialis Cultus de Paulo VI:

> "Para a solenidade da Encarnação do Verbo foi restabelecida no Calendário Romano, com decisão motivada, a antiga denominação: Anunciação do Senhor. Mas a celebração era e é uma festa conjunta de Cristo e da Virgem: do Verbo que se faz filho de Maria" (Mc 6,3), e da Virgem que se converte em Mãe de Deus.
>
> *Com relação a Cristo*, o Oriente e o Ocidente na inesgotável riqueza de suas liturgias celebram tal solenidade como memória do "fiat" salvador do Verbo encarnado, que entrando no mundo disse: "Eis-me aqui, venho, ó Deus, para fazer a vossa vontade" (Hb 10,7: 2ª *leit.*): e como comemoração do princípio da Redenção e da indissolúvel e esponsal união da Natureza divina com a humana na única pessoa do Verbo.
>
> Por outra parte, *com relação a Maria*: como festa da Nova Eva, virgem fiel e obediente que com seu "fiat" generoso (Lc 1,38) se converteu, por obra do Espírito Santo, em Mãe de Deus e também em verdadeira Mãe dos

viventes, e que ao receber em seu seio o único Mediador (1Tm 2,5) se constituiu também em verdadeira Arca da Aliança e autêntico Templo de Deus; como memória de um momento culminante do diálogo de salvação entre Deus e o homem, e comemoração do livre consentimento da Virgem e de seu concurso ao plano de Redenção" (MC 6,2).

b) **Profissão de fé cristológica**. - Confessar a maternidade divina de Maria como unida inseparavelmente à Encarnação do Filho de Deus, é fazer uma profissão de fé cristológica. Uma mariologia autêntica revela uma cristologia exata; isto é, a verdade sobre Maria serve de apoio à verdade sobre Cristo. E estamos muito necessitados disto numa época em que muitos cristãos deixaram de ver com clareza o nexo entre a divindade e a humanidade de Cristo, como afirma M. Thurian. No dizer de alguns ronda-nos um "novo docetismo", isto é, um Cristo desumanizado que fica em mera idéia; e nos ameaça também o perigo de negar a divindade de Cristo para afirmar tão somente "a presença salvífica de Deus no homem Jesus".

Por isso proclamar e venerar a Santa Maria como Mãe de Deus é um antídoto contra este secularismo da fé, e a verificação prática da ortodoxia que confessa a Cristo como verdadeiro homem e verdadeiro Deus (ver: Santa Maria Mãe de Deus, ano B,1).

2. A Anunciação do Senhor

Para ler devidamente a página evangélica de hoje, que contém uma magistral composição literária de Lucas (1,26-38), temos de distinguir na unidade do relato da Anunciação vários níveis de leitura: o dado revelado, sua encenação, e sua interpretação dentro do esquema bíblico de vocação.

a) **O dado revelado** é o fato real da Encarnação do Filho de Deus, Cristo Jesus, no seio de uma donzela judia chamada Maria. Não estamos diante de um fato mitológico, um dos tantos das antigas religiões, mas diante de um acontecimento real, embora inaudito: Tendo-se cumprido o tempo, Deus enviou seu Filho, nascido de uma mulher (Gl 4,4). Esta é Maria de Nazaré. Ela assume voluntariamente sua maternidade divina que condicionará toda sua vida e sua relação com Deus: desde sua concepção imaculada até sua assunção em corpo e alma à glória do céu, para continuar ali sua intercessão pelos irmãos de seu Filho que peregrinam para a pátria futura.

b) **A encenação** dramática deste fato salvador de Deus tem seus atores e protagonistas que são: o Anjo do Senhor (isto é, Deus), Maria, o Espírito Santo, e Jesus que é o Filho de Deus feito homem na virgem de Nazaré. *Tudo* gira em torno do diálogo entre o anjo Gabriel e Maria. Os detalhes não têm significado isoladamente, mas só dentro da perspectiva global do Anúncio do dado revelado. Pois não é intenção primordial do evangelista dar-nos uma história detalhada ou uma reportagem dos fatos, mas uma mensagem de salvação humana por Deus.

O Anjo da anunciação chama-se Gabriel, segundo Lucas, porque a seu nome os judeus uniam a profecia das setenta semanas de anos para a chegada do Messias (Dn 9,21). Ao se cumprir agora o tempo, Deus estabelece um novo começo para a história humana, uma nova criação pelo Espírito mediante a Encarnação de seu Filho na raça humana a fim de restaurar a Humanidade. Para esta tarefa Deus conta com o "sim" que Maria adianta incondicionalmente: Eis aqui a serva do Senhor, faça-se em mim segundo tua palavra (Lc 1,38).

Estas palavras de Maria fazem eco à disponibilidade do próprio Cristo ao entrar no mundo, tal como se diz na *segunda leitura* (Hb 10,4-10). Em seu diálogo inicial com o Pai, Jesus declara o programa síntese de sua vida: Aqui venho, ó Deus, para fazer a tua vontade (v. 7; Sl 40,7-9). Porque este é o sacrifício e o culto pessoal que Deus prefere aos sacrifícios rituais.

c) **A interpretação** midráshica e hagádica é o ambiente próprio dos relatos do "evangelho da infância" de Jesus, ao qual pertence o da Anunciação. Como vimos em outra ocasião (Epifania, ano A), no evangelho da infância segundo Mateus e Lucas não há o intento de narrar primordialmente para nós história rigorosa e detalhada, mas história "comentada", isto é, revelação de Deus baseada na história de salvação, iluminada com referências ao Antigo Testamento, interpretada e lida a partir da plena luz da fé pascal da primitiva comunidade cristã.

Na cena e no diálogo da Anunciação descobrimos a dinâmica do chamamento e da resposta, isto é, o *esquema vocacional* comum a todos os casos de chamamento de Deus. Assim aparece nas referências do Antigo Testamento desta página evangélica: vocação de Moisés, Gedeão, Samuel, Saul, Jeremias... E se desenrola conforme estas etapas:

1ª *Saudação e missão a cumprir*: Alegra-te, cheia de graça... Não temas... Darás à luz um filho (vv. 28-33). Já se verificam a profecia e o sinal do Emanuel: Deus-conosco, que lemos na *primeira leitura* (Is 7,10-14; para um comentário mais extenso ver 4º Dom. Adv. ano A,1,d).

2ª *Pergunta-objeção de Maria*: Como pode ser isto, pois não conheço varão (v. 35). Pergunta que introduz a explicação do Anjo sobre a intervenção de Deus.

3ª *Solução do problema*: O Espírito Santo descerá sobre ti e a força do Altíssimo te cobrirá com sua sombra (v. 36). Referência à *shekináh* do Antigo Testamento, a presença de Deus na Nuvem, cobrindo a Tenda do Encontro que continha a Arca da Aliança e se inundava da glória de Javé (Êx 40,34).

4ª *Um sinal da ação de Deus*: É a gravidez de Isabel, parenta de Maria. Apesar de sua velhice, concebeu um filho aquela a quem chamavam estéril, "porque para Deus nada é impossível" (vv. 36-37). Este comentário do Anjo Gabriel repete o que Deus dissera a Abraão, o pai da promessa messiânica, quando os três mensageiros lhe anunciaram a futura maternidade de Sara, sua esposa anciã, que se riu no seu interior (Gn 18,1-14).

5ª *Aceitação de Maria*: Eis aqui a serva do Senhor... (v. 38). Assim ela se tornou Mãe do Senhor. "Maria não foi um instrumento meramente passivo nas mãos de Deus, mas cooperou na salvação dos homens com fé e obediência livres" (LG 56).

3. **Cristo, o homem novo**

a) **Duas cristologias complementárias**. - Cristo Jesus, o Filho de Deus feito homem, tornou-se o modelo e a forma do homem, pois Ele é o Homem Novo. Devido a isso, "na realidade, o mistério do homem só se torna claro verdadeiramente no mistério do Verbo encarnado... Cristo, o novo Adão, na mesma revelação do mistério do pai e de seu amor manifesta plenamente o homem ao próprio homem, e lhe descobre a sua altíssima vocação" (GS 22,1).

Por isso importa penetrar a fundo no mistério da Encarnação que hoje celebramos. Na história da fé e da teologia cristãs, a pessoa e a obra de Cristo foram vistas a partir de diferentes ângulos de enfoque conforme épocas e condicionamentos sócio-culturais. Em grandes traços poderíamos falar de duas cristologias: vertical uma, horizontal outra. Não devemos vê-las como excludentes, pois mutuamente se completam.

O Cristo da teologia escolástica tradicional é um Cristo *vertical*: Verbo de Deus feito homem, Filho do Pai, segunda Pessoa da Santíssima Trindade, Redentor do homem pecador, Cabeça do Corpo místico que é a Igreja e Fundador da mesma, autor da salvação humana, fonte de vida eterna para a Humanidade afastada de Deus, e modelo de espiritualidade e virtudes cristãs.

O Jesus da cristologia atual é um Cristo mais *horizontal*. Sem negar e admitindo alegremente todo o anterior, esta nova cristologia acentua mais em Jesus o Homem-para-os-outros (D. Bonhoeffer), Servidor do Pai e dos homens, Libertador dos pobres, Profeta da justiça e do amor, em conflito permanente com os poderes deste mundo e vítima dos mesmos. Testemunha de uma religião em espírito e verdade, encarnação das Bem-aventuranças, irmão e amigo do homem, apaixonado pela fraternidade humana, e presente no difícil caminhar do Povo de Deus pelo mundo e pela história.

b) **Otimismo de Deus a respeito do homem**. - Cristo Jesus é tudo isso e muito mais; o maior e o mais sublime que passou por este mundo aqui embaixo. Ao celebrar sua Encarnação cremos na humanização de Deus para a divinização do homem; pois o Filho de Deus se faz homem para que o homem se converta em filho de Deus. Este duplo movimento do projeto divino tem um ponto de apoio na maternidade divina de Maria. Ela é a ponte que une as duas margens. No seio de Maria operou-se o fato mais surpreendente da história: o encontro pessoal de Deus com o homem; tão pessoal que a Palavra eterna, o Filho do Pai, se faz humano em Maria e se encarna em nossa raça. Se isso não fosse um dado de fé, pareceria pura fantasia mitológica.

"Aquele que é a imagem do Deus invisível (Cl 1,15) é também o Homem perfeito que devolveu à descendência de Adão a semelhança divina deformada pelo primeiro pecado. Porque em Cristo a natureza humana foi assumida, não absorvida, por isso mesmo também em nós foi elevada à dignidade sem igual.

Com sua Encarnação o Filho de Deus se uniu de certo modo com todo homem. Trabalhou com mãos de homem, pensou com inteligência de homem, agiu com vontade de homem, amou com coração de homem. Nascido da Virgem Maria se fez verdadeiramente um de nós, semelhante em tudo a nós, exceto no pecado (Hb 4,15)" (GS 22,2).

Apesar do pessimismo ambiental sobre o ser humano, Deus crê nele e crê em nós: e tanto, que se encarna, se faz homem. Os meios de expressão atual (arte, literatura, cinema, teatro) e os de comunicação social (imprensa, rádio, televisão) nos transmitem um fundo de pessimismo antropológico, apesar dos surpreendentes avanços tecnológicos. Será possível o homem ser redimido da injustiça, opressão, escravidão, violência, degradação pessoal e destruição ecológica? Chegará o homem alguma vez a ser livre de verdade, dono de si mesmo, solidário com os demais, filho de Deus, numa palavra, e irmão dos homens? Pois bem, a mensagem da Anunciação do Senhor é positiva e de um otimismo esperançoso: porque Deus crê no homem que Ele formou e não está ciumento da liberdade humana. Pois tanto mais Deus é criador quanto mais responsabiliza o homem a respeito da obra de suas mãos.

c) **Um cristianismo de encarnação**. - O "faça-se" de Cristo e de Maria é um "sim" para o homem novo, para a nova Humanidade reconciliada com Deus por Cristo. Seguindo seu exemplo necessitamos de um cristianismo de encarnação que prolongue essa Aliança de Deus com o homem. A absoluta disponibilidade de Jesus e de Maria, tal como no-la descrevem a *primeira leitura* e o *evangelho* da Anunciação do Senhor, mostra ao cristão de hoje o estilo de assumir compromissos de presença no mundo e na sociedade em que vive.

Ser cristão não se reduz a aceitar um credo, uma autoridade religiosa, algumas práticas de culto e umas normas éticas. Ser discípulo de Jesus de Nazaré é também se encarnar como Ele na entrega ao irmão, especialmente àquele que mais necessita. Este é o exemplo que seguiram os grandes cristãos de todos os tempos. A lista dos problemas humanos coincide com o elenco dos direitos do homem, e são por isso mesmo parcela do amor evangélico que prolonga no tempo a Encarnação libertadora de Cristo.

Hoje sobram palavras demagógicas e faltam fatos concretos de libertação dos humildes e de amor aos irmãos. As relações entre os homens começarão realmente a ser novas quando, vencendo com a força do Alto as potências do mal que se opõem à liberdade, à vida e ao amor, plasmarmos nossos sentimentos e atitudes em ações solidárias de repulsa a toda injustiça, de promoção do pobre e de defesa da dignidade de todo ser humano. Visto a partir da Encarnação de Jesus e dos sinais do Reino, o pobre é "lugar teológico e evangélico", isto é, presença e encontro de Deus. O duplo "faça-se" de Cristo e Maria se converteram em missão, programa e lei vital de todo cristão e de toda comunidade cristã que reconhecem neles sua própria vocação de entrega e serviço.

24 de junho

Nascimento de São João Batista

* *Vigília*
Jr 1,4-10: Vocação do profeta Jeremias.
1Pd 1,8-12: A salvação foi o tema dos profetas.
Lc 1,5-17: Dar-te-á um filho e lhe porás o nome de João.
* *Dia da festa*
Is 49,1-6: Faço-te luz das nações.
At 13,22-26: João pregou antes da chegada de Cristo.
Lc 1,57-66.80: Seu nome é João.

A VOZ DE UMA TESTEMUNHA

1. Nasce um profeta, um homem missão
2. Personalidade de uma testemunha de exceção
a) Sinceridade e honradez
b) Humildade e sensatez
c) Testemunho profético
3. Um velho lema que é sempre atual
a) Mensagem de conversão
b) A resposta dos humildes
4. Conversão ao amor e à justiça

***

1. Nasce um profeta, um homem missão

Pelo conjunto das leituras bíblicas desta Solenidade, que vem sendo celebrada na liturgia eclesial desde o século IV, a figura de João Batista aparece retratada no perfil dos profetas.

As *primeiras leituras* (Véspera e Dia) são tiradas respectivamente de Jeremias e Isaías, no relato de sua vocação ao profetismo por Deus já desde o seio materno. Esse é também o caso de João Batista que saltou de alegria no ventre de sua mãe Isabel ao captar a presença do Messias na saudação de Maria.

As *segundas leituras* incidem na recordação neo-testamentária dos profetas anteriores a Cristo, entre os quais sobressai por sua missão o Precursor imediato do Messias. "Proclamou que o Salvador do mundo já estava próximo e o mostrou presente entre os homens" (Oração sobre as oferendas).

Pelas *leituras evangélicas* da Vigília e do Dia, tiradas de Lc 1, vemos que João entra como o último, na numerosa lista bíblica de "filhos presente de Deus" a matrimônios estéreis e de idade avançada, como é o caso de Zacarias e Isabel, seus pais. Seu nascimento extraordinário revela um destino especial e anuncia um homem missão, como no caso de outros profetas do Antigo Testamento, por exemplo, Samuel.

2. **Personalidade de uma testemunha de exceção**

Com breves traços os evangelistas descrevem a figura do Batista, impressionante como a de todos os profetas autênticos. Seu poder de fascinação e magnetismo sobre o povo não está precisamente num estilo doce, lisonjeiro e bajulador, mas antes em seu porte austero, penitente, radical, de servidor insubornável da verdade, sincero até à dureza e à falta de diplomacia. Sua linguagem, seu modo de vida, sua alimentação e sua vida no deserto dão o perfil do homem carismático e sinal de mudança, que é o primeiro em viver a mensagem de conversão que proclama.

Do conjunto dos evangelhos, especialmente dos primeiros capítulos dos Sinóticos que se lêem nos domingos do tempo do Advento, se concluem estes traços que desenham a personalidade de João Batista: é um homem sincero, humilde e com clara vocação de testemunha da Luz, que é Cristo (Jo 1,7).

a) **Sinceridade e honradez totais**: "Confessou sem hesitação". Sua retidão e seu amor à verdade lhe custaram a vida ao recriminar Herodes Antipas por sua conduta imoral: estar casado com Herodíades, mulher de seu irmão Filipe (Mc 6,17-29).

Quando os emissários dos sacerdotes de Jerusalém procuram ter clareza sobre sua identidade e lhe perguntam: Tu, quem és?, o Batista confessa sem reservas que ele não é o Messias esperado, nem Elias redivivo que devia preceder o mesmo conforme a crença dos judeus (baseada em Ml 3,23 e Eclo 48,10), nem o Profeta (Moisés). Ele é somente a voz que clama no deserto: Aplainai o caminho ao Senhor (Jo 1,19ss.).

Desta maneira João esclarece sua situação e personalidade, reivindicando para si a missão de precursor do Messias. E justifica também seu batismo de água como preparação penitencial do povo para a vinda do Messias e como antecipação do batismo no Espírito que distribuirá o Ungido.

b) **Humildade e sensatez** que não sucumbem à vaidade de se dar importância nem se embriagar com o aplauso das massas. Ele sabe bem que sua pessoa e ministério profético estão em segundo lugar e em função de outro superior a ele.

A figura "heterodoxa" do Batista no deserto, sem freqüentar o culto do templo de Jerusalém nem a sinagoga em dia de sábado (ao estilo dos essênios de Qumran, mas solitário e ao ar livre), suscitou não obstante um forte movimento religioso, popular e não de elite, que intrigava os chefes do culto e da ortodoxia e suscitava em todos os ambientes muitas interrogações a respeito de sua pessoa.

Por isso o povo todo estava em expectativa perguntando-se se não seria João o Messias esperado. Ele declarou-lhes: "Eu os batizo com água; mas vem aquele que pode mais que eu, e não mereço desatar as correias de suas sandálias. Ele os batizará no Espírito Santo e no fogo. Tem em suas mãos a pá para limpar seu terreiro. Vai guardar o trigo em seu paiol e queimará a palha numa fogueira que não se apaga (Lc 3,16-17).

João anuncia como próximo o Ungido de Deus, seu batismo e seu juízo escatológico. Para descrever este último usa a linguagem apocalíptica habitual na tradição profética do Antigo Testamento, que entendeu o Dia do Senhor e sua vinda como o dia da Cólera (Ez 7; Dn 7).

O Batista introduz um Messias que será juiz justiceiro; visão de acordo com a austera mensagem penitencial e de conversão deste rígido profeta. Mas o próprio Jesus suavizará depois a perspectiva, quando em sua entrevista com Nicodemos afirma: Deus não mandou seu Filho ao mundo para o condenar, mas para que este se salve por Ele (Jo 3,17).

c) **Testemunho profético**, repetido várias vezes, a serviço da missão que lhe fora confiada. Ele é a voz que anuncia o Messias e prepara os caminhos do coração humano para discernir os sinais dos tempos messiânicos. Depois de esclarecer aos enviados de Jerusalém que seu batismo é só de água em preparação àquele que o Ungido ministrará, testemunha abertamente a Jesus como o Messias que havia de vir. Ele já está presente no meio do povo eleito, mas os judeus não se deram conta: "No meio de vocês está um que vocês não conhecem" (Jo 1,26).

Desta forma o Batista converte em acusados os que vieram como "fiscais"; porque não reconhecem o Messias presente entre eles. Acusação que faz eco ao prólogo do quarto evangelho e que se repetirá ao longo do mesmo: A Palavra de Deus, Cristo Jesus, veio aos seus e os seus não quiseram recebê-la (Jo 1,11).

Ao fiel testemunho do Batista em favor da messianidade de Jesus corresponde o próprio aval de Cristo sobre a grandeza sem igual de seu precursor. Depois de responder as perguntas que João lhe faz através de seus enviados, sobre se ele era ou não o Messias esperado, dá um magnífico testemunho sobre o Batista. Partindo do impacto que a figura do profeta tinha exercido sobre o povo, Jesus assegura que João é o maior dos Profetas, anunciado como o "mensageiro do Senhor" por excelência (Ml 3,1). Aqui está a raiz de sua maior grandeza, inclusive entre todos os nascidos de mulher (cf. Mt 11,7-11).

3. **Um velho lema que é sempre atual**

a) **Mensagem de conversão**. - João herda e plasma em sua pregação a mensagem de conversão dos profetas do Antigo Testamento. Uma só frase condensa todo seu ministério profético: Convertam-se porque está perto o Reino de Deus (Mt 3,2). João abre uma perspectiva de esperança; mas a vinda do Reino na pessoa de Jesus será precedida pelo juízo escatológico de Deus, a ira iminente, o machado posto à raiz da árvore. A pertença ao povo eleito e à raça de Abraão - o ser "velho cristão", diríamos hoje, - não serve para a auto-justificação diante de Deus. Todos devem se reconhecer pecadores e dar o fruto que a conversão pede, adotando um novo comportamento moral que corresponda a seu estado e profissão (Lc 3,7-14).

Assim, pois, o conteúdo central da pregação deste profeta inconformista, de estilo nitidamente penitencial, é claro e sem meias medidas: a conversão. Uma palavra que encerra um mundo de novidades e que temos desvirtuado por força de tanto repeti-la e ouvi-la falar. Conforme o Batista, o motivo da conversão é duplo: 1) a proximidade do Reino de Deus, e 2) a iminência do juízo escatológico. Como viver a mudança radical e que não tem data? É a pergunta óbvia daquele que começa a converter seu coração, como resposta à palavra de Deus que nos impele, nos salva e nos julga.

b) **A resposta dos humildes**. - Foi a gente simples do povo quem melhor respondeu ao imperativo da conversão que o profeta apressava. Uma vez mais se verifica na pregação do Batista a predileção de Deus pelo fraco e pobre, porque são os pobres que dão resposta mais generosa ao chamamento. Os simples são os destinatários preferidos do evangelho e da sabedoria de Deus. É isso que as Bem-aventuranças, o Magnificat de Maria e a primeira Carta de Paulo aos Coríntios expressam (1-2).

Casam bem a fraqueza dos destinatários e a mensagem de um profeta macilento e pobre. Deus não precisa para veículo de sua graça libertadora do forte, do sábio, daquele que tem um peso social e poder político, como então podiam ser os chefes e guias espirituais do povo judeu e os responsáveis pelo templo de Jerusalém. Porque estes provavelmente teriam manipulado a boa nova conforme seus interesses. Mas a palavra de Deus é insubornável, e transforma a história e o coração humano com a força da fraqueza; e esta é a condição dos pobres em cuja longa fila vai entrar Jesus, a quem o Precursor anuncia. Contudo, nele poderão ver todos a salvação de Deus (Lc 3,6).

4. **Conversão ao amor e à justiça**

Em resposta à pergunta que as mais diferentes pessoas e das mais diferentes profissões faziam a João Batista: Que devemos fazer?, ele propôs atitudes básicas: amor e justiça (cf. Lc 3,10-14). Estas devem preceder os atos em que se concretizarão como frutos de conversão e prova da autenticidade da mesma. A fé e a conversão cristãs são práxis ética de um amor eficaz e libertador porque comunicam a salvação recebida de Deus, isto é, o amor com que somos amados por Ele; devido a isso acabam necessariamente no amor ao irmão e na vivência da justiça (EN 18-19; Pb 1206).

O mundo experimentaria uma profunda revolução social, a mais radical e efetiva, somente se cada um praticasse esta breve lei evangélica: converter-se ao amor e à justiça. Assim se iniciaria a ansiada libertação que o mundo espera. Os problemas do homem, pobreza, desemprego, enfermidade, incultura e outras misérias do mundo, não estão enraizadas na escassez dos recursos naturais e econômicos, mas na má repartição dos mesmos.

Amar, compartilhar e repartir não é fácil; supõe desprender-se de algo que cada um considera muito seu. Todos nós resistimos a mudanças para não estragar nosso nível de vida, nem diminuir nossas receitas, ganâncias e rendas. É fácil culpar os ricos, os poderosos, as multinacionais e os grupos para concluir que nós não podemos fazer nada. Mas isso é lavar as mãos; cada um de nós é em miniatura um fiel reflexo da macroestrutura. Por isso temos de examinar nossas atitudes pessoais com absoluta sinceridade e sem mecanismos de defesa que encubram nosso egoísmo.

Amor e justiça, caridade e comunhão no compartilhar, são as duas faces de uma mesma moeda; para existir uma é preciso que a outra exista também. João Batista não era um economista, nem um ideólogo, nem um político; mas deu certinho o seu recado.

Conclusão. - Em qualquer caso e para todos, converter-se para ser cristão, converter-se a Deus e ao irmão é ser honesto, justo e sem se deixar subornar no aspecto pessoal, social, político, administrativo, empresarial, profissional, trabalhista, familiar, educativo, informativo, sindical. Pois a justiça social, o amor aos demais e a eqüidade não se estabelecerão na sociedade à custa de leis e mudanças somente estruturais, se falta a conversão das pessoas (EN 36; OA 45).

29 de junho

São Pedro e São Paulo (A)

* *Vigília*
At 3,1-10: O que tenho lhe dou: Em nome de Jesus, o Nazareno, caminha!
Gl 1,11-20: Deus me separou desde o seio materno e me chamou.
Jo 21,15-19: Apascente meus cordeiros, apascente minhas ovelhas.
* *Dia*
At 12,1-11: Agora sei que o Senhor me libertou das mãos de Herodes.
2Tm 4,6-8.17-18: Agora está preparada para mim a coroa da justiça.
Mt 16,13-19: Você é Pedro e lhe darei as chaves do Reino dos céus.

NOVA IMAGEM DA IGREJA

1. Pedro e Paulo, colunas da Igreja
2. Dois modelos históricos de Igreja
a) Modelo hierárquico
b) A Igreja como comunhão
3. A Igreja a partir do Povo de Deus
a) Uma volta copernicana
b) Um povo sacerdotal, profético e serviçal
4. Aplicações da "horizontalidade" eclesial
a) Descentralização b) Colegialidade c) Base laical

***

1. Pedro e Paulo, colunas da Igreja

Na presente festividade a primeira e terceira leituras bíblicas referem-se ao apóstolo Pedro e a segunda ao apóstolo Paulo. Desde o século III se vêm celebrando na liturgia esta festa conjunta dos dois Apóstolos, colunas da Igreja.

* Na *segunda leitura* (2Tm 4,6ss. que também se lê no 30º domingo, ano C) ouvimos uma síntese do testamento espiritual de Paulo, próximo já de seu martírio em Roma pelo ano 67. Servindo-se da referência desportiva ao atleta que supera uma prova, o Apóstolo faz um balanço positivo de toda sua vida a serviço do Evangelho: Agora está preparada para mim a coroa da justiça, com a qual o Senhor, justo juiz, me dará naquele dia; e não só a mim, mas a todos os que amam a sua vinda (v. 8). Esta certeza é a que mantém firme sua esperança.

Paulo assim fala não por vanglória mas reconhecendo honestamente a ajuda recebida do Senhor "para que a mensagem fosse proclamada integralmente e chegasse aos ouvidos de todos os pagãos (vv. 17). Por isso espera de Deus que o levará a seu reino do céu (v. 18).

* Das leituras referentes a Pedro, a *primeira* é tirada dos Atos dos Apóstolos 2,1-11. Aqui, ao lado da intervenção de Deus que livra o Apóstolo Pedro da execução capital das mãos de Herodes Agripa (aquele que fizera decapitar São Tiago, o Maior), é ressaltada a comunhão eclesial. Enquanto o Apóstolo se achava encarcerado, a comunidade cristã perseverava unida em oração contínua por ele. Deus o livrou e o reservou para o supremo

testemunho do martírio no circo de Roma, provavelmente no ano 64 durante a perseguição de Nero contra os cristãos.

No *evangelho* (Mt 16,13-19) estão unidos a confissão de fé e o primado de Pedro. É o mesmo texto que se lê no domingo 21, ano A. (Para uma análise do mesmo, ver esse dia).

Partindo da figura de Pedro e em referência às palavras de Jesus que lhe confere o primado do serviço e da caridade em sua Igreja, vemos em seguida o novo modelo e imagem de Igreja conforme a eclesiologia do Concílio Vaticano II. Nos anos posteriores desta festa refletiremos sobre outros pontos, como: o primado e a cátedra de Pedro (ano B), e a fé apostólica da Igreja (ano C). (Se se preferir o tema da Comunhão eclesial, ver neste ano A o 26º Dom.).

2. **Dois modelos históricos de Igreja**

A constituição dogmática "Lumen Gentium" do Vaticano II foi a resposta ao desejo e intenção que João XXIII expressava na inauguração do Concílio (11-X-1962). A finalidade dessa magna Assembléia é mostrar ao mundo de hoje a face sempre jovem da Igreja de Cristo. E foi também a contestação à pergunta que Paulo VI formulava na abertura da segunda sessão (29-IX-1963): "Igreja, o que dizes de ti mesma?"

A mencionada Constituição opta por uma teologia que entende e explica a Igreja a partir do Povo de Deus (modelo horizontal) e não a partir da hierarquia eclesiástica (modelo vertical). Até chegar a este ponto houve um longo itinerário histórico que podemos rascunhar esquematicamente assim.

a) **O modelo hierárquico**. - Foi o que predominou na história da Igreja desde a alta Idade Média; mas iniciou-se já desde Constantino Magno, quando declarou o cristianismo como religião oficial do Império romano pelo edito de Milão (313). A Igreja começava a conformar-se, em certo sentido, com a sociedade civil e com o poder temporal. Processo que, no período do "sacro império", culminou na confusão dos mútuos "direitos de investidura": do imperador pelo papa, e dos bispos pelos príncipes feudais; e sobretudo na reforma gregoriana (São Gregório VII, papa de 1073 a 1085) que definiu a Igreja como "sociedade perfeita" diante da sociedade civil, quer dizer, como poder autônomo (espiritual, por suposto), mas às vezes inclusive com implicações temporais como se concluiu posteriormente da teoria dos "dois reinos" no tempo do papa Bonifácio VIII (1294-1303).

Neste modelo hierárquico e societário de Igreja, por uma aplicação extra-limitada do texto referente ao primado de Pedro na Igreja (Mt 16,18-19), esta era entendida como uma sociedade de desiguais (clérigos e leigos) que se constituía a partir da hierarquia e se regulava internamente a partir da categoria do poder espiritual e externamente à base das alianças, pactos, concordatas com o poder temporal, umas vezes para manter posições adquiridas, e outras vezes simplesmente para poder sobreviver em situações desfavoráveis.

Não obstante, deve-se reconhecer pela história que sempre coexistiu na consciência eclesial outro modelo mais evangélico, alentado por muitos cristãos, teólogos, santos, místicos e carismáticos como, por exemplo, São Francisco de Assis no século XIII, citando apenas um.

b) **A Igreja como comunhão**. - Esta é a eclesiologia que, devido ao movimento de retorno às fontes, foi abrindo passagem e se consagrou a partir do Concílio Vaticano II. É o modelo de Igreja que a explica a partir da comunhão ("koinonia", em grego) e cujos traços fundamentais podem ser sintetizados nestes:

1. A Igreja é entendida e se constrói como uma comunidade de irmãos iguais entre si; embora com serviços e carismas diversificados, entre os quais um é o dos pastores: presidir as assembléias na unidade e animá-las na caridade.

2. A comunidade é quem tem o protagonismo, pois tudo deve estar a serviço da comunhão fraterna, inclusive a própria autoridade na Igreja, conforme as palavras e exemplo de Jesus. Esta é a idéia que reflete bem a expressão tradicional referida ao papa: "Servidor dos que servem a Deus" (cf. Mt 20,25-27; ver festa de São Tiago Apóstolo, ano A,2).

3. A comunidade local é o lugar concreto da experiência comum da fé eclesial pelos crentes; portanto é a partir da Igreja local que se deve entender a Igreja universal como comunhão também. As igrejas locais não são mera parte da Igreja universal mas "a Igreja de Deus que está em" tal ou qual lugar, segundo a freqüente expressão de São Paulo. A Igreja se realiza nelas; por isso "são as comunidades locais que dão consistência à Igreja universal, e não o contrário" (K. Rahner).

Disso se deduz como conseqüência o pluralismo que respeita a diversidade das Igrejas locais, embora, é claro, este pluralismo eclesial tenha seus limites, marcados não somente pela ortodoxia mas também pela ortopráxis, para não adulterar a verdade nem as exigências fundamentais do Evangelho. A criatividade da fé que dimana do pluralismo eclesial não deve ser vista como uma ameaça à unidade da Igreja, mas como riqueza interior da mesma fé e unidade eclesiais, conforme aquelas palavras da Constituição conciliar sobre a Igreja.

> "Por isso também na comunhão eclesiástica há legitimamente Igrejas particulares gozando de tradições próprias, permanecendo íntegro o primado da Cátedra de Pedro, que preside a assembléia universal da caridade, protege as legítimas variedades e ao mesmo tempo vigia para que as particularidades não prejudiquem a unidade, mas antes estejam a seu serviço" (LG 13,3).

3. A Igreja a partir do Povo de Deus

a) **Uma volta copernicana**. - Como dissemos, o modelo eclesial que a "Lumen Gentium" reflete parte do Povo de Deus, e não de sua hierarquia, para a explicação e construção da Igreja. Uma vez enunciado o mistério da Igreja (c. I), fala-se imediatamente do Povo de Deus (c. II) como base para os capítulos seguintes referentes à hierarquia, aos leigos e aos religiosos. Estes são os componentes nos quais se diversifica o Povo de Deus e que representam os serviços (ministérios), funções, vocações e carismas dentro do mesmo, para sua realização como tal Povo.

Esta imposição, e a razão teológica que nela está subjacente, supôs uma "volta copernicana" na maneira de entender a Igreja. O primeiro e o constitutivo nesta é o Povo de Deus congregado por Cristo para formar a comunidade de fé. Esta "cidadania" é a coincidência básica e a dignidade fundamentalmente igualitária de todos os membros, de todos os fiéis cristãos, que pela fé do batismo e pelos demais sacramentos participam das funções sacerdotal, profética e pastoral de Cristo.

b) **Um povo sacerdotal, profético e serviçal**. - A participação pelos batizados na missão da Igreja, que por sua vez é a de Cristo a ela transmitida, traz consigo um sacerdócio comum ou dos fiéis, uma função profética de testemunho e apostolado, um sentido da fé, e uns carismas de serviço e solidariedade: dons e graças especiais para as diversas vocações dos fiéis dentro da comum vocação à santidade cristã (LG c. V).

> * *Sacerdócio comum dos fiéis*: "Os batizados, pela regeneração e unção do Espírito Santo, são consagrados como casa espiritual e sacerdócio santo, para que por todas as obras do homem cristão ofereçam sacrifícios espirituais e anunciem os poderes d'Aquele que das trevas os chamou à sua admirável luz" (LG 10,1).
>
> "O sacerdócio comum dos fiéis e o sacerdócio ministerial ou hierárquico ordenam-se um ao outro, embora se diferenciem na essência e não apenas em grau. Pois ambos participam, cada qual a seu modo, do único sacerdócio de Cristo" (LG 10,2).
>
> * *Profetismo*: "O Povo santo de Deus participa também do múnus profético de Cristo, pela difusão do seu testemunho vivo, sobretudo através de uma vida de fé e caridade, e pelo oferecimento a Deus do sacrifício de louvor, fruto de lábios que confessam o Seu nome.
>
> O conjunto dos fiéis, ungidos que são pela unção do Santo, não pode se equivocar no ato de fé. E manifesta essa sua peculiar propriedade mediante o senso sobrenatural da fé de todo o povo, quando desde 'os Bispos até os últimos fiéis leigos', apresenta um consenso universal sobre questões de fé e de costumes" (LG 12,1).
>
> * *Carismas*: "Além disso o Espírito Santo não somente santifica e conduz o Povo de Deus e o orna de virtudes, mas repartindo seus dons a cada uma como lhe apraz, distribui entre os fiéis de qualquer classe mesmo graças especiais. Por elas os torna aptos e prontos a tomarem sobre si os vários trabalhos e ofícios, que contribuem para a renovação e maior incremento da Igreja" (LG 12,2).

4. Aplicações da "horizontalidade" eclesial

Esta visão da Igreja a partir do Povo de Deus conduz a algumas aplicações concretas que são sua conseqüência e desenvolvimento e que podemos reduzir a estas três direções ou processos em marcha: descentralização, colegialidade e base laical ou popular (ver R. Velasco: *Igreja,* em CP 458-460).

a) **Descentralização**. - O Concílio Vaticano II deixa claro que a autoridade dos bispos na Igreja não provém imediatamente do Papa, como se pensava tradicionalmente sobretudo a partir da reforma gregoriana antes mencionada, mas diretamente de Cristo por meio da consagração episcopal e com sentido colegial: "A consagração episcopal confere, junto com o ofício de santificar, também os de ensinar e governar, ofícios que, contudo, por sua própria natureza, só podem ser exercidos em comunhão hierárquica com a Cabeça e os membros do Colégio episcopal" (LG 21,2).

Exclui-se, assim, uma visão hierárquica e centralista da Igreja, como se as dioceses ou igrejas locais fossem tão somente uma "sucursal" da grande central romana, e os bispos simples delegados do papa, de quem receberiam a "jurisdição" como se afirmava partindo do modelo verticalista da Igreja que proliferou depois do Vaticano I (1869-1870). Em todo o caso, a autoridade na comunidade cristã não é poder, mas serviço.

b) **Colegialidade**. - Em todos os níveis. Em primeiro lugar a nível do Colégio Episcopal: "Assim pois, como por disposição do Senhor, São Pedro e os outros Apóstolos constituem um Colégio Apostólico, paralelamente o Romano Pontífice, Sucessor de Pedro, e os Bispos, Sucessores dos Apóstolos, estão unidos entre si" (LG 22,1). Colegialidade significa também co-responsabilidade. Na aplicação da doutrina conciliar funcionam já habitualmente estruturas colegiais e "democráticas", tais como o Sínodo dos Bispos, as Conferências episcopais, os Conselhos pastorais a nível diocesano, regional, paroquial, os Capítulos gerais, provinciais e locais dos Institutos de vida consagrada, sobretudo nos religiosos. Inclusive vão sendo abertos caminhos, embora timidamente, de participação do Povo no processo de nomeação dos próprios pastores.

c) **Base laical**. - A "horizontalidade" pede dar o passo definitivo do clericalismo para a mobilização da base laical, do povo que é a comunidade. Na vida de uma Igreja que se define como Povo de Deus não devem contar somente as elites ou minorias do clero e das congregações religiosas, mas também e sobretudo o povo simples, que deve deixar de ser "mero objeto pastoral" e passar a ser "sujeito eclesial", protagonista na vida e tarefas da comunidade. Isto supõe passar de uma massa infantilizada e passiva, para um povo adulto e ativo; e eliminar por completo a impressão de que na Igreja há classes: os que detêm a autoridade e mandam (setores clericais basicamente) e o "povão" ou "proletariado", que seria o laicato com seu próprio sub-proletariado inclusive: as mulheres na Igreja. "A Igreja não estaria verdadeiramente formada, não viveria plenamente, não seria sinal perfeito de Cristo entre os homens, enquanto não existir e trabalhar com a hierarquia um laicato propriamente dito" (AG 21,1).

O protagonismo do Povo como base eclesial de partida fez surgir num segundo momento, já pós-conciliar, uma reflexão teológica que concretiza a abstrata universalização de "Povo de Deus" numa parte preferencial do mesmo: a opção pelos pobres, como chave de identidade eclesial. (Deste tema nos ocupamos noutra ocasião; ver Dom. 11,A,3,b).

6 de agosto

Transfiguração do Senhor

Dn 7,9-10.13-14: Suas vestes eram brancas como a neve.
2Pd 1,16-19: Esta voz nós a ouvimos; ela vinha do céu.
Mt 17,1-9 ***(ano A)*:** Seu rosto resplandeceu como o sol.
Mc 9,1-9 ***(ano B)*:** Este é meu Filho amado.
Lc 9,28b-36 ***(ano C)*:** Enquanto orava, o aspecto de seu rosto se transformou.

NA ESCUTA DE JESUS

1. O relato da Transfiguração do Senhor
a) Contexto e linha narrativa
b) Intenção da passagem
2. Gênero literário e mensagem de fé
a) Uma teofania bíblica
b) Jesus, Messias e Filho de Deus
3. A fé começa pela "escuta" de Jesus
a) A subida da montanha ao encontro de Deus
b) Atitude de escuta, abertura para a fé

***

1. O relato da Transfiguração do Senhor

O Evangelho de hoje é tirado, em cada um ano dos três ciclos, de um dos Sinóticos, começando por Mateus no ano A, Marcos no ano B e Lucas no ano C. Assim também no segundo domingo da Quaresma. Essa passagem evangélica da Transfiguração de Jesus adquiriu grande relevo nas comunidades apostólicas que releram a partir da fé pascal a vida e doutrina de Jesus, antes de plasmá-las na redação definitiva como a temos nos Evangelhos.

Para uma melhor compreensão do relato com o qual vamos nos ocupar, convém levar em conta alguns pontos que são comuns nos três evangelistas, cuja coincidência básica nas linhas mestras é evidente. Vamos ver o contexto e a linha narrativa, sua intenção, seu gênero literário e a mensagem de fé que nos transmite.

a) **Contexto e linha narrativa**. - Nos três relatos, precede a Transfiguração o primeiro dos anúncios de sua paixão, morte e ressurreição que Jesus faz a seus discípulos enquanto caminham para Jerusalém. Teve lugar também como dado imediato a profissão de fé na messianidade de Cristo pela boca de São Pedro. A idéia de um Messias sofredor e justificado não quadrava com os cálculos políticos que estavam na mentalidade de qualquer judeu e também dos Apóstolos com respeito à esperança messiânica, como bem o demonstrou Pedro abertamente falando à parte com Jesus.

Nas palavras de repulsa por parte de Pedro estava latente um eco das Tentações do Deserto, isto é, do triunfalismo messiânico. Mas Jesus o repreendeu duramente: Afaste-se de mim, Satanás. E continuou doutrinando os discípulos sobre as condições para seu seguimento: renúncia e cruz. Certamente eles ficaram desconcertados diante de tão estranho projeto, e frustrados nas esperanças que tinham posto em Jesus. A depressão os aturdia. Evidentemente seus pensamentos não eram os de Deus nem de seu Mestre (Mt 16,13-25 e lugares paralelos).

É neste contexto que tem lugar a cena da Transfiguração, cuja *linha narrativa* é coincidente nos traços gerais nos três evangelistas sinóticos. Escolha por Jesus dos três apóstolos: Pedro, Tiago e João; subida à montanha sem nome (tradicionalmente o Tabor) a poucos dias do primeiro anúncio da paixão, morte e ressurreição (seis dias conforme Mateus e Marcos; e uns oito segundo Lucas); transformação gloriosa do rosto e das vestes de Jesus; presença de Moisés e Elias em conversa com Ele (somente Lucas diz sobre o que conversavam: sua próxima morte em Jerusalém); intervenção infeliz de Pedro; nuvem luminosa de cujo interior sai a Voz (do Pai) proclamando Jesus como Filho amado, predileto, escolhido, a quem se deve ouvir; Jesus sozinho de novo com os três; descida do monte e silêncio dos apóstolos sobre o acontecimento.

b) **Intenção da passagem**. - A situação criada no grupo apostólico diante do sucedido é o que determina o objeto e a intenção do relato da Transfiguração. Diríamos até que se olha esta mais em função dos discípulos do que do próprio Jesus. Por isso Ele escolhe como testemunhas os três apóstolos que depois presenciarão também sua agonia em Getsêmani. O próprio Cristo ordena o acontecimento para instrução de seus discípulos; e para uma melhor compreensão de sua paixão e morte anunciadas, mostra-lhes uma antecipação da glória de sua ressurreição também predita.

A conduta posterior dos Apóstolos nos acontecimentos da Paixão evidencia o que é apontado pelos Sinóticos na presente passagem: eles, no momento, não compreenderam muita coisa. Isto explicaria em parte a "lei do silêncio" que, em linha com o segredo messiânico, Jesus lhes impunha ao descerem do monte até que o Filho do homem tivesse ressuscitado dentre os mortos" (Mt 17,9); expressão que também não entenderam plenamente. "Eles guardaram a recomendação, mas perguntavam entre si o que significaria ressuscitar dos mortos" (Mt 9,10).

Tudo, pois, nos leva a ver com clareza que o acontecimento da Transfiguração de Jesus é descrito e interpretado com a compreensão plena que os Apóstolos e a comunidade primitiva, em cujo seio foi gerada a redação dos Evangelhos, conseguiram posteriormente à luz da fé pascal.

E é aqui onde surgem então os diferentes matizes de cada evangelista de acordo com a impostação característica de cada evangelho em seu conjunto.

- Assim, Mateus, na Transfiguração de Cristo realça a manifestação de

Jesus como novo Moisés (como no Sermão da Montanha, cc. 5-7), que entra em contato com Deus em um novo Sinai.

- Marcos, ao contrário, descreve uma epifania do Messias oculto, em acordo com o "segredo messiânico" que adquire relevo especial em seu evangelho.

- E finalmente Lucas acentua no fato a experiência pessoal de Jesus durante uma intensa oração e comunicação filial com o Pai, fruto da qual é a revelação visível da glória de sua divindade, antecipação da ressurreição que seguirá sua paixão e morte.

2. **Gênero literário e mensagem de fé**

a) **Uma teofania bíblica.** - A encenação da passagem corresponde evidentemente ao gênero literário das teofanias bíblicas na qual se manifesta a presença de Deus, e cujo protótipo é a teofania do Sinai: fogo, fumaça, nuvem, densa neblina, trovão e voz potente (Êx 19,24-34). Elementos todos de encenação dramática a serviço de uma mensagem teológica ou revelação de fé.

Assim na narração da Transfiguração do Senhor pelos três Sinóticos descobrimos estes recursos, próprios das teofanias conforme a tradição do Antigo Testamento. Tais como: subida ao monte, que é o lugar da presença de Deus; Jesus no meio de Moisés e Elias, que são os representantes da Lei e dos profetas, isto é, de todo o Antigo Testamento que dá o aval à messianidade de Cristo; a luz irradiando no rosto transfigurado do Senhor; a cor branca de suas vestes, como as do ancião da visão de Daniel (7,9-14, da *primeira leitura*); a glória de Jesus (detalhe exclusivo de Lucas 9,32) e a nuvem que envolve a todos, tanto as personagens do plano superior (Jesus, Moisés e Elias) como do inferior (os três apóstolos); o temor e o gozo deles, isto é, do homem diante do mistério tremendo e fascinante de Deus, e a voz que fala do interior da nuvem.

b) **Jesus, Messias e Filho de Deus.** - Todo o relato está, pois, a serviço de uma mensagem de fé cristológica: Jesus é o Senhor glorioso, o Messias esperado, o Filho de Deus. Duas das testemunhas oculares, Pedro e João, se referem e dão grande importância ao fato nos escritos que lhes são atribuídos nominalmente. Assim João no prólogo de seu evangelho (1,14) e na primeira de suas cartas (1,1-3). Também Pedro na segunda das cartas em seu nome se declara testemunha da Transfiguração (1,16-19: 2ª *leit.*).

Tão equivocado seria ver na cena da Transfiguração uma história literal como uma mera idéia teológica sem base real em acontecimentos. Ambos os aspectos se complementam nesta como em outras passagens. Na leitura da Bíblia não se deve confundir o gênero literário empregado no texto com a mensagem transmitida nele, nem valorizar o conteúdo de uma perícope por sua forma redacional.

* No Prefácio desta festa encontramos um resumo do kerigma de fé pascal contido nesta passagem evangélica; e na moldura cristológica está

impressa também sua projeção eclesial. Prefácio que se inspira no Sermão 51 do papa São Leão Magno (s. V) e que reza assim:

"Cristo nosso Senhor manifestou sua glória a algumas testemunhas pré-escolhidas; deu-lhes a conhecer em seu corpo, em tudo semelhante ao nosso, o resplendor de sua divindade.

Desta forma, diante da proximidade da Paixão, fortaleceu a fé dos apóstolos para que superassem o escândalo da Cruz; e alentou a esperança da Igreja, ao revelar em si mesmo a claridade que brilhará um dia em todo o Corpo que o reconhece como sua Cabeça".

3. A fé começa pela "escuta" de Jesus

O relato da Transfiguração do Senhor alcança seu apogeu na Voz do Pai que proclama a identidade de Jesus, isto é, quem é este homem destinado a uma paixão e morte ignominiosa e a uma ressurreição gloriosa: "Este é meu Filho amado, meu predileto, o eleito. Escutem-no!" A passagem ensina-nos, pois, que a fé do discípulo começa pela escuta de Jesus, Palavra do Pai. E para escutá-Lo é preciso "subir com Ele a montanha", com todo o peso, simbolismo e compromisso bíblico que esta expressão encerra.

a) **A subida da montanha**. - No contexto bíblico significa ir ao encontro de Deus. O monte como o deserto e a solidão, mais que um lugar topográfico é situação humana de prova e oportunidade de contato com Deus. Os montes na Bíblia são lugares da teofania ou manifestação de Deus. Assim Abraão subiu com seu filho Isaac o monte Moriá: Moisés o Horeb, o Sinai e o Nebo, Elias o Carmelo e o Horeb. E em o Novo Testamento Cristo sobe o Monte das Bem-aventuranças para promulgar a nova Lei, o monte Tabor para manifestar uma antecipação de sua glória, o Calvário para dar sua vida e o monte da Ascensão para confirmar sua exaltação definitiva pelo Pai mediante sua ressurreição da morte.

Subir a montanha com Cristo é caminhar na obscuridade da fé e no silêncio do Absoluto. É deixar nossas seguranças, renunciar e morrer a nós mesmos, optar pela vida através da morte. Porque no alto do monte aparecem a glória de Deus, a vida, a luz, a bênção e a aliança, a resposta divina à morte injusta do justo; numa palavra, a antecipação da ressurreição.

Os místicos como São João da Cruz explicaram esta "Subida" ao monte e a "Noite escura" da fé, noite do sentido e do espírito. Ambas terminam na purificação e perfeita união do homem com Deus, por meio da renúncia e do nada, até chegar à plena transfiguração no Amado. Este seguimento de Cristo pela obediência purificadora da fé não é masoquismo espiritual, mas um esvaziamento de nossa velha estrutura para alcançar a nova condição gloriosa do Senhor, transformados à sua imagem pela força e liberdade do Espírito.

b) **Atitude de escuta**. - O evangelho de hoje nos descobre a chave da fé. A Voz do Pai convida-nos a escutar Jesus, seu Filho amado, tanto no monte esplendoroso da Transfiguração, como na planície prosaica da vida. Porque Cristo é a verdade, o caminho e a vida; porque Ele é a Palavra definitiva do Pai, anunciada pela Lei e pelos profetas, porque só Ele tem palavras de vida eterna. No seu seguimento a renúncia se transforma em liberdade, a dor em gozo e a morte em vida.

Hoje é difícil escutar de verdade os outros. Era mais fácil em outros tempos, quando a transmissão da cultura se fazia por tradição oral e se escutava com veneração a sabedoria e experiência dos mais velhos. Hoje em dia, mais que ouvir, nossos ouvidos estão zunindo pelos ruídos de todas as espécies, desde os sons mais estridentes das músicas modernas até os discursos políticos. Mas não sabemos escutar as pessoas. Mais ainda. Custa-nos fazer silêncio dentro e sossegar nossa morada interior para receber o mistério da solidão sonora, para rezar e falar com Deus, para escutar Jesus, isto é, para segui-lo em seu ensino e exemplo.

A transfiguração é uma meta possível para aquele que escuta Jesus. Transfiguração quer dizer, em primeiro lugar, transformação pessoal por meio da conversão, para num segundo momento, caminhar com Cristo até a fascinante aventura da entrega total aos irmãos, especialmente aos mais necessitados, sendo solidários nas alegrias e esperanças, tristezas e angústias de nossos semelhantes. Que eles nos vejam como o bom odor de Cristo, isto é, como homens e mulheres de bem, cheios de bondade, compreensão, justiça, reconciliação, paz, perdão e fraternidade.

15 de agosto

Assunção da Virgem Maria (A)

* *Vigília*

1Cr 15,3-4.15-16;16,1-2: Transladação da Arca da Aliança.

***1Cor 15,54-57*:** Deus nos dá a vitória por Jesus Cristo.

Lc 11,27-28: Bem-aventurança da palavra.

* *Dia*

Ap 11,19;12,1-6.10: Uma mulher vestida de sol e a lua sob seus pés.

1Cor 15,20-26: Cristo ressuscitado como primícia; depois todos.

Lc 1,39-56: Visitação e Canto de Maria.

UM CANTO DE LIBERTAÇÃO

1. O encontro e a vocação de duas mulheres
a) Maria e Isabel
b) Feliz és tu porque creste
c) O canto de Maria
2. Um canto de libertação messiânica
a) Denúncia profética na boca de uma mulher
b) Duas leituras falsas do Magnificat: espiritualista e futurista
3. Em linha com a mensagem de Cristo sobre o Reino
a) Os preferidos são os pobres
b) Discriminação? Não, mas oportunidades de conversão

***

1. O encontro e a vocação de duas mulheres

O Evangelho do dia da Assunção (Lc 1,39-56) contém duas partes bem distintas, embora estejam unidas e ambas têm como centro a salvação messiânica que atinge de cheio os pobres de Deus: 1ª Visita de Maria a sua prima Isabel (vv. 39-45). 2ª Canto de Maria ou Magnificat (vv. 46-55).

Todo o evangelho é repetido no dia 31 de maio: Visitação da Virgem Maria; e a primeira parte no quarto domingo do Advento, ano C. (ver aí um desenvolvimento mais amplo).

Dando atenção especialmente à segunda parte, no presente ano desta festa iremos ver no Magnificat de Maria um Canto de libertação messiânica, cuja Espiritualidade analisaremos com detalhes no ano B, para refletirmos finalmente sobre a mulher sinal que é Maria assunta ao céu (ano C).

a) **Maria e Isabel**. - Duas mulheres, unidas por laços familiares e abençoadas por Deus, se encontram na marca divisória dos dois Testamentos. O plano divino de salvação uniu seus destinos e o de seus respectivos filhos. Isabel simboliza o povo do Antigo Testamento, onde outras mulheres também sem esperança de sucessão conseguiram como ela uma maternidade impossível, como puro dom de Deus: Sara a esposa de Abraão, Ana a mãe do profeta Samuel, e outras. O filho de Isabel será João Batista, Precursor do Messias e o maior dos profetas.

Maria, ao contrário, abre o Novo Testamento e representa não só o Povo da nova Aliança, mas também toda a Humanidade redimida. Pois como nova Arca que se translada a Jerusalém (1Cr 15: *1ª leit. Vigília*), contém a presença de Deus, o próprio Filho de Deus, o Messias, concebido em seu seio por obra do Espírito Santo.

b) **Feliz és tu porque creste**. - diz Isabel a Maria; e nesta bem-aventurança alcança seu apogeu o encontro de ambas. Ao aceitar o seu "faça-se" a mensagem do Senhor, Maria se converteu na Mãe de Jesus (LG 56); quer dizer, pela fé em primeiro lugar, como diz Santo Agostinho.

Por esta fé é Maria a primeira crente e discípula de Cristo, a primeira cristã da Igreja (MC 35-36).

Em estreita relação com a bem-aventurança da fé está a escuta efetiva da palavra, como afirmará mais tarde Jesus, relativizando até certo ponto os vínculos de sangue com Maria sua Mãe, ou universalizando-os se se preferir: Felizes os que ouvem a palavra de Deus e a põem em prática (Lc 11,28: *evangelho da Vigília*), porque esses são meu irmão e minha irmã e minha mãe (Mc 3,35).

As bem-aventuranças da fé e da palavra andam tão unidas que constituem uma só, como vemos em Maria, primeira destinatária das mesmas na boca de Isabel e de Jesus. É feliz porque acreditou e cumpriu a palavra e a vontade de Deus que aceita sem reservas com um sim incondicional. Um assentimento que se vincula a um gesto de salvação e novidade, pois Deus entra na história humana para realizar uma reviravolta total, a revolução do Reino que Maria expressa em seguida no seu canto de louvor.

c) **O canto de Maria**. - É a segunda parte do Evangelho de hoje. A linguagem e o sabor do magnificat é do Antigo Testamento por suas múltiplas referências textuais; mas a intenção e a perspectiva são absolutamente novas. E é preciso lê-lo a partir do ângulo da fé pascal da comunidade primitiva cristã que se expressa por boca de Maria. Não se descarta inclusive a possibilidade de que Lucas esteja refletindo um hino judeu-cristão das origens.

Partindo da perspectiva de Cristo Jesus - o Servo do Senhor, glorificado pelo Pai - Lucas põe nos lábios de Maria de Nazaré - a serva do Senhor - um canto de libertação messiânica que inverte revolucionariamente a velha ordem socio-religiosa. Com Jesus chegou uma mudança decisiva na história da humanidade, tal como a vê e a quer Deus. Os que não são levados em conta a partir dos esquemas e das estruturas de poder, isto é, os pobres e esquecidos, os humildes e os famintos, passam a ser os protagonistas da história de Deus, que os prefere aos soberbos, aos poderosos e aos ricos deste mundo.

Dos primeiros se serve o Senhor para realizar sua obra; tal é o caso de Cristo e de sua Mãe. Por tudo isso, a humilde jovem de uma obscura aldeia da Galiléia, a quem chamarão bem-aventurada todas as gerações futuras apesar de sua insignificante pessoa, se alegra em Deus e proclama a eleição desconcertante do Senhor, sua grandeza, seu nome santo e sua misericórdia com seus fiéis de geração em geração. O canto de Maria é a medida de sua grandeza espiritual, e simultaneamente a síntese da fé do Povo eleito.

A estrutura do Magnificat recorda especialmente o canto de Ana, a mãe do profeta Samuel (1Sm 2,1-10); mas no de Maria se faz citação e resumo toda a caminhada do Antigo Testamento: a história, a espera, a fé, e o cumprimento da esperança messiânica do povo de Israel em sua peregrinação de séculos, confiado nas promessas de Deus aos patriarcas, a Abraão e à sua descendência (Gn 15).

Maria é por excelência a "Filha de Sião" em quem culmina uma expectativa multissecular (Sf 3,14; Zc 9,9). Por isso em suas palavras do Magnificat se escuta como música de fundo o rumor dos séculos, o murmúrio da comunidade dos redimidos, o assombro agradecido dos libertados por Cristo. Excelente testemunho bíblico e admirável documento cristão da esperança e alegria dos pobres do Senhor (os *anawim* em hebreu e *tapeinoi* em grego), que confiadamente esperam e recebem dele a salvação, e entre os quais sobressai Maria (LG 55).

2. **Um canto de libertação messiânica**

a) **Denúncia profética na boca de uma mulher**. - Na Bíblia lemos muitos cantos "revolucionários" em boca de mulheres como Maria, irmã de Moisés (Êx 15,20), Débora a profetisa (Jz 5), Ana a mãe de Samuel (1Sm 2,1), Judite (13,14), Maria de Nazaré (Lc 1,46-55) etc. E não é um detalhe de menos importância o fato de o Novo Testamento atribuir seu primeiro canto de libertação precisamente a uma mulher, Maria, Mãe do Senhor.

Em seu canto testemunhal Ela faz ver que o Deus-feito-homem em suas entranhas se insere entre os humildes, na própria consciência dos pobres de Deus, destinatários preferidos da salvação messiânica. Pois bem, este dado não é simplesmente do passado. Cristo continua vivendo sua encarnação entre os deserdados deste mundo e nos pobres que, vazios de si mesmos, abrem-se a Deus com humildade, e aos demais com amor. Cristo Redentor, o Senhor ressuscitado, é o rosto vivo do Deus da libertação messiânica, o Deus da esperança revolucionária dos pobres e da alegria "subversiva" de Maria em seu canto profético (ver J. Moltmann: *El lenguaje de la liberación*, Salamanca, 1974, 141-151: Alegría en la revolución de Dios).

* Num documento oficial como é a Exortação apostólica *Marialis cultus* de Paulo VI, lemos: "A Sagrada Escritura nos descobrirá que Maria pode ser tomada como espelho das esperanças dos homens... Comprovar-se-á com agradável surpresa que Maria, embora abandonando-se totalmente à vontade de Deus, longe de ser uma mulher passivamente submissa ou de religiosidade

alienante, foi uma mulher que não duvidou em proclamar que Deus vinga os humildes e os oprimidos e derruba os poderosos do mundo de seu tronos...

Ela sobressai entre os humildes e os pobres do Senhor (LG 55): uma mulher forte que conheceu de perto a pobreza e o sofrimento, a fuga e o exílio. Situações que não podem escapar da atenção daqueles que querem ajudar com espírito evangélico as forças libertadoras do homem e da sociedade.

A figura de Maria não frustra nenhuma esperança profunda dos homens de hoje, e oferece-lhes o modelo acabado do discípulo do Senhor: construtor da cidade terrena e temporal, embora peregrino diligente para a eterna e celeste; promotor da justiça que liberta o oprimido e da caridade que ajuda o necessitado; mas sobretudo testemunha ativa do amor que edifica a Cristo nos corações" (MC 37).

É muito sugestiva a enorme riqueza ideológica que encerra o magnificat de Maria. À parte de seus valores pessoais: alegria e ação de graças por sua maternidade divina e pela eleição gratuita de Deus, e além das orientações vitais que caracterizam sua espiritualidade (ver ano B desta festa), ressaltemos agora a projeção histórica e concreta do testemunho da Virgem com sua carga explosiva em relação com o passado, o presente e o futuro da Salvação que, na linha profética do Antigo e Novo Testamento, podemos entender como ação libertadora (cf. LC 97-98; Pb 1144).

b) **Duas leituras falsas do Magnificat.** - Neste contexto de denúncia profética há uma crítica e contestação à situação estabelecida, e uma reivindicação dos direitos dos marginalizados. Isto leva a supor uma inversão total de critérios, atitudes e ação, porque "a misericórdia do Senhor se estende a seus fiéis de geração em geração. Ele faz proezas com seu braço poderoso; dispersa os soberbos de coração; derruba do trono os poderosos e enaltece os humildes, os famintos ele enche de bens, e aos ricos despede de mãos vazias" (vv. 50-53). Tais termos descartam duas leituras falsas da libertação do Deus do magnificat: a meramente espiritualista e a escatológica ou futurista dos últimos tempos.

1ª Assim como para as Bem-aventuranças (ver Dom.4º,A,2), a interpretação que deu ao Canto de Maria uma *espiritualidade alienante* e intimista, contrariamente ao que afirma o texto, acabou por esvaziá-lo de seu conteúdo libertador. Partindo desta perspectiva, fundada na dicotomia do homem em alma e corpo, espírito e matéria, a salvação de Deus se desumaniza e não se projeta como de fato é: humana em sentido pleno, estrutural e pessoal, temporal e eterna, integral, numa palavra.

Comentando o Canto de Maria, o monge de Taizé (França) Max Thurian, faz esta reflexão: "A justiça política e social, a igualdade de direitos e a comunidade de bens são os sinais da misericórdia do Rei-Messias cantada por sua Mãe e serva. Deste modo o Evangelho da salvação eterna é também evangelho da libertação humana. Maria, a primeira cristã, é também a primeira revolucionária, na nova ordem" (*Maria, Mãe do Senhor, figura da Igreja*, Zaragoza, 1966, 138-139).

2ª A libertação messiânica *não é futurista*, portanto, nem mera promessa escatológica do final dos tempos. A salvação de Deus do magnificat supõe um programa atual de libertação presente das escravidões intramundanas, provenientes das ideologias e da práxis, dos sistemas sociais, políticos e econômicos.

Conforme os Profetas do Antigo Testamento e a mensagem de Cristo, os nomes que definem o Deus bíblico são santidade, justiça, misericórdia. Este último termo "misericórdia" em seu próprio valor semântico significa precisamente: coração sensível à miséria humana. Pois bem, o Deus misericordioso que Maria canta põe em marcha e ativa no presente um processo histórico - lento, porém inexorável - que revoluciona a velha ordem, invertendo o centro de gravidade dos valores sociais, que não serão já a prepotência, o orgulho, a exploração e o domínio, mas a pobreza, o esvaziamento de si mesmo, a fraternidade e a solidariedade no viver e no compartir.

3. Em linha com a mensagem de Cristo sobre o Reino

a) **Os preferidos são os pobres**. - A nova ordem do Reino de Deus não compactua, pois, com nenhuma situação de opressão e indignidade humana. Assim o canto de Maria faz eco ao anúncio do Reino feito por Jesus, conforme o programa que Cristo expôs inicialmente na sinagoga de Nazaré aplicando a si mesmo o texto de Isaías 61,1-2: Ungido pelo Espírito e enviado para dar uma alegre notícia aos pobres, a vista aos cegos, a liberdade aos cativos, a dignidade aos oprimidos, e para anunciar a todos o ano de graça do Senhor (Lc 4,18; cf. Mt 11,4-5).

O Deus de nosso Senhor Jesus Cristo toma partido, como o próprio Jesus, em favor dos famintos e deserdados, em favor de Lázaro em vez do Epulão (Lc 16,19); faz justiça a seus fiéis, como o juiz à viúva (18,1); e no Sermão programático da Montanha proclama bem-aventurados os pobres, os que têm fome e sede de justiça, os pacíficos, os perseguidos e caluniados (Mt 5,1); enquanto ameaça os ricos orgulhosos, os violentos, os saciados e auto-suficientes (ver as " mal-aventuranças" ou ameaças em Lc 6,24).

b) **Discriminação? Não, mas oportunidade de conversão**. - Esta tomada de partido supõe discriminação e parcialismo por parte de Deus? Não! Deus é Pai de todos e dá o sol e a chuva aos bons e aos maus. A salvação é para todos, pobres e ricos, embora por caminhos diferentes. Fazendo justiça aos oprimidos, derrubando os poderosos opressores e despedindo os ricos auto-suficientes de mãos vazias, Deus convida estes últimos a uma conversão que é sua grande oportunidade de auto-libertar-se de sua prepotente soberba e de seu egoísmo explorador dos irmãos, para que de ser não-homens cheguem também eles a ser pessoas.

> "Não se invertem as relações por espírito de revanche, para que os dominados se convertam em dominadores e os pobres se tornem ricos e

opressores, mas se invertem em função da conversão pela qual já não haja ricos e pobres como classes antagonistas, nem oprimidos nem opressores, mas que sejam todos irmãos uns dos outros, moradores todos da mesma casa do Pai" (L. Boff: *O rosto materno de Deus.*).

A salvação e libertação de Deus realiza-se, pois, segundo as diferentes situações das pessoas, mas em todos os casos ela aponta para o mesmo objetivo: vivenciar nossa comum filiação por Deus em Cristo, nossa radical irmandade com todos os homens, e nosso senhorio e liberdade diante dos bens deste mundo. Sem conversão dos corações não haverá libertação possível; se não mudarmos as pessoas por dentro, o mundo continuará em sua iniqüidade para sempre, embora se criem estruturas novas que, por sua vez, gerarão novas escravidões (EN 36: OA 45).

14 de setembro

Exaltação da Santa Cruz

Nm 21,4-9: Os picados por serpentes saravam ao olhar para ela.
Fl 2,6-11: Aniquilou-se a si mesmo; por isso Deus o elevou acima de tudo.
Jo 3,13-17: É necessário que o Filho do Homem seja levantado.

A CRUZ, SINAL DE VIDA E SALVAÇÃO

1. O paradoxo de uma Cruz gloriosa
a) Uma festa de Exaltação da Cruz
b) Visão dolorosa ou gloriosa?
2. O mistério da Cruz de Cristo
a) Buscando uma explicação
b) A Cruz, revelação de amor
3. Abundar nos sentimentos de Cristo Jesus
a) Resposta a um amor que nos precedeu
b) Com a cruz de cada dia
c) Em solidariedade com os crucificados da terra

***

1. O paradoxo de uma Cruz gloriosa

a) **Uma festa de Exaltação da Cruz.** - Consta pela tradição litúrgica que a festa de hoje se celebrava em Jerusalém já no século V. Seu título mostra a finalidade e a impostação da mesma: enaltecer e glorificar a Cruz do Senhor. Porque a Cruz, sinal do discípulo de Cristo, não é sinal de morte mas de vida, como expressa o simbolismo da serpente de bronze no deserto *(1ª leit.)*; não de infâmia e derrota, mas de salvação e vitória *(2ª leit.)*; não de masoquismo mas de amor *(evangelho)*.

O *Prefácio* de hoje condensa bem o sentido do título: Bendizemo-vos, Senhor, "porque colocastes a salvação do gênero humano na árvore da Cruz; para que onde teve origem a morte, aí ressurgisse a vida; e aquele que pela árvore vencera, pela árvore fosse vencido por Cristo, Senhor nosso". Alusão manifesta ao pecado de origem e à redenção por Cristo, o novo Homem-Adão (Rm 5,12-21: "Onde abundou o pecado, superabundou a graça" v. 20).

São Paulo, que refletiu profundamente sobre o paradoxo da Cruz, dizia: "Quanto a mim, Deus me livre de me gloriar, a não ser da Cruz de nosso Senhor Jesus Cristo, pela qual o mundo está crucificado para mim e eu para o mundo" (Gl 6,14).

"Os judeus pedem milagres, os gregos buscam sabedoria; nós, porém, anunciamos um Cristo crucificado, que é escândalo para os judeus e loucura para os pagãos. Mas para aqueles que são chamados, tanto judeus como gregos, Cristo é poder de Deus e sabedoria de Deus (1Cor 1,22-24).

Olhando sob esta perspectiva, a Cruz muda de sentido. Esta é também a visão do quarto evangelho. João, para se referir à paixão e morte de Jesus emprega sempre o termo "glorificação", a maioria das vezes nos lábios de Jesus. Jesus é um Rei paradoxal, que reina do trono da Cruz: "Quando eu for levantado da terra, atrairei tudo a mim (12,32 ver festa de Cristo Rei, Dom. 34, anos B e C).

Depois do que foi dito acima, vem-nos a pergunta: Visão dolorosa ou gloriosa da Cruz de Cristo? Qual é o mistério profundo da mesma, seu motivo, seu segredo e revelação para o homem de hoje? Tentemos responder tais interrogações.

b) **Visão dolorosa ou gloriosa?** - Certa piedade cristã contemplou a Paixão de Cristo insistindo de preferência, quase exclusivamente, nos sofrimentos de Jesus, o homem das dores. É o aspecto que vem acentuado nos quatro poemas ou cantos do Servo de Javé (segundo Isaías cc. 40-55: Livro da Consolação).

Se se olha só sob este ângulo, seria esta uma maneira incompleta de ver a Cruz do Senhor. Pois os evangelistas que refletem a pregação apostólica e a confissão de fé da comunidade cristã primitiva, entendem os sofrimentos e as humilhações da paixão e morte de Cristo a partir da perspectiva gloriosa de sua Ressurreição. Desta se confessam testemunhas os Apóstolos: "Que toda casa de Israel fique sabendo com absoluta certeza que Deus estabeleceu como Senhor e Messias a esse Jesus que vocês crucificaram" (At 2,36), disse Pedro aos judeus em seu primeiro kerigma no dia de Pentecostes.

É na *segunda leitura* (Fl 2,6-11) onde se consegue o perfeito equilíbrio. Este hino cristológico dos primeiros cristãos, transmitido por Paulo, recorda-nos que Cristo, sendo Deus, se rebaixou até submeter-se não só à condição humana, mas inclusive a uma morte de Cruz, por isso Deus o exaltou acima de tudo. Seu rebaixamento (Kenósis) mereceu-lhe uma exaltação gloriosa em sua ressurreição, um nome sublime e a adoração do universo todo como Senhor (= *Kyrios*; ver Dom. Ramos, ano A,3).

* Analisando *através da história* as expressões em que a espiritualidade e a arte cristãs plasmaram a vivência da fé na pessoa de Cristo, e seu correspondente ângulo teológico, vemos que a imagem gloriosa do Senhor foi a preferida nos primeiros séculos do cristianismo. Assim aparece nos mosaicos das antigas basílicas romanas e bizantinas que representam Jesus como Senhor glorioso, ressuscitado e todo-poderoso, sentado à direita do Pai, "pantocrátor", com o livro na mão, rodeado dos Apóstolos etc.

Nos séculos do estilo Românico começou a aparecer a figura de Cristo na Cruz, mas em atitude majestosa, hierática e com coroa de rei.

No começo da Idade Média teve início a prática piedosa da Via-Sacra. As pinturas ou telas de Cristo crucificado, regularmente com coroa de raios luminosos, conservam a serenidade do Cristo glorioso como, por exemplo, aquele que segundo a tradição falou a São Francisco de Assis. Igualmente os pintados em trípticos e retábulos.

Mais tarde, desde o Renascimento e o Barroco até nossos dias proliferaram os Cristos padecentes e coroados de espinhos, em quadros e entalhos de grande expressividade e sublime dramatismo como os da escola castelhana, por exemplo: Pedro Berruguete e sobretudo seu filho Alonso Berruguete, Gregório Hernández, Juan de June, e, aqui no Brasil, nosso Aleijadinho (cf. B. Caballero: *Anúncio histórico de Cristo através de la teología e del arte cristianos*, em "Pentecostes" 8 (1970) 84-92).

2. O mistério da cruz de Cristo

a) **Buscando uma explicação.** - Na Cruz do Senhor cumpriu-se o repetido anúncio de Jesus, conforme os evangelhos sinóticos, sobre sua morte violenta em Jerusalém. A pergunta é óbvia: Por que tinha que ser assim? A resposta mais profunda e válida somente Deus a pode dar. Pisamos o terreno insondável do querer divino e do seu projeto eterno de redenção revelado em Cristo.

Este é o motivo e a razão da obediência de Cristo: o querer do Pai, isto é, a salvação do homem a quem Deus ama. Verdade central de nossa fé e sumamente alentadora: Deus tomou partido a favor do homem e o ama. "Tanto amou Deus o mundo que lhe deu seu Filho único, para que todo que nele crê se salve por Ele" (Jo 3,16-17, *evangelho*). "Por nós e pela nossa salvação", como dizemos no Credo, é a razão teológica que nossa fé nos descobre para explicar e entender toda a vida de Jesus desde sua encarnação até sua paixão, morte e ressurreição gloriosa.

b) **A Cruz, revelação de amor.** - Cremos e dizemos que a Cruz é o sinal do cristão, não por masoquismo espiritual mas porque a cruz é fonte de vida e libertação total, como sinal que é do amor de Deus ao homem por meio de Jesus Cristo.

O mistério da Cruz na vida de Jesus - e portanto na nossa - é a suprema revelação do amor, e não consagração da dor e do sofrimento. Este não é nem pode ser fim em si mesmo, mas somente meio para expressar amor. O modo mais verídico e mais autêntico, pois ninguém tem maior amor do que aquele que dá a vida por seus amigos. Por isso pôde Jesus mandar-nos: Amem uns aos outros como eu os amei (cf. Jo 15,12-13). O amor que a Cruz de Cristo testemunha é a única força capaz de mudar o mundo, se nós, que nos dizemos seus discípulos, seguirmos seu exemplo.

Cristo morre para que o ódio e o pecado sejam vencidos pelo amor, e este se perpetue no mundo como estilo de vida de seus discípulos. Cristo entrega sua vida para que nós homens vivamos como irmãos, pois Ele nos faz filhos amados de Deus.

3. Abundar nos sentimentos de Cristo Jesus

a) **Resposta a um amor que nos precedeu.** - Esta história sublime de amor que é a vida, paixão e morte de Jesus, pede de nós uma resposta também de amor, tendo os mesmos sentimentos que Cristo *(2ª leit.)*, e assimilando o escândalo da Cruz, que é fraqueza e loucura para os poderosos e sensatos deste mundo, mas força e sabedoria de Deus para os chamados a Cristo (1Cor 1,23-24).

"Amemos a Deus porque Ele nos amou primeiro. Mas se alguém diz: 'Ama a Deus', mas não ama seu irmão, é um mentiroso. Pois quem não ama seu irmão a quèm vê, não pode amar a Deus a quem não vê (1Jo 4,19-20). Amar a Deus e ao próximo é despojar-se dos antigos esquemas de valorização e dos critérios do homem velho e carnal, para ter em nós as atitudes e os sentimentos próprios de uma vida em Cristo Jesus, que sendo de condição divina se aniquilou até uma morte de Cruz.

Jesus poderia ter-nos salvo através do triunfo e da glória, isto é, de outro modo, como um super-homem. Mas preferiu fazê-lo a partir de nossa condição humana; ser mais além de nós, demonstrando isso pela humildade, serviço, obediência e renúncia em vez de impor-se pela categoria e poder. Nós, porém, agimos assim. Mas Cristo que veio para servir e não para ser servido, renunciando ao gozo imediato suportou a cruz e a ignomínia (Hb 12,2).

b) **Com a cruz de cada dia.** - Jesus nos convida a segui-lo na autonegação que nos liberta, abraçando com amor a cruz de cada dia, sempre presente de uma ou de outra forma e da qual inutilmente procuramos escapar. Saber sofrer por amor é grande sabedoria. Aquele que quiser salvar a sua vida, perdê-la-á: mas aquele que perde sua vida por minha causa a salvará, disse Jesus (Lc 9,23).

Carregar a Cruz com Cristo hoje em dia supõe nadar contra a corrente; é optar pela justiça, verdade e liberdade, aceitando as conseqüências dolorosas às quais nos conduzirá tal opção. É seguir o ditame moral de nossa consciência, sendo honestos para com Deus quando o mais vantajoso e mais fácil é atraiçoar a ética evangélica: dinheiro sujo, violência, sexo, discriminação, revanchismo, divórcio, aborto... Carregar hoje em dia a Cruz do Senhor supõe escolher a impopularidade em vez do aplauso imoral, o perdão e a reconciliação em vez do ódio e da vingança.

c) **Em solidariedade com os crucificados da terra**. - Uma chave de leitura da Cruz do Senhor, válida hoje e sempre, é lê-la a partir da paixão e morte do homem atual e em solidariedade com todos os crucificados da terra e vítimas da maldade humana. Pois neles, como num sacramento, está o Cristo sofredor, oculto mas real conforme a parábola do juízo final (Mt 25,31-46).

A Paixão de Cristo é celebrada não só na Semana Santa ou ao percorrer as estações da Via-Sacra, mas ela está todo o ano em nossas ruas. Sua Cruz está plantada nos caminhos da vida, em cada monte da história, em cada esquina ou ângulo do mundo em cada homem ou mulher, criança, jovem ou adulto que sofre ou morre vítima da fome e da doença, dos genocídios e da guerra, do terrorismo e da violência, do abandono e da fraude, do cárcere e do exílio, da injustiça e da opressão, numa palavra, vítima de tudo o que é negação da pessoa, de seus valores e seus direitos.

Em cada um desses nossos irmãos "sofre e morre" Cristo, pois Ele se identifica com eles: "Tudo o que vocês fizeram, foi a mim que o fizeram (Mt 25,40). Toda deformação ou cicatriz no rosto do homem é bofetada no de Cristo. Se lamentamos a morte injusta de Jesus, não podemos deixar de sentir a cruz e morte de nossos irmãos, solidarizando-nos com todo aquele que sofre. Como dizia Blas Pascal (1623-1662): "Jesus estará em agonia até o fim do mundo; não podemos nos entregar ao sono durante este tempo". Assim completaremos em nossa carne as dores de Cristo, sofrendo por seu corpo que é a Igreja (Cl 1,24).

Entremos de cheio na órbita gloriosa da Cruz do Senhor. Embora a certeza do final esplendoroso não suprima a dor do caminho, não obstante nos manterá em pé a esperança segura de que, mortos para o pecado, ressuscitamos com Cristo para uma vida nova e sem limites, a vida de Deus.

Adoramos-te, Cristo, e te bendizemos porque com tua santa Cruz redimiste o mundo!

1 de novembro

Festa de Todos os Santos (A)

Ap 7,2-4.9-14: Vi uma multidão imensa que ninguém podia contar.
1Jo 3,1-3: Veremos a Deus tal qual Ele é.
Mt 5,1-12a: As Bem-aventuranças.

EM COMUNHÃO COM OS SANTOS

1. Celebramos a festa de "todos os santos"
2. Mal-entendidos sobre os santos e santidade
a) Santos de caricatura
b) As biografias atuais dos santos
3. A comunhão dos santos
4. O culto e devoção aos santos

***

A festividade de Todos os Santos tem ciclo único de leituras bíblicas. Fixando-nos preferentemente numa ou noutra, refletiremos nos três anos litúrgicos sobre os temas seguintes: A) A comunhão eclesial dos santos. B) Os Bem-aventurados, que fizeram das Bem-aventuranças evangélicas o programa de sua vida. C) A vida cristã em plenitude como culminação de nossa adoção filial por Deus que nos fez santos.

1. Celebramos a festa de "todos os santos"

Há santos com nome próprio e significação universal que têm um dia assinalado no calendário litúrgico anual, o dia em que morreram. Mas existem muitos outros santos no Santoral e no Martirológio que não se celebram expressamente, porque são mais numerosos que os dias do ano. E além destes ainda, há uma multidão de santos "anônimos", constituída por todos aqueles que alcançaram a Deus através de uma vida honrada e santa, embora nem tenham sido cristãos batizados mas simples "cristãos implícitos". Constituem eles essa "multidão imensa que ninguém poderia contar de toda nação, raças, povos e línguas", de que nos fala hoje a leitura do Apocalipse. Pois bem, para comemorá-los a todos se estabeleceu esta festa comum de Todos os Santos.

A festa litúrgica de Todos os Santos vem sendo celebrada de maneira universal em toda a Igreja desde o século IX, quando o Papa Gregório IV no ano de 835 fixou esta data de 1º de novembro.

Já muito anteriormente, desde o século I, a comunidade cristã rendeu culto aos numerosos mártires da fé, cujas relíquias foram transladadas, no tempo de Bonifácio IV, das Catacumbas ao Panteon romano que foi consagrado como templo cristão com o nome de Santa Maria dos Mártires (13 de maio de 609).

Com esta celebração não se trata simplesmente de erigir, em recordação, um monumento ou memorial ao santo desconhecido. A intenção litúrgica da Igreja vai mais longe. Hoje celebramos a santidade de Deus que resplandece nos membros de seu Povo, nos filhos da Igreja; santidade encarnada em pessoas de carne e ossos, porque, como diz K. Rahner, a santidade em abstrato não existe.

A Igreja peregrina alegra-se unida à Igreja triunfante no céu; e consciente da Comunhão dos Santos "celebra a glória da cidade santa, a Jerusalém celeste que é a nossa mãe, onde eternamente louva a Deus a assembléia festiva de todos os santos, nossos irmãos" (*Prefácio* de hoje: cf. LG 49-50).

2. **Mal-entendidos sobre os santos e santidade**

É um fato constatado que hoje se escrevem e se lêem muito menos vidas de santos do que anos atrás. E sobretudo as biografias que se publicam têm um estilo muito diferente do passado.

a) **Santos de caricatura.** - Serão os santos e a santidade algo que está fora de moda? Comecemos por reconhecer que muitos cristãos têm uma idéia falsa dos santos canonizados. O critério pietista, milagreiro, angelical e adocicado com que se descreveu não raro muitos santos e santas nos livros do gênero, é algo que já não agrada ao homem de hoje. Ao mitificar os santos com lendas piedosas, prodigiosas e deslumbrantes seus biógrafos os privaram de sua condição humana como também de seus valores humanos, emprestando-lhes poderes excepcionais ou paranormais e até virtudes infusas. Com esses traços deixaram de parecer gente e parecem mais seres de outra galáxia, heróis inatingíveis, super-homens, mais dignos de elogio do que de imitação.

Outras vidas de santos completavam ainda a caricatura acentuando excessivamente as virtudes "passivas", a fuga do mundo ou algumas esquisitices curiosas. Com isso sua figura se enquadra ainda menos com uma mentalidade moderna ativa, intramundana, e do compromisso cristão com a vida real dos homens.

Também quando se repassa o Santoral, vê-se que a maioria dos santos canonizados foram papas, bispos, sacerdotes, monges, religiosos, religiosas, reis e rainhas. Há muito menos leigos ou "soldados rasos". Diante de um quadro assim, para alguns a conclusão seria esta: a santidade é coisa de elite, algo mais próprio e privativo do hábito, do claustro ou da clausura.

Felizmente tudo o que dissemos não reflete a realidade. Se a Igreja os declarou oficialmente santos, bem-aventurados e amigos de Deus, não foi por causa disso. As estátuas de santos continuaram sendo feitas de madeira ou de gesso; mas os santos eram e são de carne e osso. Aqueles que viveram com eles sabiam disso muito bem; por isso às vezes lhes passaram despercebidos.

b) **As biografias atuais dos santos** estão sendo escritas de modo muito diferente. Não se dá mais valor às inadmissíveis narrativas legendárias, nem sequer às lisonjas gratuitas. Ao contrário, dá-se mais realce à realidade nua, às vezes vulgar até. Simplesmente eram e são homens e mulheres com qualidades, defeitos e problemas como os demais; mas que tomaram a sério o evangelho: ser discípulos de Cristo para se assemelharem a Ele o mais possível. O extraordinário de sua vida estava enraizado no seu interior: vivência intensa da fé, da esperança e do amor cristãos.

Os santos não foram nem são pessoas fracas de idéia ou alienadas da realidade. Não existe santo sem valores humanos e sem grande maturidade pessoal; porque não pode haver santo sem amor a Deus e aos irmãos. E o amor não é passivo, mas ativo, plenificante, altruísta, inconformista, revolucionário à sua maneira.

São santos os que percorrem o itinerário de santidade apontado pelas Bem-aventuranças que lemos hoje no evangelho. Os santos tornaram realidade em sua vida o programa do Reino de Deus que as Bem-aventuranças contêm. Eles foram, como Jesus, os pobres em espírito; esta é a primeira bem-aventurança que possibilita a prática de todas as demais. Vazios por completo de seu próprio eu, estiveram totalmente disponíveis diante de Deus para fazer frutificar seus dons e talentos. Simplesmente, foram cristãos de verdade. Porque a santidade não é uma competição olímpica para bater a marca anterior, mas um caminhar passo a passo todos os dias, sem parar nem desviar-se, como homens e mulheres conduzidos pelo Espírito que nos transforma em imagem de Cristo se nós colaborarmos.

Por isso, como a aventura radical e fascinante da santidade cristã não está vinculada a um estilo de vida ou a uma época determinada, nunca passará de moda. Há tantos tipos e vocações de santos e santidade quantas situações humanas existirem. O Espírito do Senhor sopra onde quer, e Deus está lá onde um homem ou uma mulher lhe respondem incondicionalmente.

3. A comunhão dos santos

No Símbolo Apostólico do concílio de Nicéia (a. 325) - credo breve do catecismo, faz-se a profissão de fé na Igreja e na comunhão dos santos. E o Concílio Vaticano II na constituição dogmática sobre a Igreja afirma:

> "Entre os discípulos (de Cristo) alguns peregrinam na terra, outros, terminada esta vida, são purificados, enquanto que outros são glorificados, vendo claramente o próprio Deus trino e uno, assim como é; todos, contudo, em grau e modo diverso, participamos da mesma caridade de Deus e do próximo e cantamos o mesmo hino de glória ao nosso Deus.
>
> A união dos que estão na terra com os irmãos que descansam na paz de Cristo, de maneira nenhuma se interrompe, ao contrário, conforme a fé perene da Igreja, vê-se fortalecida pela comunicação dos bens espirituais" (LG 49).

> "A Igreja terrestre, reconhecendo cabalmente esta comunhão de todo o Corpo místico de Jesus Cristo, desde os primórdios da religião cristã, venerou com grande piedade a memória dos defuntos e, porque é um pensamento santo e salutar rezar pelos defuntos para que sejam perdoados de seus pecados (2Mc 12,46), também ofereceu sufrágios em favor deles" (LG 50,1).

Assim, pois, entre todos os fiéis que constituem a Igreja em sua etapa peregrinante, purificante e triunfante existe verdadeira comunhão espiritual de bens. É a comunhão dos santos. Esta tem sua base e fundamento na união de todos os crentes com Jesus e na Igreja que é seu Corpo. Quando Paulo se converte de perseguidor dos cristãos em apóstolo do Evangelho, Cristo lhe diz: "Eu sou Jesus a quem você persegue" (At 9,5).

A comunhão dos santos deve ser entendida dentro do conceito global de comunhão (= *Koinomia*) que é consubstancial ao mistério da Igreja e abarca toda a realidade comunitária eclesial (ver Dom 26 A, 1, b). Nós cristãos temos um patrimônio comum que constitui o chamado "tesouro da Igreja", formado pelos méritos de Cristo e pelas boas obras e orações da Santíssima Virgem e dos Santos, escreveu o Papa Paulo VI *(Doutrina das Indulgências, 5)*. Por esta comunhão dos Santos têm eficácia a oração e os sufrágios - entre os quais sobressai a santa Missa - que fazemos pelos demais irmãos, nossos entes queridos vivos e defuntos. Ninguém na Igreja vive solitariamente. Todos nós precisamos uns dos outros, nos completamos e nos ajudamos.

4. **O culto e devoção aos santos**

O culto e a devoção aos santos têm seu entroncamento nesta comunhão eclesial. Como o povo da antiga aliança estava em comunhão com os Patriarcas e Profetas, unidos na herança comum das promessas messiânicas, assim o novo Povo de Deus que é a Igreja vive em união com Jesus Cristo, a Virgem Maria, os Apóstolos, os Mártires e os Santos, como é lembrado nas orações eucarísticas e nas ladainhas dos santos. "De acordo com a tradição, a Igreja rende culto aos santos e venera suas imagens e suas relíquias autênticas" (SC 111).

> "Veneramos a memória dos habitantes do céu não somente a título de exemplo, mas mais ainda para corroborar a união de toda a Igreja no Espírito pelo exercício da caridade fraterna...
>
> Todo o genuíno testemunho de amor manifestado por nós aos habitantes do céu, por sua própria natureza tende para Cristo e termina com Cristo, que é a coroa de todos os santos; e por Ele em Deus que é admirável nos seus Santos e neles é engrandecido" (LG 50).
>
> "O verdadeiro culto aos santos não consiste tanto na multiplicidade de atos exteriores, quanto na intensidade de um amor ativo, pelo qual, para maior bem nosso e da Igreja, buscamos nos santos o exemplo de sua vida, a participação em seu destino e a ajuda de sua intercessão" (LG 51; cf. Prefácio dos Santos, I).

Do que foi dito se conclui que o culto e a devoção aos santos, quando são autênticos:

- Não têm nada de mágico ou supersticioso. Isto acontece no modo errôneo de proceder de alguns cristãos que buscam nos santos protetores para seus egoísmos temporais;

- mas é culto e louvor a Deus, porque sua glória resplandece nos santos; é assim que eles se constituem em nossos modelos e intercessores. Nós veneramos os santos; mas unicamente a Deus adoramos.

- Este culto aos santos é também cristocêntrico, e por Cristo se dirige a Deus Pai e a Deus Espírito Santo, ao Deus uno e trino, fonte e origem de toda santidade.

A celebração eucarística é a expressão exata e atual da comunhão dos santos. A festividade de hoje é um convite à alegria e esperança cristãs. No peregrinar ou corrida de fundo que é a vida, nós que ainda estamos em marcha, celebramos o triunfo dos que já alcançaram a meta e lá nos esperam. Escutemos hoje o chamado de Deus à santidade, que é vocação para a felicidade e para a plena liberdade dos filhos de Deus, como proclamam as Bem-aventuranças de maneira paradoxal mas real.

2 de novembro

Fiéis Defuntos

Leituras bíblicas: *ver no Lecionário para as missas de defuntos.*

CELEBRAMOS A VIDA, NÃO A MORTE

1. Celebramos a Vida, não a morte
a) Uma profunda vivência cristã
b) Em comunhão com nossos irmãos falecidos
2. O homem se pergunta sobre o seu destino futuro
a) A morte, a maior interrogante
b) Respostas ao enigma
c) Visão cristã da morte
3. Estaremos sempre com o Senhor
a) Raiz da esperança cristã
b) Cristo é vida e ressurreição para todo que Nele crê
4. Por tudo isso, nossa ação de graças ao Senhor

***

1. Celebramos a vida, não a morte

a) **Uma profunda vivência cristã**. - O Dia de Finados está impregnado de um sentimento religioso no qual se unem o afeto e as recordações familiares com a fé e esperança cristãs. Por esse motivo suscita sempre um profundo eco no povo de Deus. A festa litúrgica data do século XIV e em sua origem influi grandemente a espiritualidade monástica dos monges de Cluny, embora a recordação dos fiéis defuntos sempre estivesse presente na oração eucarística.

Antes de ir em frente digamos que hoje celebramos a Vida e não a morte.

A religião cristã não celebra o culto à morte, mas à vida. Assim o ressalta a liturgia da palavra de hoje com suas muitas leituras e as orações da missa. Todo o conjunto nos fala de ressurreição e vida; e a referência onipresente é a ressurreição de Cristo, da qual participa o cristão pela fé e pelos sacramentos.

b) **Em comunhão com nossos irmãos falecidos**. - Por isso este dia de novembro não é uma comemoração para a tristeza nostálgica e a melancolia de outono, provocando saudade dos seres queridos que já nos deixaram, mas uma recordação cheia de esperança que expressa e continua a comunhão dos Santos que celebramos no dia de ontem. Pois "a fé oferece a possibilidade de uma comunhão com nossos queridos irmãos já falecidos, dando-nos a esperança de que já possuem em Deus a vida verdadeira" (GS 18,2). A visita aos cemitérios que em sua etimologia grega e latina significa "dormitório" - embora nos lembre os familiares que "dormiram no Senhor", conforme a antiga expressão cristã, precisamente por isso não dá lugar à amargura sem esperança.

2. O homem se pergunta sobre o seu destino futuro

a) **O maior interrogante.** - A morte é um dado de experiência que temos sempre diante dos olhos; mas ninguém, enquanto vive, o conhece pessoalmente. Não obstante, experimentamos a morte dos outros: familiares, amigos e companheiros. Em cada adeus definitivo algo nosso morre com eles. A morte biológica, seu anúncio paulatino na enfermidade e na velhice, sua presença brutal nos acidentes e catástrofes, e sua manifestação em tudo o que é negação da vida devido à violação da dignidade e dos direitos da pessoa, constitui o mais pungente dos problemas humanos.

> "Diante da morte, o enigma da condição humana atinge seu ponto alto. O homem não se aflige somente com a dor e a progressiva dissolução do corpo, mas também, e muito mais, com o temor da destruição perpétua. Mas é por uma inspiração acertada do seu coração que afasta com horror e repele a ruína total e a morte definitiva de sua pessoa. A semente de eternidade que leva dentro de si, irredutível à só matéria, insurge-se contra a morte" (GS 18).

Vida sem limite temporal é a mais profunda aspiração que trazemos dentro de nós. Como no fim a morte sempre nos vence, sentimo-nos intimamente frustrados se não tivermos uma explicação satisfatória para este paradoxo e enigma que é a morte de um ser criado para a vida.

b) **Respostas para o enigma**. - A filosofia, as ciências do homem e a história das religiões sempre têm dado respostas mais ou menos convincentes ao interrogante da morte que se formula com este dilema básico: É a morte um fim ou um começo? Espera-nos uma outra vida ou o nada? Sobreviveremos ou seremos aniquilados? No final do caminho está Deus ou o vazio mais absoluto?

Conforme as respostas, assim são as atitudes vitais: medo visceral, silêncio de morte sobre um tema tabu, fatalismo estóico diante de um fato natural e inevitável, hedonismo à toda diante da fugacidade da vida ("comamos e bebamos, porque amanhã morreremos"), pessimismo, rebeldia, náusea existencial diante do maior dos absurdos... ou a esperança serena de uma crença na imortalidade. Salvo a última, as demais atitudes não têm valor para nós, pois levam a gente à conclusão de que nem a morte tem sentido nem a vida paga a pena ser vivida. Assim não se resolve o enigma, pois no fundo da questão está subjacente também a pergunta sobre o próprio sentido da vida humana.

* A imortalidade foi uma idéia fascinante na história das religiões e das culturas. Todas as grandes religiões da humanidade sustentaram e sustentam de uma ou de outra forma a continuidade da vida além da morte: ressurreição, paraíso, nirvana, reencarnação etc. Inclusive houve e há culturas, como a do

Antigo Egito que giraram e giram em torno dessa crença básica da imortalidade.

Assim construíram os antigos egípcios necrópoles como a de Sakkara com túmulos e pirâmides como as de Giza contendo os sarcófagos dos faraós; deificaram estes últimos, levantaram templos junto ao Nilo e escavaram as tumbas do Vale dos Reis em Tebas. Monumentos que perduram depois de quatro e cinco mil anos.

c) **Visão cristã da morte**. - À luz da fé cristã fica fora de toda dúvida o valor da vida humana. Mas, dando um passo mais adiante, o discípulo de Cristo identifica a vida futura na qual crê e espera, com um ser vivo, pessoal e amigo que é o Deus de nosso Senhor Jesus Cristo, e de cuja vida participa já agora e continuará gozando em seu destino futuro. Fundamento de tal crença e esperança é nossa fé, baseada nos gestos salvadores de Deus por meio de seu Filho feito homem, Cristo Jesus, que morreu e ressuscitou para nos dar vida e salvação eternas. Cristo ressuscitado é a melhor e única resposta válida ao interrogante da morte. Instruídos pela palavra de Deus, cremos que:

> "O homem foi criado por Deus para um fim feliz, além dos limites da miséria terrestre... Deus chamou e chama o homem para que ele, com a sua natureza inteira, dê sua adesão a Deus na comunhão perpétua da incorruptível vida divina.
>
> Cristo conseguiu esta vitória, por sua morte, libertando o homem da morte e ressuscitando para a vida. Para qualquer homem que reflete, apresentada com argumentos sólidos, a fé dá-lhe uma resposta à sua angústia sobre a sorte futura" (GS 18,2).

3. Estaremos sempre com o Senhor

a) **Raiz da esperança cristã**. - Toda a vida do crente diz referência a Cristo e seu mistério pascal de vida através, paradoxalmente, da sua morte. Jesus é a razão última do nosso viver, morrer e esperar como cristão. Uma vez que Ele se fez igual a nós em tudo, passou também pelo transe da morte para alcançar a Vida perene. Esse é o itinerário que o discípulo deve percorrer.

A esperança cristã de ressurreição e vida sem fim se vincula e fundamenta na Ressurreição de Jesus. Se nossa esperança em Cristo acabasse juntamente com a vida presente, seríamos os homens mais desgraçados, comenta São Paulo. Mas não! Cristo ressuscitou dentre os mortos, o primeiro de todos (1Cor 15,19). Podemos esperar firmemente que o Espírito de Deus que ressuscitou Jesus dentre os mortos dará também vida a nossos corpos mortais, porque esse mesmo Espírito habita em nós (Rm 8,11). Como e desde quando? Desde o momento do nosso batismo no qual participamos da morte e ressurreição de Cristo. Assim o Espírito cria nossa comunhão inicial e decisiva com Jesus; comunhão de vida que vai se renovando e crescendo continuamente com os sacramentos da religião cristã, especialmente com a eucaristia que nos alimenta com o

Pão da Vida que é Cristo. Ele disse: "Eu sou o Pão da vida. Aquele que come deste pão viverá para sempre. E o pão que eu lhe darei é minha carne para a vida do mundo" (Jo 6,48-52).

> Por isso Paulo em sua primeira carta aos cristãos da comunidade de Tessalônica, na Grécia, lhes escrevia: "Não queremos, irmãos, que vocês ignorem o que se passa com os mortos, para não ficarem tristes como os outros, os que não têm esperança. Pois se cremos que Jesus morreu e ressuscitou, cremos também que Deus levará com Jesus aqueles que nele morreram.
>
> Com efeito, eis o que temos a dizer-lhes, conforme um ensinamento do Senhor... E assim estaremos sempre com o Senhor. Consolem-se, pois, mutuamente com estas palavras" (1Ts 4,12-17).

b) **Cristo é vida e ressurreição para aquele que crê nele**. - Tudo vem confirmar a afirmação do próprio Jesus momentos antes de realizar a ressurreição de Lázaro, seu amigo (Jo 11,1-45). Em seu diálogo com Jesus, a irmã de Lázaro, Marta, expressa sua fé na ressurreição de seu irmão no último dia, conforme a crença dos judeus (escatologia futurista). Mas ao lhe responder, Cristo acentua a ressurreição e a vida já a partir da existência presente (escatologia realizada): "Eu sou a ressurreição e a vida; aquele que crê em mim, embora esteja morto, viverá; e aquele que está vivo e crê em mim, não morrerá para sempre" Crê isso? (vv. 25-26).

O crente sente-se salvo por Cristo, libertado do pecado e de sua conseqüência que é a morte. Esta libertação não é da morte biológica, pois também Cristo morreu como homem que era, mas da escravidão opressora da morte, do medo da mesma, do sentido e do absurdo de uma vida entendida como paixão inútil que termina nas trevas do nada. Conseqüentemente, diante da morte de nossos entes queridos devemos pensar não numa perda irreparável, mas no destino esperançoso ao qual Deus quis chamar-nos, conforme as palavras de Jesus ao despedir-se de seus amigos: "Vou preparar-lhes um lugar, para que onde eu estiver, estejam vocês também (Jo 14,3).

O cristão, à luz da ressurreição do Senhor, sabe e vivencia, desde agora, que a morte física inevitável apesar de todos os processos da medicina e da apaixonante e torturante aspiração do homem para a imortalidade, não é o fim do caminho mas a porta que se nos abre para a libertação definitiva com Cristo ressuscitado.

Mas Ele não chegou à glória da ressurreição sem passar antes pela cruz e a morte. Ele disse e nele se cumpriu: Se o grão de trigo que cai no sulco não morrer, fica infecundo; mas se morre dá muito fruto (Jo 12,24). Igualmente, se nossa existência está unida a Cristo numa morte como a sua, o estará também numa ressurreição como a sua (Rm 6,8). É doutrina certa: Se com Ele morrermos, viveremos com Ele. Se perseverarmos, reinaremos com Ele (2Tm 2,11). Porque Jesus transformará nossa condição humilde conforme o modelo de sua condição gloriosa (Fl 3,21).

4. **Por isso, nossa ação de graças ao Senhor**

Por tudo o que foi dito se confirma o que já adiantávamos no princípio: celebramos a Vida e não a morte. Por isso nossa ação de graças a Deus por Cristo, isto é, nossa eucaristia de bênção ao Deus uno e trino. Além disso o memorial eucarístico é essencialmente a atualização da morte e ressurreição gloriosas de Cristo Jesus, em cujo mistério participa plenamente o cristão desde o seu nascimento para a vida de Deus pelo batismo até seu adormecimento no Senhor pela morte, como expressa o "momento" dos defuntos na missa.

Bendizemos a Deus na fé porque graças a Cristo ressuscitado não somos seres para a morte mas para a Vida com o Senhor; já desde agora e para o futuro. Pois o nosso Deus não é um Deus dos mortos, mas de vivos, afirmou Jesus (Mc 12,27).

> "Quando este nosso ser corruptível se revestir de incorrupção, e esse ser mortal se revestir da imortalidade, então se cumprirá a Escritura: A morte foi absorvida na vitória. Onde está, ó morte, tua vitória? onde está o teu aguilhão?... Demos graças a Deus que nos dá o triunfo por nosso Senhor Jesus Cristo" (1Cor 15,54.57).
>
> "É justo dar-vos graças, Senhor, Pai Santo, por Cristo Senhor nosso. Nele brilhou para nós a esperança da feliz ressurreição. Porque a vida de vossos fiéis não foi tirada, mas transformada. E desfeita a nossa habitação terrena, nós é preparada no céu uma eterna mansão" (cf. 2Cor 5,1; *Prefácio I da Missa dos Defuntos*).

Hoje é dia de avivar alegremente nossa esperança cristã e proclamar com firmeza o artigo de fé do Credo: "Creio na ressurreição dos mortos e na vida que há de vir".

9 de novembro

Dedicação da Basílica de Latrão

As leituras bíblicas de hoje são tiradas do comum da *Dedicação de uma igreja*. Aqui está uma seleção delas:

Is 56,1.6-7: Minha casa é casa de oração, diz o Senhor.
(*Ou:* **At 7,44-50:** O Altíssimo não habita em edifícios construídos pelos homens).

1Cor 3,9-13.16-17*:* Vocês são templos de Deus.
(*Ou:* **1Pd 2,4-9:** Como pedras vivas no Templo do Espírito).

Jo 4,19-24: O culto verdadeiro: adoração ao Pai em espírito e verdade.
(*Ou:* **Jo 2,13-22:** Falava do templo de seu corpo).

CULTO EM ESPÍRITO E VERDADE

1. A celebração de hoje: diversos níveis
2. Lugar do culto a Deus
  a) Pergunta da Samaritana
  b) A cólera de Jesus
  c) O relevo de um sinal provisório
3. Religião em espírito e em verdade
  a) Novo âmbito religioso na comunidade cultual
  b) Religião e culto da vida cotidiana
  c) A exemplo de Jesus: adorador do Pai

***

1. A celebração de hoje: diversos níveis

Desde o século XI vem-se celebrando o dia 9 de novembro como aniversário da Dedicação da Basílica de Latrão, construída pelo imperador Constantino Magno no IV século, e cujo titular é Cristo Salvador. Esta basílica, catedral da diocese de Roma, é considerada como mãe e cabeça de todos os templos de Roma e do mundo católico-romano. Ela recorda a adesão à cátedra de São Pedro e de seu sucessor, o Bispo de Roma que, como dizia Santo Inácio de Antioquia, preside a todos os fiéis na caridade.

Partindo, pois, deste fato e lugar determinados, mas transcendendo-os, comemoramos vários aspectos dentro desta idéia global e em ritmo ascendente: o templo material, a comunidade de fé, o culto em espírito e verdade, a liturgia de adoção e louvor a Deus na pátria definitiva ou Jerusalém celeste.

1. Celebramos primeiramente *o lugar concreto do culto* comunitário a Deus que é o templo ou recinto sacro que chamamos igreja; não importa se uma esplêndida catedral ou o humilde local de um sótão ou de uma tapera. Símbolo por antonomásia do edifício material, visível e localizável do culto comunitário foi no Antigo Testamento o Templo de Jerusalém, como destacam as *primeiras leituras* do comum da Dedicação de uma Igreja.

2. Em segundo lugar recordamos a *comunidade cultual* dos fiéis como

templo vivo de Deus; pois o santuário de nosso Deus não é constituído tanto pela construção material quanto pelas pedras vivas que são os crentes e seguidores de Cristo. Esta idéia é patente nas *segundas leituras*, sobretudo nas tomadas das Cartas de São Paulo e São Pedro.

3. Celebra-se também *o culto espiritual*, isto é, a adoração ao Pai em espírito e em verdade, conforme as palavras de Jesus à Samaritana. Deus não se circunscreve em um espaço limitado; portanto nem sua adoração. Aspecto que predomina nas *leituras evangélicas* do Comum.

4. Finalmente, do templo matéria e da comunidade cultual que constitui o Povo peregrino de Deus, damos um salto para *a realidade definitiva, a liturgia perene* da nova Jerusalém, que é o céu, a pátria esperada. Este é lugar do perfeito e eterno louvor ao Deus uno e trino.

Ali não haverá mais santuário "porque seu templo é o Senhor Deus todo-poderoso e o Cordeiro" (Ap 21,22).

2. Lugar do culto a Deus

a) **Pergunta da Samaritana**. - No Evangelho de Jo 4,19-24 vemos como a mulher Samaritana apresenta a Jesus a questão controvertida entre samaritanos e judeus sobre o lugar autêntico do culto a Deus: o monte Garizim ou templo de Jerusalém, respectivamente. (Sobre a origem dos samaritanos e de seu templo, ver terceiro dom. da Quaresma, A,2.) A resposta de Jesus exclui tanto um como outro lugar porque Deus, que é espírito e vida, quer um culto que seja adoração em espírito e verdade, sem vinculação necessária a um lugar e espaço físicos (23-24). É o culto que Jesus preconiza, na linha dos profetas do Antigo Testamento e diante do culto vazio, legalista, hipócrita, além de já desnecessário, do Templo de Jerusalém.

Em Cristo se tornam efetivos a nova Aliança e o conseqüente culto novo anunciado pelo profeta Jeremias. Chegam dias - oráculo do Senhor - em que farei com a casa de Israel e a casa de Judá uma Aliança Nova. Porei minha lei em seu peito, e a escreverei em seus corações. Eu serei seu Deus e eles serão meu povo (31,31.33).

b) **A cólera de Jesus**. - Está de acordo com a maneira de pensar de Cristo o que lemos no Evangelho de João 2,13-22; uma das poucas passagens em que se mostra a cólera de Jesus, precisamente por causa da situação anômala que descobre no Templo. Em certa ocasião, ao entrar no recinto sagrado de Jerusalém, encontrou dentro do mesmo os vendedores de animais para o sacrifício: bois, ovelhas, pombos; assim como também os cambistas de dinheiro. Então Jesus, fazendo um chicote de cordas, expulsou os primeiros com suas mercadorias, tombou as mesas e derramou as moedas dos segundos.

Tudo para que não convertessem num mercado a Casa de seu Pai, que é "Casa de Oração" (Is 56,7 *1ª leit.*).

Como os judeus lhe pedissem conta de sua reação violenta, Jesus os enfrentou e lançou-lhes um desafio: Destruam este templo e em três dias eu o reerguerei. Ele falava do templo do seu corpo e referia-se à sua ressurreição ao terceiro dia de sua morte, como o entenderam seus discípulos depois dos acontecimentos pascais.

c) **O relevo de um sinal provisório.** - Todas as religiões tiveram e têm um lugar destinado ao culto; chama-se igreja, templo, sinagoga, mesquita... Este espaço sagrado cumpre diversas funções que estão unidas e dependentes mutuamente sob o denominador comum de religião. Assim, é lugar determinado da presença da divindade, lugar de celebração do culto à mesma, e de convocação do povo, presidido habitualmente pelos sacerdotes que fazem de ponte entre a divindade e os fiéis congregados.

Por meio deste culto o povo fiel pode, em primeiro lugar, entrar em comunhão com o mistério divino, ao mesmo tempo tremendo e fascinante, que constitui o mundo da Divindade; em segundo lugar, consegue aplacá-la, tê-la como sua, alcançar seus favores e até participar de sua vida. No próprio vértice desta adoração cultual se dividem as vertentes da autêntica religiosidade e da magia (ver Santíssima Trindade, ano B: Deus de vida e ídolos de morte).

Toda esta finalidade desempenhava-a também o templo do Antigo Testamento, situado em Jerusalém desde os tempos de Salomão (950) a.C. = primeiro templo) e de Esdras depois do exílio da Babilônia (515 a.C = segundo templo), e finalmente o que foi construído por Herodes o Grande (começado no ano 20 a.C. Este é o templo que Jesus e os Apóstolos conheceram, destruído no ano 70 por Tito, e cujas ruínas do Muro ocidental (das lamentações) alentam a fé messiânica do sionismo moderno.

O valor de sinal religioso, além de nacionalista, que manteve o Templo de Jerusalém tão vinculado aos antepassados históricos do povo israelita, foi provisório. Na morte de Jesus o véu do Templo rasgou-se, expressando o final do Antigo Testamento. O novo Templo será o próprio Cristo, seu Corpo (Jo 2,21) mediante a nova Aliança em seu Sangue, como expõe a Carta aos Hebreus (ver cc. 8-9).

3. **Religião em espírito e em verdade**

a) **Novo âmbito religioso na comunidade cultual.** - Em sua resposta à Samaritana, Jesus prescindiu do que dividia judeus e samaritanos, o lugar do culto, para acentuar aquilo que devia uni-los: um novo culto ao Pai. Cristo é inovador e se pronuncia por uma religião purificada de ritualismos mortos, um culto vivo e nascido da fé do coração. Mas esta fé não pode ficar numa expressão meramente intimista, sem projeção comunitária. A adoração em espírito e verdade, embora não circunscreva nem limite os lugares, tempos, fórmulas e ritos, necessita, contudo, de um espaço exterior de manifestações em comunidade que celebra sua fé e louva a Deus como grupo crente. Isto é algo conatural à nossa comum vocação em Cristo para formar um Povo que confesse a Deus em verdade e o sirva santamente (LG 9).

Querer demarcar um lugar sacro para Deus, contrapondo Jerusalém a Garizim, era tão estranho como querer hoje opor Lourdes a Aparecida, Roma a Atenas ou Westminster. O lugar do culto a Deus não é o importante. A Igreja primitiva durante os primeiros séculos celebrava o culto e a eucaristia nas casas ou nas catacumbas. Não teve templos, basílicas, nem catedrais; estas vieram mais tarde, depois do edito de Milão (313). Inclusive hoje em dia em zonas de missão, o lugar do culto comunitário é às vezes uma cabana, onde por Cristo se louva a Deus Pai em qualquer lugar, clima, cultura e língua.

Buscar a Deus é encontrar também os irmãos: "Se ao apresentar a sua oferta no altar, você se lembra de que seu irmão tem algo contra você, deixe aí diante do altar sua oferenda e vá reconciliar-se com seu irmão. Depois venha e apresente sua oferta" (Mt 5,23.24 = Evangelho do Comum da Dedicação). Templo, altar, oferta, ritos... não têm valor por si sós para render culto a Deus. Para um culto vivo conta-se mais o fator humano, isto é, a fé do crente e da comunidade:

> Seu corpo é templo do Espírito Santo. Portanto glorifiquem a Deus em seu corpo (1Cor 6,19).
>
> Vocês também, como pedras vivas se apresentem para a construção dum edifício espiritual, para um sacerdócio santo, a fim de oferecer sacrifícios espirituais agradáveis a Deus por Jesus Cristo (1Pd 2,5 = *2ª leit.*).
>
> Por acaso vocês não sabem que são um templo de Deus e que o Espírito de Deus habita em vocês? Se alguém destruir o templo de Deus, Deus o destruirá. Pois o templo de Deus é sagrado e esse templo são vocês (1Cor 3,16-17 = *2ª leit.*).

b) **Religião e culto da vida cotidiana.** - Sem desprezar a exterioridade das formas litúrgicas, deve-se dar não obstante a primazia ao espírito, à fé e ao coração; e levar o culto para a vida e a vida para o culto, assumindo a dimensão religiosa de toda nossa existência pessoal, social e política, embora mantendo seu caráter secular autônomo.

Há aqueles que identificam religião com prática cultual semanal e até diária, ou ainda ocasional tão somente (batizado, primeira eucaristia, bodas, enterro). Outros reduzem sua fé e religiosidade a levar consigo ou a ter em casa objetos de piedade. Outros, finalmente, já se julgam religiosos porque têm sentimentos ancestrais de respeito ao sagrado, ou conhecimentos de religião. Tudo isso tem evidentemente uma relação direta com a religiosidade, mas segundo Jesus não constitui a religião em sua raiz.

O culto verdadeiro, a autêntica religião, é uma resposta de fé à revelação de Deus, e tem duas direções ou movimentos que se interligam: um vertical que vem de Deus ao homem e vice-versa (revelação = fé); e outro horizontal que vai do crente e da comunidade aos demais homens, à vida, às realidades temporais, conectando tudo intencionalmente com a linha vertical. Por isso, o culto completo, em espírito e verdade, é a religião de toda a vida, vivida em fidelidade à vontade de Deus e em solidariedade fraterna com os demais, especialmente com nossos irmãos mais fracos e necessitados. Ao sair do templo cada domingo, ou cada dia, é quando apalpamos a verdade ou mentira de nosso culto e religião.

c) **A exemplo de Cristo.** - Ele é nosso modelo. Ele foi o primeiro adorador do Pai em espírito e verdade, mediante sua oração, sua pregação, seu testemunho, suas obras, e sobretudo por sua paixão e morte gloriosas por amor ao homem. Ele é o sacerdote e a vítima da nova religião expressada na vida e nos sacramentos, especialmente na eucaristia que celebramos juntos e em união com Ele, e que culmina na fórmula cristológica e trinitária da oração eucarística: Por Cristo, com Cristo em Cristo, a vós Deus Pai todo poderoso, na unidade do Espírito Santo, toda honra e toda glória, agora e para sempre.

Para concluir, recordemos as palavras de Paulo: Irmãos, exorto vocês pela misericórdia de Deus a apresentarem seus corpos como vítima viva, santa, agradável a Deus; este é o culto espiritual de vocês. Não tomem por modelo este mundo, mas transformem-se renovando o espírito de vocês, para que possam distinguir qual é a vontade de Deus, e o que é bom, o que lhe agrada e é perfeito (Rm 12,1-2). Assim até a consumação final na Jerusalém celeste.

ÍNDICE DE LEITURAS BÍBLICAS

ANTIGO TESTAMENTO

NOVO TESTAMENTO

ÍNDICE ANALÍTICO

Nota: *Toda palavra que neste Índice aparece com tipo de letra cursiva contém uma referência que está remetendo ao dito vocábulo, a fim de completar e ampliar o conceito apontado. Os números remetem às páginas da obra.*

ÍNDICE

SANTORAL